·中山大学人类学文库·
ZHONGSHAN DAXUE RENLEIXUE WENKU

新疆考古论稿

刘文锁◎著

商务印书馆
The Commercial Press

图书在版编目(CIP)数据

新疆考古论稿/刘文锁著.—北京:商务印书馆,2022
(中山大学人类学文库)
ISBN 978-7-100-21049-2

Ⅰ.①新… Ⅱ.①刘… Ⅲ.①考古工作—新疆—文集 Ⅳ.①K872.45-53

中国版本图书馆CIP数据核字(2022)第065679号

权利保留,侵权必究。

中山大学人类学文库
新疆考古论稿
刘文锁 著

商 务 印 书 馆 出 版
(北京王府井大街36号 邮政编码100710)
商 务 印 书 馆 发 行
北 京 冠 中 印 刷 厂 印 刷
ISBN 978-7-100-21049-2

2022年9月第1版　　　　开本710×1000　1/16
2022年9月北京第1次印刷　印张28¾　插页1
定价:118.00元

目　　录

甲编　丝绸之路与古代文化交流

新疆发现的麻黄与大麻及有关问题 … 3
论丝绸技术的传播 … 29
双语钱币 … 44
佉卢文565号文书考释
　——兼说十二生肖的起源与传播途径 … 59
葱岭古道考 … 88

乙编　古代游牧文化

新疆发现的鹿石 … 119
欧亚草原的古代鹿雕像 … 152
东阿尔泰山地区的祭祀遗迹 … 165
敖包的祭祀 … 186
论东黑沟遗址的年代与性质 … 228
匈奴与突厥时期新疆的冶铁及有关问题 … 248

丙编　图像考古

阿尔泰山的洞穴绘画 … 263
吐鲁番晋-唐时期墓葬壁画的考察 … 289
唐代西州的墓室屏风与屏风式壁画 … 324
伏羲女娲图考 … 358

丁编　尼雅遗址研究

尼雅遗址历史地理考略 …………………………………… 411
论尼雅遗址的时代 ………………………………………… 424
尼雅浴佛会及浴佛斋祷文 ………………………………… 439

后　记 ……………………………………………………… 455

甲　编
丝绸之路与古代文化交流

新疆发现的麻黄与大麻及有关问题

最近，科技考古专家公布了塔什库尔干吉尔赞喀勒墓地出土木火钵内壁残留物检测结果，从中发现了四氢大麻酚的遗存。这个发现使得关于这类器具以及古代内亚地区使用大麻和麻黄类致幻植物的问题再次凸显出来。这个老问题其实在一百多年前就已经被注意到了，只是那个时候的考古发现少，缺乏充分的比较研究的资料。现在有关的发现越来越多，问题就显得越来越清楚了。本文希望就新疆地区目前见诸报道的麻黄和大麻考古资料，结合植物考古的研究结果和有关历史民族志记录，讨论几个有关的问题。

一、早期的发现与研究

新疆的早期发现都是麻黄，而且集中在罗布泊地区。1913年斯坦因第三次探险时，曾在罗布泊地区的L.F近旁墓地及L.Q和L.S地点，发现了6座墓葬中使用了麻黄，其做法都是在逝者斗篷的胸部位置扎成小包，每墓各有两个，里面分别包了小麦粒和碎麻黄枝。[1]他把这些麻黄交给了英国博物馆植物部主任伦德尔博士（A. B. Rendle），后者鉴定为麻黄（Ephedra）。1925年，伦德尔给斯坦因写信，告知他鉴定的结果，并提示他麻黄在喜马拉雅、西藏、中亚、西亚的干燥区有大量生长，乔治·华特爵士（Sir George Watt）的《印度经济作物辞典》（*Dictionary of the Economic Products of India*）里，记录有印

---

[1] M. A. Stein, *Innermost Asia, Detailed Report of Explorations in Central Asia, Kan-su and Eastern Iran*, Oxford at the Clarendon Press, Vol. I, 1928, p.265.

度帕西（Pārsīs）人在琐罗亚斯德教仪式上所使用的豪麻（Homa）即被验证为麻黄。他还提到当时的观察，帕西人从波斯舶入孟买麻黄干枝作为他们仪式中使用的神圣豪麻；这个鉴定获得了艾启生博士（Dr. Aitchison）植物学研究报告的佐证，证实在阿富汗俾路支斯坦北部至波斯一带都有麻黄生长，在俾路支斯坦的哈利路德河谷（Harirud）麻黄被称作 hu、huma、yehma。伦德尔在信中的一个注释里转引了《印度经济作物辞典》里一句重要的话："帕西祭司说，豪麻从不腐朽，他们在使用之前通常把它保存一个很久的时间。"根据这些发现，斯坦因撰写了一篇论文《麻黄考》，发表在 1931 年的《伦敦大学东方学院院刊》上。①

此后的 1934 年 5 月，中瑞西北科学考察团的斯文·赫定和陈宗器，在罗布泊地区的库姆河三角洲亦发现有孤立的随葬麻黄的古墓，编号为 36 号墓（Grave 36）。墓主是位老妪，在裹尸毛布斗篷的右上角扎出 3 个麻黄枝小包。②

另一位中瑞西北科学考察团的考古队员贝格曼（Folke Bergman），在罗布泊地区亦有发现。在《新疆考古研究》（*Archaeological Researches in Sinkiang*）一书中，他报告了 1934 年他在编号为 5 号墓地（即后来命名的小河墓地）的几座木棺里发现的类似的麻黄枝，出土情况如下。

棺 5A：遗体胸、腹部撒麻黄枝和麦粒，发现时"沉陷至遗体开敞的胸膛内"。贝格曼怀疑这些特别植物当时可能被塞在逝者遗体内（图一）。

棺 5B：发现一些麻黄枝及一只秃鹫的下颌骨。

棺 5D：随葬 7 捆麻黄枝，用红、黄、棕色毛线捆扎。共出的还

---

① Aurel Stein, "On the Ephedra, the Hūm Plant, and the Soma", *Bulletin of the School of Oriental Studies, University of London*, Vol. 6, No. 2, A Volume of Indian Studies Presented by His Friends and Pupils to Edward James Rapson, Professor of Sanskrit in the University of Cambridge on His Seventieth Birthday, 12th May, 1931, pp.501–514.

② Folke Bergman, *Archaeological Researches in Sinkiang, Especially the Lopnor Region*, Stockholm: Bokförlags Aktiebolaget Thule 1939, pp.136–137, 139.

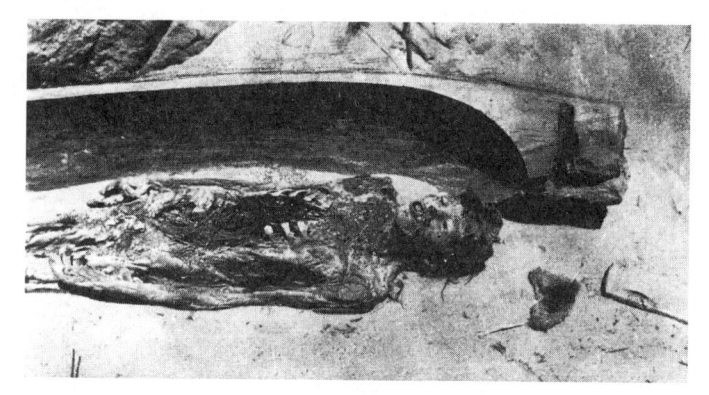

图一　5号墓地（小河墓地）棺5A麻黄的发现情况
（采自 *Archaeological Researches in Sinkiang*）

有几件木制品，形状类似男性生殖器，有的上面还保存了缠绕的毛线。这种木制品还见于贝格曼在墓地地面的采集品，他把它们认定为男性生殖器的模型。它们可以和后来的有关发现相比较（图二）。

棺5E：类似5B，发现了麻黄枝和麦粒。

棺5F：逝者斗篷的胸部位置扎出3个小包，两个装麻黄枝，一个装小麦粒和谷粒。[①]

图二　5号墓地出土的麻黄枝束
（采自 *Archaeological Researches in Sinkiang*）

贝格曼接受了斯坦因关于麻黄的研究结论。他还认为，麻黄的功用可能包括：药材、遗体的防腐剂、常青植物的生命象征、印度拜火

---

① Folke Bergman, *Archaeological Researches in Sinkiang, Especially the Lopnor Region*, pp.70-73, 87-88, 91-92, 95, 99, Pl. VI, 8, 11.

教徒祭祀用的苏麻汁（Soma）、火葬时（藏族）防遗体臭味的熏香、日常的熏香。他认为麻黄枝原本是作为熏香被使用的，之后被用于火葬的葬礼和祭仪中的焚烧牲体（燔祭），目的是祛除燃烧遗体或祭牲时的恶臭，并最终固定为一种祭品。①

这些观点是值得商榷的，因为在这座墓地中迄今未发现与焚烧麻黄有关的遗物或遗迹；更重要的是，无论斯坦因还是贝格曼都未能有机会见证更多的考古发现。不过，有一点值得提及的是，他当时在墓地粗略的考察后，意识到了墓葬的遗物和遗骸所反映的浓厚的生殖巫术现象，包括竖立在墓葬上的木桨和木柱、木制的男性生殖器模型，以及雕成蛇形的木棍等。这一点被后来的发掘和研究所强调。

二、考古新发现

（一）孔雀河古墓沟墓地

1979年底，王炳华先生主持孔雀河古墓沟墓地发掘，在第二种类型墓葬（地表不具七道放射状立木，36座）的13座墓中出土了麻黄（表1）。它们未见于第一种类型墓葬（具七道放射状立木，6座）。在13座墓葬中，麻黄出现的特征归纳起来有下述几点：（1）除1例（79LQ2M35）外，其余墓葬之墓主人皆为婴幼儿或女性；（2）所发现的麻黄主要是用裹尸布（毛毯或毛布）扎成的小包，位于胸部位置附近，麻黄枝束的情况很少见；（3）一些墓葬还随葬了牛角或牛角杯，后者通常在一些古代和现代民族的祭仪中被用作祭器（酒器）。79LQ2M12中还随葬了木偶和骨制的腰铃等物（图三至图五）。②

---

① Folke Bergman, *Archaeological Researches in Sinkiang, Especially the Lopnor Region*, pp.86－88.
② 王炳华编著：《古墓沟》，新疆人民出版社2014年版，第33－36、39－44、51－75、77－81、86－89、100－109、115－118、135－138、141－147、162页。

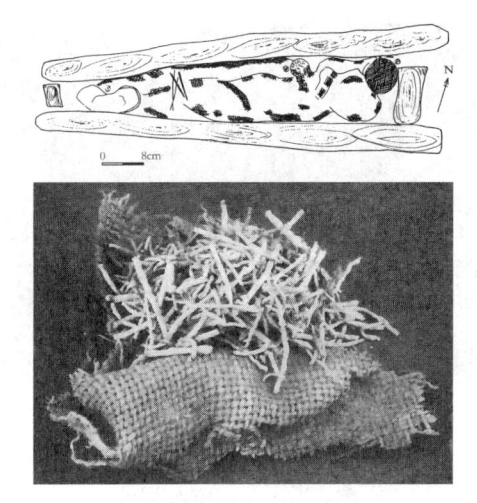

图三 79LQ2M4 墓主装殓状况及麻黄枝小包
（采自《古墓沟》）

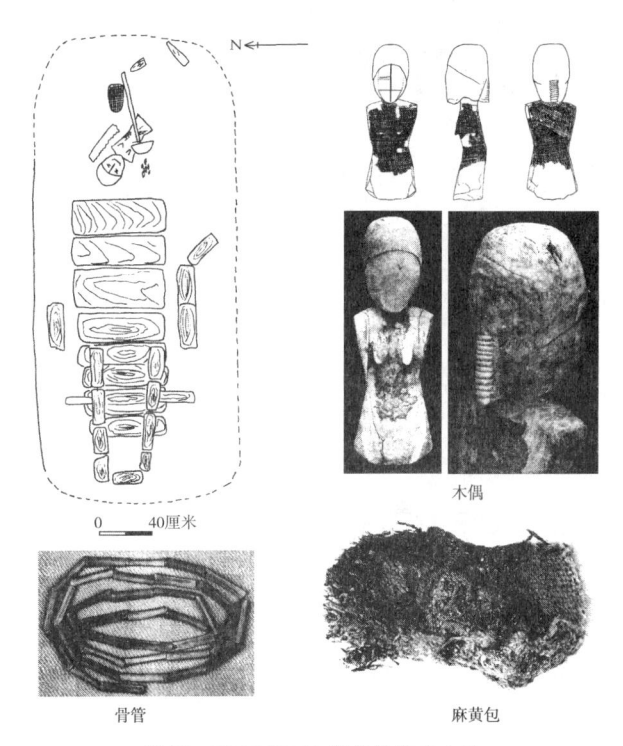

木偶

骨管　　　　麻黄包

图四 79LQ2M12 麻黄枝等出土物
（采自《古墓沟》）

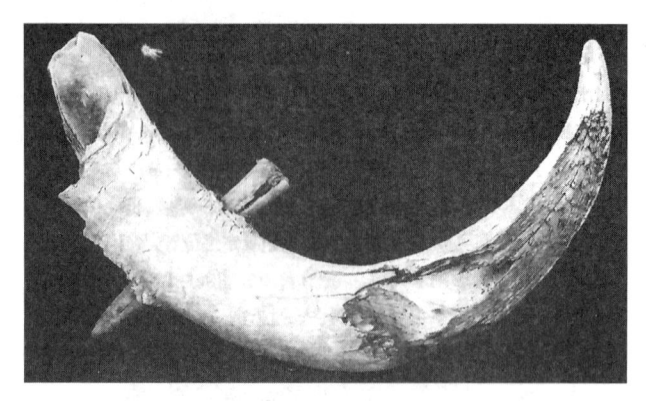

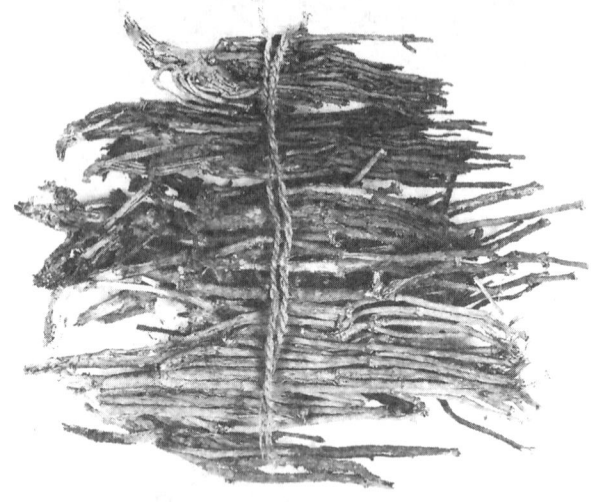

图五　79LQ2M35出土牛角及麻黄枝束
（采自《古墓沟》）

表1　古墓沟墓地第二种类型墓葬麻黄出土情况一览表（据《古墓沟》）

墓号	墓主人	麻黄出土情况	相关遗物或遗迹
79LQ2M2	婴儿	右胸部裹尸毛毯扎碎麻黄枝小包1	
79LQ2M4	婴儿	右胸部裹尸毛毯扎碎麻黄枝小包1	牛角1
79LQ2M11	成年女性	毛布麻黄枝包2，毛布包麻黄枝及苇箭1	
79LQ2M12	老妪	毛布麻黄枝包1	牛角3，女木偶（红彩）1，骨管制腰铃1套，木棺内壁绘红彩图案
79LQ2M13	幼儿	木杯内盛碎麻黄枝	牛角杯1

续表

墓号	墓主人	麻黄出土情况	相关遗物或遗迹
79LQ2M15	幼儿	裹尸毛布扎麻黄枝小包 1	
79LQ2M19	成年女性	头部附近置麻黄枝小包 1	胸部上置木雕人面具 1
79LQ2M23	成年女性	胸部置麻黄枝小包 1	
79LQ2M24	幼儿	裹尸毛布扎麻黄枝小包 1	
79LQ2M25	成年女性	右胸部位存麻黄枝小包 1	
79LQ2M27	幼儿	裹尸毛布扎麻黄枝小包 1	
79LQ2M35	成年男性	麻黄枝束 1	牛、羊角 6
79LQ2M38	老妪	胸部裹尸毛毯扎出麻黄枝小包 1	

墓地的年代，据分别检测的 M4、M12、M23、M38 共 8 个样本的放射性碳素经树轮校正资料，最早的为前 2886-前 2587 年，最晚的为前 358-前 2 年，其余 6 个资料介乎前 2123-前 1640 年与前 1875-前 1530 年之间。[①] 由于发现了第一种类型墓葬打破第二种类型墓葬的证据，所以，这两种类型墓葬可以被看成是具有相对早晚关系的两组，第一种类型墓葬的年代要晚于第二种墓葬。这两种类型的墓葬恰恰与体质人类学分析的结果存在着对应关系。根据韩康信的研究，他认为出自第一种类型墓葬的 6 具头骨与安德罗诺沃文化（南西伯利亚地区青铜时代中期）的头骨在测量资料上接近，而出自第二种类型墓葬的 4 具头骨则与年代较早的阿凡纳谢沃文化（南西伯利亚地区青铜时代早期）的头骨接近，他们都属于高加索人种，在不同的时间先后来到了罗布泊地区。[②] 这个结论暗示了使用麻黄的墓主人，是较早时候迁来的阿凡纳谢沃文化的人群，在较晚的安德罗诺沃文化人群中则没有发现使用麻黄的迹象。

（二）小河墓地

2002-2005 年，在距离贝格曼的发掘 70 年后，新疆文物考古研究

[①] 新疆文物考古研究所编：《新疆文物考古新收获（1979-1989）》，新疆人民出版社 1995 年版，第 608-609 页。

[②] 韩康信：《新疆孔雀河古墓沟墓地人骨研究》，《考古学报》1986 年第 3 期，图版拾柒至贰拾。

所对小河墓地重做了调查和发掘。全部167座墓葬被发掘，现在已发表的是2002-2003年间发掘的37座墓资料，都属于南区第一、二层（亦即晚期）的墓葬。该墓地位于孔雀河的南面，孔雀河的一条小支流小河流域（图六）。

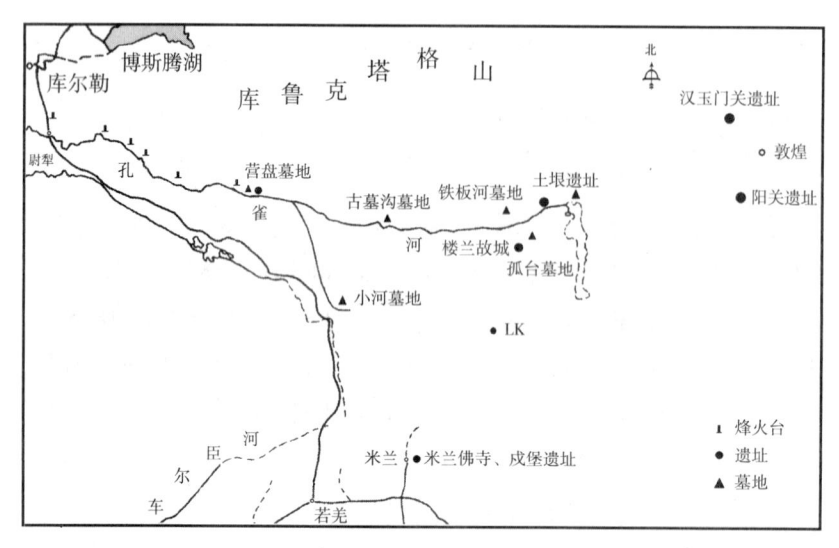

图六　罗布泊地区考古遗址、墓地分布图

根据刊布的资料，在37座墓中，有22座出土了麻黄，它们大部分是散撒在逝者身上或身下的麻黄枝，少数用毛线捆扎成束；一些墓葬中，还保存了在装殓尸体的毛毯或毛布斗篷的右角，用毛线扎成的装以碎麻黄枝的小包。另外，在墓地地面也采集到了麻黄枝4束，用草或双色毛线捆扎（图七、八）。[①]

[①] 小河墓地的考古报告和报道，参见新疆文物考古研究所：《2002年小河墓地考古调查与发掘报告》，《新疆文物》2003年第2期；新疆文物考古研究所：《2002年小河墓地考古调查与发掘报告》，《边疆考古研究》第3辑，科学出版社2004年版，第338-398页；新疆文物考古研究所小河考古队：《罗布泊小河墓地考古发掘的重要收获》，《吐鲁番学研究》2005年第1期；新疆文物考古研究所：《2003年罗布泊小河墓地发掘简报》，《新疆文物》2007年第1期；新疆文物考古研究所：《新疆罗布泊小河墓地2003年发掘简报》，《文物》2007年第10期。

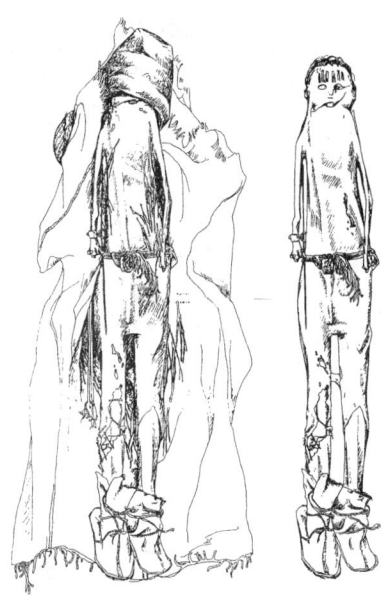

图七　M2木尸及斗篷内麻黄枝摆放情形
（采自《2002年小河墓地考古调查与发掘报告》）

图八　M4尸体及麻黄枝摆放情形
（采自《2002年小河墓地考古调查与发掘报告》）

虽然刊布的资料尚不全面，但这种随葬麻黄的情况明显比古墓沟更普遍；而墓主人的情况则明显不同，在小河墓地并不曾显示出明确的规律，既有成年的男女，也有夭折的儿童（男童），甚至还见代表男性的木偶（M2、M23、M33），以及一具用人头骨和木制躯体组合而成的遗骸（M34）（图九、十）。根据刊布的采用加速器质谱分析经树轮校正的16个碳十四测年资料（采自11座墓葬），分为两个阶段或早晚两期。早期（南区第四、五层）约在前2000-前1700年间，晚期（南区第一至三层）约在前1700-前1450年间。① 其中，这个年代范围的上下限都较晚于古墓沟第二种类型墓葬的测年资料。

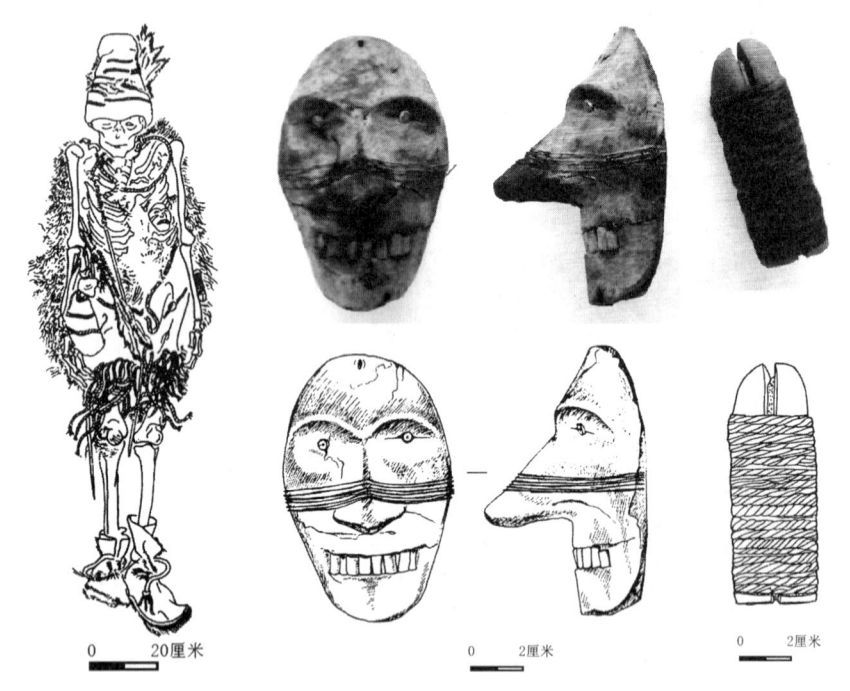

图九　M13尸体斗篷上的麻黄包及出土的特种随葬品
（采自《2003年罗布泊小河墓地发掘简报》）

---

① 夏训诚主编：《中国罗布泊》，科学出版社2007年版，第401-402页。

（三）洋海墓地

2003 年发掘鄯善洋海墓地，一号墓地的 M90 出土了大麻。该墓为 B 型墓（长方形竖穴二层台墓），墓主人有二，一位是年龄 45-55 岁的男子（A），措置在用作葬具的木床上；另一位是年龄在 30 岁以上的女子（B），可能是二次葬，遗骸堆置于墓底西南隅。

在随葬品中，一件木盆（M90:10）里盛有大麻籽和碎叶。这件器皿形制特殊，腹部有一大一小两个把手，器表乌黑锃亮，意味着长期和被特殊使用。另一件草篓（M90:8），通体呈黑色，里面盛满大麻叶和籽。与这些特别遗物共出的，还有属于男墓主的一架竖琴，以及若干比较特别的器物。该墓碳十四测定并经树轮校正的年代，为前 770-前 480 年，发掘报告推定 A、B 型早期墓的年代约为前 12-前 8 世纪，属于青铜时代。其后，据发掘者所做的分期和年代研究，认为该墓所属的 B 型墓为第二期，绝对年代在前 10-前 8 世纪（图十一、十二）。[①]

[①] 发掘报告参见新疆吐鲁番学研究院、新疆文物考古研究所：《新疆鄯善洋海墓地发掘报告》，《考古学报》2011 年第 1 期。分期与年代研究参见吕恩国等：《洋海墓地分期与断代研究》，《吐鲁番学研究》2017 年第 1 期。

图十　M34 的组合尸身及麻黄枝摆放情形
（采自《2003 年罗布泊小河墓地发掘简报》）

14　甲编　丝绸之路与古代文化交流

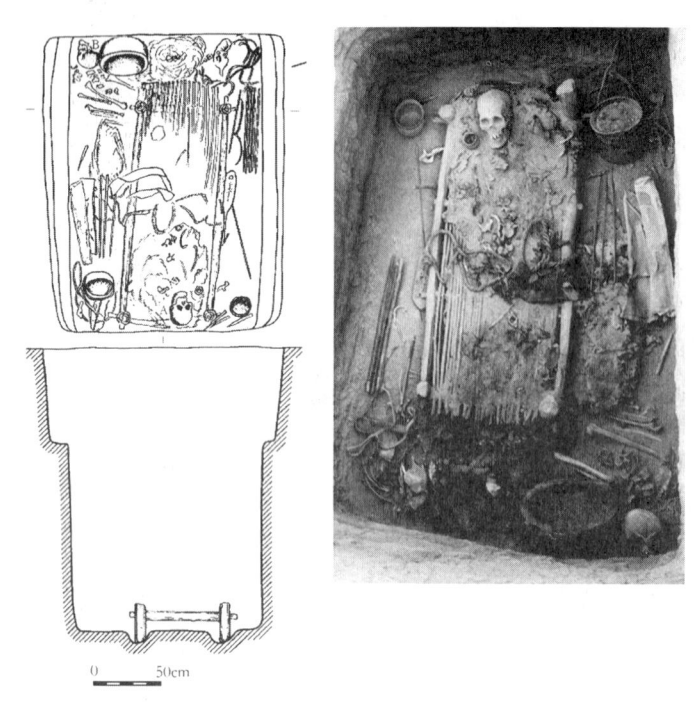

图十一　洋海墓地 M90 男墓主清理后状况
（采自《新疆鄯善洋海墓地发掘报告》）

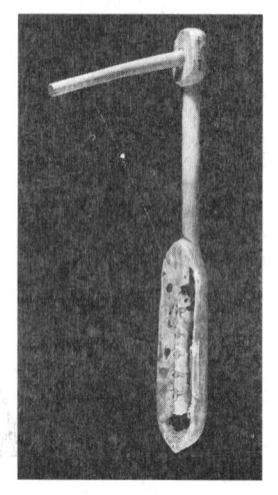

图十二　M90 出土的草篓和竖琴
（采自《新疆鄯善洋海墓地发掘报告》）

除了这座墓葬，据发掘简报，在其它一些墓葬的墓口苫盖物中发现有大麻，[①] 但未得到检测。

M90 出土的标本经中国科学院系统与进化植物学国家重点实验室的检测，属于大麻遗存。这篇检测分析论文认为，该墓的男性墓主人是位萨满，这些放置在器皿中的大麻被用作仪式和医疗之物。[②]

另据报道，洋海墓地中也出土有麻黄，其标本亦得到检测。[③]

（四）加依墓地

位于吐鲁番市亚尔乡加依村南，2013-2014 年发掘。M213 出土 13 根保存完好的大麻株，带有根系、茎和叶，出土时整齐地摆放在墓主的身上。此外，在墓地的其它 3 座墓葬中的陶器里，也发现了研碎的大麻。中国科学院大学考古学与人类学系蒋洪恩博士检测后，根据大麻株的保存状态推测为吐鲁番当地所出产。[④] 该墓可能属于 A 型墓（椭圆形竖穴土圹墓），据发掘简报推测此型墓的年代约为前 10 - 前 8 世纪，是墓地中年代最早的墓葬，属于青铜时代晚期。[⑤]

（五）吉尔赞卡勒墓地

位于塔什库尔干塔吉克自治县提孜那甫乡曲什曼村东、塔什库尔干河北岸台地上，2013-2014 年发掘共 39 座墓葬。从 6 座墓葬（M9、

[①] 新疆文物考古研究所等:《鄯善县洋海一号墓地发掘简报》，《新疆文物》2004 年第 1 期。

[②] 参见 Hong-en Jiang *et al*,. "A new insight into *Cannabis sativa* (Cannabaceae) utilization from 2500-year-old Yanghai Tombs, Xinjiang, China"，*Journal of Ethnopharmacology* 108 (2006), pp.414-422。

[③] 马青云等:《新疆洋海古代麻黄的化学成分研究》，《安徽农业科学》2012 年第 12 期。

[④] 吐鲁番学研究院等:《吐鲁番加依墓地发掘简报》，《吐鲁番学研究》2014 年第 1 期。简报未公布有关大麻的发现情况。有关检测与分析见 Hongen Jiang, *et al*., "Ancient Cannabis Burial Shroud in a Central Eurasian Cemetery"，*Economic Botany*, 70 (3), 2016。

[⑤] 《吐鲁番加依墓地发掘简报》，《吐鲁番学研究》2004 年第 1 期。

11、12、14、15、25)中出土了11件木火钵(被称作"火坛")及1件陶罐,里面盛有烧灼过的石头,木钵内壁有烧灼痕迹(图十三、十四)。发掘者认为这种火坛与琐罗亚斯德教有关。据放射性碳素测年资料,墓葬的年代为距今2600–2400年。墓地中一些墓葬发现了焚烧墓室迹象,这一点与其附近的香宝宝墓地情形类似。在墓葬(M14、16)中也发现了竖琴[①]。

最近,中国科学院大学考古学与人类学系检测了火钵内壁的残留物,发现了大麻的生物标记物大麻酚,即四氢大麻酚(Tetrahydrocannabinol)。[②] 该检测结果尚未正式发表。

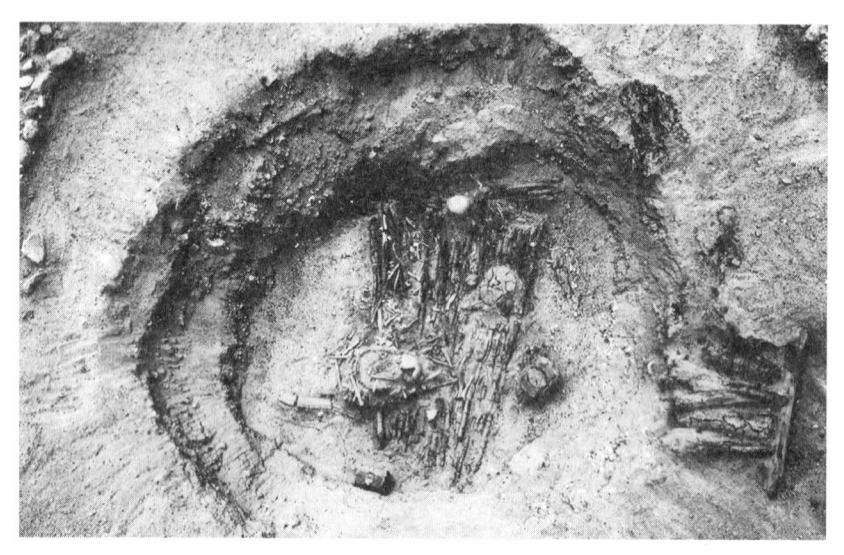

图十三　吉尔赞喀勒墓地M9(B区)墓室木火钵等随葬情形
(采自《新疆塔什库尔干吉尔赞喀勒墓地2014年发掘报告》)

[①] 中国社会科学院考古研究所新疆工作队:《新疆塔什库尔干吉尔赞喀勒墓地发掘报告》,《考古学报》2015年第2期,图版壹至拾陆;中国社会科学院考古研究所新疆工作队等:《新疆塔什库尔干吉尔赞喀勒墓地2014年发掘报告》,《考古学报》2017年第4期,图版壹至拾陆。

[②] 杨益民:《新疆吉尔赞喀勒墓地拜火教火坛内壁烧灼物的科技分析》,见《交流与互动——第三届民族考古与文物学术研讨会会议手册》,中央民族大学民族学与社会学学院考古文博系,2017年4月,第22页。

（六）其它相关发现

一些相关发现亦值得关注。哈密五堡墓地的 M151 墓室二层台上所盖胡杨原木上苫有大麻草席。[①] 该墓地 1978 年发掘时检测的 4 组碳十四资料，为距今 3200 年前后（经树轮校正）。1991 年发掘的 2 座墓，碳十四（未经树轮校正）资料为距今 2810±70 和 3570±70 年。

鄯善县苏贝希墓群三号墓地 M3：A，墓主为成年男子，与皮长袍共出几件小皮囊，内盛褐色半透明物（疑为雄黄）。另一件小皮囊内盛黄绿色粉状物，疑为麻黄末。该男子尸体的胸部、两肋存三道伤口。三号墓地年代被推测为相当于战国至西汉。[②]

吐鲁番阿斯塔那墓地，1973 年 9 月发掘张氏家族茔院，214 号墓出土 1 件彩绘泥塑男骑

图十四　吉尔赞喀勒墓地出土的陶、木火钵
（采自《新疆塔什库尔干吉尔赞喀勒墓地 2014 年发掘报告》）

[①] 新疆文物考古研究所：《哈密五堡墓地 151、152 号墓葬》，《新疆文物》1992 年第 3 期。
[②] 新疆文物考古研究所等：《鄯善县苏贝希墓群三号墓地》，《新疆文物》1994 年第 2 期。

俑（73TAM214:32），马尾巴用一把大麻束制作。① 据出土墓志，墓主人之一的麹氏葬于唐高宗麟德二年（665）。②

火钵或火坛亦见于吐鲁番其它古墓及和硕红山墓地。

在新疆地区之外，麻黄很少见诸报道，而大麻的发现则较为多见，如甘肃东乡林家遗址（属马家窑文化）、内蒙古赤峰二道井子遗址（属夏家店下层文化）、陕西蓝田新街遗址（仰韶文化晚期至龙山文化早期）等都有发现，③ 并在汉代等历史时期的墓葬或出土古纸中检测出了大麻纤维，也发现了大麻的遗存。④ 由这些材料可以看出，自史前末期至历史时期，大麻在这些地方的栽培和使用情况与新疆发现的情况很不同。

三、问题讨论

上述考古发现显示出麻黄及大麻使用的复杂情形，实在不能简单化处理，需要还原到墓葬的情境中去考察它们在丧葬中的用途和意义。以下就若干问题略作申论。

（一）麻黄与大麻在墓葬中出现的不同情境

上述例子中，麻黄和大麻的发现地域及其在墓葬中出现的情境是很不同的。一个显著情况是：麻黄既集中发现于罗布泊地区，年代又

---

① 新疆维吾尔自治区博物馆、西北大学历史系考古专业：《1973年吐鲁番阿斯塔那古墓群发掘简报》，《文物》1975年第7期；新疆文物考古研究所：《阿斯塔那古墓群第十一次发掘简报》，《新疆文物》2000年第3、4期，图版柒、捌。检测分析见 Tao Chen, *et al.*, "Identification of *Cannabis* Fiber from the Astana Cemeteries, Xinjiang, China, with Reference to Its Unique Decorative Utilization", *Economic Botany*, 68 (1), 2014, pp.59-66.

② 侯灿、吴美琳著：《吐鲁番出土砖志集注》，巴蜀书社2002年版，第524-525页。

③ 西北师范学院植物研究所等：《甘肃东乡林家马家窑文化遗址出土的稷与大麻》，《考古》1984年第7期，第654-655、663页，图版柒；孙永刚等：《内蒙古二道井子遗址2009年度浮选结果分析报告》，《农业考古》2014年第6期；钟华等：《陕西省蓝田县新街遗址炭化植物遗存研究》，《南方文物》2015年第3期。

④ 赵志军等：《双墩一号汉墓出土植物遗存的鉴定和分析》，《农业考古》2016年第1期；李晓岑：《甘肃汉代悬泉置遗址出土古纸的考察和分析》，《广西师范大学学报（自然科学版）》2010年第4期。

比较早，属于青铜时代的文化现象；而大麻则较为集中地发现于吐鲁番盆地，此外还见于帕米尔高原（古代葱岭地区）的古墓，年代上亦较晚，在前1000年的早、中期，相当于本地的青铜时代末期至早期铁器时代。从这些发现容易推导出，麻黄和大麻的使用随时代和地域而变化，属于史前至原史时期内亚某些部族的文化。

罗布泊地区古墓沟墓地的早期墓葬中，常见的做法是在裹尸布上（通常是靠近右肩处）扎出小包，内盛以研碎的麻黄枝，具有特别意义的谷物（小麦）则装在草篓中随葬；另一种情形是随葬麻黄枝束，以及将碎麻黄枝盛在木杯里随葬；这些麻黄主要用在了夭折儿童和成年女性的墓中。它们显然是种特殊随葬品，并反映了一种特别的葬俗。

在小河墓地，麻黄的使用出现了新形式。除了在裹尸斗篷上扎出分别装麻黄和小麦的包，还在尸身上和木棺里普遍撒麻黄枝，有些墓葬随葬有麻黄枝束；除了儿童（男童）和成年女人外，成年男人甚至用木头制作的假尸（木偶）或人头与木躯制作的合成尸体，墓主人都使用了麻黄。从古墓沟到小河墓地，麻黄的使用更趋普遍，代表了一种相同葬俗的延续。这种葬俗与墓地流行的丧葬巫术和祭祀行为有关。大量与巫术、葬礼有关的遗迹、遗物充满在墓地的丧葬情境中，尤以与生殖（人与作物）有关的巫术遗存以及对逝者的祭祀遗存更为显著。一种情形是在木棺前竖立依男女墓主的性别区分的桨形或柱形立木，甚至儿童和作为遗体替身的木偶的棺前也配置了这种立木；由于它们与男女墓主之间的固定搭配（女墓主：木柱，男墓主：木桨），人们有理由相信这种立木即是民族志记录中所说的分别代表了男、女性生殖器的象征物。[①] 一些女墓主（M12-14、M28、M30）的遗体上放置了用木头和毛线制作的木祖，这些仪式行为都在强调生殖巫术的作用。另外，几乎所有的墓葬都发现了谷物（黍、麦粒），其使用方式与麻黄

---

① 王昆吾：《从生殖崇拜到祖先崇拜——汉文化发生过程中的一个重要环节》，载氏著《中国早期艺术与宗教》，东方出版中心1998年版。

相同，或是扎在墓主裹尸布右胸部的小包里，或是撒在遗体上。此外，由后世一些民族志记录可知，诸如丧葬中使用偶像（尤其是人偶）、人面具、非实用的弓箭、动物的舌头或耳朵之类，以及祭牲（牛、马、羊）的头颅等物，都与葬礼上所实践的一套基于巫术的仪式行为有关。这些遗迹或遗物在小河墓地的墓葬中都有发现。

在年代较晚的吐鲁番洋海墓地和加依墓地，成年男子墓葬中，偶尔见到大麻的籽、叶或者研碎的大麻（类似于研碎的烟草）装在木盆、草篓或陶器里随葬的个案，也发现了在遗体上放置整株大麻的例子。洋海墓地的墓主随葬一套法器和装束，那些盛在便于携带且耐用的木、草容器中的大麻籽和叶，显然属于这套法器的一部分。

在帕米尔高原的吉尔赞卡勒墓地，大麻的使用出现另一种情形。木火坛的内壁检测出了大麻酚，证实了这种器具是大麻熏烧器。从发现比率上说，6座墓葬（M9、11、12、14、15、25）中出土了11件木火坛及1件陶火坛，说明这是比较普遍的现象而非个别现象。墓主人的情形似无规律，2座墓是单人葬（M9、M12），遗骸受到了扰动或属于二次葬的敛骨葬；其余诸墓为三至五位成年男女的合葬。1座墓葬（M14）的随葬品中出现了特殊情况，随葬了一套钻木取火器、一捆加工出的细木棍，以及一架木竖琴。M25显示出另外一种情形：墓主为两位成年男子和一位成年女子，随葬了2件木火坛和1件由陶罐改做的陶火坛，其间似乎存在着某种对应关系。

（二）丧葬中使用麻黄和大麻的用途与意义

罗布泊地区墓葬中发现的麻黄，是基于生殖巫术和墓葬祭祀的丧葬情境下的一种葬俗。有一个显著的共存关系，即麻黄与作为谷物的小麦和黍一起用来随葬。在年代较早的古墓沟，小麦通常盛于草篓；在小河墓地时期则演变为与碎麻黄枝一道，扎在逝者裹尸的斗篷上，这种情形更加意味着小麦与麻黄一样具有仪式性。由于在古墓沟和小河墓地都发现了专门作为食物类随葬品的粟，一般是以粥的形式装在草篓里，这个情况可以说明那些撒在遗体上或扎在裹尸斗篷上的小麦包并非被当作食物类随葬品入葬的。类似的例子也见于洛浦山普拉墓地，墓主人的长袍下摆衣角处用毛绳扎成小包，里面分装黍或小麦粒。①

古代巫术中存在一种所谓的"谷精"信仰和仪式行为。②其教理是使谷物增殖，这与促进人口增殖的生殖巫术教理是相通的。那么，在墓葬中仪式性地随葬谷物，是否也可以理解为"谷精"信仰的一种更为古老形式呢？在充斥着生殖巫术的丧葬情境中，它们是难免被赋予与增殖有关的巫术意义的。

与小麦共存的麻黄在墓葬中扮演了什么角色呢？麻黄的两种形式——扎在斗篷上的小包以及撒在遗体上或者扎成草束，很难将它们排除在早期巫术之外。贝格曼列举的麻黄的各种功用——药材、尸体防腐剂、常青植物的生命象征、印度拜火教徒祭祀用的苏麻汁、火葬时防遗体臭味的熏香，以及日常熏香，显然存在着历时性和地域性。罗布泊地区发现的麻黄属于早期使用的阶段，早于琐罗亚斯德教的豪麻（Homa）或苏麻（Soma），后者显然是从内亚的某种使用植物致幻剂传统中继承下来的。在《阿维斯塔》中，豪麻（Houm，Homa = Soma）是酒神、圣草之神、传说中的武士、前琐罗亚斯德教时期伊朗雅利安人奉祀的神，其固定修饰语为"纯洁的、祛除死亡的"（Dura-Osha）。《亚斯纳》篇章中琐罗亚斯德与豪麻（美男子形象）的对话，表明了豪麻的各项功用：

> 我是纯洁的、祛除死亡的胡姆（豪麻）。快抓住我，准备制作饮料！（第九章第二节）

---

① 新疆维吾尔自治区博物馆：《洛浦县山普拉古墓发掘报告》，《新疆文物》1989 年第 2 期。该墓地的年代范围据放射性碳素资料，约在前 3-4 世纪。

② 弗雷泽在《金枝》里引述了一些"谷精"（Spirits of the corn）的民族志记录，这些记录来自北欧、美洲、东印度群岛、印度等地。这种精灵既可以表现为植物形象，也可以表现为人形（双重拟人化，既是妈妈，又是女儿）。[英] J. G. 弗雷泽著、汪培基等译：《金枝——巫术与宗教之研究》，商务印书馆 2013 年版，第 641-677、680-698 页。

向胡姆（豪麻）——善良的胡姆，美好而真诚的胡姆——致意！［它］是外观漂亮、心地善良的救世主；是枝条柔软、颜色金黄的胜利者；是可口的上等［饮料］，灵魂的最佳引导者。（第九章第十六节）

我轻吟"巴日"（Bāzh），赞美你使用的研钵底部，那里盛着［胡姆］的嫩枝。

我轻吟"巴日"，赞美你使用的研钵上部，赞美你以男子汉的［臂］力，捣碎里面的［胡姆枝］。（第十章第二节）

一丁点胡姆汁，一丁点胡姆酒，简短的胡姆颂歌，足以杀死成千上万的魑魅魍魉。（第十章第六节）

在采集胡姆的家庭，［只要为家人和家族］吟唱祛病禳灾、灵验非凡的胡姆［颂歌］，无论什么病魔缠身，都会立即康复。（第十章第七节）[①]

豪麻的功用包括了祛除死亡（永生）、灵魂导引、辟邪和禳灾、祛病等，其法式是将豪麻枝在一种研磨器里研碎了，煎成汁饮用。从第十章第十二节所说——"你生长在群山峻岭，呈黄色，多汁，种类繁杂。你的奇特功效与巴赫曼的喜悦相融合"，[②]可知豪麻的植物特征，与麻黄是类似的。这也是伦德尔、斯坦因和贝格曼等人，自然而然地将罗布泊发现的麻黄等同于印度拜火教徒祭仪上使用的苏麻或豪麻的缘故。在后期，在祭仪上饮用豪麻汁的法式演变为献祭豪麻汁（豪麻酒），米尔恰·伊利亚德解释为"通过献祭的力量以获得子嗣"（即人口增殖），他认为，在玛兹达教中，伊玛、豪麻酒祭和血祭都是受到赞美的，这是一个印度-伊朗传统，[③]意味着其历史可以追溯到雅利安部

[①] ［伊朗］贾利尔·杜斯特哈赫选编、元文琪译：《阿维斯塔——琐罗亚斯德教圣书》，商务印书馆2005年版，第84、89、94、96页。

[②] 同上书，第97页。

[③] ［美］米尔恰·伊利亚德著、晏可佳等译：《宗教思想史》，上海社会科学院出版社2004年版，第275—276页。

落的早期祭祀中。在古代伊朗，豪麻最初并非献给某位特定的神；只是到了琐罗亚斯德教中，它才常用于献祭密特拉（Mithra）。[①] 这是说，麻黄的早期用法是普遍的。

在罗布泊地区的丧葬中使用麻黄，似乎可以解释为一种为祛除死亡（永生）并导引灵魂的巫术仪式。这样可以和充斥在墓葬设施、遗体处理方式、随葬品等丧礼至葬礼程序中的与生殖有关的巫术行为相统一，它们都是围绕着生命力的延续而举行的仪式。这与人类早期发现并利用麻黄的生物学和医药学性能有关。通过现代科学我们知道，麻黄中富含的麻黄碱是一种拟肾上腺素药，能兴奋交感神经，其药效比肾上腺素持久；它能够松弛支气管平滑肌、收缩血管，有显著的中枢兴奋作用。[②] 通过兴奋中枢神经以达到迷幻效果，这可能是麻黄早期利用中的主要方式。在普遍信仰巫术的时代，这一功用容易被用于巫术的有关仪式中，并成为巫师或祭司的法物。由于饮用被煎熬成的麻黄汁可以发挥人体超能量，这种植物就被视为可以产生生命延伸力的神圣物，因而受到崇敬。

一些研究显示出，麻黄是欧亚大陆上最早为人类发现并利用的神经致幻植物之一。[③] 罗布泊地区麻黄的发现，提供了早期麻黄使用中的一种基本方式（丧葬仪式用物）和麻黄使用法的传布区域。《阿维斯塔》对豪麻使用的记录是这个古老传统的延续。

罗布泊地区之外，目前在新疆地区仅在吐鲁番洋海墓地发现了麻黄遗存。由于尚未有详尽的考古报道，这一发现暂且不予讨论。在吐鲁番盆地的发现集中在洋海墓地和加依墓地的大麻上，它们似乎说明

---

① Harry Falk, "Soma I and II", *Bulletin of the School of Oriental and African Studies, University of London*, Vol. 52, No. 1 (1989), pp.77-90.

② 丁丽丽等:《麻黄化学成分与药理作用研究进展》，《中国中药杂志》2006年第20期。

③ M. D. Merlin, "Archaeological Evidence for the Tradition of Psychoactive Plant Use in the Old World", *Economic Botany*, Vol. 57, No. 3 (Autumn, 2003), pp.295-323; Elisa Guerra-Doce, "The Origins of Inebriation: Archaeological Evidence of the Consumption of Fermented Beverages and Drugs in Prehistoric Eurasia", *Journal of Archaeological Method & Theory*. Sep. 2015, Vol. 22 Issue 3, pp.751-782.

在前一千纪大麻取代了麻黄成为主要的神经致幻植物。可能是因为大麻中的四氢大麻酚在毒性和药性上比麻黄碱更为强劲，[①]导致了大麻种植和使用的扩散。

洋海墓地提供了一例明确的大麻使用的情形：通常熏烧用的大麻籽和研碎的大麻叶被盛于木盆和草篓中，与其它几种巫师的专用器具一道随葬。[②]由此可知，那时的萨满在仪式上使用大麻，其方法是熏烧后吸入饱含大麻酚的烟雾，以达至迷幻的出神效果。加依墓地则提供了另一幅大麻使用情境：除了随葬研碎的大麻，在逝者的身上也摆放整株大麻，这一做法类似于较早时候小河墓地在尸身上撒麻黄枝，其意义可能也是为祛除死亡并导引灵魂以达至永生。

（三）关于吉尔赞喀勒和巴泽雷克发现的大麻熏烧器

吉尔赞喀勒墓地所有随葬火坛的墓葬，都不曾发现类似于洋海墓地M90的表示墓主特殊身份的器具。从上述的墓葬情境可以推理出一个结论：这些大麻熏烧器并非专用于某种特定身份的墓主，它们与葬礼上的某种仪式有关。比较在阿尔泰山西北麓巴泽雷克墓地（Pazyryk）2号冢（barrow 2）出土的熏烧器，可以看出二者间的相似处和差异。

这两座墓地的年代大体相同，但是熏烧器的形制及墓葬情境有所不同。巴泽雷克的2号冢是一座冻土墓葬，因此熏烧器及大麻等得以完整的保存。在墓室的西南角和西半部靠北位置，各随葬了一套熏烧器。鲁金科（Sergei L. Rudenko）对出土情形做了细致描述：

[①] 张开镐：《大麻的药理学效应》，《中国临床药理学杂志》1990年第2期；陆永利等《大麻素在神经系统中的作用》，《生理科学进展》2008年第2期。

[②] 从现代萨满教民族志中可以看出，萨满（巫师）的基本器具包括了法衣、作为法器的响器（铃和鼓等）等，有的萨满在仪式上还使用一些表演的道具（如达斡尔族萨满的偶像和西伯利亚埃文克人的做成木筏和鱼形状的鼓等）。参见富育光、赵志忠编著：《满族萨满文化遗存调查》，民族出版社2010年版，第84-86、96-122页；丁石庆、赛音塔娜编著：《达斡尔族萨满文化遗存调查》，民族出版社2011年版，第200-202、220-222、250-261页；[苏] A.Ф.阿尼西莫夫著、于锦绣译：《西伯利亚埃文克人的原始宗教（古代氏族宗教和萨满教）——论原始宗教观念的起源》，中国社会科学出版社2016年版，第154-158页。

墓室的西南角摆放了一具由六根木棍组成的架子，下面摆放一件矩形青铜容器，四足，里面盛满打碎的石头。木棍长度122.5厘米，下部直径约2厘米，至终端处增大为直径约3厘米。每根木棍顶部有一个穿孔，以皮条将它们捆扎在一起。每根木棍都用桦树皮条呈螺旋形缠绕。

墓室西半部的靠北位置，摆放了1件"斯基泰镬"（Scythian cauldron）形青铜器，里面装满石头。上面是一架同样由六根木棍支成的架子，上面盖了一张大皮子。

每件青铜器内除了石头外，还有少量的大麻籽。在"斯基泰镬"形青铜器上方的六根木支架之一上，绑缚了装有大麻籽的皮囊。被灼烧过的石头曾经放在炉子里，致使一部分大麻籽被烧焦。此外，镬形炉的把手上缠有桦树皮，显然是因为石头的灼热致使其把手太过烫手而难以裸手把持它。

如是，在2号冢里发现了两套烟具：装有火烧过石头的容器以及大麻籽；在它们上面是用六根木棍支撑的棚架，其一遮盖了皮子，另一件可能是用毡子遮盖，在墓室的西南角发现了大片的毡子。最后，有一件装有大麻籽的皮囊，固定在六根支架的一根上。这样就有了一整套用于净化仪式的设备。值得注意的是，在所有的巴泽雷克墓冢里都随葬了熏烧大麻的套具，每座墓葬里都保存有做支架的木棍，尽管除2号冢外其它墓冢里的焚炉和盖布都被盗走了（图十五、十六）。[①]

由这些考古发现可知，在约前一千纪中叶的阿尔泰山地区，大麻在那些阿尔泰部落中被普遍使用，其方法类似于"桑拿"（Sauna）。鲁金科根据希罗多德的记载，认为这是斯基泰人在葬礼后用火净化的惯

[①] Sergei L. Rudenko, translated by M. W. Thompson, *Frozen Tombs of Siberia, the Pazyryk Burials of Iron Age Horsemen*, Berkeley and Los Angles: University of California Press 1970, pp.284-285.

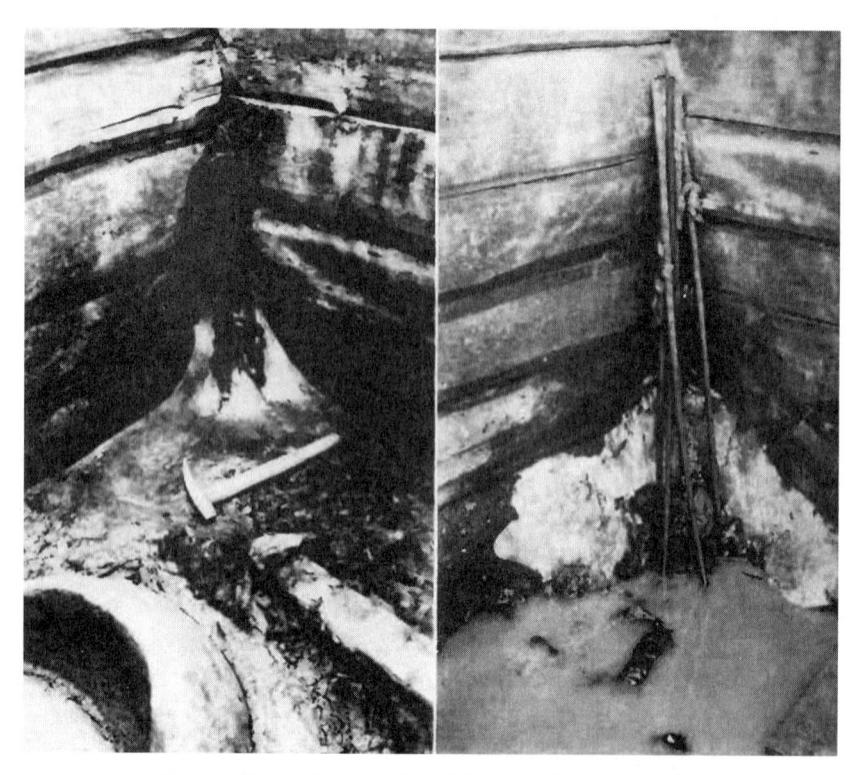

图十五　巴泽雷克墓地2号冢随葬大麻熏烧器的出土情形
（采自 Frozen Tombs of Siberia, the Pazyryk Burials of Iron Age Horsemen）

图十六　巴泽雷克墓地2号冢出土的大麻熏烧器支架和青铜容器
（出处同图十五）

习（烟熏法），这习俗在包括阿尔泰山区在内的欧亚草原上的部族中曾经广泛存在。关于斯基泰人的大麻使用法，《希罗多德历史》第四卷有过细节性描写：

> 在埋葬之后，斯奇提亚人便用下列的办法来弄干净自己的身体。他们擦洗他们的头，而至于身体，他们是把三根棒对立在一处，再把毛毡盖在上面。然后，在把棒和毛毡尽可能支放牢固之后，便在棒和毛毡下面中央的地方放一个深盘子，并把几块烧得灼热的石子抛到里面去。（4·73）
>
> 他们自己的国内生长着一种和亚麻非常相似的大麻，不同的只是这种大麻比亚麻要粗得多、高得多。这种大麻有野生的，也有人们种的，色雷斯人甚至用这种大麻制造和亚麻布非常相似的衣服。（4·74）
>
> 斯奇提亚人便拿着这种大麻的种子，爬到毛毡下面去，把它撒在灼热的石子上；撒上之后，种子便冒起烟来，并放出这样多的蒸汽，以致是任何希腊蒸气浴都比不上的。斯奇提亚人在蒸汽中会舒服得叫起来。这在他们便用来代替蒸气浴，因为他们是从来不用水来洗身体的。（4·75）①

这种大麻熏蒸浴与出于沐浴身体的希腊蒸气浴（以及后来的土耳其浴或芬兰蒸气浴等）显然是不同的，斯基泰人将之用于程式化的葬礼之后，这与一些民族的葬礼后用火驱邪的净化仪式同理。因此，这种大麻熏蒸浴属于一种与信仰有关的行为。在一些民族中，这种大麻熏蒸浴还用于医疗。在由巫术主导世界观和精神生活的古代欧亚草原社会生活中，身体的疾病被视作是邪灵的作用，这与墓地中可能遭受的邪灵的侵染是一样的。至于为什么将大麻用作祛除身体以及墓葬邪

---

① 王以铸译：《希罗多德历史》，商务印书馆1997年版，第293—294页。

灵的工具，这个问题还可以再深究下去。

从洋海墓地的发现上，我们知道在早于吉尔赞喀勒墓地时代和巴泽雷克墓地时代之前数世纪，大麻已为早期的巫师（或萨满）所利用。这种特别植物原产于南亚的锡金、不丹、印度以及中亚地区，由于其生物学和药理学特性十分突出，其主要有效化学成分四氢大麻酚（THC）在吸食或口服后有精神和生理的活性作用，所以被用在了巫术当中。从新疆地区的考古发现看，它可能是早期使用的麻黄的替代物。从民族志上说，巫师在法式中使用大麻的目的，是达到一种所谓"出神"状态。他们可能也用大麻为人治病，这是古代巫师的技能之一。从洋海墓地的发现看，当时的方法是熏烧大麻籽和大麻叶。这座墓地虽然没有发现专门的烟具或熏烧器，其熏烧方法可能如巴泽雷克和吉尔赞喀勒所发现的情形。

（2017年12月"北京大学与丝绸之路——中国西北科学考查团九十周年高峰论坛"会议论文，刊于朱玉麒主编：《西域文史》第十二辑，2018年）

论丝绸技术的传播

丝绸技术或丝织技术概有二义，或可谓之狭义丝绸技术与广义丝绸技术。此间区别，大约可以生丝来源为根据：狭义的丝绸技术，只是指将生丝织成丝绸；广义的丝绸技术，则包括生产生丝、然后织成丝绸在内。做这种区分的原因，是考虑到中国古代丝绸贸易的情况，生丝和织成品的绸料都曾经是舶出品之一。而且在讨论本文问题时我们最想说明的，一是所谓的丝绸纺织技术，应当包括生丝的生产——从植桑、养蚕到缫丝，以及接下来的印染和纺织阶段，[①] 在论及古代丝绸技术传播问题之时，二者是应当加以区分的；此外是丝绸技术传播的机制和年代，有一个最初的发明中心，是此种技术的发祥地，而后渐进传播，逐渐达到各地。传播的路线亦属值得探讨的问题，如果认为丝绸技术传播的路线亦即"丝绸之路"的路线，或者说"丝绸之路"实即生丝、绸料以及技术的输送路线，似乎也有道理。至少，按李希霍芬（F. F. von Richthofen, 1833-1905）的看法，"丝绸之路"是指"生蚕丝、纺丝以及丝织物"贸易的路线。[②] 关于技术的传播问题及与"丝绸之路"之关系，他虽未曾意识到，但是，依本文作者的看法，二者应是相关的——换言之，所谓"丝绸之路"，实际上包括了技术传播的路线在内，尽管丝绸所货之处并不必然伴随技术之传播。

关于中国蚕丝的输出，季羡林先生曾提出过一个指导性的意见：

我们又可以看到，西域最初虽然没有丝，但是由于商人的转

[①] 陈永昊等编著：《中国丝绸文化》，浙江摄影出版社1995年版，第151-242页。

[②] F. F. von Richthofen, *CHINA, Ergebnisse Eigener Reisen und Darauf Gegrundeter Studien*, Erster band, Berlin, Verlag von Dietrich Reimer, 1877, pp.506-507.

运、君王的"赏赐",蚕丝终于传过去。靠近古代交通大路的地方都传到了。同时我们也可以看到,中国蚕丝的输出并不停留在西域,西域只能算是一个过道,通过这个过道,更向西方传去,一直传到波斯、希腊和罗马,一直传到印度。[①]

现在看来,应当把包括生丝和织成品在内的货物贸易与技术输出这两个方面的问题,皆看作属于"丝绸之路"研究的内容。上述说法最需要的是一个尽可能详细的论证。在我们看来,技术的传播实在是一个复杂的问题;而古代之技术,较诸今天虽显简单,但其传播机制与时间方面,限于历史文献与考古学发现资料之限制,尤难确定。这应是个可以想见的问题。

丝绸技术在中国境内的传播

对于丝绸技术之发明中心或发祥地问题,现在的研究进展不大。"丝绸技术的最初发明者",这个说法本身即是充满不确定色彩的。按历史时期即已流行的传说,主要是指定黄帝元妃嫘祖为养蚕织丝技术的发明家,操此说之文献无须征引;据说西陵氏嫘祖的故乡,在成都平原的绵阳一带,更有人考定为盐亭县金鸡镇。[②] 这些纷纭之说难免有附会之嫌,实际上无助于问题的探讨。

此外,关于丝绸技术发祥地,还有一点考古学资料,即林志纯先生曾引述过的浙江余姚河姆渡遗址和吴兴钱山漾遗址(属良渚文化)的资料,属新石器时代。[③] 这些早期的发现,还不能证明丝绸技术的最

---

① 季羡林:《中国蚕丝输入印度问题的初步研究》,载氏著《中印文化关系史》,中国社会科学出版社2008年版,第204页。
② 王德奎、赵均中主编:《嫘祖研究》,成都科技大学出版社1993年版。
③ 林志纯:《张骞凿空前的丝绸之路——论中西古典文明的早期关系》,载联合国教科文组织、中国社会科学院考古研究所编:《十世纪前的丝绸之路和东西文化交流》,新世界出版社1996年版。

早发明问题；有可能，成都平原与长江下游之江浙地区——尤其是太湖流域，是早期的两个丝绸生产地。说长江中、下游流域是我国丝绸技术的发祥地，大致上是有一定道理的。

既然这个发祥地问题难以解决，关于丝绸技术由发祥地向其它地区传播的问题，也是难以说明的。先秦文献显示，这个技术后来扩散到了黄河流域，至少形成了两个生产中心：关中平原及山东地区。这需要进一步的论证，其中，考古学资料是很能说明问题的。

丝绸技术在中国境内的传播，可以看成是一个由中心及边缘、由内及外的逐渐传播过程。比起货物的贸易，技术传播应是滞后的。在向西部直至西域的传播中，塔里木盆地的资料尤显得重要，犹如佛教等的传播机制和路径一样，因此宜将丝绸技术在塔里木盆地的传播情况单独予以讨论。

丝绸技术之传播到塔里木盆地

从桑蚕技术与丝织技术两方面，试述论如下。

尼雅遗址的资料析为三种：一曰丝织品之出土；二曰与丝绸贸易有关之佉卢文书；三曰桑树之遗存。

自1901年斯坦因在田野调查中首次发现以来，丝织品实物陆续有出土，向来为学界所熟悉。这些丝绸实物之来源，应当是以中原王朝赏赐和贸易等方式到达尼雅的。

当地出土的佉卢文书中，有一些直接提及丝绸，不过数量不多，考虑到有些文书中叙及丝绸的文字只是文书的一部分，因此下述录文中略去了其余文字（文书的编号依《佉卢文题铭》[①]）：

[①] *KHAROṢṬHĪ INSCRIPTIONS, Discovered by Sir Aurel Stein in Chinese Turkestan*, Part I-III, Transcribed and Edited by A. M. Boyer, E. J. Rapson, E. Senart and P. S. Noble, Oxford at the Clarendon Press, 1920, 1927, 1929.

35

致州长怖军和税监黎贝：

应阻止苏耆陀。现在没有商贾自汉地来，可不必清查丝债。至于橐驼之事，应烦劳檀支那负责。待自汉地来的商贾抵达时，务必清查丝债。若发生纠纷，朕将于王廷亲自裁决。①

225

……获谷物一弥里码，获丝绸二匹……

僧帕兰之仆人闯入余之房舍。两岁之牛一头、丝绸三匹，（下略）②

316

人神爱慕、亲爱之姊妹布那罗沙：周迦帕耶谨祝贵体健康，万寿无疆，并至函如下：余现赠汝丝制之 *pramzavamta* 一件，汝务必答谢余外衣一件。③

318

据啰苏报告："余前失去之财产，已从僧祇啰之奴隶迦凯诺处搜出。"（财产共有：）刺绣之 *vidapa* 1 件，白绸短上衣 1 件，*samimna* 1，彩色 *lyokmana* 1，黄色 *kuvana* 衣服 1 件，麻布短上衣 1 件，*kharavarna* 衣服 1 件，刺绣之 *lyokmana* 1，*kremeru* 1，*paliyarnaga* 衣服 1 件……染成蓝色之 *kigi* 2……④

345

另该僧人阿难陀犀那之奴，名菩达瞿沙又从余及鸠瞿钵之屋窃取丝绢 12 马身长（下略）⑤

---

① 此处据林梅村的释译，参见氏著《沙海古卷——中国所出佉卢文书（初集）》，文物出版社 1988 年版，第 50 页。

② 同上书，第 205-206 页。

③ 同上书，第 295-296 页。

④ T. Burrow, *A Translation of the Kharoṣṭhī Document from Chinese Turkestan*, The Royal Asiatic Society, London, 1940, p.59；汉译据王广智译：《新疆出土佉卢文残卷译文集》，载韩翔等主编《尼雅考古资料》，1988 年，第 217 页。

⑤ *A Translation of the Kharoṣṭhī Document from Chinese Turkestan*, pp.65-66；汉译据王广智译：《新疆出土佉卢文残卷译文集》，第 221 页。

489

嗣后，任何僧人不参加僧界之各种活动，将交付罚款丝绢一匹；任何僧人不参加 posatha 仪式，罚款丝绢一匹。任何被邀请参加 posatha 仪式之僧人，身着俗服前来，应付罚款丝绢一匹。任何僧人殴打另一僧人，轻者，罚丝绢五匹；不轻不重者，罚丝绢十匹；重者，罚丝绢十五匹。（下略）①

566

威德宏大、伟大之国王陛下敕谕，致州长檀阁伽谕令如下：今有鸠波苏陀迪卢陀摩上奏，彼等丢失七串珠子，一面镜子，一匹丝绸，一件耳饰。……②

660

彼等再次从扜泥归来后，交付黄丝绸两匹。

彼等从青莲华处送去红丝绸一匹。

胜赞取朱红色（丝绸）一匹。

罗塔跋罗取彩色（丝绸）一匹。

多卢格取丝绸一匹。

弥支伽耶买新彩色（丝绸）一匹。

迦波陀耶取成捆的彩色（丝绸）一匹。

善军取丝绸七匹。

彼等替摩迦耶买成捆的新的红丝绸。

山地人取两匹丝绸。③

697

大人弥支伽·帕尔索亲启。莲花业已寄出。丝绸五匹。④

---

① *A Translation of the Kharoṣṭhī Document from Chinese Turkestan*, pp.65–66；汉译据王广智译：《新疆出土佉卢文残卷译文集》，第 237 页。
② 《沙海古卷》，第 139 页。
③ 同上书，第 247–248 页。
④ 同上书，第 314 页。

以上各文书，除660号出自安迪尔、697号出自楼兰故城（L.A）外，其余均出自尼雅遗址。这些文书大多表明，丝绸在本地是一种极名贵的物品，是重要的私人财产，或用于所谓上层社会成员间的馈赠物（316），或作为罚没物（489）。关于后者，系一件自称为"僧界之规章"的合约，类似当时通行的书面契约形式，对违约行为，以支付丝绸的方式处罚，颇能说明问题。

在这些文书当中，最能说明丝绸贸易问题者为第35、660号文书。前者明确地阐明了丝绸贸易的情况：所谓"商贾"极可能是指来自中亚粟特、大月氏等地的商人，往来于中亚与中国内地之间，经行精绝（尼雅遗址所在），从事丝绸贸易；① "汉地"（cinasthanade）这个用语，应是指汉人居住的地区，贝罗（T. Burrow）很明确地把它译释为"China"②，这个地方可以理解为敦煌以内的地区。"丝债"之谓，或许是指关于生丝贸易的某种"过境税"，因为尼雅遗址所处之精绝（Cad'ota）为鄯善之西陲边境，往来粟特等地与中国内地间的商贾，须经过精绝，所以在这里设置关卡以征收以所贸之丝支付的过境税，是可以解释的。另据660号文书，似乎是关于精绝的丝绸收支情况的账务文书，有可能说明在精绝东方的鄯善国都城扞泥，是一个丝绸交易地，或者是小集散地，这个问题已经为学者注意到了。③

关于这个时期（公元3-4世纪）的丝绸贸易情况，还有若干文书资料，一为1997年在孔雀河流域营盘墓地出土的一件佉卢文书，据考

---

① 根据有二：一是在楼兰、尼雅遗址出土之汉文"过所"，如尼雅遗址N.V出土西晋泰始年间过所"月氏国胡支柱年四十九中人黑色"。依王国维之说："……月氏国胡谓葱岭以西之大月氏国人，其道出精绝，或系往还中国，故其过所用汉字，当为中国官吏所给也。"（罗振玉、王国维编著：《流沙坠简》，中华书局1993年版，第268页。）二是据敦煌出土之"粟特古书简"第二号书信，详细描述了当时（公元4世纪初）粟特商贾在中原等地的丝绸贸易情况。（孟凡人：《楼兰鄯善简牍年代学研究》，新疆人民出版社1995年版，第455—487页。）

② A Translation of the Kharoṣṭhī Document from Chinese Turkestan, p.9.

③ [日]伊藤敏雄著、羊毅勇译：《魏晋时期楼兰屯戍中的交易活动》，《新疆文物》1999年第2期；张荣芳：《论汉晋时期楼兰（鄯善）王国的丝绸贸易》，《中国史研究》1992年第1期。

释系一封"儿子写给父亲的千金家书",写在麻纸上,其中提到"丝绸"之事,按林梅村释读录其文如下:

> 尊敬的父亲牟耆·吉尔特大人足下……叩安,敬祝身体健康,万寿无疆。多……[并至函如下:]跋特列·柯拉提纳业已帮我处理了kyatomnya之事……现在由罗特伽[办理]……跋特列·柯拉提纳在这里听说……他需要……丝绸、食物……①

这一段文字,极可能似敦煌"粟特古书简",在谈论当时的一笔丝绸买卖。敦煌"粟特古书简"第二号书信是一件明确的关于丝绸贸易的文书。

上述文书资料,只是说明了公元3-4世纪(尼雅佉卢文时代②)塔里木盆地南道的丝绸贸易情况。关于桑蚕技术的传播问题,在尼雅遗址曾发现了可能是桑树的遗存。③可能存在过桑蚕业,但是我们无法进一步了解:在古代尼雅,这种植桑育蚕只是为了纺丝以出口生丝,抑或像在后来的龟兹、高昌以及于阗那样,除了取绵治丝外,还进行丝绸纺织?

这就涉及丝织技术在塔里木盆地传播的时间和机制问题。这方面的记载,最知名的是玄奘在《大唐西域记》里提到的情况:

> 王城(指瞿萨旦那国也即于阗——引者注)东南五六里,有麻射僧伽蓝,此国先王妃所立也。昔者此国未知桑蚕,闻东国有也,命使以求。时东国君密而不赐,严敕关防,无令蚕种出也。瞿萨旦那王乃卑辞下礼,求婚东国。国君有怀远之志,遂允其请。

---

① 林梅村:《新疆营盘古墓出土的一封佉卢文书信》,《西域研究》2001年第3期,第44-45页。
② 刘文锁:《论尼雅遗址的时代》,《考古与文物》2002年增刊。
③ 刘文锁:《尼雅遗址古代植物志》,《农业考古》2002年第1期。

> 瞿萨旦那王命使迎妇，而诫曰："尔致辞东国君女，我国素无丝绵桑蚕之种，可以持来，自为裳服。"女闻其言，密求其种，以桑蚕之子，置帽絮中。既至关防，主者遍索，唯王女帽不敢以验。遂入瞿萨旦那国，止麻射伽蓝故地，方备礼仪，奉迎入宫，以桑蚕种留于此地。阳春告始，乃植其桑。蚕月既临，复事采养。初至也，尚以杂叶饲之。自时厥后，桑树连荫。王妃乃刻石为制，不令伤杀。蚕蛾飞尽，乃得制茧。敢有违犯，明神不佑。遂为先蚕建此伽蓝。数株枯桑，云是本种之树也，故今此国有蚕不杀，窃有取丝者，来年辄不宜蚕。①

这里提及输入于阗的是"桑蚕之子"即桑树种和蚕种，并涉及了缫丝技术的问题。麻射伽蓝是为"先蚕"所建，伽蓝中还供养了数株"本种之树"枯桑。案内地的养蚕技术是在蚕作茧后变成蛾前，有一道杀茧的工序，目的是防止蛾咬破茧而败坏茧丝；但在于阗做法则大有不同。在本地，据认为是出于佛教杀生戒律的原因，一般采用了不杀茧的方式，而是取其绵治丝以纺织。②这在魏晋北朝时期的西域，可能是一种通行的做法，由此影响到织法。

据吐鲁番出土文书等资料，唐长孺先生以为：

> 这些种类不同的原料表明当时高昌地区在生产一般的锦、绢、叠布、麻布之外，还生产"绵经绵纬"的纺织品。由此得知，早自阚氏王朝，晚至麴氏王朝中期，高昌地区百年间一直在纺织这种具有绵经绵纬特点的锦或其它绸绢之类。……据上所引诸书记载，西域的焉耆、于阗、龟兹都有蚕桑，由于遵守佛

---

① 玄奘、辩机原著，辩羡林等校注：《大唐西域记校注》卷十二，中华书局1985年版，第1021-1022页。
② 唐长孺：《吐鲁番文书中所见丝织手工业技术在西域各地的传播》，载文化部文物事业管理局古文献研究室编：《出土文献研究》第一辑，文物出版社1985年版，第146-151页。

戒，不愿杀生，所以一定要待茧破蛾出，才治茧取绵。话说到这里为止，似乎西域各地养蚕只满足于将茧制成绵絮。但据吐鲁番所出文书，知道至少龟兹在取绵之后，还纺绵成丝，织成"绵经绵纬"的锦。既能织锦，当然也能织绢绸之类。那就说明养蚕不仅取绵，而且也取丝纺织。……当然，我们目前只知道龟兹有这样绵织的锦，并为高昌所仿制，焉耆、于阗是否也以绵取丝作锦呢？我们不知道。从高昌仿制这点看来，其他各地也未必不能仿制。①

据此而言，在公元5-6世纪的时候，在吐鲁番盆地的高昌与北道的焉耆、龟兹等地的桑蚕和丝织技术，已经颇为熟练了。可想而知，这个时间范围的上限，即丝织技术传入当地的时间，应当还要早一些。

高昌地区至少从十六国时期以来，即已成为河西等地汉人的徙居地，而且形成了一个地道的汉文化中心。在龟兹，汉人的徙居也是很早的事，《汉龟兹左将军刘平国作亭诵》中提及"秦人"，可以说明此问题。②塔里木盆地与河西以及关中地区的交往，看来是由来已久的事。佉卢文书中提到的"汉人"与"汉地"，与《刘平国作亭诵》中所说"秦人"，所指应相同。通过这些较早期的汉人移民，或者其它途径，内地的丝织技术传入吐鲁番和塔里木盆地，应是一件较早的史事。

接下来的问题，集中于丝绸技术在南道的传播时间上。有几条记载提供了线索。

一是前引玄奘的记载，即于阗为纪念"先蚕"所建筑之"麻射僧伽

---

① 唐长孺：《吐鲁番文书中所见丝织手工业技术在西域各地的传播》，载文化部文物事业管理局古文献研究室编：《出土文献研究》第一辑，文物出版社1985年版，第146-151页。
② 马雍：《〈汉龟兹左将军刘平国治亭诵〉集释考订》，载氏著《西域史地文物丛考》，文物出版社1990年版，第24-40页。

蓝"。类似的记载还见于《于阗国史》和《新唐书》。① 此伽蓝之建立时间，依玄奘记载的说法，应当为桑蚕技术传入于阗的时间。关于此伽蓝的建立，有间接的历史记载可资推论。案《于阗国史》云：自 Vijaya-virya 建立娑摩若僧伽蓝以后，连续两代王没有建立伽蓝。其后 Vijaya-jaya 王从中国娶了一个名叫 Pu-ñe-śvar（可能来源于梵文的 Punya-īśvarā，即"福自在"的意思）的王女。那个王女在出嫁的时候暗中带来了蚕种，饲养在名叫 Ma-ża 的地方了。②

《大唐西域记校注》在这段注释中，提到了另一座伽蓝——娑摩若僧伽蓝，在该书同卷的前一条就专记此伽蓝，校注者解释了娑摩若僧伽蓝的来历：

> 娑摩若似来自梵文 Somājñā。藏文文献中作 so-ma-ña。类似的故事也见于藏文《于阗国史》。《法显传》于阗国条："其城西七八里，有僧伽蓝，名王新寺，作来八十年，经三王而成，可高二十五丈，雕文刻镂，金银覆上，众宝合成。塔后作佛堂，庄严妙好，梁柱户扇窗牖皆以金薄。别作僧房，亦严丽整饰，非言可尽。"其中的王新寺当即此僧伽蓝，斯坦因考订为今姚头冈西方约一英里之 Somiya 村。当地有一坟冢，据传即其遗迹。③

如果娑摩若僧伽蓝就是法显提到的王新寺，那么可以推测当时娑摩若僧伽蓝的建立已大约有了三代王，即八十年左右的时间了；而据以上

---

① 《于阗国史》中的记载颇为详细，据季羡林先生《中国蚕丝输入印度问题的初步研究》，国王毗阇耶阇耶（Vijayajaya）娶中国公主哲捏霞（Pre-nye-shar），她想把蚕种带到于阗（Liyul）去，于是就在玛杂（Ma-dza）这个地方养了一些。中国大臣想破坏，告诉国王，蚕会变成毒蛇。国王听信了他的谗言，把蚕室放火烧掉。公主抢出了一些，后来缫出丝来，穿在身上，把实情告诉国王，国王大悔。《新唐书·西域传上·于阗》也粗略记载了这个故事："初无桑蚕，丐邻国，不肯出，其王即求婚，许之。将迎，乃告曰：'国无帛，可持蚕自为衣。'女闻置蚕帽絮中，关守不敢验，自是始有蚕。女刻石约无夺蚕，蛾飞尽得治茧。"

② 引自《大唐西域记校注》卷十二，第 1023 页。

③ 《大唐西域记校注》卷十二，第 1021 页。

的说法，在 Ma-za 的麻射僧伽蓝的建立时间距离挚摩若僧伽蓝之建立，也恰是三代王，也就是说，到法显的时候，麻射僧伽蓝已经有了，这时候养蚕业已经传到了于阗。法显于 399 年前后开始西行取经，到于阗的时间应该是 400 年前后，当时丝织技术已经在于阗地区传开了。

有一个问题，就是《大唐西域记》里"东国"和《于阗国史》里的"中国"以哪个为准，指的是哪个地方？我认为，"东国"可能更可信。"东国"，从字面解就是于阗以东的国家，以鄯善的可能性较大。[①] 若以鄯善解，我们推测，丝织技术从中国内地西传入南道，或许经过了两个阶段：可能在 3 世纪前后传入鄯善，大约在 4 世纪末或 5 世纪初传入于阗。

在玄奘的时代，于阗已掌握了桑蚕和丝织的技术，他们的衣料中有丝织品"绝䌷"之属[②]，唐长孺先生曾提及，在"新疆出土的北朝织物中有'绵经绵纬'所织之绝"[③]，是此种丝织物之遗物。据此推测，于阗所实行之丝织技术，当与龟兹、高昌等相同，为"绵经绵纬"的技术体系。这与内地是不相同的。

丝绸技术之传入波斯

在丝绸技术传入塔里木盆地之后，在到达地中海世界之拜占庭前，介于中国与拜占庭之间的中亚和伊朗地区，是丝绸贸易以及技术传播的中间站，极具重要意义。

在古代中亚，有几个地区是非常重要的，一个是位于阿姆河、锡尔河之间的粟特（Sogdiana）及其邻近的大夏（Bactria）；另一个为印度河

[①] 林梅村即认为此东国指鄯善（楼兰），丝织技术的传播就是从内地经楼兰到于阗，参见其《楼兰公主与蚕种西传于阗和罗马》，《文物天地》1996年第4期。

[②] 《大唐西域记校注》卷十二，第 1001 页："瞿萨旦那国周四千余里……出㲲氎细氎，工纺绩絁䌷，又产白玉、䃁玉。……少服毛褐氎裘，多衣絁䌷白㲲。"

[③] 唐长孺：《吐鲁番文书中所见丝织手工业技术在西域各地的传播》，《出土文献研究》第一辑，第 151 页。

流域。粟特在中古时期于东西文化交流中所扮演角色和历史地位，早已得到考古学资料和历史文献的反映，在前文中已有所涉及。但是，关于粟特人在中国丝绸技术向西方传播过程所起的作用，还需要进一步探讨。近来有法国学者魏义天（Étienne de la Vaissière）著《粟特商贾史》，研究粟特商人在东西方贸易中的历史问题。① 除此之外，还需看到印度河流域在丝绸技术传播过程中的作用，这个问题亦是重要的。

古代伊朗似乎是较早掌握了丝织技术的国度。有一些记载与此有关，如《南史·西域诸国传》记载，普通元年（520）滑国遣使献黄师子、白貂裘、波斯锦等物，《大唐西域记》卷十一《波剌斯国》记载波斯"工织大锦，细褐，氍毹之类"。季羡林先生曾据此认为，"可见至迟在公元六世纪初叶以前波斯已经能织绫锦。"②

案劳费尔（Berthold Laufer）认为，"中国的绸料经过中亚细亚之后，到了伊朗帕提亚人手里，这些人又充当中国与大秦做这项买卖的中间人。据推测养蚕业传到波斯，尤其是传到至今此业还很发达的吉兰，是发生于萨珊王朝的后期。由于一位中国的公主在419年所介绍，和阗人懂得了养蚕，很可能因此促进了这个新工业更向西面发展，渐渐传播到叶尔羌、拔汗那和波斯。"劳费尔还认为，所有的据认为由希腊语"ser"（"蚕"，由此而有了Seres，Serica）为源生出的同一类词语，"可能出源于一个中国字，然而其根源决非'丝'字"；又说："我们毫无理由把希腊字ser，Sera，Seres等说成是由汉语来的。这一系列字最初是伊朗人传播的，我认为它们的语原是伊朗语（参照新波斯语sarah'丝'，从而有了阿拉伯字sarak）。"③

以上两种说法在传入时间上略存在差异，我们推测有这么一种可能，即波斯的丝织技术经历了两个阶段，第一个阶段主要是靠进口东

---

① Étienne de la Vaissière, *Histoire des Marchands Sogdiens*, Paris, Collège de France, Institut des Hautes Études Chinoises, 2002.

② 季羡林：《中国蚕丝输入印度问题的初步研究》，载氏著《中印文化关系史论文集》，第51—96页。

③ ［美］劳费尔著、林筠因译：《中国伊朗编》，商务印书馆2001年版，第366—368页。

方的生丝进行纺织；[①]第二阶段才是自己生产生丝，织出丝绸。第一个阶段可能是在6世纪以前，后一阶段可能发生在6世纪末至7世纪初期，即萨珊王朝后期。

拜占庭

在涉及丝绸技术何时传入拜占庭的两条史料中，都提到是在查士丁尼皇帝（Justinianus I，527-565年在位）时传入的。戈岱司（G. Coedès）辑注的《希腊拉丁作家远东古文献辑录》中收录了两位古代作者的相关记载，其一为拜占庭的泰奥法纳（Théophane de Byzance，约公元750-817年）：

> 泰奥法纳介绍说，在查士丁尼统治时期，一位波斯人曾在拜占庭介绍过有关蚕虫的起源问题。一直到那时为止，罗马人对此尚一无所知。这位波斯人来自赛里斯人之中，他曾在一个小盒子里搜集了一些蚕卵。一旦当蚕虫吞食了这些树叶后，便长出了翅膀。他们完成了剩余的工序。查士丁尼曾向突厥人传授过有关蚕虫的诞生和织茧的工序问题，突厥人对此感到惊讶不已，因为突厥人当时控制着赛里斯的市场和港口，而这一切过去均属于波斯人。[②]

按戈岱司的说法，泰奥法纳在这里转引的是另一位作家即赛萨雷的普罗科波（Procope de Césarée，卒于562年）在《哥特人的战争》里的记载，后者记载更详细，但有些方面与泰奥法纳有很大出入：

[①] 孟凡人先生还认为在进口生丝之前，波斯人还曾买下东方丝绸，拆开取丝，再织成有波斯风格的丝绸以出口。孟凡人：《丝绸西传与丝绸之路》，载氏著《新疆考古与史地论集》，科学出版社2000年版，第309-320页。

[②] [法]戈岱司编、耿昇译：《希腊拉丁作家远东古文献辑录》，中华书局1987年版，第116页。

到了这个时代，某些来自印度的僧侣们深知查士丁尼皇帝以何等之热情努力阻止罗马人购买波斯丝绸，他们便前来求见皇帝，并且向他许诺承担制造丝绸，以便今后避免罗马人再往他们的宿敌波斯人中或其他民族中采购这种商品了。他们声称自己曾在一个叫作赛林达（Sêrinda）的地方生活过一段时间，而赛林达又位于许多印度部族居住地以北。他们曾非常仔细地研究过罗马人地区制造丝绸的可行办法。由于皇帝以一连串问题追问他们，询问他们所讲的是否真实，所以僧人们解释说，丝是由某种小虫所造，天赋了它们这种本领，被迫为此而操劳。他们还补充说，绝对不可能从赛林达地区运来活虫，但却很方便也很容易生养这种虫子；这种虫子的种子是由许多虫卵组成的；在产卵之后很久，人们再用厩肥将卵种覆盖起来，在一个足够的短期内加热，这样就会导致小动物们的诞生。听到这番讲述以后，皇帝便向这些人许诺将来一定会得到特别厚待恩宠，并鼓励他们通过实验来证实自己的所说。为此目的，这些僧人返回了赛林达，并且从那里把一批蚕卵带到了拜占庭。依我们上述的方法炮制，他们果然成功地将蚕卵孵化成虫，并且用桑叶来喂养幼虫。从此之后，罗马人中也开始生产丝绸了。①

比较来讲，普罗科波的记载应当更可信一些，理由是他是查士丁尼皇帝的同时代人，此外是关于养蚕技术的描述更为准确、细致。因此，罗马人之获得桑蚕丝织技术，可能是从印度人那里得到的。这里有一个重要问题，即赛林达的位置。按季羡林先生的推测，此地极可能是指塔里木盆地的某处，有可能是和田，"因为和田是最先从中国内地输入蚕种的"。② 前引劳费尔的说法里也指出，中国境外地区的桑蚕业，是从和田传播出去的。我们怀疑，所谓的"Sêrinda"可能与斯坦因所谓"Serindia"含义相同，在语源上与"Ser"和"Seres"有关，指称出产丝绸的赛里斯国与印度地区之间的一个地方。此处聊充一说。

---

① ［法］戈岱司编、耿昇译：《希腊拉丁作家远东古文献辑录》，第96—97页。
② 引自季羡林：《中印文化关系史论文集》，第68页。

假　说

　　根据以上论述，如果加以概括的话，关于丝绸技术之传播（路线、年代、方式），我们觉得采用"假说"的方式较为合适，因为在一些关键性问题上，尚缺乏充分的证据。

　　丝绸技术最初可能是在长江中游的成都平原一带发明，所谓嫘祖发明桑蚕丝织技术的说法，只是后人的比附。这个技术发明的时间，可能是在中国历史的原史时期，即传说中的黄帝时期，或许到了新石器时代一个较早的时间；之后传播到了长江下游太湖流域等地，这是最先传达的地区；再之后是关中平原和山东等地，就中国境内而言，最后是传播到了塔里木盆地等地。

　　在塔里木盆地的传播，是这种技术最终传播到中国境外地区的关键，这亦是本文所竭力探讨的。根据一些资料，可能是在公元3世纪，丝绸技术传播到了塔里木盆地东南部的鄯善；在此之后，继续传播到了吐鲁番盆地南道的于阗和北道的焉耆、龟兹等地。这几个绿洲都陆续成为丝绸的生产地，不过在养蚕治丝技术上，采用了与中国内地不同的做法，即所谓"绵经绵纬"的技术。

　　大约在4世纪的某个时期，丝织技术传播到了于阗，这里逐渐变成塔里木盆地的丝织业中心。由这里开始，丝织技术向帕米尔高原以西地区传播，最主要的方向是印度和波斯。这时还需考虑到海路和"西南丝绸之路"的途径问题。至迟在6世纪初，波斯人已经掌握了丝织技术。随后在同一个世纪里，在查士丁尼皇帝时期，这种技术最终传播到了拜占庭帝国。

（原刊于余太山主编《欧亚学刊》第四辑，
中华书局2004年，略作订正）

双语钱币

本文以集中出土于和田的汉-佉二体钱为中心，讨论"丝绸之路"沿线考古发现的双语钱币的功能。这种钱币除汉-佉二体钱外，在中亚地区还发现过几种类型。虽然我们对"丝绸之路"沿线各地之间交易手段，如中亚商贾（大月氏和后来的粟特等）所持货币与中国货币之间如何兑换等详情不甚明白，但是，可以想到的是，可能存在某种起中介作用的价值单位，如丝绸或者某种特种币制，以达成国际结算。过去在塔里木盆地南北道各遗址出土的大量五铢钱，如在通往土垠和楼兰遗址的路上、在和田美里克阿瓦提城址里出土的几批，可能是用于盆地内各绿洲城邦之间以及他们与中国内地贸易间流通的货币。我们不清楚的问题有二：一是塔里木盆地与其他地区（如与大夏、大月氏、粟特等）的币制是何种关系？二是中国内地与塔里木盆地之外地区的交易，又是如何结算的？由于缺乏文献记载，这两个问题虽然重要却难以究明。本文试根据考古发现的钱币以及出土文献资料，以比较汉-佉二体钱与中亚币制的形制特征，并推论交易方式及不同币制间可能的兑换关系。

几种双语钱币及其年代

（一）汉-佉二体钱（Sino-Kharoṣṭhī coin）

这种钱币又称为"和田马钱"[①]，其形制属于圆形无孔钱币系统，一般采用青铜质料。两面的图案和铭文，正面是一匹马或骆驼（以马为

---

① 夏鼐：《"和阗马钱"考》，《文物》1962年第7、8期。

主），个别例子（如克力勃划分的第十三型）是一个类似"贝"字形的符号；周围边缘是一圈佉卢文字，拼写的是于阗语。背面的中心是一个类似"贝"字形和另外一种符号的图案，周围是一圈汉文的篆字（"六铢钱""重廿四铢铜钱""于寘大〔王〕"），钱币边缘则是一圈装饰性的图案（表1、图一）。

图一　汉-佉二体钱
（据《新疆文物古迹大观》等）

这种钱币在形制上明确采用了中国以西地区的钱币系统，其出土地点集中在现在的和田地区范围。① 英国学者克力勃（Joe Cribb）曾将大英博物馆收藏的此类钱币划分为十三个型。但是总体上看，又可以确定为所谓大钱和小钱两种：大钱即那种"重廿四铢铜钱"，小钱即是"六铢钱"，二者的重比是4∶1。从重量上说，大钱约当汉代衡制中的一两（15.6克），小钱则当大钱的四分之一（3.9克）。克力勃指出，这两种钱币的重量更接近公元1世纪后的大夏钱币重量及比值。②

汉-佉二体钱的年代，克力勃提出上限是在公元1世纪早期，其下限很明确，在132年，即于阗王放前被疏勒王臣磐战败的年代。③ 克氏外，还有如下诸说：公元73年至3世纪末（夏鼐）④、3世纪60年代中

---

① 刘文锁：《安迪尔新出汉佉二体钱考》，《中国钱币》1991年第3期。
② ［英］克力勃著、姚朔民译：《和田汉-佉二体钱》，《中国钱币》1987年第2期。
③ 同上。
④ 夏鼐：《"和阗马钱"考》，《文物》1962年第7、8期。

期至90年代（孟凡人）①、公元175-220年（林梅村）。②除克氏年代较早外，余者均较晚。

（二）希腊-佉卢文钱（Graeco-Kharoṣṭhī coin）

铭以希腊文和佉卢文的双语币，在巴基斯坦和阿富汗北部等地出土过几批。这种钱币似乎是古代印度西北部至巴克特里亚（大夏）地区的基本币制，有铜和银质两种，形制上有圆形和方形两种。根据铭文释读和断代上可以看出，这种双语币的发行时间，从公元前3世纪直至公元2世纪前后，经历了先后占据本地的几个王国——印度希腊化王国（公元前3-前1世纪）、印度斯基泰王国（公元前2-公元1世纪）、安息王朝（公元1-2世纪）的统治。

在巴基斯坦Shaikhan Dheri发现的阿泽斯窖藏（Azes hoard）中，包括了一种希腊文和佉卢文铭文的钱币，即阿泽斯II型（Azes II）的Jihonika钱，包括铜和银质两种。

铜币正面铸出一头印度式峰牛图像，周围是希腊文ΒΑΣΙΛΕΩΣ ΒΑΣΙΛΕ ΩΝ ΜΕΓΑΛ□Υ ΑΖ□Υ（其意等同背面的佉卢文铭文）；背面中间一头狮子，周围一圈佉卢文maharajasa rajatirajasa mahatasa ayasa（前两词即常见的"大王、王中之王"）。

银币的图案与铜币不同，正面是王的头像，周围有希腊文；背面是宙斯的立像，周围是佉卢文铭文（图二）。

麦克·道尔（D. W. Mac Dowall）将这批由统治西部兴都库什地区的王Jihonika发行的钱币，推定为公元30-40年代，而此王可能生活在贵霜创始者丘就却崛起前夕，其领土的一部分后来为丘就却所吞并。③

---

① 孟凡人：《于阗汉佉二体钱的年代》，载氏著《楼兰鄯善简牍年代学研究》，新疆人民出版社1995年版，第410-432页。

② 林梅村：《再论汉佉二体钱》，《中国钱币》1987年第4期。

③ David W. Mac Dowall, "The Azes Hoard from Shaikhan – Dheri: Fresh evidence for the Context of Jihonika", Norman Hammond, ed., *South Asian Archaeology, Papers from the First International Conference of South Asian Archaeologists held in the University of Cambridge*, Noyes Press 1973, pp.215-230.

图二 阿泽斯 II 型希腊-佉卢文二体钱
（据 *South Asian Archaeology*）

布莱克本博物馆的哈特藏品（The Hart Collection, Balckburn Museum）中，也有这种希腊文和佉卢文的双语钱币。[1]

这种钱币发现较多。在犍陀罗（Gandhāra）和阿拉霍西亚（Arachosia）、帕罗帕米萨达（Paropamisadae）等为大夏所占领的原孔雀王朝行省，也出土过大批的这种希腊文-佉卢文银或铜币，如米尔·扎卡（Mir Zakah）、贝格兰（Begram）、艾哈农（Ai Khanum）和昆都士（Qunduz）等地发现的窖藏。[2] 这些属于大夏希腊化王国所

---

[1] N. K. Rutter, "Review: *Sylloge Nummorum Graecorum, Vol. VIII: The Hart Collection, Blackburn Museum* by Keith F. Sugden", *The Classical Review*, New Ser., Vol. 40, No. 2 (1990), pp.518-519.

[2] F. R. Allchin, and N. Hammond ed., *The Archaeology of Afghanistan, from Earliest Times to the Timurid Period*, London: Academic Press 1978, p.204.

图三 A　早期大月氏铜币

图三 B　迦腻色迦铜币和金迪纳尔

仿制希腊德拉克麦（drachm）制造、发行的钱币，与这一地区的贸易有关。从出土情况看，其流通范围直达阿富汗西部与伊朗东部的锡斯坦（Seistan）地区①；而且我们也可看出，后世的贵霜钱币，也是来源于大夏的这种币制（图三 A、B）。

据在大夏出土的碑刻资料，这个地方的语文曾发现有多种，如被亨宁称作"巴克特里亚文"（Bactrian）的一种可能属于迦腻色迦时期的文字，与吐火罗文有关。②这种希腊文-佉卢文双语钱币，又被麦克·道尔等人称作"希腊-大夏钱"（Graeco-Bactrian coinage）（图四）。这种币制是希腊化的结果。

上博杜维善先生藏品中，也有一批希腊文-佉卢文双语钱币（编号 1057-1086），由

---

① F. R. Allchin, and N. Hammond ed., *The Archaeology of Afghanistan, from Earliest Times to the Timurid Period*, London: Academic Press 1978, pp.204-211.

② W. B. Henning, "The Bactrian Inscription", *Bulletin of the School of Oriental and African Studies, University of London*, Vol. 23, No. 1 (1960), pp.47-55.

图四 希腊-大夏钱
(据 *The Archaeology of Afghanistan*)

公元前3至前1世纪统治印度的希腊化王国国王所发行。有银、铜质以及圆形和方形两种。其中铜币圆形者3枚，方形者10枚，实测的重量可以分作二组：1.6、1.8、2.9克；7.3、7.4、7.9、8.1、9.1、9.8、10.8克。[①] 虽然不是全部资料，但是我们可以计算其平均值，分别为2.1克

---

① 上海博物馆：《上海博物馆藏丝绸之路古代国家钱币》，上海书画出版社2006年版，第185—189页。

和8.6克，比值约为1∶4。

杜氏藏品中还包括一批印度－斯基泰币（Indo-Scythian coin，1087－1183），年代在公元前100－公元5年。分为银、铜币二种，形状上为圆形和方形。正面为骑在马上的王像，周围铭一圈希腊文；背面是站立或坐在宝座上的神像，周围铭佉卢文。这批钱币的重量在一个不小的范围内浮动，从2克至23克不等，一般在3克至14克。[1] 以阿泽斯二世（Azes II，公元前35－公元5年）发行的铜币为例，其重量分别为3、5.8、9.2、9.7、9.7、11.3、11.8、12.1、13.3、13.2、13.9、14.1克。这些钱币除一枚（1176）外，都是圆形币。当然，像汉－佉二体钱那样，我们也可以根据重量大致地将这些钱币区分为大（9.2－14.1克）、小（3克，排除惟一一例的5.8克）二种，以大钱的平均值11.8克计算，二者也是大略4∶1的比值。

另一种希腊文－佉卢文双语币，被称作印度－安息钱（Indo-Parthian Maues）。根据发现情况，仍是希腊币制体系，分为银和铜币二种。正面压印出王（或骑在马上）的头像，周围是惯用的希腊文"大王""王中之王"之类铭文；背面是手持花环的胜利女神或弓箭手图像，边缘一圈佉卢文。这种钱币发现于印度河流域、旁遮普（Punjab）以及阿拉霍西亚地区，是由一位于公元30年前后在上述地区建立了国家的印度－安息王Gondophares发行的。[2] 不过，关于这种钱币发现数量较少，而有关的报道亦简略。杜氏藏品包含有16枚左右的此种钱币（1184－1199），年代推定在公元20－135年。[3]

形制特征

上述两种双语钱币都是圆形无孔形制，属于成熟的中亚货币体系。

---

[1] 上海博物馆：《上海博物馆藏丝绸之路古代国家钱币》，上海书画出版社2006年版，第190－205、315－316页。

[2] Eric P. Hamp, "An Indo-European Locution on Early Indian Coin Issues", *Journal of the American Oriental Society*, Vol. 119, No. 3 (Jul., 1999), pp.482－483.

[3] 《上海博物馆藏丝绸之路古代国家钱币》，第205－207页。

我们可以看出，在形制上汉-佉二体钱保持了希腊-佉卢文币制的基本特征，在铭文和图案上又接近贵霜钱币。表面看，它遵循中亚而非中国的传统，是直接继承中亚币制的结果。安息和贵霜都采用了希腊币制的钱币体系。[①] 这样，似乎可以将它们纳入同一个币制系统中。

从重量上看，汉-佉二体钱和希腊-佉卢文钱都可以大致地分作大、小二组（大、小钱），汉-佉二体钱的情况更明确一些，二者的比值也大致接近，似乎存在某种联系。在铭文中惯用的"大王"以及较晚出现的"王中之王"称号，也是具有可比性的现象。汉-佉二体钱还有其特殊之处：未发现银币，但出土过铅钱（图五）；[②] 进一步比较，它还不采用印制王像的方式，铭文的地位也发生变化，在正、背面中心位置一般都印上固定的两种符号（一种类似汉字"贝"），克力勃曾怀疑是（于阗王族的）族徽，且与印度-安息和早期贵霜王使用的徽记有关；[③] 汉文铭文主要是标示重量（也就是币值），且印在了币的背面。

图五　和田出土铅钱
（左、中：印度式；右：中国式）

[①] A. B. Nikitin, "Early Parthian Coins from Margiana", in V. S. Curtis, R. Hillenbrand, and J. M. Rogers ed., *The Art and Archaeology of Ancient Persia, New Light on the Parthian and Sasanian Empires*, London: I. B. Tauris Publishers, 1998, pp.14-19; *The Archaeology of Afghanistan, from Earliest Times to the Timurid Period*, pp.212-214.

[②] 克力勃提到在和田发现的两枚铅钱，一枚是所谓印度风格，正面是马和一个常见的符号（他释为"方"字）；背面中间位置是相同的符号和篆字"方"，及佉卢文 dosana，此词应与十二和十三型背面所铭的 panadosana（波诺陀娑诺）为同一位于阗王，克力勃很肯定地将这位王比定为放前。另一种是圆形方孔钱，正面铸出"于"和常见的符号。（参见《和田汉-佉二体钱》）

[③] 夏鼐：《"和阗马钱"考》，《文物》1962 年第 7、8 期。

从钱币资料看，塔里木盆地以外的中亚地区，基本币制是在早期希腊币的基础上发展出来的中亚形制；在大夏、印度-斯基泰和贵霜王国，币制的特征就是多种语文合体，铭文是以希腊文和源自阿拉美文（Aramaic）的佉卢文为基本文字。除了由铭文反映外，在图案上也反映出合体结构的特征，即将不同文化背景下的钱币图案或符号缀合在一起。由毕瓦整理的大英博物馆藏品中，甚至还有一种所谓贵霜-萨珊钱币，年代较晚，也是流通于中亚地区。[①] 不同语文的铭文和不同文化背景的图案合体，是中亚钱币的特色，也是其币制的基本特征。[②]

交易方式

如果我们假设，汉-佉二体钱在形制和铭文上采用中亚和中国结合的形式，是为了便于与这些地区的货币进行兑换，那么，这里涉及的问题，一是这种新币种可能是内部结算用的，二是于阗也参与了丝绸之路贸易，在其中扮演了一种中介的角色。

首先，在丝绸之路的交易方式中，货币并非惟一的支付手段，这一点已经得到了肯定；像丝绸（甚至可能还有棉布[③]）之类的实物曾经被当作货币（丝本位），或者直接的实物交易，都是有可能的。[④] 我们也知道，在丝绸之路上开展的国际贸易中，丝绸的交易只是其中的一部分，像劳

---

① Richard N. Frye, "Review: *Corpus Inscriptionum Iranicarum, Part III, Pahlavi Inscriptions, Vol. VI: Seals and Coins, Portfolio 1, Kushan and Kushano-Sasanian Seals and Kushano-Sasanian Coins: Sasanian Seals in the British Museum* by A. D. H. Bivar", *Journal of the American Oriental Society*, Vol. 91, No. 1 (Jan., 1971), pp.145-146.

② 中亚的双语或多语环境，还通过在当地发现的碑刻反映出来，如出土于阿富汗 Dasht-i-Navur、被法国语言学者称作"阿富汗的罗塞塔石碑"的贵霜三语石碑，以及坎大哈（Kandahar）出土阿育王（Aśoka）时期的希腊文-阿拉美文（Graeco-Aramaic）双语碑刻等。(A. D. H. Bivar, "The Kuṣāna Trilingual", *Bulletin of the School of Oriental and African Studies*, University of London, Vol. 39, No. 2, (1976), pp.333-340; *The Archaeology of Afghanistan, from Earliest Times to the Timurid Period*, p.195, Fig. 4. 4.）

③ 杨富学：《古代新疆实物货币——粗棉布》，《中国钱币》1989年第3期。

④ 姜伯勤：《敦煌吐鲁番文书与丝绸之路》，文物出版社1994年版，第3页。

费尔所做的考证显示出的。① 根据目前的研究来看，参与丝绸之路贸易的商贾也有其特点：史料中虽也有中国人从事贸易的记载，但从事这种活动的主要是中亚的族群，较早期可能是大夏和大月氏人，较后兴起了粟特的商团。② 这种状况影响着中亚的货币取向。我们可以猜测，在漫长历史的各种商贸活动中，交易双方通过了多种方式以达成买卖和结算，其中，中间商（从大夏-大月氏商团到后来崛起的粟特商团）的金融取向是窥测这个问题的钥匙。可能，存在过一种可以实现国际交易和结算的中介货币。这种货币发挥了沟通中国与中亚货币的功能。

以公元 1—4 世纪为讨论问题的时间范围，这个时段涵盖了推定的汉-佉二体钱和佉卢文书的年代，也涵盖了楼兰文书以及敦煌出土"粟特古书简"的年代在内。《太平预览》班固与弟超书，提及与（大）月氏交易的支付方式：

窦侍中前寄人钱八十万，市得杂罽十余张。
今赍白素三百匹，欲以市月氏焉（马）。
窦侍中令载杂缯七百匹，市月氏苏合香。③

此"钱"应指五铢，是用钱购买西域名产的毛罽。另一种交易方式是用丝绸，购买月氏马和苏合香，丝绸无外乎实物货币或者实物交换两种可能性。

敦煌"粟特古书简"中，二号文书（信）中曾提及这支商队的交

---

① ［美］劳费尔著、林筠因译：《中国伊朗编》，商务印书馆 1964 年版。
② 魏义天（É. de la Vaissière）在《粟特人在中国——历史、考古、语言的新探索》（中华书局 2005 年版）"结语"中说："在很大程度上印度以及大夏（巴克特里亚）影响了粟特，换句话说，月氏（贵霜）的影响在粟特人商业词汇的形成中是至关重要的。我曾经指出，佛教资料也说明粟特商业往中国的发展产生于月氏的大商业之后，于阗文指称'丝绸'的词即是这一分析的证明。粟特人正是从南方，从月氏帝国，从于阗一直走到中国的。应该指出这一点，粟特人在早期任何时候都不是丝绸之路上最重要的商人，他们先是大夏或是月氏商人的徒弟，大夏与印度商人直到公元 3 世纪都还控制着向中国的商队贸易，并极大影响了塔里木盆地的语言。"
③《太平预览》卷八一四、八一六、九八二，中华书局 1960 年版，第 3618、3631、4347 页。

易方式:"我们从敦煌前往金城去销售大麻纺织品和毛毡。携带金钱和米酒的人在任何地方都不会受阻。"[①] 在这个粟特与中国人的交易中,一方面采用了实物交换的方式,另一方面它提到所谓"金钱",应是用于在各地间滚动买卖时支付的一种货币,但是文书里没有提到细节。辛姆斯·威廉姆斯(N. Sims-Williams)在最近释读的同一批信札中的六号信里,根据施杰我(P. O. Skjaervø)的意见,释读出了"丝绸"(pyrcyk)一词,这封信是关于粟特商人在中国的丝绸贸易的:

〔你〕对我说:〔如果〕你(从中国)前往楼兰,你一定要为我(作为交换)买 pyrcyk;如果〔你未能找到(?)〕pyrcyk,你就买樟脑(作为交换),然后带回来给我。[②]

对粟特商贾来讲,实物交换的方式可能更便利一些。

还可以注意以下的几条资料:

安迪尔出土佉卢文书 661 号(于阗国文书),卖主卖给 Suliga(粟特?)人 Vagiti Vadhaga 的骆驼的价款是 8000 māṣa。[③] 这应该指当地的一种钱。

楼兰出土的汉文文书,木简(369. No. 804-LA.VI.ii.041):

(正面)兵胡腾宁市青㡌一领,广四尺六寸,
(背面)长丈一尺,故黄㡌褶一领,贾丝(绦)三匹。[④]

---

① 此据孟凡人《楼兰鄯善简牍年代学研究》(新疆人民出版社 1995 年版,第 457 页)。Sims-Williams 有一个新释译本(N. Sims-Williams, "Sogdian Ancient Letter II", A. L. Juliano, J. A. Lerner, ed., *Monks and Merchants. Silk Road Treasures from Northern China, Gansu and Ningxia 4th-7th Century*, New York: H. N. Abrams & Asia Society, 2001, pp.47-49)。

② 辛姆斯·威廉姆斯著、Emma WU 译《粟特文古信札新刊本的进展》,《粟特人在中国——历史、考古、语言的新探索》,第 72-87 页。

③ T. Burrow, *A Translation of the Kharoṣṭhī Document from Chinese Turkestan*, The Royal Asiatic Society, London, 1940, p.137.

④ 参见:《楼兰鄯善简牍年代学研究》,第 165 页;侯灿编著《楼兰汉文简纸文书集成》,天地出版社 1999 年版,第 442-443 页。

"贾"以丝绸为实物货币。楼兰戍卒中有月氏人，如"兵支胡簿成、兵支胡寅得"（411. No.846-LA.VI.ii.04）、"兵支胡管支"（454. No.891-LA.V.i.1）等，另外还有"贾胡"（491. No.928-LA.VI.ii，纸文书），以及可能是"粟特胡"的记录：

建兴十八年三月十七日粟□胡楼□
一万石钱二百（449. No.886-LA.I.iii.1）①

这些文书里保存了大量的关于丝绸以及所谓"胡布"等的交易，如：

李卑疏：……白布囊一枚，胡布三匹。（188.〔22〕）
□入三百一十九匹。今为住人买彩四千三百廿六匹。（212.〔46〕）
今假贷市买，使及赵霸去仓卒，及去人，为书恨（？）不备具（476. No.913-LA.VI.ii.〔0232〕）
囷有人来，念作书彩（？）来，所寄悉为得函（？），当□可知德文幸
〔上残〕贾敦煌钱二〔下残〕（477. No.914-LA.VI.ii.ii.〔0229〕）②

571. No.237-LA.VI.ii.060号纸文书（出纳账），正面记米、麦等谷物数量，背面记：

□安二枚六百
佳夷廿二枚贾□
□□二枚二千③

这是否指几种货币？所谓"胡布"可能指毛布，或者指棉布（白叠）。

---

① 以上参见《楼兰鄯善简牍年代学研究》，第173、183-184页。
② 同上书，第123、128、190-191页。
③ 同上书，第232页。

这些商务文书提示我们：在当时楼兰城是一个商贸的中心。这与西晋官府对西域的管理有关。尼雅出土汉文木简中的过所和关于"私行籴买，无过所启信"公文，① 说明当时可能连同商贾在内的出行都是受到严格控制的。

从这里可以概括出，与中国内地丝绸出口的同时，产自西域的毛布也在向中国内地输入，二者可能存在实物交换；以货币支付的方式，可能仅限于塔里木盆地内部的几座商业城镇。像氎这类毛织品，在内地是有一定消费市场的，其来源还包括贡献。②

兑换关系与中介货币

双语钱币集中出土于中亚地区，除了说明这个地区的语文环境，还可能揭示不同货币间如何兑换的问题。

汉-佉二体钱在形制和铭文上与大夏、贵霜钱币等的相似，使人猜测于阗与上述地区有过经济、文化上的联系。假如我们推论，在二者之间可以建立基于重量的币值兑换关系，而且这种关系同样也适用于与五铢之间的兑换——钱币背面的两种汉字铭文"六铢钱"和"重廿四铢铜钱"，除了标示这二种币的币值（重量）以及兑换比率，还可以与五铢兑换，那就会推导出一个问题：汉-佉二体钱是一种中介货币，是内部性质的。用下述模式表示：

大夏、贵霜币 ⟵⟶ 汉-佉二体钱 ⟵⟶ 五铢

大、小钱的重量及其比率都接近，这种状况虽不能当作惟一根据以说明二者间兑换的可能性，但我们知道中亚的任何商贾都不大可能直接使用其本土货币在中国内地做买卖，其中需有一种起中介作用的币制，

---

① 628. N. XV. 353："违会不还，或安别牧，私行籴买，无过所启信。前各私从吏周〔下残〕"《楼兰鄯善简牍年代学研究》，第262页。

② 《说文解字》："氎，西胡毳布也。"曹植《辩道论》："甘始谓王曰：'诸梁时西域胡来献氎，悔不取也。'"崔鸿《十六国春秋·西秦录》："且渠蒙逊尚书郎王朽送戎氎千匹，银三百斤。"参见《太平预览》卷八一六，第3631页。

中间商可以同时利用其贸易链条端点的各地货币，分别支付，就像粟特人采取的金融策略。通过一种中介货币，来换算不同体系的货币。这种币或许就是汉-佉二体钱。因为正是这种惟一发现的兼具汉式和非汉式钱币形制的双语钱币，沟通了汉、胡两大币制。在基本上以重量衡量币值的金属币时代，同质地的钱币是可以通过重量比来建立关系的。汉-佉二体钱一方面采用汉衡制，分作二十四铢和六铢两种，实际上可能就是为了与五铢钱兑换而规定的。①

理论上讲，汉-佉二体钱似乎可同时与大夏、贵霜等钱币以及五铢相兑换，这种钱币可能像魏义天在他的书中分析过的5世纪后粟特人曾发行过的一种仅在城邦内部流通的货币。② 也就是说，于阗人仿制中亚和中国币制发行的这种币，是在于阗内部流通的，曾经用于中亚商人兑换的需要。这与这种币的出土情况相一致。当然，本文的这个推测需要得到进一步的证实。

表1 汉佉二体钱分类与分期图表（据克力勃《和田汉佉二体钱》制作）

期	型	图案与铭文	王属与年代（公元）	铭文释读
第一期	一型		矩拉戈陀摩（gurgadama）	maharaja yidiraja gurgadamasa（大王、于阗王矩拉戈陀摩）；"六铢钱"
	二型		矩拉戈（guraga）	maharaja yitiraja gurgasa（大王、于阗王矩拉戈）；"六铢钱"
	三型		矩拉戈牟奥（gurgamoa）；约25－50年	maharajasa yidirajasa gurgamoasa（大王、于阗王矩拉戈牟奥）；"六铢钱"
	四型		矩拉戈牟奥（gurgamoa）；约25－50年	maharaja yitiraja gurgamoasa（大王、于阗王矩拉戈牟奥）；"六铢钱"

---

① 夏鼐先生曾提出一个汇率，五个六铢的汉-佉二体钱（小钱）可以和六个五铢钱兑换。参见氏著《"和阗马钱"考》。

② É. de la Vaissière, *Histoire des marchands Sogdiens*, Paris: Collège de France, Institut des Hautes Études Chinoises, 2002, pp.167－170.

续表

期	型	图案与铭文	王属与年代（公元）	铭文释读
	五型		矩拉戈牟耶（gurgamoya）；约25–50年	maharaja yidiraya gurgamoya（大王、于阗王矩拉戈牟耶）；"六铢钱"
	六型		矩拉戈牟耶（gurgamaya）；约25–50年	maharaja yitiraja gurgamayasa（大王、于阗王矩拉戈牟耶）；"六铢钱"
	七型		矩拉戈牟耶（gurgamoya）；约25–50年	maharajasa rajatirajasa yidirajasa gurgamoyasa（大王、王中之王、于阗王矩拉戈牟耶）；"重廿四铢铜钱"
	八型		矩拉戈牟耶（gurgamoya）；约25–50年①	maharajasa rajatirajasa yidirajasa gurgamoyasa（大王、王中之王、于阗王矩拉戈牟耶）；"重廿四铢铜钱"
第二期	九型		伊诺钵（？休莫霸）（inaba？）；60–约65年	正面铭文漫漶；背面："重廿四铢铜钱"
	十型		伊诺钵（休莫霸）（inaba）；60–约65年	maharajasa rajatirajasa yitirajasa inabasa（大王、王中之王、于阗王伊诺钵）；"六铢钱"
	十一型		…陀戈（…dogasa）（广德？）；约65–73年	maharajasa rajati…dogasa（大王、王中〔之王〕、〔于阗王〕…陀戈）；"重廿四铢铜钱"
第三期	十二型		波诺陀娑诺（panadosana）（放前）；129–132年	maharaja…sa panadosana（大王……波诺陀娑诺）；"于阗大〔王〕"
	十三型		波诺陀娑诺（panadosana）（放前）；129–132年	maha…dosana（大〔王〕……〔波诺〕陀娑诺）；"于阗大〔王〕"

（2006年12月参加上海博物馆"丝绸之路古国钱币暨丝路文化国际学术研讨会"论文。刊于上海博物馆编：《丝绸之路古国钱币暨丝路文化国际学术研讨会论文集》，上海书画出版社2011年，略有订正）

---

① 上述第一至八型铭文中的于阗王，林梅村认为实际都是同一位国王秋仁，其年代在公元2世纪末3世纪初。参见氏著《佉卢文书及汉佉二体钱所记于阗大王考》，《文物》1987年第2期。

佉卢文 565 号文书考释
——兼说十二生肖的起源与传播途径

一、绪　言

斯坦因（M. A. Stein）于尼雅遗址发掘出的佉卢文书中，有一件（565 号）与星占、十二生肖、吉凶宜忌等有关，经波叶尔（A. M. Boyer）等人转写后于 1927 年发表。[①] 根据这个转写，贝罗（T. Burrow）曾做过释译[②]，王广智又译成汉文：

第一个 nakṣatra[③] 称为子（鼠）。该日，诸事皆宜。

于丑（牛）nakṣatra，应洗（？）头，酒饭之后，应独自奏乐取乐。

于寅（虎）nakṣatra，应交战。

于卯（兔）nakṣatra，有人逃跑，甚难找见。

于辰（龙）nakṣatra，忍耐（？），诸事必须忍耐。

于巳（蛇）nakṣatra，诸事不宜。

于午（马）nakṣatra，出门宜赴东西。

于未（羊）nakṣatra，应洗（？）头。

---

① KHAROṢṬHĪ INSCRIPTIONS, Discovered by Sir Aurel Stein in Chinese Turkestan, Part. II, Transcribed and Edited by A. M. Boyer, E. J. Rapson, and E. Senart, Oxford at the Clarendon Press, 1927, p.207.

② T. Burrow, A Translation of the Kharoṣṭhī Document from Chinese Turkestan, The Royal Asiatic Society, London, 1940, pp.111-112.

③ 在 Kharoṣṭhī Inscriptions 一书中，这一个词转写作 nachatra。

于酉（鸡）nakṣatra，应裁缝衣着被褥。

于申（猴）nakṣatra，诸事顺利。

于戌（犬）nakṣatra，来去宜速。

于亥（猪）nakṣatra，宜耕种、播种及翻耕葡萄园。定能结果增产。①

其中一个关键词 nakṣatra 未能释译出。后来，林梅村在释译此文书时，将这个字与梵语比照，释出了其意为星宿。其译文如下：

星宿之首，谓之子鼠，此日万事大吉。

丑牛星日，宜洗头（？），吃喝之后，宜奏乐享受。

寅虎星日，宜交战。

卯兔星日，宜逃亡，不易寻找。

辰龙星日，宜忍耐（？），万事忍耐。

巳蛇星日，万事皆凶。

午马星日，宜向东方和西方旅行。

未羊星日，宜洗头（？）

申猴星日，宜拆缝衣褥。

酉鸡星日，万事皆宜。

戌狗星日，来去从速。

亥猪星日，宜耕作，播种及翻耕葡萄园，必获丰收。②

上述两个释译本中存在的问题，是第 9 与 10 栏——十二属之鸡与猴之顺序，与现在通行者不同。林梅村在释译时，按照通行的顺序将

---

① 王广智译：《新疆出土佉卢文残卷译文集》，载韩翔等主编：《尼雅考古资料》，乌鲁木齐，1988 年，第 246-247 页。

② 林梅村：《十二生肖源流考》，载氏著《西域文明——考古、民族、语言和宗教新论》，东方出版社 1995 年版，第 111-129 页。

它们调整了过来。这是第一个问题。第二个问题是汉译时十二地支的衍文。后来林氏重做的译文，意识到这两个问题，都做了修正；此外对于原先不能肯定的三处释读（牛星日和羊星日"宜洗头"，龙星日"宜忍耐"），都确定了下来：

> 星宿之首谓之鼠日，这天可做任何事，万事如意。
> 星宿日牛日，宜沐浴。吃喝之后，可演奏音乐取乐。
> 星宿日虎日，宜作战。
> 星宿日兔日，若逃亡，必能成功，难以寻觅。
> 星宿日龙日，须忍耐，事事要忍。
> 星宿日蛇日，百事皆凶。
> 星宿日马日，宜向东西方向旅行。
> 星宿日羊日，宜沐浴。
> 星宿日鸡日，宜裁剪和缝纫被褥。
> 星宿日猴日，万事如意。
> 星宿日狗日，来去从速。
> 星宿日猪日，宜耕作、播种葡萄园，耕作顺利并能增产。[①]

以上三种释译，我们可做比较。这件文书公布之后，曾得到几位学者的研究。贝罗在该文书注释中，指出了柏林大学吕德斯（H. Lüders）教授所撰《东亚十二生肖史》（"Zur Geschichte des Ostasiatischen Tierkreises"）一文中释译的几处错误。[②] 据林梅村介绍，1967 年日本学者后腾京子发表过《佉卢文的十二生肖文书》一文，亦参与了讨论。[③] 以上两文，笔者未曾亲睹。大约其关注点，一是文书的性质，二是文书的

[①] 林梅村：《犍陀罗语文学与中印文化交流》，载氏著《古道西风——考古新发现所见中西文化交流》，生活·读书·新知三联书店 2000 年版。

[②] T. Burrow, *A Translation of the Kharoṣṭhī Document from Chinese Turkestan*, pp.111-112.

[③] 林梅村：《十二生肖源流考》，载氏著《西域文明——考古、民族、语言和宗教新论》，第 122 页。

来源。林梅村反对西方学者认为的此文书属于占星术文献及西方来源说，认为是典型的中国文化产物，来源于流行先秦两汉的中国日书；①他甚至认为这件文书"应是《日书》的犍陀罗语译本"，因此提出一个"汉语原本"问题。②他还进一步的指出，文书的内容"应是中国阴阳历术家所谓十二直，或称建除十二客"③。不过，他的观点都没有作详细的论证。

本文研究的问题，除了就文书性质、来源详加考察外，还有就是关于其占卜原理的推测，以及由此文书反映出的十二生肖的传播途径与中西文化交流媒介问题。此外，关于占卜的义理，也需要做出相应的分析。以上各方面问题，皆需从分析文书结构入手，并与《日书》、东西方占星术加以比较。案秦汉盛行的《日书》中包含了复杂的内容，除了"建除"和各种专门事务的占卜，还有"丛辰家"的内容④等；相比之下，佉卢文565号文书年代较晚（按目前推定的全部佉卢文书的时代范围在公元3世纪中期至4世纪中期⑤），且又是出土于塔里木盆地用佉卢文书写的犍陀罗语文献，因此在比较时应充分考虑到上述年代、语文、地域的差别。我们注意到565号文书的三个特点：一是将星宿、十二属或十二生肖、择日吉凶宜忌三者结合在一起，表现为一种复合的结构；二是吉凶宜忌的内容，反映出与"建除十二日"的密切关系以及某种地方性的特点，如猪星日宜耕作、播种葡萄园的说法；三是十二生肖，虽已完全中国化，但又属佉卢文表达的犍陀罗语。总体上讲，这件文书可看成是一篇占星术文献，但体现出东西方占卜术相结合的特征。

---

① 林梅村：《十二生肖源流考》，载氏著《西域文明——考古、民族、语言和宗教新论》，第122页。
② 林梅村：《犍陀罗语文学与中印文化交流》，载氏著《古道西风——考古新发现所见中西文化交流》，第368页。
③ 林梅村：《西域文明——考古、民族、语言和宗教新论》，第122页。
④ 睡虎地秦简《日书》甲种《稷臣篇》，参见饶宗颐、曾宪通：《云梦秦简日书研究》，香港中文大学出版社1982年版，第11—13页。
⑤ 孟凡人：《楼兰鄯善简牍年代学研究》，新疆人民出版社1995年版，第383页；刘文锁：《论尼雅遗址的时代》，《考古与文物》2002年增刊；刘文锁：《佉卢文书分类及其他》，载季羡林、饶宗颐主编：《敦煌吐鲁番研究》第七卷，中华书局2004年版。

二、文书的结构

首先可以看出，尼雅的这件文书属于通常所说的占书，在结构上有以下几方面特征。

（一）其主体是《日书》式的，即文本和占卜义理两方面体现了《日书》的特征。在文本上，以时日为纲、以选择事项的"吉凶宜忌"为目的结构，与秦汉《日书》相同。[①] 虽然释译中的"鼠星日"之类的"日"可能是衍文，但从后面的吉凶宜忌条项看，表明应是择日的，这一点正可以理解为《日书》的特征（参见后文与《日书》的比较和占卜原理推测）。所选择的占卜事项，包括沐浴、宴乐、征伐、逃亡、出行、裁衣、耕作等，除葡萄园收成与龙星日宜忍耐外，其余诸项皆属于传统《日书》的占卜内容。不过，这个时日之纲的特殊性在于以十二属（生肖）名目缀合十二星宿为顺序，这是迄今为止仅见的占书实例。

（二）十二生肖与星宿缀合的方式。这是本文书的难解之处。十二生肖按《五行大义》所说，原本也可与星宿（北斗星）相配，但是并不常见。本文书将完全中国式的十二生肖与一般概念的星相配，在形式上看似与西方占星术的黄道十二宫之间存在相似之处，但其占卜内容又不是黄道十二宫的生辰、人生运命，而是中国传统《日书》的"吉凶宜忌"形式。[②]

（三）十二星宿、十二生肖缀合以纪日的方式。十二生肖（或与十二支缀合）用于纪日，已见于睡虎地秦简《日书》甲、乙种。[③] 565

[①] 秦汉《日书》结构，李零称作是"复式"，即分为前、后两部分，前部分以时日为纲，选择之事为目；后部分以选择之事为纲，吉凶时日为目。本文书的纲目结构，可以看成是前一种。李零：《中国方术考（修订本）》，东方出版社2001年版，第45页。

[②] 江晓原著：《天学真原》，辽宁教育出版社1991年版，第344-352页；江晓原：《历史上的星占学》，上海科技教育出版社1995年版，第3-6、46-49页。

[③] 甲种《盗者》《诸良日》和乙种《诸良日》，参见刘乐贤：《睡虎地秦简日书研究》，文津出版社1994年版，第123-124、269-271、328-329页；李零：《中国方术考（修订本）》，第216-231页。

号文书所占的"吉凶宜忌"条项表明是择日的（说详后），这是它与《日书》相通之处，但是差别也在于，565号文书中缺乏十二支这一维。下文将论述，这种方式实际是采取了用十二生肖替换十二支。关于星宿纪日法，过去《日书》学者所谈论的集中在二十八宿纪日法方面。较早有劳榦先生提出此说。[①] 刘乐贤综合工藤元男、马克（Marc Kalinowski）、尚民杰氏诸说，详论睡虎地秦简《日书》本身曾记载的如何使用二十八宿纪日的方法。此外，他又列举马克在《中国古代的二十八宿纪日法》里所归纳的三个系统：（1）南宋以来官方历书中的二十八宿纪日法，系将二十八宿与六十甲子相配；（2）佛经所载印度、波斯占星术的二十八宿（或二十七宿）纪日法，规定十二个月的望宿；（3）《日书》、六壬术及其它早期文献所载二十八宿纪日法，规定十二个月的朔宿。[②] 就565号佉卢文书而言，以十二生肖配十二星宿以纪日，这种方式与上述三种都不同，可以看作是一种特殊形式。换言之，十二生肖纪日法是一种特殊的方式，从睡虎地《日书》可以看出，此法是在占卜体系中采用的。据此也可以推论，目前彝族、拉祜族、傈僳族等历法中采取的十二生肖纪日法，[③] 可能来源于占卜。

（四）十二星宿、十二生肖与择日吉凶宜忌相结合的占卜术，是565号文书的整体结构特征。这是迄今为止仅见的一种结构，与传统《日书》和西方式黄道十二宫占星术都不相同，体现为东西方文化结合的形式。在后文的与《日书》和占星术比较时有详论。

以上可以看出，565号佉卢文文书显示出一种明显的复合结构。这样就涉及关于文书性质和来源的问题。需要与《日书》、占星术加以比较，以作探讨。

---

① 劳榦：《汉简西陲木简新考》（增订版），中央研究院历史语言研究所单刊甲种之二十七，1985年。
② 刘乐贤：《简帛数术文献探论》，湖北教育出版社2003年版，第70—84页。
③ 陈遵妫：《中国天文学史》第三册，上海人民出版社1984年版，第1508—1516页；刘尧汉、卢央：《文明中国的彝族十月历》，云南人民出版社1986年版；卢央：《彝族星占学》，云南人民出版社1989年版。

三、与《日书》比较

　　迄今发现的《日书》，以秦汉时期的为典型且较为完整，是一个内容庞杂的占卜体系的文献集。以保存最完整的睡虎地秦简《日书》为例，在占卜技术和内容分类上有建除、农事、裁衣、朔望弦晦（占朔、望、弦、晦等日吉凶）、鼠襄户（占某日见鼠上窗户之吉凶）、男日女日（卜葬）、玄戈（星占）、迁徙、艮山（推定一月中"离日"）、去室入寄、岁（岁星占）、星（二十八宿占）、病、祭祀、良日、建房相宅（《帝》《起室》《四向门》《相宅》诸篇）、土忌、毁弃（占月份与方向关系）、十二支避忌、树木、出行、生子、人字、求人、作女子（作女子事忌日）、吏（吏见官的吉日）、入官、娶妻嫁女、梦、盗、忌杀、反支等。① 这是将当时社会流行的各种占卜书汇编在了一起，所以，"日书"的概念便等同于占卜书。在此前的九店楚简中，保存有早期的《日书》内容，有"建除"、"丛辰"、"成日、吉日和不吉日宜忌"、"十二月宿位"、"往亡"、"移徙"、"裁衣"、"占出入盗疾"、"亡、生日"等，似乎是后代《日书》的滥觞。② 汉代《日书》发现较零散，已报道的几批（武威磨咀子汉简、居延新简、敦煌悬泉汉简、阜阳双古堆西汉简、江陵张家山西汉简、定县八角廊西汉简），③ 看上去与秦《日书》已有不同，所反映出的从文本到占卜术上的异同还需要做详细的比较研究。案汉代的占卜体系，据《史记·日者列传》褚少孙所补日

---

① 刘乐贤：《睡虎地秦简日书研究》。

② 湖北省文物考古研究所、北京大学中文系编：《九店楚简》，中华书局2001年版，第45—57页。

③ 甘肃省博物馆等编：《武威汉简》，中华书局2005年版，第136—139页；甘肃省文物考古研究所等编：《居延新简——甲渠候官》，中华书局1994年版，第9、22、36、48、60、91、110、153、161、185、186、189、190、197页等；胡平生、张德芳：《敦煌悬泉汉简释粹》，上海古籍出版社2001年版，第176—183页；魏德胜：《居延新简、敦煌汉简中的"日书"残简》，《中国文化研究》2000年春之卷；《阜阳汉简简介》，《文物》1983年第2期；《江陵张家山汉简概述》，《文物》1985年第1期；《定县40号墓出土竹简简介》，《文物》1978年第1期。

者、龟策列传,在日者中又包括五行、堪舆、建除、丛辰、历、天人、太一诸派,其中的建除、丛辰在《日书》中有其对应的文本。汉代以后占卜术及其《日书》继续变化:首先,载体上由竹、木简牍变成纸本,可以书写更多的内容,因此在选择事项上日趋丰富;其次,由原来与历日基本上分离的状态变为合抄在一起,发展出"具注历日"的形式。① 对上述几次变化、各种占卜术之间的关系,尚需利用出土文书给予探讨;但可以看出,由于占卜术本身的不断发展,相当于其"职业手册"的《日书》也在变化之中。所以,要比较的话,就需要从文本和占卜义理两方面去考虑。对尼雅565号文书来说问题还更复杂,语文、年代、地域和来源都是要顾及的。在文本上,《日书》中的十二《建除》和《十二支避忌》与之最接近。这个问题在前文已有说明,就义理方面与《日书》进行比较可以看得更清楚。

(1) 星宿之首谓之鼠日,这天可做任何事,万事如意。

以十二属的鼠为首。在择日的吉凶宜忌条项上,"万事如意"可以理解为"大吉"。睡虎地秦简(以下简称"睡简")《日书》甲种《秦除篇》云:"建日,良日也。可以为啬夫,可以祠。利枣(早)不利莫(暮)。可以入人、始寇(冠)、乘车。有为也,吉。"② 放马滩秦简(以下简称"放简")《日书》甲种:"建日,良日矣。"③ 睡简《日书》乙种《徐(除)篇》:"吉、实日,皆利日也,无不可有为也。"④ 后一句饶宗颐、曾宪通释作"无不可为也",并说"实日"即平日及开日,两吉日即盈(满)日及收日。⑤ 综观之,以十二生肖之首的鼠作为开始,而占

---

① 邓文宽:《中国古代历日文化及其影响》,载国家图书馆善本特藏部敦煌吐鲁番学资料研究中心编:《敦煌与丝路文化学术讲座》,国家图书馆出版社2005年版,第125—134页;邓文宽:《从"历日"到"具注历日"的转变》,载氏著《敦煌吐鲁番天文历法研究》,甘肃教育出版社2002年版,第134—144页。
② 刘乐贤:《睡虎地秦简日书研究》,第32页。
③ 秦简整理小组:《天水放马滩秦简甲种〈日书〉释文》,载甘肃省文物考古研究所编:《秦汉简牍论文集》,甘肃人民出版社1989年版,第1—6页。
④ 刘乐贤:《睡虎地秦简日书研究》,第319—323页。
⑤ 饶宗颐、曾宪通:《云梦秦简日书研究》,第7页。

卜内容又与"建除十二日"之首的"建日"相合，二者间可能有渊源。

（2）星宿日牛日，宜沐浴。吃喝之后，可演奏音乐取乐。

睡简《日书》甲种《秦除篇》："除日……利市责（积）、彻□□□除地、饮乐。"① 王子今释为"利市，责彻，□□□除地、饮乐"，并推测残缺字为"不可以"。② 按后世得到发展的选择通书，如《协纪辨方书》，其卷四《义例》和卷十《宜忌》的建除十二日吉凶宜忌，除日是一个吉日，这一日宜解除、沐浴、整容、剃头、增手足甲、扫舍宇、军事征战等。③ 以此比较，似乎"除地、饮乐"是在宜的范围。睡简《日书》甲种《稷臣篇》中，有两种时日（秀、阴）是宜于"饮食歌乐"的。④ 所谓"稷臣"，饶宗颐、李学勤、刘乐贤均认为是汉代的"丛辰家"。不过，秦汉《日书》缺少沐浴的条项，而武威磨咀子汉简《日书》中倒有剃头的避忌。王充在《论衡·讥日篇》有"沐书"之名，说明汉代关于沐浴曾有占卜之书，即沐浴也在占卜之列。⑤ 综合考虑，此条似与"除日"有关。

（3）星宿日虎日，宜作战。

睡简《日书》甲种《秦除篇》："危日，可以责、挚（执）、攻击。"乙种《徐（除）篇》："冲日，可以攻军，入城及行，不可祠。"⑥ 此处的"冲"，刘乐贤将之对应于甲种《秦除篇》的"破"，其说法可以接受。祠即祠祀。案上下文，冲和破日皆利于攻军、入城及行。放简《日书》甲种作"危日，可以责人及执人、系人、外政（征）"。⑦ 另外，在《稷

---

① 刘乐贤：《睡虎地秦简日书研究》，第 32 页。
② 王子今：《睡虎地秦简〈日书〉甲种疏证》，湖北教育出版社 2003 年版，第 59-61 页。
③ ［清］允禄等奉敕撰《钦定协纪辨方书》卷四《义例》，卷十《宜忌》，《景印文渊阁四库全书》子部一一七术数类六阴阳五行之属，台湾商务印书馆股份有限公司印行 1986 年版，第 243、432 页。
④ 《睡虎地秦简日书研究》，第 54-55 页。
⑤ ［汉］王充：《论衡》卷二十四《讥日篇》："沐书曰：'子日沐，令人爱之。卯日沐，令人白头。'"
⑥ 刘乐贤：《睡虎地秦简日书研究》，第 33、320 页。
⑦ 秦简整理小组：《天水放马滩秦简甲种〈日书〉释文》，载《秦汉简牍论文集》，第 2 页。

臣篇》中，有几种时日（秀、正阳、彻等）是利于"野战""战""战伐"的。① 由此看，关于征战的占卜，建除家较丛辰家而言似乎不够重视。在"建除十二日"中，"破（冲）日""危日"的义理，是利于征战、攻城的。此条与之有关。

（4）星宿日兔日，若逃亡，必能成功，难以寻觅。

九店楚简有《往亡》篇（81-87号），较残。② 睡简《日书》甲种《秦除篇》有两日是宜于逃亡的："除日，臣妾亡，不得。""开日，亡者，不得。"在放简《日书》甲种中，除、开两日也是"逃亡，不得"。③ 乙种《逃亡篇》中，则占逃亡"必得"，义理与此相反。④ 除、开的义理，尤其是开，是利于亡的。此条应与"建除十二日"的"开日"有关。

（5）星宿日龙日，须忍耐，事事要忍。

"忍"的条项尚未见诸《日书》。这一条需要从其它方面来考虑，或许是精绝人将跟他们日常生活有密切关系的"忍"的理念纳入其占卜术中而创造出的占文。显然，565号文书是精绝人根据已有的理念和现实中最常见的习俗从中国内地日书中筛选和改造而成的，但如将"忍"纳入占卜之中，却又与一般的占卜理念不和谐，在本文书中并且与其它十一个星宿日的吉凶宜忌的具体事项不和谐。这是一个怪异之处。或许这条占文并不是说人们只有在"星宿日龙日"这天才必须忍耐，而是强调"忍"在他们生活中的重要性。这种"忍"的思想有可能受当时的佛教思想所影响。尼雅510号佉卢文书即小乘法藏部《解脱戒本》的残卷中有：

（毗婆尸）："忍是最高的苦行，最好的忍是涅槃。"⑤

---

① 饶宗颐、曾宪通：《睡虎地秦简日书研究》，第54-55页。
② 《九店楚简》，第54页。
③ 秦简整理小组：《天水放马滩秦简甲种〈日书〉释文》，载《秦汉简牍论文集》，第2页。
④ 刘乐贤：《睡虎地秦简日书研究》，第32-33、364-365页。
⑤ 林梅村：《新疆尼雅遗址出土犍陀罗语文书〈解脱戒本〉残卷》，《西域研究》1995年第4期。

佛教对忍行的强调，在佛经里比比皆是。不过，作为戒律它是约束沙门的，而占书却只是针对世俗而言，二者之间是否存在联系以及如何从义理上加以沟通，涉及问题已超出本文讨论范围，留待它论。

（6）星宿日蛇日，百事皆凶。

"百事皆凶"可以理解作"诸事不可为"。睡简《日书》甲种《秦除篇》："破日，毋可以有为也。"① 乙种《徐（除）篇》："虚日，不可以臧（藏）盖，臧（藏）盖，它人必发之。毋可有为也。用得，必复出。"② 放简《日书》甲种《建除》："彼（破）日，毋可以有为矣，虽利，彼水。"③ 这里的"毋可以有为"可理解为"诸事不可为"，如为之则是"凶"。大约"破日"的义理，在于选择一种全面的禁忌，是凶日；而所谓"破日"属于"虚日"，与"吉、实日，皆利日"道理相反。此条可能与"建除十二日"的"破日"有关。

（7）星宿日马日，宜向东西方向旅行。

此条占出行。与下文的"狗星日"占文相似，代表了旅行占卜的两个不同方面：方向和速度。此条占出行的方向：当日东方和西方是吉方位，而南方和北方是凶方位。关于行的占卜，《日书》里有多种方式，除前述两者，还有宜行不宜行、旅途远近、旅行时间长短以及出行遇几喜等。放简《日书》甲种《吉凶》章对人月一至卅日每天的方位吉凶都作了说明。④ 睡简《日书》甲种有所谓《十二支占行篇》，乙种有《十二支占卜篇》，均较为复杂，规定各支（日）不同时刻出行方向的吉凶。⑤ 另外可见甲种《行篇》、乙种《诸行日篇》等。以上应是565号文书"马日"占文的原型。此占文可能是针对长时间（"久行"）、长途（"远行"）旅行而言，以占其宜于出行的方向。

---

① 刘乐贤：《睡虎地秦简日书研究》，第33页。
② 同上书，第320页。
③ 秦简整理小组：《天水放马滩秦简甲种〈日书〉释文》，载《秦汉简牍论文集》，第2页。
④ 同上书，第4—6页。
⑤ 刘乐贤《睡虎地秦简日书研究》，第172页。

（8）星宿日羊日，宜沐浴。

此日只说沐浴条项。参见牛星日。

（9）星宿日鸡日，宜裁剪和缝纫被褥。

此条是关于制衣的占卜。九店楚简中有《裁衣》篇（94-95号）。① 睡简《日书》甲种《衣篇》有"衣"（一般性总论）、"衣良日"（制衣的吉日）、"衣忌"（一般避忌）、"衣忌日"。② 乙种《制衣篇》："制：凡五日，利以制衣。丁丑在亢，制衣裳，丁巳衣之，必敝。"③ 王充《论衡·讥日篇》所说的"裁衣有书"，大约是指此种关于制衣的吉凶宜忌占书而言：

> 裁衣有书，书有吉凶，凶日制衣则有祸，吉日则有福。

后文有论，尼雅565号文书主要选择的是宜、吉的积极一面。问题在于本条与下面一条的顺序，按汉代已经通行的十二生肖顺序，是鸡在猴后（申猴酉鸡），与地支顺序配合；但据武威磨咀子《日书》（陈梦家先生拟题为《日忌简册》）："申毋财（裁）衣，不烦必亡。"④ 是申（猴）日原本不宜裁衣，为编订此估卢文占书起见，而顺势对旧《日书》做了改造，将鸡（酉）与猴（申）对调，而改原版中的避忌为宜，变作鸡日宜裁衣的新说。因此可以推测，这里的顺序颠倒是有意为之，而非笔误。

（10）星宿日猴日，万事如意。

与第一条的鼠星日相同，所谓"万事如意"可以理解为"大吉""良日"，"无不可有为也"。睡简《日书》乙种《徐（除）篇》："吉、实日，皆利日也，无不可有为也。"⑤ 放简《日书》甲种《建除》："成日，

---

① 《九店楚简》，第54-55页。
② 刘乐贤：《睡虎地秦简日书研究》，第61-62页。
③ 同上书，第361-362页。
④ 陈梦家：《汉简缀述》，中华书局1980年版，第285页。
⑤ 刘乐贤：《睡虎地秦简日书研究》，第319-323页。

可以谋事，可起众及作，有为矣，皆吉。"① 可以看出，佉卢文此条占文的理念与"建除"十二日的"成日"有关。

（11）星宿日狗日，来去从速。

放简《日书》甲种《建除》的"执日"云："执日，不可行，行远必执而于公。"② 睡简《日书》甲种《秦除篇》："挚（执）日，不可以行。以亡，必挚（执）而入公而止。"③ 参见前文所述马星日的占行，此条占文所讲的应是当日只适宜作短时间短途旅行（其言外之意是不可远行），据《日书》，其原因是"行远，必执而于公"，是由于走远了可能会被官府看成是"龙日"占文中的疑似"亡者"而捕获充公。这可能是当时的社会背景，是"来去从速"的原因之一。放简甲种和睡简甲种都有"禹须臾行"的内容，王子今认为，"须臾"是指极短的时段，"禹须臾行"指短时限内出行。④ 这与"来去从速"的义理无疑是一致的。因此，这一条"狗日"的占文应是针对短时间短途旅行，其来源似与《日书》中的"执日"或"禹须臾行"有关。

（12）星宿日猪日，宜耕作、播种葡萄园，耕作顺利并能增产。

这一条关于占卜葡萄园的内容，不见于《日书》。但在《日书》中，涉及农事、稼穑者，则有《农事篇》（睡简《日书》甲、乙种）、《土忌》（睡简甲种）。⑤ 除此专门的农事占卜外，《日书》中"建除十二日"的"收日"也有可资比较的内容。睡简《日书》甲种《秦除篇》："收日，可以入人民、马牛、禾粟，入室取妻及它物。"⑥ 放简《日书》甲种"建除十二日"里的"收日"，也作"可以［入］民、马牛畜生

---

① 秦简整理小组：《天水放马滩秦简甲种〈日书〉释文》，载《秦汉简牍论文集》，第2页。
② 同上。
③ 刘乐贤：《睡虎地秦简日书研究》，第33页。
④ 《睡虎地秦简〈日书〉甲种疏证》，第465—466页。
⑤ 刘乐贤：《睡虎地秦简日书研究》，第41—53、139页。
⑥ 同上书，第33页。

尽，可及（以）人（入）禾稼，可以居处。"① 可以看出此条猪星日占文与"收日"之间的联系。不过，此处关于占卜农业生产和收成的理念可能来自内地《日书》，但"葡萄"却是精绝当地典型的农作物。② 用当地有代表性的农作物替代内地农作物出现在有关农业生产和收成的占文中，是精绝人用本有观念和现实情况来筛选和改造内地传入的日书的一个证明。据此可以推测，此猪星日占文应与"建除十二日"的"收日"有关。

根据上文的比较可以发现，尼雅565号文书吉凶宜忌内容有三个特点：（1）大致上参照了"建除十二直"从日数（即将建除十二直对应于日，或称建除十二日）的原理改编而成；（2）有大吉（鼠星和猴星日，尤其后者）和大凶（蛇星日）之日，似乎与睡虎地秦简《日书》乙种《徐（除）篇》所谓的"实日"和"虚日"有关，"实日"是吉日、利日，"虚日"是凶日，不利日；③（3）除上述两种时日和狗星日外，其余皆属于宜或行之则吉的条项，这一点恰与磨咀子《日书》相反，后者皆属于避忌条项。

四、与占星术比较

尼雅565号文书因将十二属与十二星宿、择日吉凶宜忌缀合，因此有了占星术文献的特征，但其复杂性已如前文所指出。就占星术方面而言，其缀合、改编的特征很明显。以下试与有关占星术作一比较。

---

① 秦简整理小组：《天水放马滩秦简甲种〈日书〉释文》，载《秦汉简牍论文集》，第2页。
② 尼雅遗址考古调查中曾发现大量葡萄树，佉卢文书中也有关于葡萄园买卖的契约文书（419、574、581、586、655等）。刘文锁：《尼雅遗址古代植物志》，《农业考古》2002年第1期；T. Burrow, *A Translation of the Kharoṣṭhī Document from Chinese Turkestan*, pp.84-85、115-116、120、123-124、135-136。
③ 睡简《日书》乙种《徐（除）篇》所列的建除十二直名目，与甲种《秦除》篇大有不同，饶宗颐先生曾作对应。（《云梦秦简日书研究》）刘乐贤以为"很可能它暗示着'徐篇'所记载的是一套与'秦除篇'并不完全一致的建除术，或者说它所载的建除术比'秦除篇'更为原始一些"。（《睡虎地秦简日书研究》）

（一）中国占星术的特点

刘乐贤举《开元占经》卷六十至六十三所载二十八宿星占为例，认为中国占星术有两个特点："其一，占测的依据是星宿的形态变化以及星宿在运动过程中发生的各种现象；其二，占测的事情总是与国家或兵事有关。"①后者即江晓原所说的"军国星占术"。②李零将云气之占与星象之占合称"星气之占"。③马王堆汉墓帛书中整理出的《五星占》《天文气象杂占》《日月风雨云气占》三种占书，④反映出汉代占星术和天文学的特征，在《史记·天官书》和《汉书·天文志》等中都有相关的内容。可以概括中国古代占星术的特点如下：占卜的对象包括了日月五星、二十八宿等星体以及与之密切相关的气象在内；其义理是"天人感应"学说，而占卜的内容一般都是与国家事务（包括军事）有关，不涉及个人运命和日常生活的内容。但是，565号文书并非这种占星术的路数，所占对象不是日月五星（七曜）、二十八宿和气象，而是以十二属相配的十二星宿；除虎星日宜作战外，占卜内容既非军国事务亦非个人运命，而是日常生活。

（二）敦煌历日、天文气象占书中的占星术

从敦煌历日文书和天文气象占书中可以发现，以个人生活事项为占卜内容的占星术是唐代前后在当地流行的方式，某种程度上讲，是高高在上的"军国星占术"走向了平民化、生活化，成为民间生活的一部分。由此产生的问题是：这种新占星术的来源、出现时间以及施行范围如何？

敦煌文书中，有一种与"七曜"有关的文献，举例如下。P.2693：首题《七曜历日一卷》，尾题《七星历日一卷并十二时》。依次叙述各曜直日，先有序，后面是十二支（时），各支名下用二字概述本支吉

---

① 刘乐贤:《简帛数术文献探论》，第71页。
② 江晓原:《历史上的星占学》，第277-289页等。
③ 李零:《中国古代方术考》（修订本），第36-40页。
④ 刘乐贤:《马王堆天文书考释》，中山大学出版社2004年版。

凶，下面再叙"入此名宫其人……"言其一生祸福命运，因此可以看成是用七曜直日十二宫占卜个人命运的"生辰星占术"；P.3081：《敦煌遗书总目索引新编》题《七曜日吉凶推法》①，占七曜直日日常生活吉凶宜忌；P.3779：原题《推九曜行年容厄法》，占行年至九曜时日常生活吉凶宜忌。②

这几本推算七（九）曜直日吉凶宜忌的卷子，因为引出了《七曜历》及其传入中国途径的问题，学者在引用时持谨慎态度。沙畹、伯希和认为，"康居七曜之名，于八世纪时传布于中国，摩尼教实左右之。"③而冯承钧以为，"北齐陈隋之间，已有七曜历"。④似乎七曜历之传入中国，时间还可以提前，而且与粟特有关。这一点后文附论十二生肖传播途径时再详说。我们可以看出，这几件都不是历日，即使原题作"七曜历"，也只是附会的说法，实际上是星占书。⑤抛开历日问题不论，其中有关七（九）曜直日吉凶宜忌的部分，我们从中可以发现这种文献的几方面特征：（1）属于用七（九）曜占卜的星占书；（2）与传世本的佛经《宿曜经》的各品有直接关系，尤其是第八品《宿曜历经七曜直日历品》（由序和七曜占组成）；⑥（3）占卜内容是生辰运命和日常生活事物。

由邓文宽、刘乐贤整理出的19件天文气象占书中，分为天文云气书（7件）、《玄象西秦五州占》（6件）和佛教天文书（6件，《摩登伽经》《舍头谏太子二十八宿经》《大方等大集经》，疑伪经的P.3055V 和

---

① 敦煌研究院编：《敦煌遗书总目索引新编》，中华书局2000年版，第251、267、298页。
② 黄永武主编：《敦煌宝藏》，新文丰出版公司1981年版，第123册，第333-335页；第126册，第253-254页；第130册，第565-567页。
③ 伯希和、沙畹：《摩尼教流行中国考》，载冯承钧译：《西域南海史地考证译丛》第二卷八编，商务印书馆1962年版，第43-104页。
④ 同上书，第43-44页。
⑤ 王重民：《敦煌本历日之研究》，载氏著《敦煌遗书论文集》，中华书局1984年版，第116-133页；邓文宽：《敦煌吐鲁番历日略论》，载氏著《敦煌吐鲁番学耕耘录》，新文丰出版公司1996年版。
⑥ ［唐］不空译：《文殊师利菩萨及诸仙所说吉凶时日善恶宿曜经》，见《大正新修大藏经》第二十一卷密教部四，第387-399页。

不知名的 P.3571v）三种。根据二氏的研究，从占卜文本和技术的角度看，第一种属于传统的"军国星占术"，或许是官方的文本；第二种是特殊的目前仅见的类型，以"专门占测某一地区天象吉凶"的《玄象西秦五州占》为主，在各卷后面附抄有《摩醯首罗卜法》（数卜类）、占日傍气、占风法以及《太史杂占历》，看似河西地区实行的占卜书汇编。《玄象西秦五州占》的特点是，占测十二支日或十二月分别发生某种天象时，在西秦五州的吉凶情况。二氏指出两点注意之处：一是"在《玄象西秦五州占》的残文中，时间似乎成了占测的主体，至少是与天象同等重要。它多是以时间为线索占测吉凶，在传世天文星占文献中也能见到一些，但这并非天文气象占的主体。像《玄象西秦五州占》这样几乎全以十二支日或十二月占测吉凶的文献，在我们见到的天文气象占文献中似乎再无第二种"。二是《玄象西秦五州占》与选择学的关系。①因此，我们也可以认为，这种占卜术属于复合结构的占星术，其中的十二结构是与佉卢文 565 号文书相通的。第三种的佛教天文书，涉及通过佛经传入的印度占星术问题，在下文一并讨论。

（三）《宿曜经》《大集经》等反映的占星术的特征

传世及敦煌抄本佛经中含有占星术内容的《文殊师利菩萨及诸仙所说吉凶时日善恶宿曜经》《大方等大集经》《舍头谏太子二十八宿经》等，是将印度占星术介绍到中国的媒介。《宿曜经》第一品《宿曜历经序分定宿直品》云：

> 凡十二宫即七曜之躔次，每历示祸福经纬灾祥。又诸宫各有神形，以彰宫之象也。又一宫配管列宿九足，而一切庶类相感。月广五十由旬，得系命以京吉凶，大体属于日月。②

---

① 邓文宽、刘乐贤：《敦煌天文气象占写本概述》，载季羡林、饶宗颐主编：《敦煌吐鲁番研究》（第九卷），中华书局 2006 年版。

② 《大正新修大藏经》第二十一卷密教部四，第 387 页。

以下叙述七曜运行于二十七宿十二宫所躔次的各宫神主和此时诞生的人的命运。这种"生辰占星术"与第八品《宿曜历经七曜直日历品》所讲的七曜直日吉凶宜忌是不同的，后者原理较为简明，按其序所说：

> 夫七曜者，所谓日月五星下直人间，一日一易，七日周而复始，其所用各各于事有宜者不宜者。请细详用之。忽不记得但当问胡及波斯并五天竺人总知。①

占卜的内容是日常生活事项。以上便有了两种占星法。

第三种是 P.4058cv 所代表的，正文是《大方等大集经·宝幢分第九三昧神足品第四》，后有抄写的"推十二相属法"。据邓文宽、刘乐贤推定，其抄写年代为北朝。它的情况是：每隔两行接书一日至三十日所配二十八宿名称，在各宿右侧又披注了相应的日期，内容是讲属于各宿的人的性情禀赋。②这似乎又是"生辰星占术"的路数，与前述十二宫占星术有相通处，或是较早的版本；而抄在后面的"推十二相属法"，可能是配合二十八宿推演十二宫生辰命运的。据传本《大方等大集经·虚空目分中净目品第五》（北凉天竺三藏昙无谶译），以佛陀告诉无胜意童子的形式讲述盘踞阎浮提（Jambudvipa）③外东西南北四海中各三窟里的"十二兽"（相当于"十二宫"的神主），其任务即按顺序依次巡行阎浮提内，其名目除狮子外，基本与中国式十二生肖相同。④这可以看成是将黄道十二宫予以改编的形式。结合起来看，《大方等大集经》里介绍的占星术属于黄道十二宫"生辰占星术"系统，与上述第一种本质上相同。

---

① 《大正新修大藏经》第二十一卷密教部四，第 398 页。
② 邓文宽、刘乐贤：《敦煌天文气象占写本概述》。
③ 丁福保编：《佛学大辞典·阎浮提》（上海书店出版社 1991 年版，第 2674 页）："阎浮提……新称瞻部洲。当须弥山之南方，大洲名，即吾人之住处。""瞻部"系省译。
④ 《大正新修大藏经》第十三卷大集部，第 166-168 页。

总结以上可以看出，东晋至唐代，通过佛经译介到中国的印度占星术出现两种基本形式，一是黄道十二宫的"生辰星占术"，另一个是以七曜为对象、个人日常生活为内容的占卜术，后者出现较晚，既不同于中国传统的占星术，也不同于黄道十二宫占星术，是一种新形式，姑且称作"生活占星术"。这种新占星术的来源和传播途径及其如何与中国传统占星术相适配，还需要做深入的研究。

原创于巴比伦的西方黄道十二宫占星术，据江晓原氏介绍，包括军国星占术和生辰星占术两个体系。前者与中国传统星占术相似，后者则与中国大异其趣，其十二神主既大异于建除十二神，也大不同于十二生肖，而占卜内容也是完全不同的体系，以个人出生时刻（分娩或受孕）日月运行所至十二宫位置占卜一生命运、福祸等。关于这种占星术与中国占卜术的接触，上述佛经是媒介。因为占星术受国家垄断，在民间的发展不够顺畅，而佛经中的介绍究竟起到了多大功效尚需要研究。关于中古的译经，我们应考虑到译者的附会问题，即为了宣传佛教教义而采取变通，以迎合中国信众的趣味和理解力。就这几种佛经而言，至少有两点值得怀疑：一是《大方等大集经》第五品里出现的中国式十二兽，二是《宿曜经》第八品里所述的占卜内容——"出入行来用兵出阵学艺，及一切举动，无不用其宿曜时日"，几乎都能在秦汉《日书》里找到踪影。因此，可以看出来，至少在北朝时就已经试图用中国式十二生肖迎合黄道十二宫、将中国《日书》与之结合的用意，以服务于中国信众。但其发展结果尚需研究，似乎是不成功的尝试。

（四）尼雅565号文书的性质和来源问题

通过以上分析可以发现，尼雅565号文书表现出一种特殊的占星术文献的特征，即不同于中、西方传统占星术而体现为一种结合的趋向。它与历日、天文气象占文以及《大集经》《宿曜经》等佛经里的占星术之间的复杂关系，反映了十二生肖与《日书》、占星术交互传布的轨迹。从占星术上讲，其特点是用中国式十二生肖代替黄道十二宫以占卜个人生活事项。这是由不同方向的文化传播途径所造成的，正是所谓的文化交流之体现。

从占星术和十二生肖传播途径上来讲，565号文书是一个关键性的中介，这涉及本文书的来源问题。可以认为它是精绝本地的创造，吸收了中西方不同的占星术体系而加以改编，成为本地的占星术。其文化之因素已如上论，问题的关键在于其西方来源。我们认为中亚贵霜王国的可能性更大一些，因为尼雅佉卢文书的时代，正是贵霜帝国统治中亚的时代，其疆域范围覆盖印度河流域、阿富汗和阿姆河流域。但因为粟特（Sogdiana）地区也在其范围内，这里势必涉及中古时期中外关系史上的一个大问题：大月氏和粟特主导中国中古"外来文明"的分野（时间和文化因素）及二者之间是如何递变的。这需要做深入的探讨。因为在粟特人于丝绸之路上崛兴之前，是大月氏和印度影响着粟特，并主导该时期的丝绸等贸易，从而对中外文化交流产生主导性的影响。

五、占卜原理推测

本文书既如上述讨论定性为以《日书》为主体的占星术文献，则其原理必然也是复杂、难解的。但是为了验证我们对文书性质、来源的判断，应对其原理给予推测，或者必要的解释。我们发现了一点线索。

（一）建除十二直

武威磨咀子汉简《日书》（陈梦家题《日忌简册》），分干支分别叙述避忌事项，形式上与睡简《日书·十二支避忌篇》相同；但是我们知道其推算原理依据干支历法，即从属于干支历法的系统，它是不能脱离开特定历法的。可是佉卢文书中反映的本地历法并不与中国内地历法相同，所以这种较早期的历法形式并不适于尼雅565号文书。

我们注意到，565号文书的吉凶宜忌内容与建除十二直很有关系，所以相应地也考虑到可能的推算原理。《协纪辨方书》卷四《义例》二"建除十二神"："历书曰：历家以建、除、满、平、定、执、破、危、成、收、开、闭凡十二日周而复始，观所值以定吉凶。"[1] 这个说法是从秦汉《日书》中流传下来的。表面上看，我们也可以推测，尼雅565号文书的十二条目吉凶宜忌，既然有建除十二日的特征，也应是相似的推算方式，即可以循环往复；但由于与十二星宿相适而非十二支，所以可以看出，问题似乎在于：多出来的十二星宿上面，如何与建除十二直相适配？

（二）吐鲁番出土唐具注历书残本上的建除十二直推演法

这几件残历中标示的建除十二直，从相配的日期、干支、五行顺序来看，应该是逐日循环推演的。加上具注的吉凶宜忌条项，使之具有了早期"黄历"的特征。[2] 很明显，这些具注历的建除十二直推演法与秦汉《日书》的法则是相通的。介于这二者时代之间的尼雅565号文书，是否也是逐日循环推演的？

（三）《大方等大集经·虚空目分中净目品第五》讲述盘踞阎浮提外东西南北四海中各三窟里的"十二兽"

南方海中琉璃山：毒蛇、马、羊；

西方海中颇梨山：猕猴、鸡、犬；

北方海中银山：猪、鼠、牛；

东方海中金山：狮子、兔、龙。

---

[1] 《景印文渊阁四库全书》子部一一七，第234-270页。
[2] 《唐显庆三年具注历》，载国家文物局古文献研究室等编：《吐鲁番出土文书》第六册，文物出版社1985年版，第73-76页；《唐历》，载《吐鲁番出土文书》第七册，第231-235页；《唐开元八年具注历》，载《吐鲁番出土文书》第八册，第130-131页；邓文宽：《跋吐鲁番文书中的两件唐历》，载氏著《敦煌吐鲁番学耕耘录》，第37-48页。

依次巡行阎浮提内的顺序，从鼠开始：

> 是十二兽，昼夜常行阎浮提内，天人恭敬，功德成就已。于诸佛所发深重愿，一日一夜常令一兽游行教化，余十一兽安生修慈，周而复始。七月一日鼠初游行，以声闻乘教化一切鼠身众生，令离恶业劝修善事。如是次第至十三日，鼠复还行。如是乃至十二月，至十二岁，亦复如是。①

这种十二兽被认为属于印度式。②不过，因为印度式十二生肖较为晚出，是否受到中国影响的问题，需要找到必要的中介环节。我们在此需要注意的是，完全不同于黄道十二宫的十二兽名称及其运行方式。至于推测尼雅565号文书的推算方式，可以做一个参考。

总结上述线索，关于565号文书占卜原理，暂且可以推测如下：

1. 占卜的内容即吉凶宜忌条项，根据的是秦汉以来流行的《日书》，以日常生活为主，可以认为是民间流行的占卜形式，这是源远流长的占卜文化中最有生命力的部分。

2. 占卜的对象，表面上看是结合十二生肖的十二星宿，但这或许是将印度化后的巴比伦式黄道十二宫占星术与中国传统《日书》占卜形式相结合的一种尝试。

3. 如果把十二生肖理解成是改编自十二地支的纪日法，十二星宿的推演法则就可以拟定为以十二生肖为序逐日循环式的。如是，则可以解释其实际的可操作性问题，即为什么占卜内容中的条项除蛇星日和龙星日属于忌日外，其余皆属于宜日或吉日。因为以十二为周期逐日推演，如果避忌太多的话，于情理和生活便利上说，都是很不适宜的。

---

① 《大正新修大藏经》第十三卷大集部，第167-168页。
② 陈遵妫:《中国天文学史》第三册，第1357-1358页。

六、附论：十二生肖传播途径与中西文化交流媒介问题

因为565号文书涉及十二生肖，所以在占卜问题之外又涉及十二生肖的传播途径问题。关于其发源地的问题，迄今仍无一致的看法，这方面的论述颇多，识者自有分辨。笔者赞同中国原产地的说法，但自知如其反论一样，迄今仍然缺乏关键性的资料之发现。无论起源中国、巴比伦、印度、北亚诸说，目前都不能成为定论。释道世《法苑珠林》的说法——起源于印度，是不可信的，因为佛经晚出，而且有迎合中国人的口味之嫌疑；至于出自北亚突厥人的可能性也早被路易·巴赞否定了，他推测是在公元1世纪中期匈奴内附时最初从华北的汉人那里了解到十二生肖历法并加以采用的。[①] 这里涉及传播途径的细节问题，值得探讨。

路易·巴赞根据《布谷特碑》上用粟特文写成并带有兔年的粟特文名称，认定"粟特人懂得十二生肖（十二属，十二支）纪年法"[②]。由于粟特文化史的研究在这方面缺乏资料，关于他们的历法等还没有较为详尽的知识。不过，我们据此似乎可以推论，粟特人在十二生肖的传播途径上，扮演过重要的角色。蔡鸿生先生认为：

> 阿史那氏即狼氏族统治下的突厥游牧社会，是缺乏产生生肖历的土壤的。不言而喻，从物候历"以青草为记"（一年一周），到用生肖纪年（十二年一周），并非互相衔接的两个阶段，更不可能是突然转化的结果。
>
> 突厥年代学中的十二生肖，决不是草原物候历演进的自然

---

① 路易·巴赞著、耿昇译：《突厥历法研究》，中华书局1998年版，第156-278页。
② 同上书，第166页。

结果,它很可能是由绢马贸易的中介九姓胡从河西导入"北蕃"的,时间大概在6世纪下半期。如果此说不谬,那么,生肖历在突厥汗国的传播,就成为中世纪一段"蕃、汉、胡"文化交流的佳话了。①

相关的一个资料,是德国探险队在吐鲁番掘得的一件粟特文历书,据王重民先生说:

> 德国探险队在高昌所劫去文件中,有写以粟特文之历书一片,先七曜,次十干,次十二属兽名。穆勒(W. K. Müller)教授据以探讨中西文化之汇合,实为重要材料;羽田进一步,谓中国自五代以后,具注七曜之历书,为译自此种粟特文历片,则似思之过敏。盖摩尼教徒之用七曜,与佛教徒及华人之目的不同,其端已兆于宝应(762)以前,具如上述。该粟特文历片完成时代,羽田疑其稍晚,或尚有较古者,未经吾人发见,不足为贤者之累。然七曜来自西方,十干采于中国,十二属兽名乃回鹘部族所固有,此历片若果为摩尼教徒所使用也,正可见其华化。余在巴黎国家图书馆,又获阅三〇二八号汉文卷子,为回鹘人牧畜籍,以十二属兽名记年,惜非历书,未由知其历日上亦记七曜与否。然摩尼教徒之历日上,固应有七曜日也。敦煌历日增之,在表面言,或取法于彼,而实际上乃先有七曜吉凶之说,然后具注七曜日于历书上,其名相同,其事不相侔,不得谓为译也。②

案此说引述羽田氏的推测,在此吐鲁番粟特文历书之前,应有一种较古老的版本,这个推测可能是因为考虑到将七曜、十干、十二兽杂糅

---

① 蔡鸿生:《唐代九姓胡与突厥文化》,中华书局1998年版,第178、181页。
② 王重民:《敦煌本历日之研究》,载氏著《敦煌遗书论文集》,中华书局1984年版,第129页。

在一起的形式，按逻辑讲应有一个缀合的过程，或者说有一个过渡的形式；而所谓十二兽名为回鹘部族所固有的说法，现在看已不成立，巴赞已详细反驳此说的来历和错误，很可信。① 我们应注意者，是羽田氏的那个推测，以及上述粟特人在突厥十二生肖历法创建中的作用，与蔡先生的观点相默契。

李零有个观点，以为十二生肖起源于天文，根据是萧吉的《五行大义》卷五《论三十六禽》里的说法。② 饶宗颐先生则认为："据日书，十二兽之形成，已在先秦时。……汉时十二属名已经人整理一致，故王充、蔡邕、郑玄皆同。其后行于边裔各邦，若突厥、若回鹘、若西藏，皆采用之，十二属自子为鼠至亥为猪，无不同然，盖用汉人固定之名称也。"③ 秦汉以降十二生肖的情况，因文献较为充分，尚可作如上的阐释，然而涉及传播途径的细节，仍然是不够清楚；至于先秦时情况，只有新资料出土方能有所进展，本文存而不论。不过，可堪注意者为楚文化的两批出土资料，一是长沙子弹库战国帛书、帛画④；另一个是湖北九店楚简⑤，其中的十二神或"十二月"，均可看成是与十二生肖有关联的一种较早期表达形式。

十二生肖与十二辰缀合是后来的事，案郭沫若1929年写成的《甲骨文字研究·释支干》一书，除了考证十二辰起源于巴比伦黄道十二宫，又推论十二辰纪时法（十二时制）"乃汉武重通西域以后，受西方之影响而仿制者。其事或与十二肖兽之输入同时也"；而东方及印度、巴比伦、希腊、埃及等各地所有的十二生肖，"其制均不甚古，无

---

① 路易·巴赞著、耿昇译：《突厥历法研究》，第156-305页。
② 李零：《十二生肖的起源》，载氏著《中国方术考》修订本，第204-217页。
③ 饶宗颐、曾宪通：《云梦秦简日书研究》，第33-38页。
④ 李零：《长沙子弹库战国楚帛书研究》，中华书局1985年版；陈梦家：《战国楚帛书考》，《考古学报》1984年第2期；饶宗颐：《楚缯书之摹本及图像（三首神、肥遗与印度古神话之比较）》，《故宫季刊》三卷二期，1968年10月；Noel Barnard, *The Ch'u Silk Manuscript: Translation and Commentary*, Department of Far Eastern History, Research School of Pacific Studies Institute of Advanced Studies, Camberra 1973.
⑤ 《九店楚简》，其中有"十二月宿位"。

出于西纪后百年以上者。意者此殆汉时西域诸国，仿巴比伦之十二宫而制定之，再向四周传播者也"。①这个观点发表较早，未能参考楚地和塔里木盆地、中亚等地的考古发现，属于推测。后来，回鹘语学者李树辉在郭氏观点的基础上予以发挥，曾作一推论，以为十二生肖源于十二兽历，十二兽历为古巴比伦人首创，之后传播印度、中国，即殷人的"十二辰"；经印度改造后的十二兽历约于公元前3世纪初沿丝绸之路传到了中国内地，嬗变为十二生肖，此后，又以中原地区为中心进一步传播、扩散至周边地区的民族和国家。②案二氏所说，首先暗含的假定是"十二"数目周期只有一个原创者，其次皆以巴比伦黄道十二宫系统为历法（郭沫若称"巴比伦之星历"③），均有可商榷之处。因为"十二"是一年内月球盈亏（朔望）的周期数，是最易观察的自然界的数目概念，不同地方出现以十二数目来表示时间变化的周期，是不能被认为必然的具有传播关系的。此外，巴比伦的十二宫被认为是用于占卜的，其中历法的含义不大。④另外，从十二宫神物到十二肖兽之间差别太大，完全属于两个体系，如果说十二生肖源于十二宫（神物），其间转变难以解释。于西域人（李说为印度人）仿制十二宫创制十二生肖（十二兽历）、之后传播各地（案应包括中国）的推论，同样缺乏根据，如是来自《大集经》和《宿曜经》的说法，其中问题已如上文指出。总体上说，郭氏的这个观点已经过时，主要是因为他那时可资比较的资料不多。

上述各家观点，将十二生肖传播途径之中间环节，渐趋锁定在中古时期中亚细亚在文化传播上最为活跃的月氏、粟特人身上。这些推论富有启发，但是明显的是仍然证据不足。粟特之说，是以《七曜历》

---

① 郭沫若：《甲骨文字研究·释支干》，载《郭沫若全集·考古编》第一卷；另见《卜辞通纂考释》(《郭沫若全集·考古编》第二卷)："盖十二辰者导源于古代巴比伦之黄道十二宫，其朔乃黄道周天之十二星座。"
② 李树辉：《十二生肖的起源及其流变》，《喀什师范学院学报》1991年第1期。
③ 郭沫若：《甲骨文字研究·释支干》，《郭沫若全集·考古编》第一卷，第328页。
④ 江晓原：《历史上的星占学》，第21—84页。

流传中国的途径为根据,早年沙畹、伯希和曾如是主张。①《七曜历》是作为占星术传入中国的,时间可能较早,途径可能与粟特人、与佛教流传都有关。但是考虑到魏义天(É. de la Vaissière)的观点,粟特人在丝绸之路上的崛起是在大月氏(大夏)和印度之后(公元 4 世纪后)。②魏氏的观点是值得重视的。先秦至汉代中国西、北部地区"非华夏族"类活动情况是非常复杂的。在对这段历史获得较清晰的认识之前,如十二生肖起源之类问题,是需要谨慎看待的,但可以而且应当建立一些假说。

敦煌、吐鲁番出土的"七曜"文书,虽可以说明粟特与十二生肖的关系,但是时间上晚于尼雅 565 号文书。如前所述,《大集经》《宿曜经》等是与黄道十二宫占星术和十二生肖有关系的,它可以佐证早于粟特人之前印度与十二生肖的联系。可以看出的是它通过宣传佛教教义的形式,将印度(可能还有中亚,即所谓"五天竺"这些印度化地区)的"生辰占星术"中国化,以迎合中国信众的趣味和需求。但是《宿曜经》的创作时间尚不能确定,其翻译成汉文的时间是较晚的。在考虑十二生肖传播途径时,还应该估计到印度和中亚之间的文化交流,以及印度和中亚与塔里木盆地间的佛教文化传播。因为我们根据考古学资料可以看出,从公元 1 世纪开始,佛教的文化中心已经转移到了印度河中游的犍陀罗(Gandhāra)和邻近地区。中国"西行取经"的目的地也应在这些地区。其中中亚的因素占据很重的分量。

占星术在古代是受到严格控制的。这种可以"沟通天人"的占测技术与政治关系密切,所以在民间应处于秘密习用和不发达状态。常衮在宝应、广德年间(762-764)作《禁藏天文图谶制》,谈到"假造符命,私习星历"蔚然成风,应禁止民间传习《元象器物》《天文》

---

① 《摩尼教流行中国考》,载《西域南海史地考证译丛》第二卷八编。
② 魏义天:《粟特人在中国——历史、考古、语言的新探索》"结语",中华书局 2005 年版,第 497—502 页。尼雅遗址尚出土有大月氏旅人的"过所",如保存最好的一件 636. N. xv. 53:"月支国胡支柱,年册九,中人,黑色囗〔下残〕。"《楼兰鄯善简牍年代学研究》,第 263 页。

《图书》《谶书》《七曜历》《太一》《雷公式》等。①《唐律疏议·职制》有专门的条令："诸玄象器物、天文、图书、谶书、兵书、《七曜历》、《太一》、《雷公式》，私家不得有，违者徒二年。"② 在敦煌文书里也发现有这条律令的残片（P.3608），证明当地了解此法律③。但是，实际上《七曜历》之类占星术在西陲民间还是流行的。因为这个地区与印度、中亚接近，所以从那里依托佛经传入占星术并与当地本有的占卜术结合，发展出了一套特殊的占星术。在做结合、改编时，可以想到的途径就是：（1）结构上最相近的卜术；（2）占卜内容以日常生活为主。其中，中国传统占卜术中的十二结构，与十二宫之间具有天然的契合点。

本文主张，尼雅565号文书是十二生肖传播的一个关键性中介环节，其十二星宿的理念来自大月氏和印度，而不见得是粟特；这件文书是《日书》、十二生肖与十二宫相结合的产物，从中可以反映出十二生肖的传播途径，是经由河西地区传入塔里木盆地，并可能由此向中亚、印度地区传播。郭沫若旧说是在张骞通使西域之时，反方向由印度传入中国。他的观点，未及了解到秦简《日书》以及此尼雅佉卢文占星书的资料。而主张粟特中介者，也不曾了解此较早时候的佉卢文书。

中古时期中外文化交流的中介，较早时候有大月氏－大夏、印度；4世纪后粟特兴起，逐渐占据主导地位，④ 他们是文化的携带者，在经营中国内地与伊朗、地中海之间的丝绸等贸易之同时，也将东西方的物质、精神文化传播到对方。⑤ 这是中外文化交流的中亚途径。相比帕

---

① 《全唐文》卷四百十，上海古籍出版社1990年版，第1860—1861页。
② 刘俊文：《唐律疏议笺解》，中华书局1996年版，第763页。
③ 《敦煌宝藏》题《故唐律》，第129册，第252—255页。
④ 王国维：《西胡考下》所论："故自西汉以来，人民颇复东向，《北史》言高昌以西诸国人等皆深目高鼻，是汉时此族以大宛为东界者，至南北朝已越葱岭，而以高昌为其东界。"王国维：《观堂集林》卷十三，中华书局1959年版，第616页。
⑤ 粟特商贾之文化传播者角色，参见：Étienne de la Vaissière, *Histoire des marchands sogdiens*, Paris: Collège de France, Institut des Hautes Études Chinoises 2002; Richard C. Foltz, *Religions of the Silk Road, Overland Trade and Cultural Exchange from Antiquity to the Fifteenth Century*, New York: St. Martin's Griffin, 1999.

米尔高原以西的中亚其他地区，塔里木盆地因与中国文化的核心地带较接近，在此交流体制中更多的扮演着文化整合者并加以改造的角色，并从中受益。

后记：本稿承北京大学中国古代史研究中心荣新江先生指教，并提出宝贵意见；又蒙中山大学人类学系刘昭瑞先生惠示有关参考文献，并帮助联络睡虎地《日书》学者刘乐贤教授以求教，本系考古专业高朋、罗帅同学亦曾就《日书》等问题予作者以明示。特此志谢！

（原刊《文史》2007年第4辑，略作删节）

葱岭古道考

一、前　言

近代以来的帕米尔高原通道，大体上沿用自汉唐时期形成的葱岭古道。此古道即古代商贾行旅出入塔里木盆地的多条通道之一，是分别通往印度河和阿姆河流域的捷径，在塔里木盆地一侧又与莎车、和田、喀什相交通。中外历史文献对葱岭古道的记录语焉不详。清代西域史地文献已有考证。近代以来如荣赫鹏（Francis E. Younghusband, 1863-1942）、斯坦因（M. A. Stein, 1862-1943）等探险家曾身临其境，做过实地考察和记录。现代学者对于古代葱岭交通的研究不乏于时，而且由于方法之日进，尤其是地理实地考察及旅行经验，加以帕米尔高原当地之考古发现与研究之进展，综合各方面资料与方法之研究变为可能。

关于古代葱岭交通的形成、发展与模式等，存在着一个理论性问题：首先，这些古道形成于史前时期葱岭河谷各地居民之内部及其与周围文明中心的交通；在漫长历史进程中，这些葱岭部落按照优势地理-生态区原则选择居住在葱岭内的河谷（尤其是宽谷），彼此间以便利地形原理构建其交通。经行葱岭的商旅、使节和僧侣，利用了这些当地部族开辟的通道，并且在旅行时依赖沿途居民的补给和向导。在影响葱岭交通的因素中，人文因素显然更胜于自然环境因素。可以说，交通线的形成、发展与没落是由地缘政治、沿途居民的社会生活以及跨区域的商贸、文化交流等活动而主导的。

鉴于一些古道相延使用至今，而其地名与历史一直处在变化当中，因此仅依靠历史文献对沿途地点的考证，在今天就显得不足。对这些古道的知识，尤其是中古时期人们如何旅行，如何跨越那些关键性的分水岭或山系的山口、达坂，非置身于其中实难以了解。故本文以近年来笔者在昆仑山与塔什库尔干河谷所做的实地考察为基础，结合有关历史文献和考古发现与研究，讨论汉唐时期翻越葱岭（帕米尔高原）的交通线问题。

二、帕米尔高原的现代地理与人文特征

（一）河谷与达坂

清代文献所称之葱岭，一说在喀什噶尔西南，与古之昆仑山相近。[1]徐松《西域水道记》则称，自和阗以南的僧格喀巴布山向西北诸山岭，总称葱岭，"外如半规，中为虚地，是为昆仑之虚"[2]。大约相当于现代地理上的西昆仑山、喀拉昆仑山及帕米尔高原，而帕米尔则指葱岭西北部的帕米尔河谷（Pamir，阿姆河流域，"大帕米尔"）和瓦罕河谷（Wahan，阿姆河流域，其东部称为"小帕米尔"）。葱岭古道实指中国内地经塔里木盆地西部翻越帕米尔高原的通道，故葱岭古道的核心是帕米尔高原。大抵在清代，当地已有大、小帕米尔及"八帕"之说，后来成为近代西方的地理知识，并称之为"世界屋脊"[3]，而古代中国则将葱岭称为"万山之宗"。

帕米尔高原对人类生存和交通来说是一个挑战。从现代地理上说，它是三条河流——塔里木河、阿姆河、印度河的发源地，这些大

---

[1] 祁士韵：《西域释地》（光绪十七年刊本），成文出版社1968年影印版，第21—22、46—47页；王树枬：《新疆山脉图志》（清宣统元年刊本）卷一《山脉一》，成文出版社1968年影印版，第9页。

[2] 徐松：《西域水道记》卷一《罗布淖尔所受水上》，中华书局2005年版，第19页。

[3] 据柯宗说，所谓"世界屋脊"（班·伊·邓亚）是帕米尔高原土著的称呼。George N. Curzon, "The Pamirs and the Source of the Oxus", *The Geographical Journal*, Vol. 8, No. 1 (Jul., 1896), pp.15-54.

河的密集支流形成了四通八达的谷地，通过分水岭上的隘口——达坂而彼此相沟通。高原的核心由几条狭长的宽谷——塔什库尔干河谷（塔里木河流域）、瓦罕河谷与帕米尔河谷（阿姆河流域）、罕萨河谷（Hunza，印度河流域）所组成。理解这一地理特征至关重要：河谷使人类的生存及通过高原的交通成为可能。

关于帕米尔的说法有所不同。早期的欧洲地理学依照当地的说法，将以瓦罕河谷和帕米尔河谷为中心的帕米尔高原地区分别称作各个帕米尔，如大帕米尔（有维多利亚湖）、小帕米尔（北缘为尼古拉斯山脉）、瓦罕帕米尔（瓦罕河谷）、阿利丘尔帕米尔（有耶希尔湖和贡德河）、萨雷兹帕米尔（穆尔加布河谷，河源为查克马克湖）、兰格库尔帕米尔和喀拉库尔或哈尔戈什帕米尔；而八帕米尔则指塔格墩巴什帕米尔、瓦罕帕米尔、胡尔德帕米尔（小帕米尔）、卡兰帕米尔（大帕米尔）、阿利丘尔帕米尔、萨雷兹帕米尔、兰格库尔帕米尔、哈尔戈什帕米尔（哈尔帕米尔），此外还有其他若干被称作帕米尔的河谷（如布格鲁马尔帕米尔，马里昂帕米尔等）。[1] 柯宗将塔格墩巴什帕米尔称为"山地帕米尔的魁首"[2]。这是现在的塔什库尔干河主支流之一的喀拉秋库尔河谷，位于基里克达坂北面，西端为瓦赫吉尔山口，向东伸展至乌贾德拜。

在各水系的河谷中因为沉积形成了众多的大小绿洲，适宜居住和有限的耕作，同时在河谷的山麓地带则形成了适于季节性移动放牧的草场。从考古发现上看，这些有限的农牧资源，自公元前1千纪的史前时期即已被以畜牧为主要生业的小规模部落（或氏族）所利用。这一基本格局延续至今，今天在环帕米尔高原各地——中国新疆昆仑山和帕米尔高原河谷，以及塔吉克斯坦戈尔诺-巴达赫尚州（Gorno-

---

[1] 柯宗等著、吴泽霖译：《穿越帕米尔高原：帕米尔及其附近地区历史、地理、民族英文参考资料汇编》，民族出版社2004年版，第12-14页。

[2] George N. Curzon, "The Pamirs and the Source of the Oxus", *The Geographical Journal*, Vol. 8, No. 1 (Jul., 1896), pp.15-54.

Badakhshan)、阿富汗巴达赫尚省、巴基斯坦西北边境省（North-West Frontier）和北部区的河谷，人们的生态-行政区也是这样分布的。

古今帕米尔高原的交通，实际上是在高原之巅跨水系移动。对外界来说，最困难的交通路段是越过塔什库尔干河源的达坂分别进入阿姆河和印度河支流的河谷，进而到达目的地。但对本地人来说，这些通道是他们自古传承和习惯了的通途。连接河谷的达坂几乎无处不在，重要的有：

塔什库尔干河上游支流喀拉秋库尔河：明铁盖达坂（通往印度河支流罕萨河谷），基里克达坂（通往印度河支流罕萨河谷），南、北瓦赫吉利达坂（通往阿姆河支流瓦罕河谷），东、西克克吐鲁克达坂（通往阿姆河支流瓦罕河谷）（图一）。

图一　塔什库尔干河谷（卫星影像）

塔什库尔干河上游支流塔格敦巴什河：红其拉甫达坂（通往印度河支流罕萨河谷）。

此外，分布在塔什库尔干河谷西侧萨雷阔勒岭的有阔勒买达坂、阿克吉勒尕山口、阿尕张山口、穷巷要路达坂等，通达大帕米尔地区的阿克苏河-穆尔加布河（Aksu-Murghab）、帕米尔河，进入喷赤河谷（Pyandzh）。

自塔什库尔干河谷通往英吉沙的达坂，有央布拉克达坂和特给乃其克达坂等。

自瓦罕河进入库纳尔河（Kunar，喀布尔河支流）的山口在库纳尔河上源的默斯杜杰一带。

吉尔吉特河上游支流亚辛河（Yasin）河源的打儿郭德山口（Darkut）和巴洛基尔山口（Barogil），连接库纳尔河与亚辛河。

连接吉尔吉特河上源与斯瓦特河（Swāt，喀布尔河支流，印度河水系）的达坂有赛杜（Shandur）等（图二）。

图二 帕米尔高原上的河谷与达坂
1 明铁盖河谷与明铁盖达坂　2 基里克达坂　3 瓦根基河与南瓦根基达坂
4 北瓦根基达坂　5 克克吐鲁克河与克克吐鲁克达坂

（二）人口分布与生计、交通模式

在帕米尔高原包括昆仑山区，并不存在绝对的"无人区"。在各国所属的帕米尔高原主要河谷，都有规模不等的聚落与行政区。在面积较大的宽谷，聚居了较多的人口并形成了城镇，如塔什库尔干河谷的塔什库尔干，瓦罕河谷的兰加尔（Lanjar）、萨尔哈德（Sarhad）、瓦罕，穆尔加布河谷的穆尔加布（Murghab，旧称帕米尔斯基 Pamirsky）等。与这些河谷邻近的罕萨河谷则有索斯特（Sost）、罕萨和吉尔吉特

（Gilgit），斯瓦特河谷有默斯杜杰（Mastuji）和吉德拉尔（Chitral，19世纪曾被称作小喀什噶尔），喷赤河谷有伊斯卡辛（Ishkasim）、赛格南（Seghnan）等城镇。

适宜高海拔山区的农耕和游牧是本地长时期所形成的生计模式。游牧对于地理发现和交通线的形成、维持来说，是至关重要的。在牧点之间自然形成了交通线。夏季牧场和牧点可以达到任何有水草的地方，接近高原之巅的达坂一带。

三、汉代葱岭与交通

（一）汉代有关葱岭的知识

关于葱岭的最早记载见于《汉书》。汉代"葱岭"的地理范围，按《汉书·西域传上》的说法，是指称介于莎车（今莎车一带）、疏勒（今喀什一带）与大月氏（今阿姆河、印度河流域）、大宛（今费尔干纳盆地）之间的山地，大致相当于今天所说的帕米尔高原和昆仑山西部。"葱岭"名称的来历，按汉代以后的说法，如《水经注》引《西河旧事》所说："葱岭在敦煌西八千里，其山高大，上生葱，故曰葱岭也。"[①] 所谓的"葱"，是山中生长的一种野葱，之所以引起汉人的注意，可能是因为其独特性质。

与葱岭相关的是昆仑山、河源及玉石产地的地理观念，这些观念源自先秦。古代"昆仑"的问题十分复杂，兹不赘述。[②] 简言之，《尚书·禹贡》所记雍州之外与西戎为伍的织皮、昆仑、析支、渠搜四部中，"昆仑"尚为一种部族名称。《史记·大宛列传》引《禹本纪》："河出昆仑。昆仑，其高二千五百余里，日月所相避隐为光明焉。其上有

---

① 郦道元注，杨守敬、熊会贞疏，段熙仲点校，陈桥驿复校：《水经注疏》卷二，江苏古籍出版社1989年版，第78页。

② 除西域昆仑之外，亦有南海之昆仑。参见费琅著、冯承钧译：《昆仑及南海古代航行考》，中华书局1957年版。

醴泉、瑶池。"昆仑已成为西极之地的山名,其方位据司马迁在《史记·大宛列传》中所说:"汉使穷河源,河源出于寘,其山多玉石,采来,天子案古图书,名河所出山曰'昆仑'云。"即汉武帝指定于阗一带山地为昆仑。《汉书·西域传上》在河源于阗外又补加了葱岭,说西域"其河有两原:一出葱岭山,一出于阗",二河合流后注入蒲昌海(罗布泊),然后潜行地下,"南出于积石(甘肃积石山),为中国河(黄河)"。汉代的河源地理问题至宋元时期得到了澄清。

(二)葱岭诸部

汉代前后有一些部族生活于葱岭地区(葱岭诸国)。据信古罗马托勒密(Claudius Ptolemaeus,约90-168)所撰《地理志》(Geography)中叙述的Imaus山可能指帕米尔高原,其北方生活有Sacae部族。[①]Sacae可以比定为《汉书·西域传》所说的"塞种"这一部落集团的名称,他们在前7世纪生活在伊犁河、楚河等流域,以后向西扩张到锡尔河流域,公元前177年前后受大月氏入侵而散处帕米尔高原各地,并进入塔里木盆地的绿洲。[②]

值得注意的是在塔什库尔干河谷的考古发现。一是在塔什库尔干城北的香宝宝墓地,其放射性碳素测定年代范围在公元前10-前5世纪(相当于西周至东周春秋时期),葬俗上反映出两种以上的人群:一种实行土葬,种族特征上接近东地中海类型(即古代伊朗人特征)[③];另一种实行火葬,为较晚到达的人群,被推测可能是羌人。[④] 二是下坂地墓地,放射性碳素测定并经树轮校正的年代,显示出五个时期,其中年代最早的为公元前1900-前1500年(相当于夏、商王朝时期)可能来自南西伯利亚的青铜时代人群,其后是公元前900-前700年(相

[①] 余太山:《早期丝绸之路文献研究》,上海人民出版社2008年版,第146页。
[②] 余太山:《塞种史研究》,中国社会科学出版社1992年版,第1-23页。
[③] 韩康信:《塔什库尔干塔吉克自治县香宝宝墓地出土人头骨》,韩康信:《丝绸之路古代居民种族人类学研究》,新疆人民出版社1993年版,第371-377页。
[④] 新疆社会科学院考古研究所:《帕米尔高原古墓》,《考古学报》1981年第2期。

当于西周王朝时期）和公元 1-5 世纪（东汉至十六国时期）、公元 6-8 世纪（北朝至唐时期）、公元 14 世纪（元朝）的人群。① 三是吉尔赞喀勒墓地，其年代据测定在公元前 5-前 4 世纪前后，葬俗和锶同位素分析也显示出了两种人群的存在，其中一支可能奉行了早期琐罗亚斯德教（拜火教）。②

《汉书·西域传》的记载也表明了相同的情况："自疏勒以西北，休循、捐毒之属，皆故塞种也"；"蒲犁及依耐、无雷国，皆西夜类也。西夜与胡异，其种类羌狄行国。"即西夜部族类似与胡（伊朗语族之塞种）不同种族的羌族。《魏略·西戎传》说："敦煌西域之南山中，从婼羌西至葱领数千里，有月氏余种葱茈羌、白马、黄牛羌，各有酋豪，北与诸国接，不知其道里广狭。"③ 由此可知，汉代前后生活在葱岭地区的部族，至少有东伊朗系和羌系两大支，以小规模聚居的部落组织形式（所谓"国"），各自选择葱岭中的优势地形（宽谷）而生存。这些散居在山地高原的部落，通过河谷、山隘保持交通联系，而通过葱岭的交通线也是联系着各部间的通道。这是古代葱岭地区人类文化和交通的基本格局。

清代涉及葱岭交通、地理、部落的著作颇多，如徐松《西域水道记》、俞浩《西域考古录》、李光廷《汉西域图考》、许克勤《西域帕米尔舆地考》、祁韵士《西域释地》，以及王树枬《帕米尔山水道里记》《新疆山脉图志》等。《西域考古录》考证汉代葱岭诸国，为无雷、依耐、蒲犁、捐毒等。④《汉西域图考》卷五《葱岭诸国沿革考》考证葱

---

① 资料参见新疆文物考古研究所：《新疆下坂地墓地》，文物出版社 2012 年版，第 144 页。
② 中国社会科学院考古研究所新疆工作队：《新疆塔什库尔干吉尔赞喀勒墓地发掘报告》，《考古学报》2015 年第 2 期；中国社会科学院考古研究所新疆工作队等：《新疆塔什库尔干吉尔赞喀勒墓地 2014 年发掘报告》，《考古学报》2017 年第 4 期；刘文锁：《曲什曼：古代新疆拜火教遗址的新发现》，《新疆师范大学学报》2015 年第 2 期；Xueye Wang, Zhihua Tang, et al., "Strontium isotope evidence for a highly mobile population on the Pamir Plateau 2500 years ago", *Scientific Reports* 6, 35162; doi: 10. 1038/srep35162 (2016).
③ 引自《三国志·魏书》卷三十，第 859 页。
④ 俞浩：《西域考古录》卷一四（清道光海月堂杂著本），中国基本古籍库。

岭各部，北部有捐毒、休循二国，南部有皮山、西夜、子合、蒲犁、依耐、无雷、南兜、乌秅八国。① 在此基础上，岑仲勉对清代和民国间中外考证家之说给予了辨正，提出葱岭六国说（子合、蒲犁、依耐、无雷、休循、捐毒）。② 在地望比定上，岑氏之说因为依据的仅是当时测绘的地图，不够精确，其结论有一些是值得商榷的。③

据诸家所做《汉书·西域传》历史地理研究，居于葱岭的各部地望说法各异。主要是基于历代行纪等所记，对各部名称的译音及地理方位、地形、路线等的记录因人而异，而在现代地理、交通的对应上难以契合之故。这个区域的地理状况比起塔里木盆地内各绿洲区要复杂得多，而其居民的分布依据前述历史背景，也是比较复杂的。大抵而言，属于塞种（东伊朗语支）者为休循、捐毒二部，属于羌族者则有西夜（子合）、蒲犁、依耐、无雷四部。

（三）葱岭交通

《汉书·西域传上》与《后汉书·西域传》所载通西域的南、北二道，出塔里木盆地进入葱岭的路口分别为莎车与疏勒，前程皆为葱岭，目的地分别为大月氏、安息及大宛、康居、奄蔡。这二地必定是南、北两道连接葱岭通道的最便利地方（据此可以反推莎车与疏勒的地望）。莎车-葱岭道应是从莎车所在的叶尔羌河绿洲循叶尔羌河谷抵达塔什库尔干谷地（蒲犁），由这里翻越帕米尔高原达坂进入大月氏，由此向西可进入安息（Parthia）之地，即以木鹿（Merv）为中心的麻吉亚纳（Margiana，希腊语）。北道的疏勒-葱岭道可能是沿克孜勒苏河谷向西进入阿姆河上游支流的克孜勒苏河-瓦赫什河谷地，由这里向西南同样可进入大月氏所在的巴克特里亚之地，而向西北可进入费尔干纳（Ferghana，大宛）和康居。克孜勒苏河谷是阿赖

---

① 李恢垣：《汉西域图考》，乐天出版社1974年版，第339—358页。
② 岑仲勉：《汉书西域传地里校释》，中华书局1981年版，第140—141页。
③ 余太山：《两汉魏晋南北朝正史西域传研究》，中华书局2003年版，第198—283页。

山与帕米尔高原的分界,其所在山地亦被汉人视作葱岭。疏勒-葱岭道可能也是张骞出使大月氏的道路(经行大宛、大夏等),以及在张骞后往来于大宛等地至长安的使节的道路,同时又是李广利两次进军大宛的道路。汉代之后兴起的粟特商旅往来中国所经行的也是这一条道路。《汉书·西域传》的这一地理记录,按诸现代地理堪称准确;所缺乏的,是有关穿越葱岭的具体路径的记录。如前所言,涉及汉代葱岭各部的分布位置,那时穿越葱岭的交通线必定要仰赖沿途部落的补给。

四、5-6世纪的葱岭交通

东晋至南北朝时期(317-589)的佛僧取经行纪,留下了重要的关于葱岭交通的记录。在旅行上,这些佛僧无疑利用了汉代及汉代之前开辟的葱岭部落交通线和商道,以及沿途各地的佛寺。这些佛寺往往分布在部落的王治,因此,依据各地考古发现的佛寺遗址等,可以推测求法僧所经行的可能路线。

(一)《法显传》

隆安三年(399)前后起行的法显,[①]在其行纪《法显传》中,记录了经行葱岭的路程:子合南行(疑为北行)四日,入葱岭山,到于麾国;自于麾国(西)行二十五日,到竭叉国;自竭叉国西(南)行一月,度葱岭,抵北天竺陁历。在穿越葱岭的关键路段上,他只描述了"葱岭冬夏有雪,又有毒龙,若失其意,则吐毒风、雨雪、飞沙砾石,遇此难者,万无一全"[②]。所谓毒龙之说,很可能是因为瓦罕谷地里的湖泊和沼泽,这与《宋云行纪》所说的毒龙池相合。[③]

---

① 依章巽说,参见法显撰、章巽校注:《法显传校注》"序",中华书局2008年版,第5页。
② 同上书,第24页。
③ 范祥雍校注:《洛阳伽蓝记》卷五《城北》,上海古籍出版社1958年版,第278页。

子合通常被比定为朱驹波（悉居半、斫句迦等），其地望即今叶城县棋盘乡，①或可认为在棋盘河至提孜那甫河流域。于麾国或为《北史·西域传》之权于麾，其地可能在叶尔羌河上游库斯拉甫河谷。竭叉国即今塔什库尔干县城一带。②

自竭叉以后的行程（陁历→乌苌→宿呵多→犍陀卫），显然是理解法显时期翻越葱岭通道的关键。极少有学者做过实地考察，所以我们只能依赖曾亲临帕米尔通道做地理与考古考察的斯坦因的观点。陁历即玄奘《大唐西域记》所说之达丽罗川，③其地望自孔宁汉（Cunningham）以来即考证在巴基斯坦之达丽尔（Darel），位于印度河右岸、奇拉斯（Chilas）的对面。斯坦因等亦沿袭此说，他认为法显可能走过的自帕米尔至达丽尔的路线，系由瓦罕河谷的萨尔哈德经由巴洛吉尔鞍形山部翻越兴都库什山主脉，再翻越打儿郭德山口进入印度河支流吉尔吉特河上游支流的亚辛河谷；由这里可以顺河谷直抵古比斯（Gupis），进而抵达吉尔吉特（Gilgit），亦可以向南翻越山隘到达奇拉斯或向西南到达斯瓦特河谷。它一直是联系印度河流域与帕米尔高原的主要路线，亦是一条捷径。④

自陁历以后的各段行程和富有特征的地形的记载，尤其是自宿呵多国向东行进五日的路程，到达犍陁卫国（犍陀罗，白沙瓦至拉瓦尔品第一带盆地），是特别明确的。乌苌即《宋云行纪》的乌场、《大唐西域记》的乌仗那，其地被斯坦因推定为斯瓦特河中游的门格劳尔（Manglaur）一带，宿呵多即斯瓦特之古名。他是主张法显通过葱岭的

---

① 依章巽说，参见法显撰、章巽校注：《法显传校注》，中华书局2008年版，第17页。
② 丁谦：《晋释法显佛国记地理考证》（民国四年浙江图书馆刻本）考证最为可取，章巽亦依其说（《法显传校注》，第17页）。
③ 玄奘、辩机撰，季羡林等校注：《大唐西域记校注》卷三，中华书局1985年版，第295-297页。
④ M. A. Stein, *Ancient Khotan, Detailed Report of Archaeological Explorations in Chinese Turkestan*, Vol. I, Oxford at the Clarendon Press, 1907, pp.6, Note 4; M. A. Stein, *Serindia, Detailed Report of Explorations in Central Asia and Westernmost China*, Vol. I, Oxford at the Clarendon Press, 1921, pp.5-6.

路径，实即现代相沿的道路，即从塔什库尔干谷地向西行进入瓦罕谷地，并经由亚辛河谷进入斯瓦特河。

值得注意的是在罕萨河谷和奇拉斯一带保存的佛教石刻等遗迹（图三），[1]它们显然与古代经行此地的求法僧或传法僧有关。由于奇拉斯和罕萨河都在印度河流域，而罕萨河的上游分别有基里克河与基里克达坂、明铁盖河与明铁盖达坂、红其拉甫河与红其拉甫山口，以及沟通塔什库尔干河谷，所以，我们可以推想法显所面对的葱岭路程是

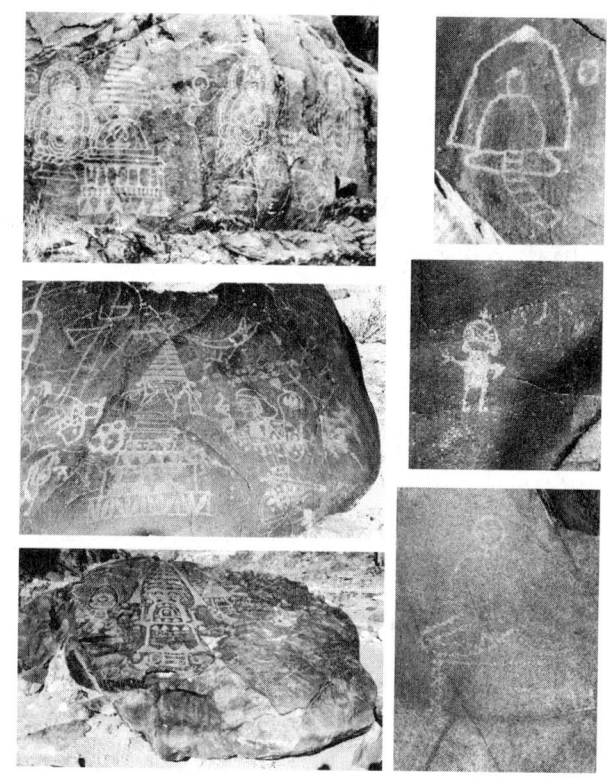

图三　奇拉斯一带的佛教石刻
（采自 Recent Archaeological Discoveries in Pakistan）

---

[1] A. H. Dani, *Recent Archaeological Discoveries in Pakistan*. UNESCO, The Centre for East Asian Cultural Studies, Paris 1988, pp.96-98, pls. 13-14, 16-18, 20-23; A. H. Dani, "The Sacred Rock of Hunza", *Journal of Central Asia*, 8, pp.5-131。

有选项的。至于红其拉甫－罕萨河谷，1959－1978年间兴建的中巴喀喇昆仑公路即选择此通道，所以在考察葱岭之古道时，也应重视这条在现代变得如此重要的通道的可能性。

（二）《宋云行纪》

天监十七年（518）起行的宋云等人，在其行纪里亦叙述了翻越葱岭的行程：

七月二十九日，由于阗入朱驹波国，其国疆界可五日行遍；

八月初，入汉盘陀国界，西行六月（日）登葱岭山，复西行三日至钵盂城，三日至不可依山（中有毒龙池）。汉盘陀国在葱岭山巅；

九月中旬，入钵和国，高山深谷，国南界有大雪山；

十月之初，至嚈哒国；

十一月初，入波斯国，境土甚狭，七日行过，有毒龙池；

十一月中旬，入赊弥国，此国渐出葱岭；

十二月初，经钵卢勒国入乌场国，此地北接葱岭，南连天竺，有众多佛教塔、寺与佛迹，为佛教中心；

正光元年四月中旬，入乾陀罗国。①

朱驹波（朱俱波、悉居半）即子合，即今叶尔羌河支流棋盘河一带。汉盘陀国在塔什库尔干谷地。此路程与法显相同。接下来之行程，自钵和至乌场（乌苌）间之路段，显然与法显之后葱岭地区所发生的变故有关。

《魏书·西域传》："钵和国，在渴盘陀西。其土尤寒，人畜同居，穴地而处。又有大雪山，望若银峰，其人唯食饼麨，饮麦酒，服毡裘。有二道，一道西行向嚈哒，一道西南趣乌苌。亦为嚈哒所统。"此国通常被比定为在今瓦罕谷地。② 自谷地西端循瓦罕河谷而下，为喷赤河（Āb-i

---

① 《洛阳伽蓝记校注》卷五《城北》，第277－319页。
② 沙畹考定钵和国即唐之钵和州，属护蜜多国（《新唐书·地理志下》），其王城名塞迦审（《新唐书·西域传下》），在乌浒水（阿姆河）南岸。护蜜多即今之瓦罕，塞迦审即今之巴达赫尚省伊斯卡辛（Isehkeschm）（沙畹撰、冯承钧译注：《宋云行纪笺注》，见冯承钧译：《西域南海史地考证译丛六编》，中华书局1956年版，第25页）。

Panja，阿姆河上游），道路分岔为一条西向通往巴克特里亚（即古代大夏），另一条向西南进入吉德拉尔河和斯瓦特河上游河谷。

哌哒国的中心在喷赤河以西、以南的巴克特里亚，其地域辽阔，故宋云等只是经行其国东境。

波斯即《北史·西域传》之波知，其被考证为介于泽巴克（Zébak）与吉德拉尔间的一个小邦，始自马伽特《伊兰考》（Ērānšahr），为沙畹及斯坦因等引用。斯坦因并根据其 1906-1908 年间追寻玄奘之路的实地旅行，循斯瓦特河谷经吉德拉尔、默斯杜杰进入瓦罕河谷，他以为波斯或波知即介于泽巴克和兴都库什山趋向吉德拉尔的分水岭之间的广大地方；该地有朵拉赫（Dorah）山口和曼达尔（Mandal）山口，是翻越兴都库什山、连接巴达赫尚与吉德拉尔及斯瓦特河谷的通道。这两条山口的交会处有杜斐林湖（Dufferin）及另一个湖泊。① 至于赊弥国，斯坦因认为与"兴都库什大雪山南部自中世纪以来即被泛称作卡菲里斯坦的谷地"有关，他相信宋云及其同伴所走的路线，是经过卡菲里斯坦最东部的一个河谷，下行至库纳尔河，再由此穿过迪尔（或巴焦尔）进入斯瓦特谷地。② 沙畹则考证赊弥在吉德拉尔河谷（库纳尔河支流），钵卢勒国（即《大唐西域记》之钵露罗）在吉尔吉特河谷（应为其上游的某条支流，很可能是亚辛河谷），乌场国则在斯瓦特河谷地。③

在确定求法僧的行程上，乌场（乌苌，乌仗那）的地望显然是一个参照，宋云和玄奘都重点记载了它。该地介于葱岭与天竺之间，是一处佛教中心。参照后世玄奘的记载，其王城瞢揭厘被推测与斯瓦特河谷重镇门格劳尔有关，按玄奘的记载，该城东北二百五十里有阿波逻逻龙泉（Apalāla），并可"逾山越谷，逆上信度河"。《大唐西域记校注》引瓦特斯（Thomas Watters）《玄奘印度行程考》（*On Yuan Chwang's Travels in India*），将此龙泉比定在斯瓦特河源的迦兰姆

---

① *Serindia*, Vol. I, p.10.
② *Ancient Khotan*, Vol. I, p.14 sqq; *Serindia*, Vol. I, p.30.
③ 《宋云行纪笺注》，第 31-32 页。

（Kālam）一带。① 由此，可以将乌场的地望推定在斯瓦特河谷，该河谷渐趋开阔，在马尔丹（Mardān）之北的遗存有塔赫特·巴西（Takht-i-Bashi）大型佛教遗址，可以佐证。

宋云一行翻越葱岭的路程大体上可以复原为：起自叶尔羌河支流棋盘河的朱驹波国，循叶尔羌河谷-塔什库尔干河谷至塔什库尔干城所在的汉盘陀王城，然后循塔什库尔干河谷越其上游之达坂入瓦罕谷地，再入库纳尔河谷和亚辛河谷，经山口转入斯瓦特河谷，至止乌场国。与法显之路线相同。

（三）裴矩《西域图记序》

《隋书·裴矩传》云：

> 发自敦煌，至于西海，凡为三道，各有襟带。北道从伊吾，经蒲类海铁勒部、突厥可汗庭，度北流河水，至拂菻国，达于西海。其中道从高昌、焉耆、龟兹、疏勒，度葱岭，又经钹汗、苏对萨那国、康国、曹国、何国、大小安国、穆国，至波斯，达于西海。其南道从鄯善、于阗、朱俱波、喝盘陀，度葱岭，又经护密、吐火罗、挹怛、忛延、漕国，至北婆罗门，达于西海。其三道诸国，亦各自有路，南北交通。②

三道中经行葱岭的道路，实即前代相延者。所谓中道、南道，即汉代之北、南二道。北道的天山北路草原道，在稍后玄奘的西行中，原计划的路线也是此道，只是在高昌王麴文泰的盛邀下假道高昌，而改行天山南路-伊塞克湖路径。

（四）小结

斯坦因之后的学者，受其实地考察的观点所影响，将法显与宋云

---

① 《大唐西域记校注》卷三，第275-276页。
② 另见《北史·裴佗传附讷之子矩传》及《新唐书·裴矩传》。

一行度葱岭的路道，大体上推定为自叶尔羌河流域起，循其河谷至塔什库尔干，经塔什库尔干河谷的达坂翻越塔里木河与阿姆河间的分水岭，取道瓦罕河谷，经库纳尔河与吉尔吉特河上源的山口进入斯瓦特河谷，并抵达最近的天竺地区北天竺。此路线以瓦罕河谷为中枢，故可称作瓦罕道。

颇为吸引人的是他们所经行的达坂。案现代地理之考察及考古发现，自塔什库尔干河谷进入瓦罕河谷的主要达坂，为喀拉秋库尔河河源处的南、北瓦赫吉利达坂和克克吐鲁克达坂。至于基里克达坂、明铁盖达坂和红其拉甫山口，则为通往罕萨河谷的通道。罕萨河谷是其中枢，故也可以称之为罕萨道。虽然目前还没有多少证据，但我们怀疑现代喀喇昆仑公路实则利用了一条翻越葱岭的古道。

值得注意的是《魏书·西域传》的有关记载："其出西域本有二道，后更为四……从莎车西行一百里至葱岭，葱岭西一千三百里至伽倍为一道。自莎车西南五百里［至］葱岭，西南一千三百里至波路为一道焉。"同传《伽倍》："伽倍国，故休密翕侯。都和墨城，在莎车西，去代一万三千里。人居山谷间。"即贵霜五翕侯之一。和墨城，似乎在瓦罕谷地某地。波路，据考证即 Bolor 之对音，[①] 似即唐代之勃律，如是，则此地当在印度河上游的吉尔吉特一带。这两条发自莎车的不同通道，显然与今天穿越昆仑山和帕米尔高原的通道有应和处。

五、唐代的葱岭交通

（一）葱岭、波谜罗川与播密

唐代文献仍沿用葱岭的名称。开元中在羯盘陀国故地（塔什库尔干）设置有葱岭守捉，即《新唐书·地理志七下》所谓"安西极边之戍"。葱岭，《大唐西域记》云：

[①] 余太山：《两汉魏晋南北朝正史西域传要注》，中华书局2005年版，第431、471页。

葱岭者，据瞻部洲中，南接大雪山，北至热海、千泉，西至活国，东至乌铩国，东西南北各数千里。崖岭数百重，幽谷险峻，恒积冰雪，寒风劲烈。多出葱，故谓葱岭，又以山崖葱翠，遂以名焉。①

《新唐书·西域传上》云："葱岭俗号极巖山。"此说鲜有使用。至于"帕米尔"之名称，在唐代文献中也开始出现，作"波谜罗""播密""谜罗川"，见诸《大唐西域记》、《释迦方志》及两《唐书》等中。《大唐西域记》卷十二作"波谜罗川"。《新唐书·高仙芝传》（《旧唐书·高仙芝传》同）和慧超《往五天竺国传》三九"识匿国"，作"播密"。这是汉文史料里"帕米尔"地名的出现。关于其语源，柯宗认为源自波斯语的 Pai 和 Mir（山），据说其原意是指山地中的平原或河谷。②

玄奘所说的波谜罗川，指的是葱岭上的一条河谷。据《大唐西域记》所述："（商弥）国境东北，逾山越谷，经危履险，行七百余里，至波谜罗川。东西千余里，南北百余里，狭隘之处不逾十里，据两雪山间，故寒风凄劲。……波谜罗川中有大龙池，东西三百余里，南北五十余里，据大葱岭内，当瞻部洲中，其地最高也。……池西派一大流，西至达摩悉铁帝国东界，与缚刍河合而西流，故此已右，水皆西流。池东派一大流，东北至佉沙国西界，与徙多河合而东流，故此已左，水皆东流。"③以此地形特征来说，波谜罗川是指帕米尔高原中的一条东西向狭长河谷，名波谜罗，谷中有湖泊大龙池，池东方是叶尔羌河与阿姆河（Oxus，妫水、乌浒水）上游支流喷赤河（缚刍河）的分水岭，其东方之大河当即塔什库尔干河。徙多河即叶尔羌河。

---

① 《大唐西域记校注》卷十二，第964页。承王邦维先生告，《大唐西域记》及《释迦方志》关于"无热恼池"及其发源之四条河流——信度河、殑伽河、缚刍河、徙多河之说，源自佛教关于葱岭的地理观念，玄奘译《俱舍论》第十二品中有关于印度"无热恼池"四河之源传说。

② George N. Curzon, *The Pamirs and the Source of the Oxus*, Andesite Press, 2015.

③ 《大唐西域记校注》卷十二，第981-982页。

关于其地望，《大唐西域记校注》笼统地推定即今之帕米尔。而根据此段文字描述之方位和地理特征，应即喷赤河（阿姆河上游）上游支流之瓦罕河谷；所谓大龙池，似指谷地中的查克马克湖（Kowle Chaqmaqtin）。据现代地理看，阿姆河水系与叶尔羌河水系的分水岭，在塔什库尔干河支流喀拉秋库尔河上游河源一带的南、北瓦赫吉利达坂和东、西克克吐鲁克达坂一线。在帕米尔高原地区，只有瓦罕河谷及其湖泊接近《西域记》所描述的地理特征。

《西域记》在接下来的叙述中，说"自此川中东南，登山履险，路无人里，唯多冰雪。行五百余里，至揭盘陀国"[①]。揭盘陀国即今塔什库尔干。《慈恩传》作"从此川东出"五百里而至揭盘陀国。[②]道宣《释迦方志》把波谜罗川当成揭盘陀国王都西偏南五百里。[③]考虑到《西域记》的不同版本，或无"东南"二字，或无"南"字，《慈恩传》和《释迦方志》所描述的波谜罗川的方位是准确的。

另据《旧唐书》本传，高仙芝行军小勃律的路线，是"自安西行十五日至拨换城，又十余日至握瑟德，又十余日至疏勒，又二十余日至葱岭守捉，又行二十余日至播密川，又二十余日至特勒满川，即五识匿国也"。由于小勃律的方位被比较令人信服地考定在吉尔吉特至亚辛之间[④]，这次行军的路线是向着塔什库尔干的西南方向，故播密川在葱岭守捉西南，应当指瓦罕谷地，而非瓦罕西北面的帕米尔河谷。

如是，我们就可以推论：初唐至盛唐时期的"波谜罗川"仅指帕米尔高原的瓦罕河谷地。这一名称可能是从唐代以前沿用过来的，后来逐渐变为整个高原的名称。

---

① 《大唐西域记校注》卷十二，第982页。
② 慧立、彦悰著，孙毓棠、谢方点校：《大慈恩寺三藏法师传》，中华书局2000年版，第118页。
③ 道宣著、范祥雍点校：《释迦方志》，中华书局2000年版，第17页。
④ *Serindia*, Vol. I, p.42；慧超原著、张毅笺释：《往五天竺国传笺释》，中华书局2000年版，第70—71页。

（二）唐代在葱岭的建制

唐代的关防在葱岭地区止于葱岭守捉。《新唐书·地理志七下》说葱岭守捉即故羯盘陀国。又据《新唐书·西域传上·喝盘陀》："开元中破平其国，置葱岭守捉，安西极边戍也。"此守捉之废置，可能是在"四镇"失守的时候。

关于自于阗和疏勒通往葱岭守捉的道路和行政建制，《新唐书·地理志七下》记贾耽《入四夷道里记》：

> 于阗西五十里有苇关，又西经勃野，西北渡系馆河，六百二十里至郅支满城，一曰碛南州。又西北经苦井、黄渠，三百二十里至双渠，故羯饭馆也。又西北经半城，百六十里至演渡州，又北八十里至疏勒镇。自疏勒西南入剑末谷、青山岭、青岭、不忍岭，六百里至葱岭守捉，故羯盘陀国，开元中置守捉，安西极边之戍。

案唐代交通体制，于阗、疏勒又与安西都护府治和玉门关相连接。关于自安西都护府治（库车龟兹故城遗址）连接玉门关的驿程，严耕望先生考证详尽，兹不赘述。[①]

《新唐书·地理志四》又记：

> （于阗）西有葱岭守捉城，有胡弩、固城、吉良三镇。

此即葱岭守捉下属的三个镇，其方位据前引《入四夷道里记》所说，于阗"南六百里有胡弩镇，西二百里有固城镇，西三百九十里有吉良镇"。此葱岭守捉、三镇和于阗镇的设置，是防备吐蕃入侵的，所以，三镇的方位应该都是在于阗南、西南、西方向的昆仑山谷，在于阗-葱岭守捉之间建立的防线上。

[①] 严耕望：《唐代交通图考》第二卷《河陇碛西区》，上海古籍出版社2007年版，第441—479页。

（三）玄奘经行葱岭路线

贞观十八年（644）玄奘返程中翻越葱岭进入塔里木盆地南道的路线，需根据《大唐西域记》卷十二（《慈恩传》同）所记述的沿途各国信息，来加以推测：达摩悉铁帝国北行至尸弃尼国，达摩悉铁帝国南行至商弥国，商弥国东北行七百余里至波谜罗川，波谜罗川东南行五百余里至朅盘陀国。

《大唐西域记校注》引证马伽特之说，以为达摩悉铁帝国"基本上就是瓦罕"，在瓦罕南、吉德拉尔东北约90公里处，实即默斯杜杰一带，又将其王都昏驮多城比定在喷赤河谷地的汉杜德（Khandūd）一带；而处于南方的商弥国，亦在默斯杜杰至吉德拉尔之间，北面与钵和（瓦罕河谷）、东南与小勃律（吉尔吉特）相邻。① 案《慈恩传》所述此段行程："从此国（达摩悉铁帝国。——引者）大山北至尸弃尼国。又越达摩悉铁帝国至商弥国。从此复东山行七百余里，至波谜罗川。"② 即达摩悉铁帝国北方为尸弃尼国，南方为商弥国。周连宽先生引证瓦特斯的观点，以为玄奘并未亲历二国，实际上他是从达摩悉铁帝国起行翻越葱岭的。③ 此说与商弥至波谜罗川之间的行程和实际地理不符。

考虑到玄奘在返程上一部分采用了其来程（翻越兴都库什山至阿姆河谷的睹货逻国故地），并且沿着阿姆河上游的喷赤河流域行进，《西域记》说达摩悉铁帝国"临缚刍河"，即处在喷赤河谷地，故将其置于瓦罕河谷以西的喷赤河谷地是合理的，其中心的王都应当在宽谷中，以伊斯卡辛一带较为合理。前述葱岭各部是依赖河谷中的宽谷而生存的，其政治中心的王都尤其如此。故可以将位于喷赤河东南方的库纳尔河谷推定为商弥国所在，二河谷之间正有大略呈东西向的兴都库什山（大雪山）分隔；而尸弃尼国（《新唐书·西域传上》作"识匿"）则在伊斯卡辛以北的巴达赫尚喷赤河流域，该地有萨雷库尔

---

① 《大唐西域记校注》卷十二，第975、977、980页。
② 《大慈恩寺三藏法师传》，第117页。
③ 周连宽：《从达摩悉铁帝国至朅盘陀国的一段行程》，载氏著《大唐西域记史地研究丛稿》，中华书局1984年版，第184—187页。

（Sari-kul）湖，①《新唐书·西域传上》，识匿"东五百里距葱岭守捉所，南三百里属护蜜"，即在葱岭守捉城西方。

在达摩悉铁帝国听闻商弥国王为"释种"，"崇重佛法"，故一心瞻礼佛法地区的玄奘应当是采取了绕行的方式，由喷赤河谷"越达摩悉铁帝国大山之南，至商弥国"，在瞻礼后再沿库纳尔河谷东北行，七百余里至波谜罗川（瓦罕河谷）。这段路线大致上与法显和宋云等人相同，是早期求法僧的故道。至于其翻越瓦罕河谷进入喀拉秋库尔河谷的达坂，可以推定在瓦赫吉利达坂，而非明铁盖达坂或基里克达坂，后者所连接的是罕萨河谷（图四至图六）。

图四　明铁盖达坂

图五　基里克达坂

---

① 清代所称萨雷库尔，英人称维多利亚湖。清人多将此湖比定为《大唐西域记》所说的"龙池"，故以此推论此河谷即波谜罗川。许景澄已有质疑，但限于地理知识，多有妄猜之处，见氏著《西北边界地名译汉考》卷下"萨雷库尔"（清光绪二十二年刻本，中国基本古籍库）。

图六　南瓦赫吉利达坂

（四）高仙芝行军小勃律的路线

《旧唐书·高仙芝传》记高仙芝率军自龟兹（安西大都护府治）出发，进攻小勃律的行军路线：

> 自安西行十五日至拨换城，又十余日至握瑟德，又十余日至疏勒，又二十余日至葱岭守捉，又行二十余日至播密川，又二十余日至特勒满川，即五识匿国也。仙芝乃分为三军：使疏勒守捉使赵崇玼统三千骑趣吐蕃连云堡，自北谷入。使拨换守捉使贾崇瓘自赤佛堂路入；仙芝与中使边令诚自护密国入，约七月十三日辰时会于吐蕃连云堡。

《新唐书·高仙芝传》："仙芝乃分军为三，使疏勒赵崇玼自北谷道、拨换贾崇瓘自赤佛道、仙芝与监军边令诚自护密俱入，约会连云堡。""八月，仙芝以小勃律王及妻自赤佛道还连云与令诚俱班师。"斯坦因曾详细考证此行军路线，认为这三支纵队是从瓦罕河－喷赤河谷地开始分头向南方的吉尔吉特谷地进逼的：

> 根据地图上显示的情况可以看出，除了打儿郭德－巴洛吉尔路线（经此路线可以从吉尔吉特－亚辛那面抵达上喷赤河谷

地）之外，只有两条直捷的路线可通到喷赤河上游谷地。一条道沿着卡兰巴尔（Karambar）河，一直通到位于耶尔洪河东面的该河源头处，并由此翻过霍拉·博赫特（Khora-bohrt）或戞站山口，然后下行至卢甫舒克（Lupsuk）河谷，最后到达喷赤河。这已靠近喀尔万·巴拉什（Karwan-balasi）了，这地方大约在博札伊·拱拜孜（Bozai-gumbaz）和兰加尔（Langar）之中途，在萨尔哈德以上两站半的路程处。另一条道路较长，但是明显地易通行一些。其路线是：从罕萨河到古赫亚尔（Guhyal），由此经基里克（Kilik）和瓦赫吉里山口（这条路我在1901年曾走过，在拙著《沙埋和田废墟记》第三、四章中有记述），或经伊尔沙德（Irshad）河谷抵达阿布·伊·潘加河或喷赤河河源处。从伊尔沙德河处起，可并不特别困难地进入卢甫舒克河谷。该河谷在喀尔万·巴拉什一带流入喷赤河，这段路较不著名。①

在达什特·伊·米尔扎·穆喇德（Dasht-i-Mirza Murad）的对面，他还发现了一小片被称作"喀尔万·巴拉什"（意为商队之子墓葬）的佛寺废墟，并推测所谓"赤佛堂"（佛寺）必位于这地方的附近某处。因此，他将高仙芝进军的路线推测如下：大勃律地望在今巴尔蒂斯坦（Bartistan），小勃律位于吉尔吉特一带宽谷。播密川在今帕米尔河谷。娑勒川即喷赤河。五识匿国在舒格楠一带。连云堡位于今萨尔哈德一带，该地通过打儿郭德山口联系着亚辛河谷并进而到达吉尔吉特。高仙芝和边令诚率主力从帕米尔河谷进入喷赤河谷，上溯至连云堡；第二支部队从葱岭守捉出发，取道塔格敦巴什帕米尔和瓦赫吉利达坂，经过赤佛堂抵达连云堡会师。第三支部队（骑兵）可能取道大帕米尔，经过维多利亚湖东面的尼古拉斯山山口，进入连云堡所在的萨尔哈德东面。坦驹岭即打儿郭德山口。②

----

① *Serindia*, Vol. I, pp.52–53.
② Ibid., pp.52–59.

这些说法存在不确切处。鉴于高仙芝的行军意在出敌不意，所以，在接近小勃律的葱岭，他选择的道路都应该不是便利的通途。我们推拟的高仙芝的行军路线是：从葱岭守捉城向西南方向循河谷翻越塔什库尔干谷地西侧的山地，经过瓦罕谷地东端后进入了北面的帕米尔河谷地（称作特勒满川），该地与小勃律所在的吉尔吉特河流域隔着瓦罕河谷，可以有效地隐蔽其行动；然后由那里分兵三路，分别从东、北、西三面夹击位于瓦罕河谷西部的连云堡。自连云堡以下的行军路线是：越过坦驹岭即打儿郭德山口进入亚辛河谷，由那里顺势而下，直趋吉尔吉特。据此也可以说明，自玄奘以来所说的波谜罗川，是指称瓦罕谷地，而北部的帕米尔河谷则称作特勒满川。

（五）慧超与悟空的路线

比较慧超与悟空的经行葱岭路线，可以看出开元－天宝时期通过葱岭进入葱岭以西地区的交通情况。开元十一年（723）前后前往天竺的慧超在《往五天竺国传》中叙述经行葱岭的交通：自吐火罗国东行七日，至胡蜜国；胡蜜国北山里，有九个识匿国；自胡蜜国东行十五日，过播蜜川，即至葱岭镇。[①]胡蜜（密）即休密（《后汉书·西域传》）、钵和（《魏书·西域传》）、护密（《隋书·裴矩传》《新唐书·西域传》）等。通常都将其推定在瓦罕谷地。自此以东的行程，是沿着瓦罕河谷（播蜜川），抵达葱岭镇（葱岭守捉城，塔什库尔干）。识匿国即《大唐西域记》所说的尸弃尼国，在喷赤河上游的北支流谷地（特勒满川等）。这里明确指出了慧超未经行北部的特勒满川，而选择了南部的波谜罗川（瓦罕谷地）。

在慧超之后，天宝十载（751）出使罽宾的悟空（车奉朝），其经行葱岭的路线记录在圆照《悟空入竺记》里：

---

① 慧超原著、张毅笺释：《往五天竺国传笺释》，中华书局2000年版，第140-146页。

取安西路，次疏勒国，次度葱山，至杨兴岭及播蜜川、五赤匿国（亦云式匿），次护密国，次拘纬国，次葛蓝国，次蓝婆国，次孽和国，次乌仗那国、茫誐勃国及高头城，次摩但国，次信度城，至十二载癸巳二月二十一日，至乾陀罗国，此即罽宾之东都城也。①

由此推测，悟空翻越葱岭的路径，是从喀什（疏勒）西南行，沿盖孜河谷经过慕士塔格峰（杨兴岭），续西行至五赤匿国（识匿），再南下过瓦罕河谷（播蜜川及护密国）；由于乌仗那与乾陀罗属于确切的地方，故其自播蜜川至乌仗那之间的各地，当是法显、宋云等所经行的旧道。

概括来看，唐代通过葱岭的道路，主要取道塔什库尔干河谷，向西循瓦罕谷地（波谜罗川），翻越分水岭进入库纳尔河和亚辛河上游，再进入斯瓦特河谷，这是早期求法僧和传法僧所走的旧道，亦可能是当时印度经塔里木盆地与中国间的商道。经瓦罕河谷循喷赤河而下，亦是通达阿富汗北部及安息等地的路线。

六、余 论

晚唐以来，葱岭地区政治、文化多有变故，加以部族迁徙以及商贸、军事等因素，影响到交通线的兴衰与交通条件的改变。但汉唐时期所形成的古道是葱岭交通的基础，这可以从塔什库尔干通往瓦罕河谷的瓦罕走廊和通往印度河谷的中巴公路上得到反映。

帕米尔高原为中国、塔吉克斯坦、阿富汗、巴基斯坦四国所有。各国的考古资料都是分散的。最近，由于塔什库尔干河谷的下坂地墓

---

① 《悟空入竺记》，引自杨建新：《古西行记选注》，宁夏人民出版社1987年版，第120—129页。

地和曲什曼（吉尔赞喀勒）墓地的发掘①，开始揭示出帕米尔考古研究的问题。如前所述，帕米尔高原地区自史前时期即有一些来自周围地区的部族散居于高原的主要河谷，尤其是宽谷地带，它们彼此间保持交往；而古代自塔里木盆地和印度河平原、阿姆河平原通过葱岭的道路，是依赖河谷——尤其是有部族生存的宽谷而自然选择的结果。因此，研究葱岭古道的问题，自然也延伸到对高原谷地里的宽谷遗存的研究上了。而这个课题不是一日之功，而且需要开展跨国合作。

另外，在沿中巴公路沿线的罕萨、吉尔吉特、奇拉斯等地，有一些重要的佛教考古发现。其中，在奇拉斯遗存的古代佛教石刻，曾经提示考古学者和历史学者，它们可能与沿印度河谷翻越帕米尔高原进入塔里木盆地的交通有关。在吉尔吉特，20 世纪 30 年代和 90 年代，曾经发现了几大批梵文、佉卢文佛教文献，包括桦树皮写经。② 这些发现表明了此地的佛教历史，以及可能的佛经原典的传译进程。罕萨在清代译作"棍杂"，其地区称作坎巨提。《清史稿·属国传》："坎巨提，即乾竺特，在叶尔羌西南约一千五百里。自叶尔羌西行入葱岭，至塞勒库勒之塔什库尔干，即蒲犁厅也。由是西行，踰尼若塔什山口，又西南至塔克敦巴什帕米尔，为八帕之一。由是南逾瓦呼罗特、明塔戛两山口，西为因都库什山，东为穆斯塔格山。出山口顺棍杂河南行，又顺河折西抵棍杂，即坎巨提都城，城濒棍杂河北岸。"③ 此即清代之葱岭交通线之一，它无疑应是启用自一个更早的时期，汉代的罽宾（迦毕试）与塔里木盆地间的通道，或许即循此河谷。这些问题，都留待未来条件更为充分时再做探讨了。

---

① 参见《新疆下坂地墓地》《新疆塔什库尔干吉尔赞喀勒墓地发掘报告》《新疆塔什库尔干吉尔赞喀勒墓地 2014 年发掘报告》。

② M. A. Stein, "Archaeological Discoveries in the Hindukush", *Journal of Royal Asian Society* 1931, pp.863–865; Nalinaksha Dutt, *Gilgit Manuscript*. The Kashmir Series of Texts and Studies, Srinagar-Kashmir 1939; Calcutta 1950; Jens Braarvig, ed., *Manuscripts in the Schoyen Collection I : Buddhist Manuscripts*, Vol. 1, Oslo: Hermes Publishing, 2000.

③《清史稿》卷五二九《属国传四·阿富汗》，第 14726 页。

附：于阗文《于阗印度行程记》(IOL Khot S. 21)

斯坦因自莫高窟"藏经洞"所获于阗文写卷里，有一份的内容是自所谓"国土"（于阗境）起行，到达印度的行程。与敦煌于阗文使臣报告及"钢和泰杂卷"里的类似，也类似于《西州图经》。可能是大致同时代（约9世纪中叶）的写卷。

关于本件的释文，参见贝利《于阗语文书集》第二卷第55页（*KT*, II, p.55）;《塞语文书集》第三卷，LII-LIV（*SD*, III/LII-LIV）;《塞语文书集·文本卷》, 第70页（*SD*, TV, p.70）。[①] 最近，由施杰我氏释译成英文发表。[②]

较早期的关于通过帕米尔高原的古道的记录，主要是汉文的。汉文之外的历史文献是罕见的。所以，这篇于阗文文献十分宝贵。故移译于此，与汉文历史文献比较。

这份卷子里叙述的地名和各地情况，还需要做深度的探讨。在本卷中，有若干地名是明确的：

Gīḍagīttä, 吉尔吉特（Gilgit）。

Kaśmīra, 喀什米拉，克什米尔（Kasmir）之古名。

"金河"也许指印度河。第6-7行"位于一座湖泊之下方的是一条河"，实际是难以比勘的。诸如此类。

【译文】

1 自国土起第八日，他们来到 Kāśarapä。铁城至

[①] H. W. Bailey, *Khotanese Texts*. Vol. II, Cambridge University Press, 1969, p.55; H. W. Bailey, *Saka Documents* (Corpus Inscriptionum Iranicarum, Part II: Inscriptions of the Seleucid and Parthian Period and of Eastern Iran and Central Asia, Vol. V: Saka): Plates, Portfolio, II, London, 1961, III/LII-LIV; H. W. Bailey, *Saka Documents Text Volume*, London, 1968, p.70.

[②] Prods Oktor Skjærvø, *Khotanese Manuscripts from Chinese Turkestan in the British Library, A Complete Catalogue with Texts and Translations*. The British Library 2002, pp.524-526.

2 Kaukvāṃ，有四座汉人城镇。经过一段三日行程，第一座城

3 叫作 Śaraḍūgä。自此起五日行程，有（一座城）叫作 Tcīnä Hauralaka。

4 自此起二日行程，有（一座城）叫作 Īchanagarä。那里在一座山顶上，有三座寺院。

5 自此起三日行程，有一座城叫作 Yabhagau，位于一条宽阔河水的源头。

6 自那里启程至第四日，有一座城叫作 Kakvāhartcai，位于

7 一座湖泊之下方的是一条河。沿着该（河）是（另一条）河流（及）一座大山，那里即是该城。

8 从那里起第四日，他们进入 Prrūśavas（Burusho）境内。那儿，

9 一条金河流出了。有第一座城叫作 Syadiṃ。在一座山顶

10 有三座寺院。从那里起六日行程，是一座叫作 Baurbura 的城。

11 有一条叫作 Sīma 的大河。那儿的人们用充气的皮筏渡（河）。有四座寺院。

12 沿河是村落（和）*karāna*。沿河向南是一座大城，

13 叫作 Gīḍagīttä，用石头建造。有八座寺院。国王居于四方土地（？）。

14 此城以南是通印度之路，沿着那条金河。在河岸边

15 有一座大城，叫作 Śīlathasa。那里沿河滨有村落（和）*karāna*。

16 同样地，他们渡河也用那种充气皮筏。自 Śīdathasä 至 Ttīdī，

17 有一段八日的行程。沿着那条河由此向南，有胡桃树、

18 胡果、苦瓜（和）雪松。猴子栖息于那里。在 Ttīdī，

19 住着一位名叫 Magalacakra 的王。此为印度通往喀什米拉（途中）的第一座城。其城门中的一座建在一座山上。

20 向南在 Mahuvi 河滨，在通往印度（途中），

21 由 Ttīdī 向南两日行程，有一座叫作 Sargūṇi 的大雪山。

22 人们可在一天内登上它。此山下在一片岩石地上，是第一座城，叫作 Markaṭagrāma。

23 该地有三百 karāna。由此向南，在两日行程（后），有一座城，

24 叫作 Varṇavalā。遍布该（城）是五百个大巴扎。由此向南，在两日行程（后），

25 有一座大村落，叫作 Manattapaurṇa。有一座大巴扎（和）五千株 kapīlaya 树。

26 由此向南，在三日行程（后），有一块土地（城？）叫作 Nalapaṭana。该地有一座大巴扎。

27 在一日行程后，有五千株 kapīlaya 树。巴扎

28 在一座湖边。有三座带小石室的寺院。沿着该湖有

29 一条〔……〕喀什米拉的路。去 Adiṣṭādaṃ 的路程是一天。有 Adiṣṭaṃ 城。该 Adiṣṭaṃ 城有三座

30 城门。它们来自（？）叫作 Vīttasa 的河。该地有两万艘大船。

31 西城门在城的湖里。该城绵延有一日的行程。在喀什米拉全境，共有

32 六万座大城。其中（特别的）一座包括了三十万个 karāna，而每个 karāna 有三百六十个屋子。该处

33 有一座大寺，里面有一法王（窣堵婆），（及）五百小石室。小寺

34 则数不胜数。该地之王叫作 Abimanyagaupta。（有）诸多大象。他有四位将领。

35 军队是十万，全副武装。

（2012 年 7 月 1-4 日塔什库尔干"帕米尔与东西文化交流学术研讨会"会议论文。刊于余太山、李锦绣主编《欧亚学刊》新 7 辑，商务印书馆 2018 年版）

乙 编

古代游牧文化

新疆发现的鹿石

一、前　言

"鹿石"（оленныекамни, deer-stone）作为青铜时代至早期铁器时代内亚草原的一种遗物，通常发现于蒙古国的西部阿尔泰山区、西北部杭爱山区和北部的库苏郭勒省（Hövs-göl Aimeg），据沃尔科夫（В. В. Волков）较早时候的报道，一共发现了大约450通。[1]学界关注和研究的通常也是蒙古发现的鹿石。有关鹿石的类型、功用、年代以及与青铜时代至早期铁器时代的大型石堆或大型石构建筑克列克苏（Керексր, Хэрэксуры, khirigsuur, khereksur）之间的关系等问题，已经得到了相当的讨论。这应该归功于苏联考古学家，他们是鹿石发现与研究的奠基人和主力。

根据发现，鹿石主要分布在欧亚草原上，以蒙古西北部和阿尔泰山地区最为集中。此外，俄罗斯外贝加尔和图瓦、中国新疆天山、哈萨克斯坦东部和中部、吉尔吉斯斯坦，乃至德国易北河地区等都有分布。

在蒙古之外发现的新资料是受到特别关注的。其中，新疆鹿石的问题是一个重点，由于不断有新的发现，我们相信这一研究会成为蒙古鹿石之外的另一个焦点。同时，鉴于鹿石分布地域的广泛性和历史文化意义的深度，鹿石的研究已经成为一个国际性的合作研究项目。[2]当前，

---

[1] В. В. Волков, *Оленныекамни Монголии*, Улан-Батор, 1981.（В. В. 沃尔科夫著，王博、吴妍春译:《蒙古鹿石》，中国人民大学出版社2007年版）

[2] 近年在蒙古北部地区采用新视野和新方法所做的鹿石研究，是一项有意义的工作。W. W. Fitzhugh ed., *The Deer Stone Project, Anthropological Studies in Mongolia 2002—2004*, Arctic Studies Center, National Museum of Natural History, Smithsonian Institution, Washington D. C., 2005.

在很多问题上，如鹿石的年代、性质、图案意义，以及历史文化意义等，仍有值得深入探索的余地。对各地发现资料的及时刊布以及跨区域的比较研究，是十分重要的。

自 2010 年起，作为天山－阿尔泰山地区游牧文化的研究项目，我们开始在新疆境内阿尔泰山地区进行考古和地理调查，并延伸到了天山地区。由于在东阿尔泰山地区的调查中鹿石是重要的一个方面，关于新疆发现鹿石的研究也随之开展。我们很幸运，在有关新疆鹿石的研究上，已经有了前人的成果可供参考，这里尤其要感谢新疆博物馆王博先生的贡献。[①]

我们尽力搜集了新疆境内发现的鹿石的资料，其数量超过了 137 通，包括已经刊布和未刊布的。本文试以这些资料为研究对象，结合前人的研究成果，对新疆鹿石的特征、类型、年代、意义，以及阿尔泰型鹿石问题给予讨论。为了以后研究和核查资料的便利，我们对全部发现的鹿石按照分布或收藏地做了统一的编号，今后如有了新的发现还可以续编下去。以下是本文使用的鹿石编号的代码，供参考：

A　　阿勒泰市
AM　　阿勒泰地区博物馆
BJ　　布尔津县
BL　　博乐市
BTM　　博尔塔拉蒙古自治州博物馆藏品
FY　　富蕴县
HS　　和布克赛尔蒙古自治县
JMN　　吉木乃县
JMS　　吉木萨尔县
QH　　青河县
TC　　塔城市

---

① 王博:《新疆鹿石综述》，载《考古学集刊》第九集，科学出版社 1995 年版；王博、祁小山:《丝绸之路草原石人研究》，新疆人民出版社 2009 年版，第 327－345 页。

WQ　温泉县
WS　温宿县
XJM　新疆维吾尔自治区博物馆藏品
ZS　昭苏县
BM　地点不明

二、鹿石的发现与分布

(一) 发现

新疆鹿石的发现始于1960年代初考古工作者对域内石人墓的调查，当时对鹿石缺乏认知。[①]1970年代在阿勒泰地区的文物普查工作中，也发现了一些鹿石。1980年代以后，随着考古调查、发掘量的增长，以及文物普查（"二普""三普"）工作的开展，越来越多的鹿石逐渐为人所知。

大部分的调查都不是专门针对鹿石而开展的。这些调查有下述几项：王炳华在吉木萨尔县新地沟石人滩的调查；[②]赵养峰在对阿勒泰地区岩画的调查中，亦注意到鹿石；[③]王博等对阿勒泰地区鹿石的专门调查；[④]中山大学历史人类学研究中心等对东阿尔泰山地区鹿石等的调查。[⑤]此外，值得注意的是，在阿尔泰山和天山地带的三座墓地的发掘中，也发现了被埋藏在墓（或封堆）中的鹿石。[⑥]在第二次和第三次全

[①] 李征：《阿勒泰地区石人墓调查简报》，《文物》1962年第6、7期。
[②] 王炳华：《天山东部的石雕人像》，载氏著《丝绸之路考古研究》，新疆人民出版社1993年版。
[③] 赵养峰：《阿勒泰山岩画调查》，《考古与文物》1986年第5期。
[④] 王博：《新疆鹿石综述》，载《考古学集刊》第九集，科学出版社1995年版。
[⑤] 中山大学历史人类学研究中心等：《东阿尔泰山的古代文化遗存》，《新疆文物》2011年第1期。
[⑥] 这些墓地包括温宿县包孜东墓地（王博、常喜恩《温宿县包孜东墓葬的调查和发掘》，《新疆文物》1986年第2期）、吉木萨尔县大龙口墓葬（新疆文物考古研究所《新疆吉木萨尔县大龙口古墓葬》，《考古》1997年第7期），以及布尔津县博拉提三号墓群二区M10（承发掘主持者新疆文物考古研究所研究员于建军先生介绍）。

国文物普查中，也有鹿石被发现。①

除了在遗址或墓地原址的鹿石外，在一些地、州或县博物馆（文物馆、展览馆）里也有鹿石的藏品。据我们的调查，这些博物馆包括阿勒泰地区博物馆、富蕴县文物馆、和布克赛尔县展览馆（旧王爷府）、博尔塔拉蒙古自治州博物馆等。另一种收藏品，见于阿勒泰地区青河县新政公园和布尔津县喀纳斯湖风景区阿贡盖提草原景点等。有少数鹿石的确切原始地点已经不可知了。

通过各种方式，我们掌握的鹿石资料，其总数在137通以上。这一资料肯定还要更新，取决于发现、识别与公布等的实际情况。显然，有些鹿石因为残破等未能被识别出来，也有尚未发现的情况，而有些报道尚未得到验证。②在博尔塔拉蒙古自治州温泉县，据报道还有一些疑似鹿石的石刻。③

（二）分布的特征

在分布上，新疆鹿石显示出了明确的区域特征：它们主要分布于阿勒泰地区所属阿尔泰山区；此外，介于阿尔泰山山系与天山山系之间的塔尔巴哈台山-萨吾尔山地区和阿拉套山地区，也发现了数量较多的鹿石；在天山地区的发现，见于天山北部以及与伊犁河谷毗邻的天山南部的温宿。这些地方都是传统的草原区，现在还仍然属于牧区。

它们分为两种现存状况：一是保存在遗址、墓地（或墓葬）的原址，二是作为博物馆等的收藏品。大多数鹿石保存在原址。与之对应的是，大多数鹿石的发现（或出土）地点是明确的，它们主要保存在原址，也有少数被当地的文化馆或博物馆等所收藏；少数鹿石为收藏

---

① 第二次文物普查在塔城地区发现的鹿石，参见自治区文物普查办公室、塔城地区文物普查队：《塔城地区文物普查报告》，《新疆文物》1994年第3期。据报道，第三次全国文物普查时，在吉木乃县、博乐市等地都发现了若干鹿石。

② 新疆文物保护网（http://www.xjwwbh.com/html/2009-08/09-08-18-R7K8.html）曾公布布尔津县阔科克古墓群有八通鹿石，但未披露尺寸、形状、图案等相关信息，故未列入本文资料中。

③ 《博尔塔拉蒙古自治州文物普查资料》，《新疆文物》1990年第1期。

品，由于多方面的原因，收藏方丧失了鹿石原始地点和位置这一重要信息。下面是发现（出土）地点明确的鹿石的分布情况。

1. 阿尔泰山地区

在这个迄今发现鹿石数量最多、因而也可以说分布最集中的区域，从地理上说具有下述显明特征：鹿石的分布地点位处于阿尔泰山南部的两河——乌伦古河与额尔齐斯河流域的河谷草原，集中在乌伦古河河源之一的青格里河（另一条是发源于阿山北麓蒙古国境内的布尔根河）流域；在额尔齐斯河流域所发现的鹿石，见于额河河源一带的富蕴县境内。这个区域属于阿尔泰山的东南部，我们称之为东阿尔泰山地区。

青河县境内发现的鹿石共有73通，其中出土地点明确的鹿石有62通（编号QH1-62）。它们又主要分布在著名的三道海子盆地，该地在东阿尔泰山的山巅，是小青格里河的源头。这些鹿石与一些克列克苏共存。这些克列克苏与祭祀有关。[①]

在新疆境内的阿尔泰山额尔齐斯河流域，分别在富蕴县境内的额河河源、阿勒泰市一带、布尔津河流域，发现了鹿石。其中，富蕴县境内发现了23通鹿石（编号FY1-23）；阿勒泰市发现1通（编号A1）；在布尔津县境内的布尔津河河谷草原，除了收集的鹿石，在博拉提三号墓群二区M10墓中出土了1通鹿石。

额尔齐斯河河谷南面的吉木乃县境内，在"三普"中发现了1通鹿石（编号JMN1）。它呈长方体柱形，一平面上部雕刻了一个圆环。

2. 塔尔巴哈台山-萨吾尔山地区

在塔尔巴哈台山南麓、额敏河流域的塔城市境内，发现了2通鹿石（编号TC1、2）。另一个地方是萨吾尔山地区的和布克赛尔蒙古自治县境内，有若干通鹿石保存在原址，遗憾的是我们未能掌握其确切

---

① Liu Wensuo, "Archaeological Remains of Sacrificial Rituals in the Eastern Altay Mountains". Yu Taishan and Li Jinxiu, ed., *Eurasian Studies* II, Sydney: Asia Publishing Nexus 2014, pp.1-28.

信息。有 2 通收藏在该县展览馆内的鹿石，是我们所调查到的（编号 HS1、2）。它们的形制比较特殊，系利用长条形石块修整、雕刻而成，与之相类似的是与该地区相邻的博尔塔拉河流域所发现的鹿石。

3. 阿拉套山-博尔塔拉河地区

该地在天山北部，属博尔塔拉河流域。根据调查，在博河上游的温泉县境内，发现有 3 通鹿石保存在原址（编号 WQ1-3）。另一个地方是博乐市境内，在"三普"中发现了 2 通鹿石（编号 BL1、2）。此外，博尔塔拉蒙古自治州博物馆也收藏了 3 通鹿石（编号 BTM1-M3）。①

4. 天山地区

在天山地区发现的鹿石数量不多，而且很分散，见于四个地方：

天山东段北麓的吉木萨尔县境内（编号 JMS1-3），其中位于新地沟的石人滩发现 2 通鹿石，大龙口墓地出土 1 通鹿石。②

特克斯河上游的昭苏县境内，发现 1 通鹿石（编号 ZS1）。

西天山南麓阿克苏河上游的温宿县，从包孜东墓地的突厥时期墓葬 M1 发掘出了 9 通鹿石（编号 WS1-9），被用作墓室的盖板。它们均为没有雕刻动物图案的鹿石。③ 这是迄今在天山南部地区唯一发现的鹿石地点。

值得注意的是贝格曼（F. Bergman）1934 年的新疆考古考察中，曾经在乌鲁木齐以东的柴窝堡湖滨，发现了封土堆、鹿石和石人。他目睹了 3 通鹿石，其中 1 通的顶部还保存了雕刻的圆环。这些鹿石和封堆先后为亨廷顿（E. Huntington）和拉铁摩尔（Owen Lattimore）所目睹并记录在他们的书中。④

---

① 温泉县人民政府编：《温泉古代草原文明》，新疆电子音像出版社 2008 年版，第 3 页，彩版 5、20；韩雪昆主编：《博乐市文物古迹图录》，新疆美术摄影出版社 2011 年版，第 55-56 页；王新和主编：《博尔塔拉文物经典》，新疆美术摄影出版社 2009 年版，第 10、90-92 页。

② 《天山东部石雕人像》、《吉木萨尔县大龙口古墓葬》。

③ 《温宿县包孜东墓葬的调查和发掘》、《新疆鹿石综述》。

④ Folke Bergman, *Archaeological Researches in Sinkiang, Especially the Lopnor Region*, Stockholm: Bokförlags Aktiebolaget Thule 1939, pp.202-203.

三、鹿石的类型与特征

在鹿石研究中所沿用的分类，即所谓"典型鹿石"与"非典型鹿石"，是以鹿石上所雕刻图案中之有无鹿的图像作为分类的标准。另一种分类法，是苏联考古学家沃尔科夫依据鹿石的图案、分布地等划分的三种类型：欧亚类型（Eurasian type），即无动物图案的鹿石；萨彦-阿尔泰类型（Sayan-Altay type），即具有写实动物图案的鹿石；蒙古-外贝加尔湖类型（Mongolia-Transbaikal type），即具有图案化鹿图案的鹿石。[①]

影响鹿石分类的因素是多方面的，首要的是鹿石的形状和图案（甚至雕刻技法和风格）；不可忽视的是用于制作鹿石的石材（花岗岩、砂岩等），对雕刻技法和图案内容等可能会产生影响；鹿石的形状和图案与鹿石的功能之间可能也存在联系，这是鹿石的制作者和使用者必然要考虑的因素，对此需要将鹿石与其所关联的遗迹结合起来考察。

以下试按鹿石的形状和图案这两个标准对鹿石进行分类，并依据这些分类揣测其社会文化意义的分类——鹿石制作者和使用者可能采取的分类。按形状的分类是比较简单的，按图案的分类则是复杂的，因为一般的鹿石上都雕刻了不同类型的图案，但是看上去制作者显然出于不同的意图，而在各种类型图案的选择和表现上有主题上的考虑，并作了模式化处理。个别的鹿石，如JMS3，上面雕刻的一幅北山羊图案是典型的岩画形式，应该是后来添加上去的，与鹿石本身无关。

（一）形状的基本类型

可以分作三种类型：A型，石柱型；B型，石板型；C型，不规则形状。

---

① B. B. 沃尔科夫著，王博、吴妍春译：《蒙古鹿石》，中国人民大学出版社2007年版，第199页。

126　乙编　古代游牧文化

A 型：石柱型鹿石

鹿石的宽度和厚度大体接近，横截面呈长方形、正方形或弧角矩形，整体呈长方体柱形或者圆角长方体柱形。在制作上，一般采用硬度高的花岗岩，在开采后雕出石柱的毛坯，然后通体磨平，在平面上雕刻图案。石柱的顶部往往沿着长边方向被雕成斜的，有些还带有一点弧度。图案通常雕刻在三或四个面上。

这一类型的鹿石数量最多，主要发现于青河县境内，有52通（QH1-3、5-9、11-16、18-28、29-31、34、35、38-55、58、59、61、63-65），富蕴县境内发现了9通（FY1、2、6-9、12、22、23），阿勒泰市境内发现了1通（A1），阿勒泰地区博物馆收藏有1通（AM1），布尔津县境内发现2通（BJ1、2），博乐市境内1通（BL2），吉木乃县境内发现1通（JMN1），吉木萨尔县境内发现3通（JMS1、2、3），塔城市境内发现2通（TC1、2），和布克赛尔境内发现1通（HS1），昭苏县境内发现1通（ZS1）；新疆维吾尔自治区博物馆收藏有1通（XJM1），温宿县包孜东墓地发现4通（WS1、3、6、7），地点不明者2通（BM1、2），共计81通（图一至图五）。

图一　石柱型（A型）鹿石之一：青河县塔斯特萨依鹿石（QH34）

新疆发现的鹿石　127

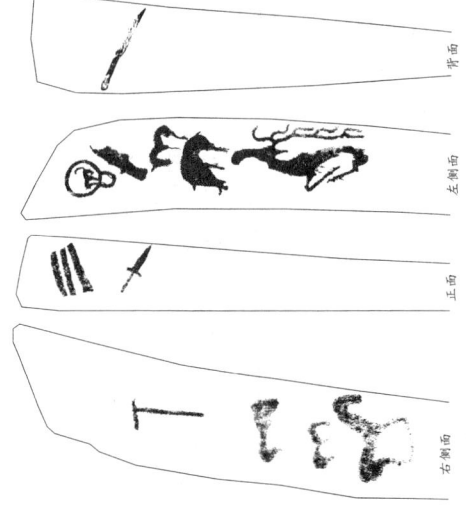

图二　石柱型（A型）鹿石之二：青河县花海子鹿石（QH46）

128　乙编　古代游牧文化

图三　石柱型（A型）鹿石之三：青河县花海子鹿石（QH50）

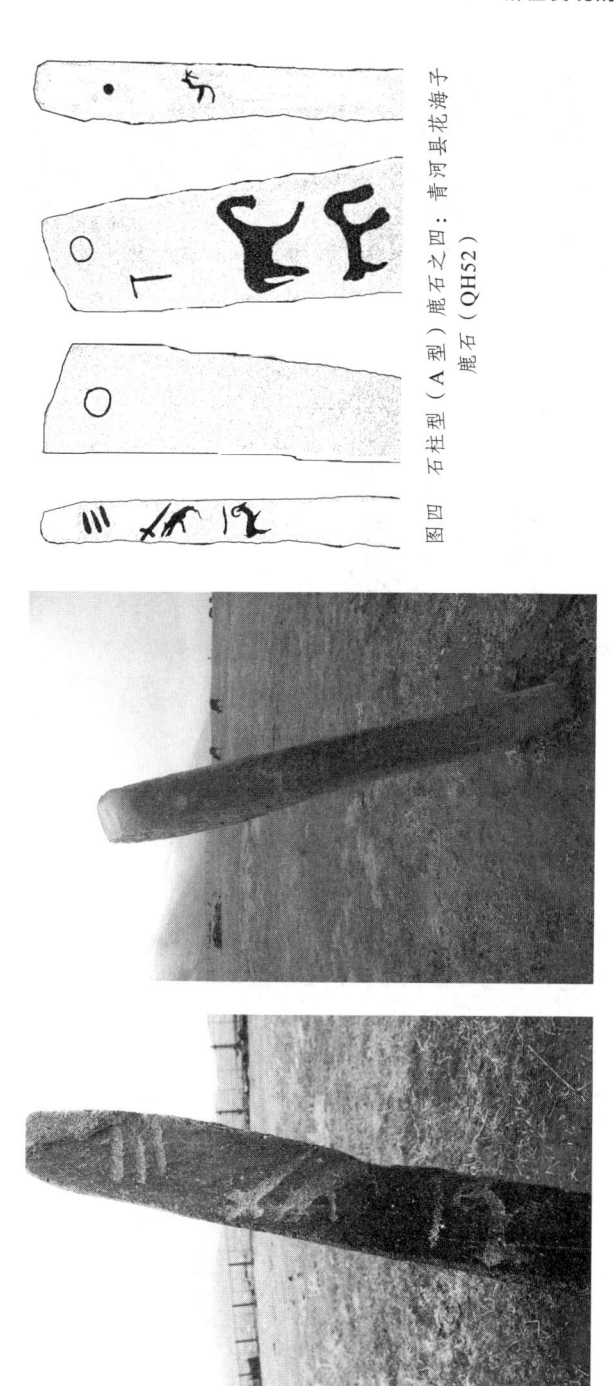

图四 石柱型（A型）鹿石之四：青河县花海子鹿石（QH52）

130　乙编　古代游牧文化

图五　石柱型（A型）鹿石之五：青河县花海子鹿石（QH58）

B型：石板型鹿石

此类型鹿石宽度远大于厚度，横截面呈大致的狭长长方形，整体呈扁平石板状。其石材通常不用花岗岩。在制作上一般都欠精细，只做大致的整治。图案雕刻在一个宽面上，该面整治得比较平整。属于这一类型的鹿石有QH33、BTM1、BL1、WS8、WS9，共5通（图六）。

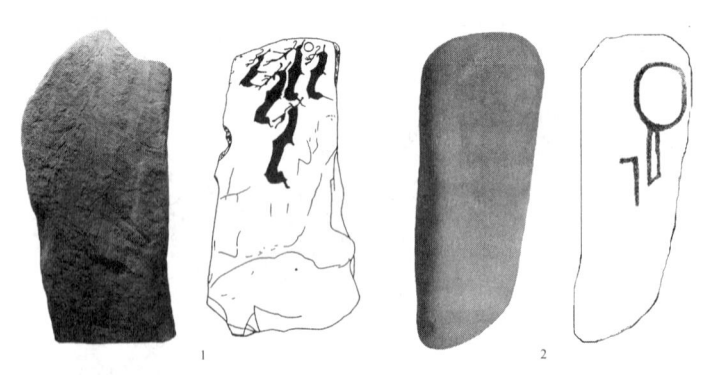

图六　石板型（B型）鹿石
1. 青河县QH33；2. 博乐市BL1

C型：不规则形状

整体呈不规则形状，一般都是利用呈长条形的石块，对形状进行修整。它们显然是打算修整成石柱型。在一面或两面雕刻图案。属于这一类型的鹿石有：QH17、32、36、62，FY3-5、13，WS2，共9通（图七）。

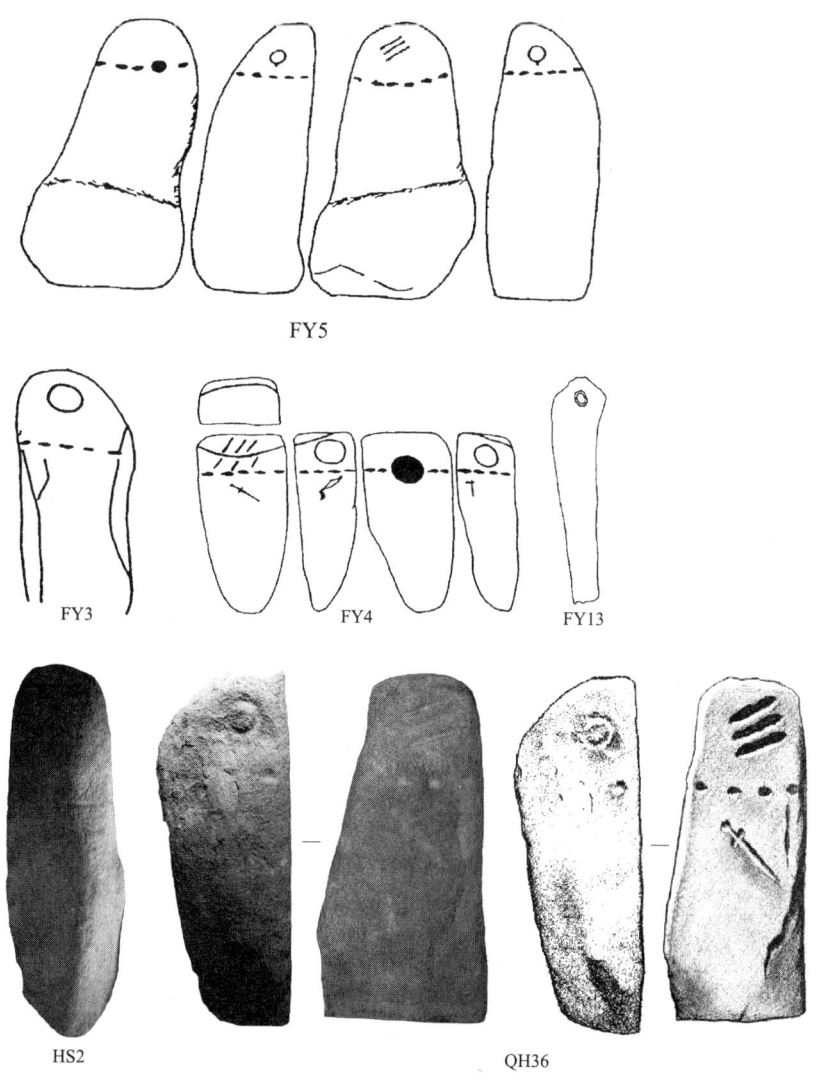

FY5

FY3　FY4　FY13

HS2　　　　QH36

图七　不规则形状（C型）的鹿石

除上述三种形状外，另有少数鹿石无法归类，它们分作两种情形：富蕴县铁列克的8通、青河县的5通（QH27、44、56、57、60）等，只露出局部；温宿县的2通（WS4、5）、青河县的2通鹿石（QH4、37）、博尔塔拉蒙古自治州博物馆藏1通鹿石（BTM2）等，残损严重，形状都不清楚。

（二）图案的基本类型

学界目前有三种按照鹿石图案的大同小异的分类法：第一种是将鹿石分为有鹿图案的鹿石（称作"典型鹿石"）和无鹿图案的鹿石（称作"非典型鹿石"）；第二种是分为有动物图案的鹿石和没有动物图案的鹿石；第三种是沃尔科夫的三分法——图案化鹿纹鹿石、写实动物图案鹿石、非动物图案鹿石。[①]

显然，在鹿石上雕刻的各种图案中，做这种基本的分类是合理的。问题在于鹿石图案的复杂性和类型组合，显然需要在这个基本分类的基础上，再归纳一种更接近制作者意图的分类。在暂且不考虑鹿石形状差异的情况下，我们假设鹿石上的图案是有主题的，是制作者基于对鹿石的功能、用途的考虑而设计的，主题性图案即占据鹿石石面主体的图案。此外，在图案分类上，有两个关键性问题值得琢磨：鹿的图像与鹿石的关系和所谓的图案化鹿纹。

本文参考沃尔科夫的分类法，依据图案将新疆发现鹿石分为下述三种类型：图案化鹿纹鹿石、写实动物图案鹿石、非动物图案鹿石。

A型：图案化鹿纹

在修治平整的一个石面上雕刻以鹿为主体的图像，一般是三至五只的鹿，但也有少数鹿石在两个石面上雕刻多达10幅左右的鹿（QH15，FY6）。A型鹿石的特征是：在构图上呈现为相叠式排列，图案整齐；鹿的造型是非写实性的，被高度图案化了，它们被雕作卧伏状，前腿后屈，后腿前屈；嘴部呈鸟喙状，很长，亦非写实；头向前

[①] B.B.沃尔科夫著，王博、吴妍春译：《蒙古鹿石》，第199页。

伸，长而巨大的角自头部向后伸展。

属于此类型的鹿石有16通左右，主要分布在东阿尔泰山地区的青河县（QH15、25、30、33、46、58）和富蕴县（FY6、7、8、10、11、12、23），共计13通；此外，阿勒泰地区博物馆、新疆维吾尔自治区博物馆和塔城市博物馆各有1通收藏（AM1、XJM1、TC1）。

所有的图案化鹿纹都与一些附属性的其它图案——圆环、条带、武器、写实性动物、斜线等组合在一起，由此也可以把它们再细分下去，但是标准不易确定。其中，与其它动物图案组合的例子是较少的，大部分则是鹿纹与武器等非动物图案组合在一起。有两个例子可以说明这种情形：QH46，雕刻了写实性动物和武器等图案的鹿石，在动物图像的下方雕刻了1只图案化的鹿纹；FY11，在图案化鹿纹下方雕刻了2幅写实性动物和武器等图案。我们在后文将讨论，此种鸟喙状的嘴部，是表现鸟-兽合体的鹿神形象。雕刻图案化鹿纹的鹿石是十分特殊的（图八）。

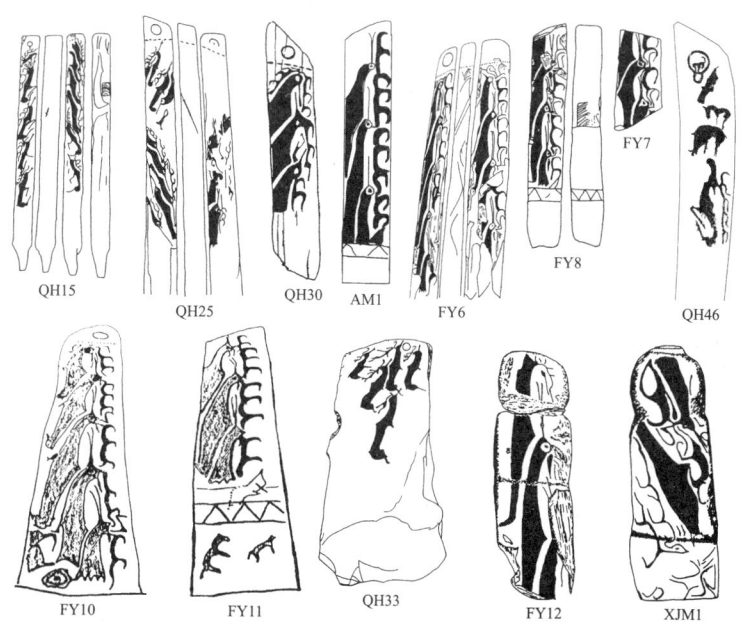

图八　图案化鹿纹鹿石
（采自《丝绸之路草原石人研究》等）

B 型：写实性动物图案

在鹿石的一面或两面雕刻写实性的动物图案，包括鹿、马、羊和野猪。在表现上，既有单种类或单只动物，亦呈现多种动物的形式。其中，部分鹿石上雕刻了鹿的图案，鹿多作站立状，除 1 例（QH18）仅雕刻了鹿外，其余皆是与其它动物共出现在同一通鹿石上。此类型图案一般都与非动物类图案共同表现，有 1 例（QH46）则是与 1 幅图案化鹿纹出现在一起。

B 型鹿石发现 18 通，主要见于青河县境内，有 15 通（QH8、17、18、21、39、40、43、45、46、47、49、50、51、52、55），其余为富蕴县 1 通（FY11）、博乐市 1 通（BL1）、吉木萨尔县大龙口墓地出土 1 通（JMS3）。值得注意的是两个特例 QH46 和 FY11（图九、十）

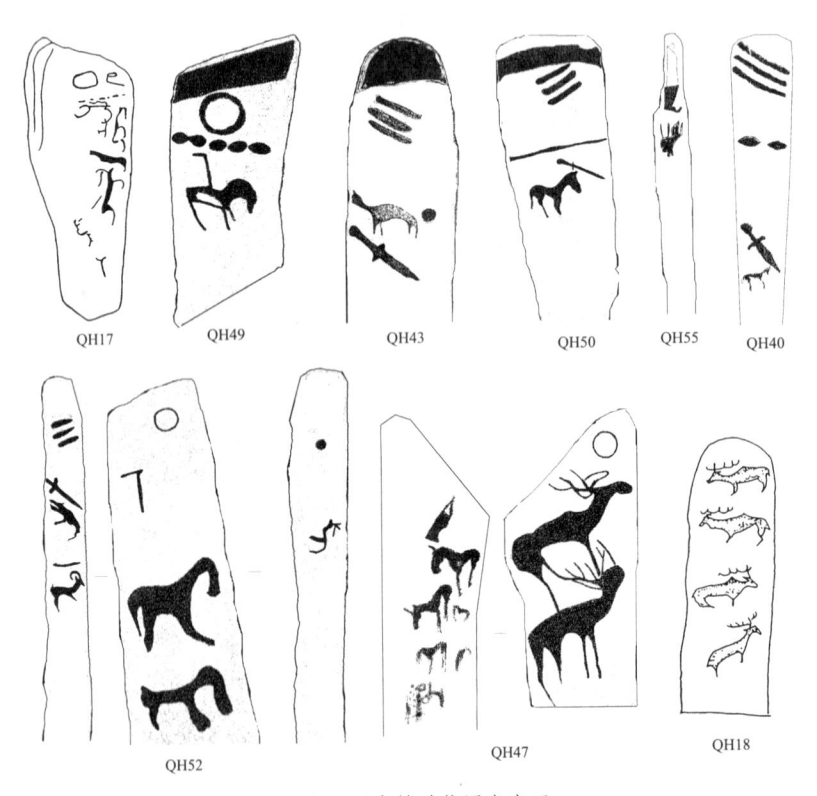

图九　写实性动物图案鹿石

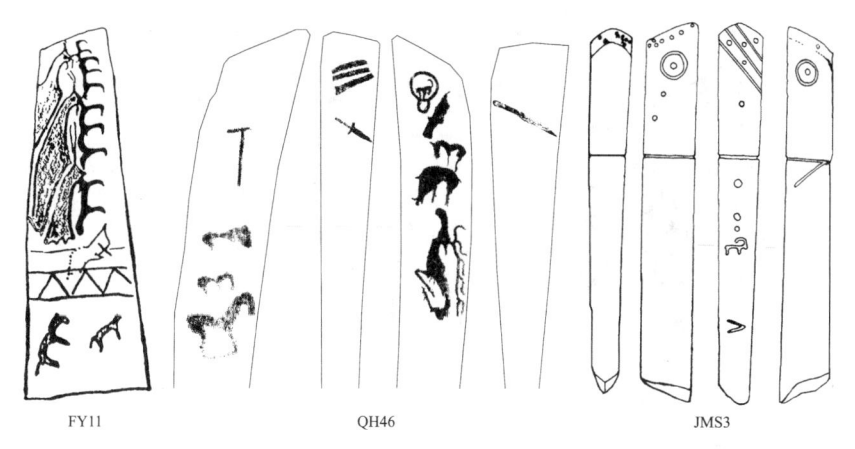

图十　鹿石 QH46、FY11、JMS3

C型：非动物类图案

常见的图案是斜线、圆环、椭圆凹点、条带、战斧、弓囊、短剑、刀及一种圭形图案（有人释作盾牌）等图案，雕刻于鹿石的三面或四面。斜线一般是三道，但有特例出现了四道（QH26）、五道（QH24）；大多是向左下方倾斜，少数向右下方倾斜。

包括前两种基本图案类型在内，绝大多数鹿石上雕刻有非动物类图案。其中，完全没有图案化鹿纹和写实性动物图案的鹿石，目前发现有91通，在分布上最为广泛，但从数量上亦主要发现于东阿尔泰山地区的青河县和富蕴县境内，达69通（QH1-7、9、10-14、16、19、20、22-24、26-29、31-38、41、42、44、48、53、54、56、57、59-73，FY1-5、9、13-22，等等）。此外见于下述地点：阿勒泰市境内1通（A1），布尔津县境内2通（BJ1、2），博尔塔拉蒙古自治州博物馆1通（BTM1），博乐市境内1通（BL2），吉木乃县境内1通（JMN1），吉木萨尔县石人滩墓地2通（JMS1、2），塔城市境内2通（TC2、3），昭苏县内1通（ZS1），温宿县包孜东墓地出土9通（WS1-9），地点不明者2通（BM1、2）（图十一）。

136　乙编　古代游牧文化

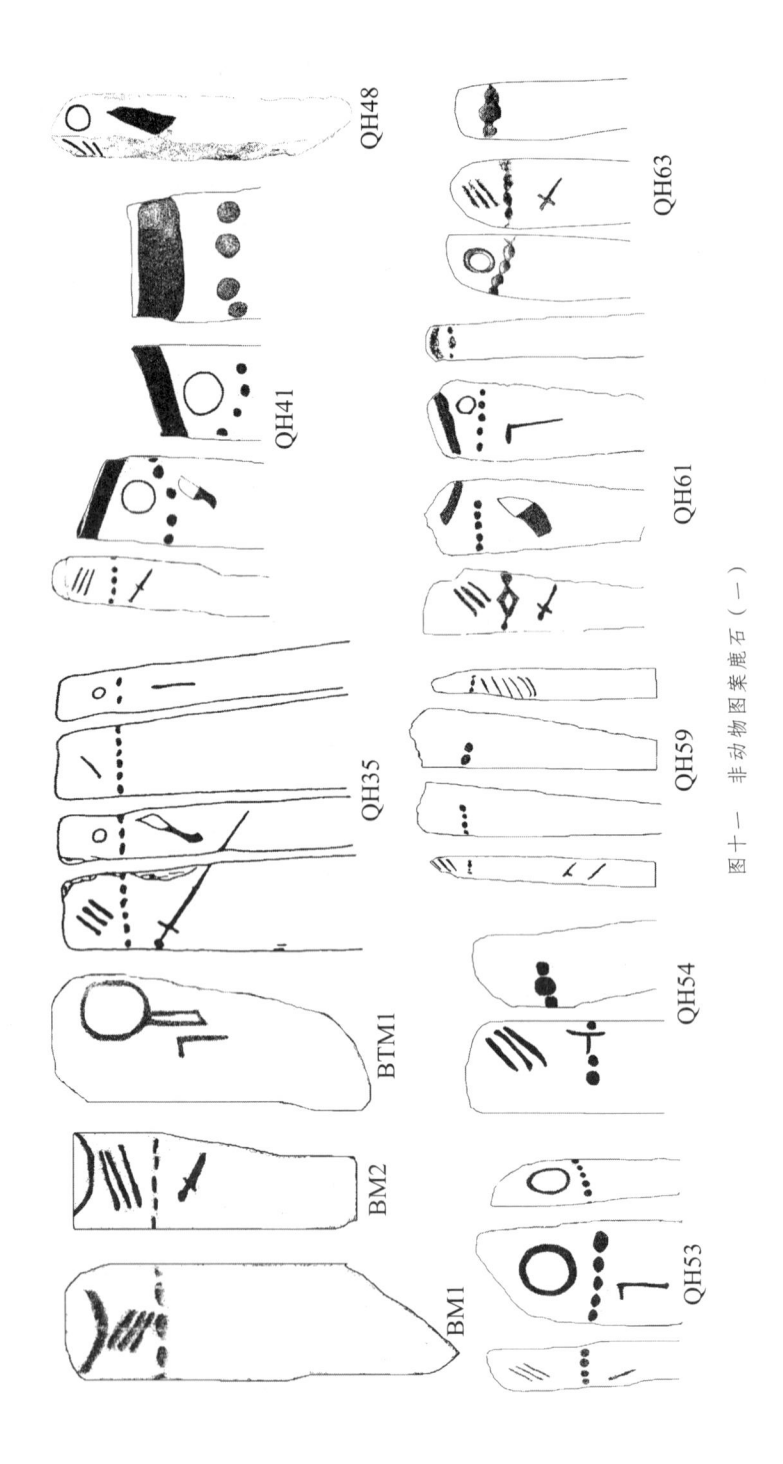

图十一　非动物图案鹿石（一）

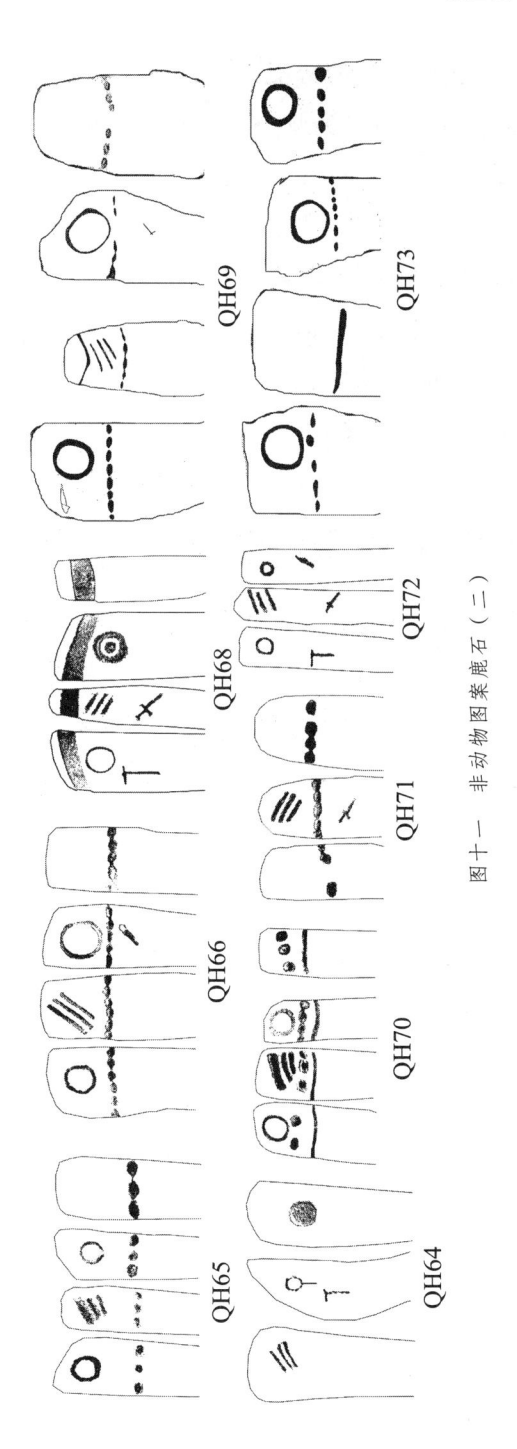

新疆发现的鹿石　137

图十一　非动物图案鹿石（二）

（三）按主题性图案的分类

根据上述三种图案基本类型，我们讨论可能的主题性图案，它们有下述三种形式。

1. 图案化鹿纹："鹿神"主题

所谓典型鹿石指雕刻此种图案化鹿纹的鹿石。除特例QH46外（动物主题类型鹿石，图案化鹿纹似乎是后来补刻上去的），全部图案化鹿纹鹿石（A型）均属此主题类型。在后文我们将说明，图案化鹿纹所表现的是鹿神形象。新疆发现的鹿石中，属于此种主题图案的鹿石在数量上是少数，表明它们并非流行的型式（图十二）。

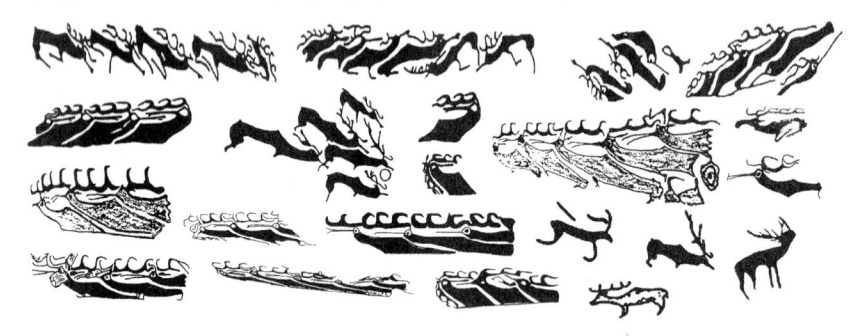

图十二　新疆鹿石上的鹿纹

2. 写实性动物图案：动物主题

这是指写实性动物图案占据鹿石主体画面的情形，可能是表现通常认为的草原动物主题。动物的种类较多见的有鹿和马（但不能鉴别出家马或野马），野猪和羊等动物较少见，而像蒙古少数鹿石上所雕刻的猛兽（虎、雪豹、狼）图案则尚未发现。[①] 可见，鹿石上的物种是经过选择的。刻有写实性动物图案的鹿石数量不多（18通），称得上主题性图案的自然更少（图十三）。

---

① 王博在《新疆鹿石综述》中指认的阿勒泰切木尔切克墓地所见1尊刻了2幅牛图像的石人，为被改作鹿石的石人，实际应非鹿石。在新疆的鹿石上并未见到牛的图案。同时，据沃尔科夫所说，在蒙古鹿石上的动物图案中也仅有1例（科布多省）上面雕刻了公牛图案（见氏著《蒙古鹿石》，第180页）。

图十三　鹿石上的动物图案

3. 器物类图案：拟人像主题

在对鹿石功能和图案的阐释中，流行的观点认为条带、圆环、斜线、联珠、武器（弓箭、剑、刀、战斧）、五边形等，分别代表人所佩戴的头饰、耳环和项链、劈面的痕迹、随身佩带的武器、盾牌，结合鹿石的形状，它们是虚拟的人像（亦可以说是一种石人）。从新疆鹿石的实例看，我们没有证据反对这一观点。在这里我们把这种图案列作是拟人像的主题。

（四）形状与主题性图案的组合

为推测鹿石制作者的意图，一个有趣的分析是将上述两种基本分类综合起来，于是就得出了鹿石的两套制作和表现模式：基于图案的不同形状，以及基于形状的不同图案模式。它们实际上是上述两种基本分类的不同组合形式。

在三种图案模式中，图案化鹿纹（A型）出现在两种形状鹿石上：石柱型和石板型。前者发现了14通（QH15、25、30、58，FY6-8、10-12、23，TC1，AM1，XJM1），后者仅发现1通（QH33）。正方体石柱型仅见2通，长方体石柱型有12通。

写实性动物图案（B型），出现在三种形状鹿石上：石柱型、石板型和不规则型。石柱型皆为长方体柱形，发现了16通（QH8、18、21、39、40、43、45-47、49-52、55，A2，JMS3）。石板型有1通（BL1）。不规则型1通（QH17）。

无动物图案鹿石（C型），亦出现在三种形状鹿石上，但绝大多数是石柱型，发现有63通，且主要分布在东阿尔泰山地区（QH1-3、5-7、9-14、16、19、20、22-24、26、28、29、31、34、35、38、41、42、48、53、54、59、61、63-73、FY1、2、9、22，A1，BJ1、2，BL2，JMN1，JMS1、2，TC2、3，ZS1，WS1、3、6、7，BM1、2）。石板型有3例（BTM1，WS8、9）。不规则型发现了8例，亦主要分布在东阿尔泰山地区（QH32、36、62，FY3-5、13，WS2）。

归纳看，制作者的意图似乎是：三种图案模式一般都被雕刻在石柱型鹿石上，这表示石柱是规范的形式，而石柱的功能是具纪念性的；写实性动物图案和非动物图案，亦有少数雕刻在制作粗糙的石板型和形状不规则型鹿石上，表明这些鹿石是不规范的。

四、主题图案的意义与鹿石的功用

流行的鹿石为拟人的石雕、表现隐形武士（佩带武器）之说，涉及对鹿石功用的阐释问题。就新疆鹿石的实例看，下述几个有关鹿石的关键性问题是值得再探讨的：鹿、鹿图像与鹿石的关系，所谓图案化鹿纹的制作意象，鹿石的主题性图案与鹿石形状的关系，以及石柱型鹿石的纪念碑性（纪念柱、图腾柱），等等。我们要指出，在判断鹿石功用时，需要依赖鹿石的关联性遗存（祭祀遗迹或墓葬）；而且，研究者的田野经验也是重要的方面。

（一）主题性图案的意义

1. 图案化鹿纹与"神鹿"

在鹿、鹿图像与鹿石关系问题中，非写实性的图案化的鹿图像

（鹿纹）是最为突出的，而且有明显的地域分布差异。它们集中发现于蒙古杭爱山区至外贝加尔地区，沃尔科夫归纳为蒙古-外贝加尔类型。以写实性动物图案为主题的鹿石，集中分布于阿尔泰山至萨彦岭地区（萨彦-阿尔泰类型）。的确，新疆境内发现的图案化鹿纹主题的鹿石数量不多，而写实性动物图案主题的鹿石亦是少数，非动物图案的鹿石（即沃尔科夫所说的亚欧大陆类型）在数量上占据多数。

图案化鹿纹最显明的特征是将鹿的嘴部表现成狭长的形象，即通常所解释的鸟喙形，意图表现鸟与鹿合体的神兽意象。这种鹿纹显然已不再是动物，而是被视作类似"翼兽"的神兽雕刻在鹿石上。这种解释的问题是：欧亚草原是否存在给人们（尤其是鹿石匠人）带来创作灵感的长喙鸟类？

最关键的问题，一是这种非写实鹿纹是否属于鸟-鹿合体的创作图像？二是鹿的非写实性是否意味着它被鹿石的制作者与使用者视为一种神兽（神鹿）？

在第一个问题中，一个间接证据是近年出自阿合奇县库兰萨日克墓地的一件鹰-鹿组合金透雕像。[1] 与之类似的是一件出自俄罗斯乌法市费里波夫卡（Filippovka）墓地的青铜鹰-鹿雕像。[2] 陕西省神木县纳林高兔出土的一件公元前4世纪的金头饰，造型为鹿形格里芬，则是另一个证据。[3] 我们已指出这是一种神兽的形式，是鹿的神化。[4] 而鹿-鸟（鹰）组合纹样为后世的草原装饰艺术延续下来。[5] 我们知道，

---

[1] 新疆文物考古研究所：《阿合奇县库兰萨日克墓地发掘简报》，《新疆文物》1995年第2期。

[2] Esther Jacobson, "The Filippovka Deer: Inquiry into Their North Asian Sources and Symbolic Significance", in Joan Aruz et al., ed., *The Golden Deer of Eurasia, Perspectives on the Steppe Nomads of the Ancient World*. New Haven and London: Yale University Press 2006, pp.182-195, Fig. 4-1.

[3] 《世界美术大全集·东洋编》卷十五《中央アヅア》，小学馆1999年版，第64页，图版43。

[4] 刘文锁：《欧亚草原的古代鹿雕像》，《民族艺术》2015年第2期。

[5] 吴艳春：《亚欧草原动物纹艺术的典型题材——鹿-鸟组合图像探析》，《文博》2011年第4期。

在内亚草原鹿石兴起之后，一种鸟-兽合体的神兽题材，被学者们指认为希罗多德《历史》里提及的"格里芬"（Griffin），它是斯基泰人的神兽，负责看守黄金。在内亚草原各地大量考古发现的鸟-兽合体图像，证实了它是一种盛行于公元前一千纪草原的巫术和艺术题材（图十四）。

图十四　几种鹰-鹿雕像①
1. 库兰萨日克　2. 费里波夫卡　3. 纳林高兔

因此，有理由将图案化鹿纹与这种鸟-兽合体神兽联系在一起。为了进一步解释，在鹿石之外，我们也找到了少数几例图案化鹿纹的岩画，发现于蒙古国查干郭勒河（Tsagaan Gol）上游等地。在一幅表现狩猎场景的岩画中，岩面上雕刻了众多的鹿、犬及猎人挽弓猎鹿等图像，一幅巨大的图案化鹿（推测年代为青铜时代晚期）雕刻在这些较早期的猎鹿图上。很显然，这是在表现狩猎鹿的丰收巫术的神圣场面（图十五）。

2. 鹿石上的动物主题图案

有少数写实性动物图案的鹿石，也集中发现于东阿尔泰山的青河。这些图案与图案化鹿及大量的器物图案组合在一起。由于写实性动物

---

① 采自王博、祁小山编著：《丝绸之路·新疆古代文化》，新疆人民出版社 2008 年版，第 170 页；*The Golden Deer of Eurasia, Perspectives on the Steppe Nomads of the Ancient World*, Fig. 4-1；《世界美术大全集·东洋编》卷十五《中央アヅア》，图版 43。

图十五　蒙古查干郭勒上游岩画中的图案化鹿纹
（采自 The Golden Deer of Eurasia, Perspectives on the Steppe Nomads of the Ancient World）

主要是马和鹿，我们有理由猜测这些动物可能是图案化鹿的替代。从另一方面说，马也是欧亚草原最重要的祭牲。

（二）鹿石之作为纪念柱

新疆发现的鹿石大多属石柱型，意味着它们是当做纪念碑竖立的。在东阿尔泰山地区，这些纪念碑发现于克列克苏中心石堆的外侧；在另一种情况下，我们在富蕴县的塔木尔德墓地和加勒阿希墓地，也发现了这种石柱型鹿石。[①] 此外，还有下述三种情形：在包孜东墓地，鹿石被用作墓室的盖板；在大龙口墓地，鹿石被有意埋葬在石堆之下，可能是某种献祭物；在博拉提三号墓群，鹿石被当做随葬品埋葬。后二例显示出，鹿石被使用者视为一种神圣物。

就蒙古草原的情况来看，鹿石通常立在大型克列克苏的中心石堆外侧，或者围绕着中心石堆的祭祀坑上。[②] 在新疆，鹿石也与克列克苏或某种类型墓葬共存。根据这种情况，我们可以认为东阿尔泰山花海

[①] "Archaeological Remains of Sacrificial Rituals in the Eastern Altay Mountains".

[②] 刘文锁：《蒙古考古调查报告》，载氏著《丝绸之路——内陆欧亚历史与考古》，兰州大学出版社 2011 年版。

子遗存中的鹿石，原本是竖立在克列克苏中心石堆的外侧，或者围绕石堆的祭祀坑上（图十六）。

图十六　花海子1、2号克列克苏的鹿石
1、2　1号克列克苏　3、4　2号克列克苏

（三）鹿石与石人、拟人石雕

新疆鹿石中的拟人图案有其自身特征，如表示耳环的大圆环、雕于鹿石顶部两侧表现男子头饰的宽凹带，及被解释为表现劈面痕迹的通常作三道的斜线（某些例子是雕刻四或六道斜线）。其中一个例子QH59，在鹿石的两个侧边上分别雕刻了六道斜线。

武器的图案大多是短剑、弓、囊和战斧，但是少见刀和盾牌。雕刻短剑图案的鹿石有28例左右，显示出若干特征：大部分短剑具有格，柄端制成球形或蘑菇形，仅有一个例外（QH24）呈弧形；剑身一般短而宽。此外，值得注意的是那种在蒙古鹿石中十分常见的单件或双件的挂钩图案，在新疆鹿石中则从未见到。这或许意味着东阿尔泰山及其邻境的居民，并不使用挂钩这种东西。

有3通鹿石被改雕成了人像，1例发现于富蕴（FY12），1例发现于吉木萨尔石人滩（JMS1），1 例为新疆维吾尔自治区博物馆的藏品（XJM1）。JMS1 是一通石柱型鹿石，未雕刻动物图案，被改雕成了一尊突厥式石人。FY12 和 XJM1 形状和图案都相似（图十七）。这些石人的制作者显然不知道比其时代更古老的鹿石的性质。

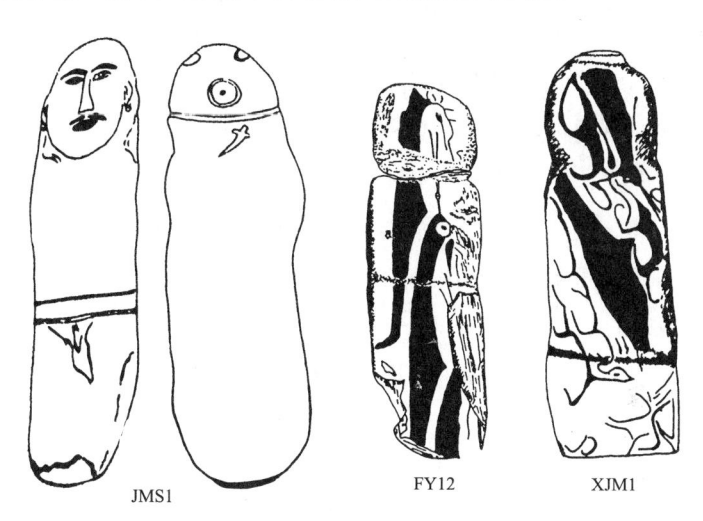

JMS1　　　　　　　　FY12　　XJM1

图十七　改造成石人的鹿石
（采自《丝绸之路草原石人研究》等）

新疆的鹿石资料证实，在内亚草原从青铜时代到早期铁器时代，鹿石与克列克苏及某些特殊墓葬之间存在某种关联。在蒙古、外贝加尔和图瓦，鹿石通常竖立在石板墓的角部，或者在克列克苏中，或库尔干（Kurgan）型墓葬的旁边。[①] 它们主要用于对英雄祖先或部落头领的祭祀中，竖立在其墓葬前方。[②] 从推理上说，鹿石这种相当于头领墓碑的用途，被扩展到部落精英其他成员的祭仪上了。

雕刻有图案化鹿纹的鹿石几乎全属于石柱型，都很正式或典型，可能是从雕刻了纪念性图案的石柱型纪念碑中发展而来。它们是真正

---

① B. B. 沃尔科夫著，王博、吴妍春译：《蒙古鹿石》，第 7 页。
② A. P. Okladnikov, "Inner Asia at the Dawn of History", in D. Sinor (ed), *The Cambridge History of Early Inner Asia*, Cambridge, 1990, p.89.

的"鹿石"。当考虑到此种类型鹿石与其他两种类型鹿石之间的内在联系时，我们须将此两种类型也纳入鹿石的范畴。

五、鹿石上的武器和工具图案的若干特征

总体上说，内亚草原上所发现的鹿石，其年代一般认为是青铜时代晚期至早期铁器时代。从研究者视角说，倾向于将鹿石上的武器和工具的图案，与同类型的实际武器和工具相比较，以推定鹿石的年代。[1] 尽可能确定这些武器和工具的类型学特征很重要，不过，我们也应注意到图案与实际器物之间的逻辑界限，也须考虑到这种方法并不能提供精确的断代。

新疆鹿石上的武器和工具图案，包括了短剑、剑、斧、装在囊中的弓、刀和盾牌，这些武器和工具通常被雕刻在同一通鹿石上，但也有单一的武器和工具图案的例子。短剑和斧在图案上的多样化是明显的，这反映了图案雕刻者的类型意识。刀的图案也具有特别的类型学特征，例如呈环状的柄端，但实例很少。至于弓和盾，实际是很难用于推定鹿石年代的，因为它们既不具有图案设计上的多样性，也缺乏可作有效比较的实物。在可用于比较分析的剑、短剑和斧的图案中，剑和短剑在形制上的多样性是明显的，甚至一些短剑还显示出了细节上的差异，因此我们将它们与实物做出比较。

（一）剑与短剑

鹿石上的剑图案仅找到了四例。短剑图案较为常见，发现了28例。

剑：形制多样，共同特征是窄长的剑身，差别表现在柄部：一种类型是带格和圆形凸起的端，属此类型者发现了3例（图十八，1-3）；另一种类型是柄部不做特别的设计，仅发现1例（图十八，4）。在新疆，剑的发现尚未见诸报道。

---

[1] 潘玲：《论鹿石的年代及相关问题》，《考古学报》2008年第3期。

新疆发现的鹿石　147

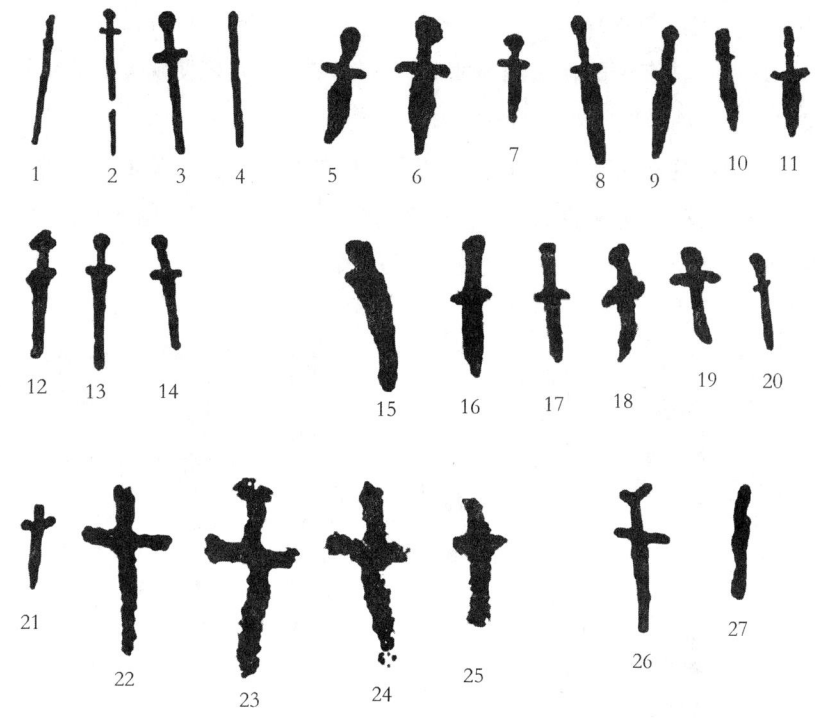

图十八　新疆鹿石上的剑与短剑图案

短剑：具有明确的形状和多样化的图案，表现在整体形状、剑身、格和柄部上。根据图案我们可以将短剑分作六组，代表了六种类型。

A型：具有呈菱形的宽剑身，及突出的尖端和格。除两例外，余者皆有一个圆形柄端。它们代表了此型短剑的两个亚型（图十八，5-11）。在伊犁河谷察布查尔县的海努克古城，发现了1件属于此类型的短剑，但其柄端制作成兽形（图十九，1）。

B型：具有大致呈三角形的宽剑身，剑尖圆钝，带格及圆形柄端（图十八，12-14）。尚未发现属于此型的实物，但有1件有点类似的出自喀什的青铜短剑实物，不带格，剑身和剑尖与之类似（图十九，2）。

C型：具有三角形宽剑身，突出的剑尖，带格及大致圆形的柄端。从青河县和塔城市出土过若干实物，带有圆顶帽形（通常称作蘑菇形）的柄端和一个短小的格，与鹿石上的此型短剑图案类似（图十八，15-

20；图十九，3-6）。

D型：具有长的格，剑身窄长，剑尖突出。尚未发现类似此型图案短剑的实物（图十八，21-25）。

E型：具有大致呈三角形的剑身，柄端分叉。与之类似的1件实物见于昌吉州博物馆的藏品，在柄端的分叉上各有一孔（图十八，26；图十九，7）。

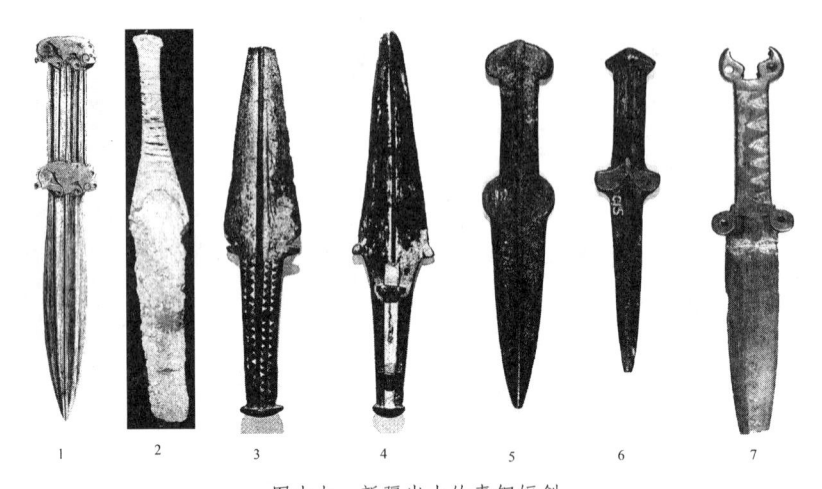

图十九　新疆出土的青铜短剑

新疆鹿石图案上的短剑，通常可以在中国北方地区和内亚草原见到考古发掘的实物。根据器形差异，中国北方地区的青铜短剑被分为四期：商代末期、西周早期、西周中晚期和东周时期。[①] 这个断代、分期体系可以为我们推测新疆带有短剑图案的鹿石的年代提供参考。在新疆鹿石上尚未发现明确属于商至西周早期的短剑图案，但是发现了与西周晚期和东周时期青铜短剑特征相似的短剑图案。

（二）斧

就图案说，斧的形制特征不如短剑那样具有多样性，大致可分为

---

① 李海荣：《北方地区出土夏商周时期青铜器研究》，文物出版社2003年版，第188-203页。

三种类型：管銎斧、"鹤嘴"形斧、普通斧。从图案上看，管銎斧是很难区分出来的，仅有1例（图二十，11）可以比较明确得分辨出具有管形端。大多数斧看上去都属于普通斧形制。不过，"鹤嘴"斧的特征是比较明确的，有一组图案显示出此型斧的特征（图二十，13-20）。

图二十　新疆鹿石上的斧图案

实际上，在新疆鹿石图案上的斧与青铜斧实物间存在着更大的差异。大多数发现的斧都带一个短的管状孔（管銎），其上一般都铸造一个凸起的配件，这些显示出了设计和工艺上的成熟与发展。另外，值得注意的是，新疆目前尚未报道发现有"鹤嘴"斧，但是发现过一种类型的斧，上面设计了一个竖置的孔以安装柄，在形状上有点类似钺（图二十一）。

根据中国北方青铜器的年代学研究，"鹤嘴"斧主要出现于春秋战国时期。其中的一些基本类型在此时期平行发展，每种类型间的差异

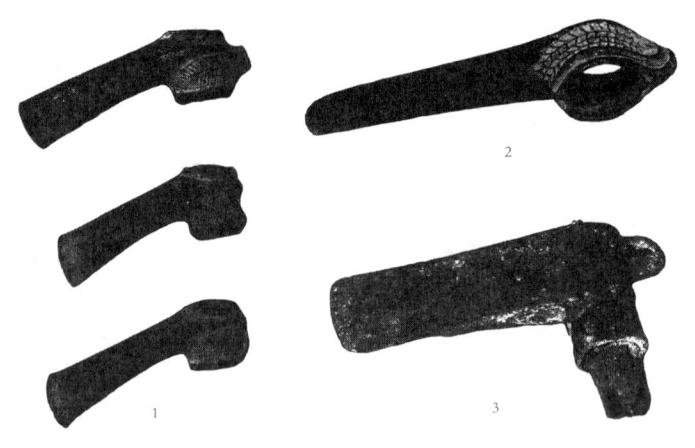

图二十一　新疆发现的管銎斧

主要体现在斧身的形状、管銎的长度及是否具有管銎上。① 带管銎的斧出现于商周王朝时期，至春秋中期已很少见，其特征是斧身长、管銎、刃部形状及凸起的附件等。②

在推测新疆鹿石的年代时，虽然可以假设，在鹿石上的武器与工具图案及中国北方青铜武器与工具实物之间，存在大体上的对应关系，研究者因而可以推论鹿石图案上的武器和工具的年代，并进而推论鹿石的年代；不过，我们须知在此年代学研究框架下，相关的基础性研究实际上还是处于主观性强且不足备的状态。

六、结语：关于阿尔泰型鹿石

根据沃尔克夫的观点，三种类型的鹿石——欧亚类型（无动物图案鹿石）、萨彦-阿尔泰类型（具写实性动物图案鹿石）、蒙古-外贝加尔类型（具图案化鹿纹鹿石）——大体代表了鹿石发展的三个阶段，但在某些地方它们可能会共存；不具动物图案的拟人化鹿石，可以分成

---

① 张文立：《"鹤嘴斧"的类型、年代与起源》，载《边疆考古研究》第二辑，科学出版社2004年版。
② 朱永刚：《中国北方的管銎斧》，《中原文物》2003年第2期。

东部和西部两个区域性类型，而阿尔泰类型鹿石属于东部类型。[①] 由于他那个时代新疆鹿石资料刊布有限，在他的研究中未能使用新疆鹿石资料，而我们知道这其实是很重要的。就考古发现上说，新疆鹿石集中分布于东阿尔泰山地区，又主要分布于以花海子（什巴尔库勒）为中心的三道海子区域。这个区域又是青格里河河源的山巅，是曾经十分重要的礼仪活动中心，拥有在内亚草原上最大型的克列克苏，这种大规模礼仪建筑与内亚政治体制的演进是相关的。[②]

虽然东阿尔泰山地区出现了两种类型的鹿石，即具有图案化鹿纹鹿石和写实性动物图案鹿石，但实际上它们在数量上较少于不具动物图案类型（欧亚类型）的鹿石。从这一点上说，这个阿尔泰山的意识形态中心曾汇聚了全部三种类型的鹿石，与大型的克列克苏共存。它们出现在海拔近3000米的"金山"的礼仪中心，表明鹿石为那些具有共同意识形态传统的不同部族使用了一个很长的时间。因此，我们可以说，如果存在过一个可称作"阿尔泰类型"的鹿石制作、使用传统的话，它兴许就包含着三种类型的鹿石，不过，其中欧亚类型是占主流的。这意味着在早期游牧时代，本地逐渐变成了内亚草原上的一个意识形态中心。

（本文最初以英文稿刊于《欧亚学刊》英文版第五辑：Liu Wensuo and Zhang Zhen, "The Deer-stones Found in Xinjiang", in Yu Taishan and Li Jinxiu ed., *Eurasian Studies* V, Granville Sydney: Asia Publishing Nexus 2017, 由作者译为中文收入本集，并做了若干修订）

[①] B. B. 沃尔科夫著，王博、吴妍春译：《蒙古鹿石》，第195-226页。

[②] Hayashi Toshio, "The Beginning and the Maturity of Nomadic Powers on the Eurasian Steppe: Growth and Downsizing of Elite Tumuli", *Ancient Civilizations from Scythia to Siberia*, 19 (2013), pp.105-141.

欧亚草原的古代鹿雕像

一、前　言

对古代一些民族或部族来说，鹿是一种非同寻常的动物，出现于其政治、宗教、文化生活中，并见诸历史文献及考古遗存当中。在人与动物的关系史上，鹿的角色是特别的。与"六畜"相比，鹿的生长地域性受到了自然界较为严格的限制，因而不能大规模繁殖和养饲；另一方面，它又是富含高能量的物种，对人类来讲具有高品质的食用价值。中国的上古与中古王朝政治礼仪与文艺中，鹿的角色是众所周知的。这种"人-鹿"关系按照两个向度发展：一是对野鹿的狩猎传统，这可以追溯到远古的旧石器时代，在各个时段的人类生活遗址里，都发现过属于更新世物种的几种鹿（毛冠鹿、肿骨鹿、马鹿、大角鹿、双叉麋鹿、轴鹿、步氏真梳鹿、水鹿、葛氏斑鹿等）的化石，[1] 它们显然是最受人类青睐的猎物，这一传统延续到了近代；二是对鹿的驯化与饲养，关于它的时间节点以及进程和区域等一系列问题，仍留待动物考古学的发现与研究，但似乎在时间上晚于新石器时代所驯化的"六畜"，鹿没有进入人类最早驯化的动物清单中。

欧亚草原的一些区域适宜鹿生长，有些部落至今还以养殖驯鹿（*Rangifer tarandus*）和马鹿（*Cervus elaphus*）作为主要的生计方式。饲养驯鹿的中心在西伯利亚的图瓦（Tuva）等地；在北疆阿尔泰山南麓的布尔津县等地，则饲养体型高大的马鹿。与黄河流域等地区不同

---

[1] 苏秉琦主编：《中国通史·远古时代》，上海人民出版社1989年版，第5—27页。

的是，作为欧亚草原上的一种生计与文化传统，鹿在人类生活中扮演的角色更为亲密、也更为复杂。

同时，在欧亚草原的各个区域，发现了丰富的与鹿有关的遗存，主要是几种类型的鹿雕像及其共存的遗迹和遗物，但目前还只能宽泛给出年代，它们始见于青铜时代，并作为传统延续了下来。一般都把这些雕像视作草原上的历代畜牧-游牧民的文化作品，尤其是那些饲养鹿的部族，作为文物的古代鹿雕像，是其生活方式和文化的表现。但是我们也要探知，这几种雕像所包含的复杂社会文化内容和意义（图一）。

图一　新疆阿勒泰地区布尔津县饲养的马鹿

我们可以依据体裁，把在广大欧亚草原地带发现的鹿雕像分成三种基本的类型：（1）岩画；（2）鹿石；（3）金属像。但是，这三种基本类型还不能涵盖全部被发现的资料，例如在吐鲁番交河故城的沟北墓地曾经出土了骨雕的鹿头像，不过这种骨雕极少见（图二）。岩画和鹿石上的鹿雕像，考古发现的数量比较多，它们各有自己的分布范围，在年代上都不易精确推定。其制作方式不同，但技法相似：用锐利的石块或者金属制作的工具在岩石的壁面上线刻或凹雕，凹雕的雕刻面非常浅，很多情况下仅仅是在图像轮廓内的锤打痕迹，这也表明他们使用了石质的工具来制作图像，金属的工具不会产生这样的痕迹。

与古代草原上曾流行过的其它动物像——马、羊、虎以及怪兽

（"格里芬"等）等相比，鹿像有其自身的特征。显然，在广大欧亚草原发现的各种鹿雕像，与这个地区所生活的人们（尤其是养鹿部族）与鹿的现实社会关系、文化生活相关，也体现了欧亚草原的文化特征。要收集整个区域的全部资料是困难的，本文以处于欧亚草原轴心地带的天山-阿尔泰山地区的考古资料为主，考察三种体裁中的鹿图像的意义及其相互关系。

图二　吐鲁番交河故城沟北墓地出土的骨雕鹿头

二、岩画上的鹿

在欧亚草原，一般把"岩画"界定为在露天岩石表面上采用雕刻（线刻或凹雕式的阴刻）技法制作的图像，属于岩石艺术的一种（其它两种是圆雕和岩绘）。所以，更精确地讲是"岩刻"，所谓的"画"是对图像而言。这与在岩壁上采用颜料的绘画（从概念上可以称之为"岩绘"）是不同的体系。

在讨论鹿的岩画之前，需要关注的是这种岩绘。在欧亚草原，岩绘是出现在采用雕刻技法的岩刻（即岩画）之前的一种形式，而且也表现过鹿的题材（图三）。考古发现的岩绘分布范围十分广泛，几乎遍及各大陆，相关研究也很多。岩绘流行的时间一般都被认为是旧石器时代晚期至中石器时代（约距今5万年至1万年），但是在澳洲等地，这种岩壁绘画形式在殖民地时代还出现过（扣除那些现代作品）；在欧亚草原地区，岩绘的时代一般也被认为是亚欧大陆上旧石器时代晚期

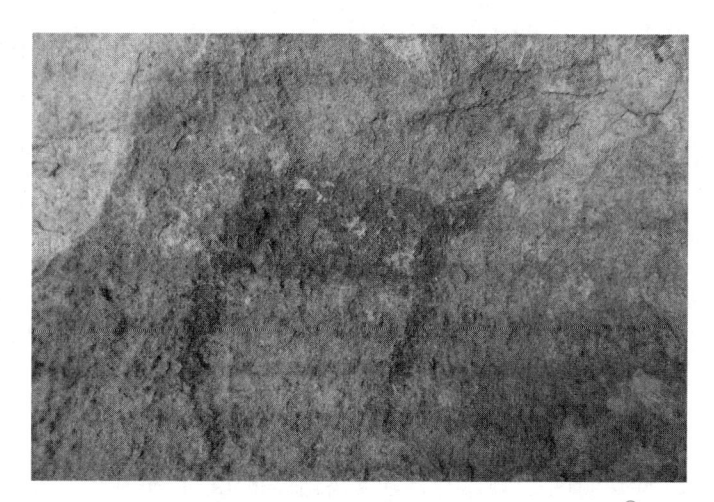

图三　新疆阿勒泰富蕴县唐巴勒塔斯 3 号洞穴岩绘的鹿[1]

至中石器时代。[2]

鹿是岩画中常见的动物题材，但在表现上也有差异。总体上看，岩画中的鹿大都是写实的，作为雕刻的题材它们一般都不单独出现，而是与人物以及其它动物的图像一道组织在同一个画面中，因此具有简单的叙事题材性，有些则体现了较强的模式化特征，只有少数画面是单独表现鹿的。常见的表现形式，是以写实的题材来雕刻成画面的，主要有狩猎图和畜牧图两种基本题材。这其实是欧亚草原岩画作品中最为常见的两种题材，具有模式化的特征。

相较于鹿的畜牧图式，以狩猎图式表现的猎鹿的岩画相对较少出现。因此，我们知道这类题材的岩画与古代欧亚草原上的畜牧-游牧生活的关系，因为传统的畜牧-游牧社会生活中，鹿的饲养受到生态环境条件的限制，而狩猎则是获取食物的一种补充方式。在狩猎图中，通常的表现手法是将单只鹿或鹿群置于画面的中心位置，在它（们）旁边位

---

[1] 中山大学历史人类学研究中心、富蕴县文物局、青河县文物局：《东阿尔泰山的古代文化遗存》，《新疆文物》2011 年第 1 期。

[2] 刘文锁、吕恩国：《阿尔泰山的洞穴绘画》，载余太山、李锦绣主编：《丝瓷之路——古代中外关系史研究》II，商务印书馆 2012 年版。

置则雕刻其它猎物，通常是野羊（北山羊、盘羊等），猎人则处在猎物（群）的外侧位置。这种狩猎图通常只是雕刻出一个人，用双手挽弓指向鹿，而非鹿旁边的其它猎物。猎物（鹿和山羊）都是站立而非奔跑的姿势，朝向同一个方向或相反的方向，而猎人则都朝向鹿的后背。

因此，我们从中可以知道，这类作品都是随意性强的个人创作，有些甚至可以说是当时年轻牧人的涂鸦，在创作上显得呆板、单调而模式化，鲜有能打动人心的作品。狩猎图也表明鹿是当时狩猎的主要对象。此外，我们还可以推测这些岩画描述了当时的狩猎场景和技术——猎人通常要蹑手蹑脚地接近鹿（群），从背后或侧面用弓箭射杀它们（图四）。但是，新疆奇台县北塔山库甫沟岩画也有猎人骑马猎鹿的画面，表现了一位骑马挽弓的猎手和一头像是马鹿的鹿；在这组画面的上方，还雕刻了一只北山羊和一位手持某物的人像。[①]

图四　岩画中的鹿图像组图（狩猎与畜牧）
（采自周菁葆主编：《丝绸之路岩画艺术》，新疆人民出版社1993年版，
第22-23、26、33、44、47-50、56、72、75页等）

[①] 昌吉回族自治州文物普查队：《新疆昌吉地区岩画》，载周菁葆主编：《丝绸之路岩画艺术》，新疆人民出版社1993年版，第33、44页。

岩画中鹿的构图表现为：鹿群朝向同一个方向站立，与狩猎图一样，都是呈现鹿的侧影。在鹿（群）中穿插一些北山羊或盘羊等野羊图像，在这些畜群的一侧雕刻赤手站立的牧人或弯弓的猎人。有些更细腻的画面上还表现了牧人的狗（有的画面上的车轮图像显然是后来添加上去的涂鸦），牧人像一般被雕刻为正面像或四分之一侧视像。这是值得注意的技法。

除了上述两种基本题材，还可以看到野兽猎鹿的画面：一头左侧身站立的驯鹿，在它的前方对面是两头作扑杀状的狼，在它的背后远处则是一头窥伺的熊。

在岩画作品中，我们几乎看不出景深，虽有个别作品所表现出的动物或人物在形体上的大小差异，但不见得是采取了透视技法的构图法，而更可能是为了突出主题的需要。对于欧亚草原上的岩画作品，我们不可高估其艺术水准（图五）。

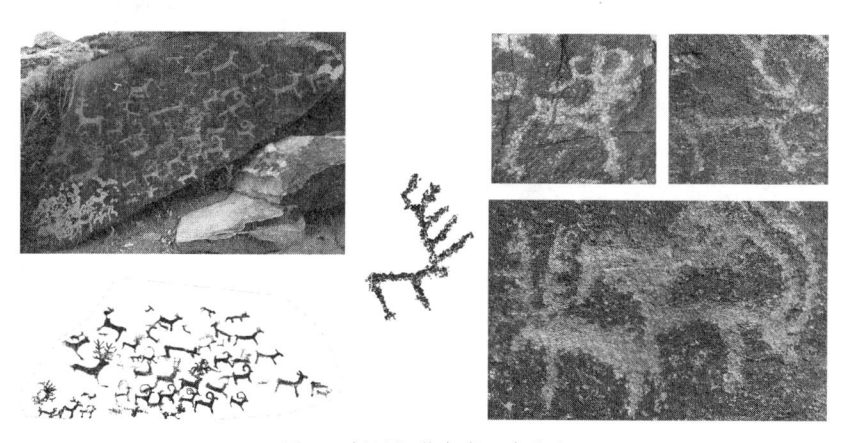

图五　新疆阿勒泰岩画中的鹿

除了写实的鹿图像，也发现少数的例子与鹿石上那种图案化的鹿纹相似。其重要性在于这种相似性构建出了岩画与鹿石之间的关系。就鹿石型的鹿岩画而言，我们所知的是在蒙古北部和我国新疆阿勒泰地区所发现的一些例子。蒙古北部地区由于邻近传统上饲养驯鹿的图瓦等地，有关鹿的古代岩画和鹿石都是大量发现的。除了写实风格的鹿，也有与鹿石上的图案化的鹿纹相似的鹿图像，雕刻得非常精细。其中的一幅，鹿位于画面的中心，而且体型硕大，俨然一尊鹿神雕像。①

新疆阿勒泰地区发现的鹿石型鹿纹岩画的例子，有青河县查干郭楞喇嘛布拉克沟岩画、富蕴县布拉特沟岩画等。②这些岩画在鹿角和身体的姿式上，存在很大的相似度，尤其是那种图案化的角的表现手法。因为上述岩画处在阿尔泰山鹿石集中分布的区域，无疑岩画上的鹿纹模仿了鹿石上的鹿纹（图六）。

图六　新疆阿勒泰岩画中的鹿石型鹿纹
（采自《新疆文物古迹大观》）

三、鹿石与鹿

鹿石是一种可以竖立的石柱或石板，最初是因为上面发现有线刻或凹雕的鹿纹而得名。③以后这一名称继续用于相同形制、但无鹿纹而雕刻了其它动物或武器等图像的石柱或石板，为了区分而称为"典型

---

① Joan Aruz et al., ed., *The Golden Deer of Eurasia Perspectives on the Steppe Nomads of the Ancient World*. New Haven and London:Yale University Press, 2006, pp.46-81, 182-195, etc..

② 新疆维吾尔自治区文物事业管理局等主编：《新疆文物古迹大观》，新疆美术摄影出版社1999年版，第329-330页。

③《苏联大百科全书》（Большая Советская Энциклопедия）的鹿石定义为："雕刻图案的石刻，通常雕刻鹿、驼鹿、其它动物以及武器等，分布于南西伯利亚草原和森林草原地带。"（苏联大百科全书官方网址：http://bse.sci-lib.com/article084198.html）。乌恩将鹿石定义为"一种拟人的石雕像"（《论蒙古鹿石的年代及相关问题》，《考古与文物》2003年第1期）。

鹿石"和"非典型鹿石"。典型鹿石即是雕刻了鹿纹的鹿石，非典型鹿石则是无鹿纹的鹿石，但是，鹿纹并非典型鹿石仅有的图像。因此，综合来看，将这种石雕命名作鹿石时显然是权宜之计，后来成了惯称。准确说，这是一种草原特有的纪念柱或纪念碑，来源于在草原竖立石雕的文化传统。在很大程度上，可以说它是欧亚草原上的视觉艺术品，更是具有复杂意义的文化产品。

柱状和板状的鹿石一般都被整治成四个面。柱状的鹿石被解释为拟人的石雕像，上面除动物像外的各种图像都与人体及其佩带物（头带、耳环、腰带、武器等）等联系在了一起。不过对于鹿石来说，更需要解释的是鹿纹与鹿及其纪念碑性。在欧亚草原，鹿石一般都是被竖立在"克列克苏"（Керекср，Хэрэксуры，khirigsuur）[1]或者墓葬的旁边，是祭仪的一部分。

学界对于过去分别在蒙古、西伯利亚和中国新疆等地发现的鹿石的类型和年代等问题，已经有了一些研究。[2]在数量上，蒙古境内的报道在450通以上，而且还在更新；新疆的发现在137通以上，资料也在不断更新中，其地点集中在了阿尔泰山地区（图七）。

鹿石上的鹿图像，除个别外，基本上都是采取了很浅的类似线刻的技法加以雕刻。它们在造型上呈现了不同：

---

[1] 刘文锁：《东阿尔泰山地区的祭祀遗迹》，载北京大学考古文博学院、北京大学中国考古学研究中心编：《考古学研究》（十），科学出版社2012年版。

[2] ［苏联］Н. Л. 奇列诺娃著、陈弘法译：《关于蒙古和西伯利亚的鹿石》，内蒙古自治区文物工作队编印：《文物考古参考资料》第一期，1979年；В. В. 沃尔科夫著，王博、吴妍春译：《蒙古鹿石》；王博、祁小山：《丝绸之路草原石人研究》，第327–345页；王博：《新疆鹿石综述》，载《考古学集刊》第九集；乌恩：《论蒙古鹿石的年代及相关问题》，《考古与文物》2003年第1期；潘玲：《论鹿石的年代及相关问题》，《考古学报》2008年第3期；潘玲：《蒙古鹿石上的两种图案所表现的器物》，吉林大学边疆考古研究中心编：《边疆考古研究》第5辑，科学出版社2007年版；W. W. Fitzhugh, ed., *The Deer Stone Project, Anthropological Studies in Mongolia 2002–2004*, Arctic Studies Center, National Museum of Natural History, Smithsonian Institution, Washington D. C., 2005。

160　乙编　古代游牧文化

图七　典型鹿石与非典型鹿石
1-5. 典型鹿石　6. 非典型鹿石

（一）写实的鹿

发现的数量较少。一般都是站姿，取侧视或四分之一侧视，前者暗合了投影式的画法；后者是透视图的形式，鹿的头颅昂起，因为侧视的姿式而回首伫立，这是工匠所能捕捉到的鹿在静立时最为优美的姿式。如果将这种写实鹿与岩画的鹿作比较，会发现二者之间是很相似的。结合下文所述的图案化鹿纹亦曾出现于岩画中,可以说,就鹿的图像而言,鹿石与岩画之间是存在联系的(图八)。

图八 新疆鹿石上的写实鹿纹

(二)图案化的鹿

这是鹿石上常见的形式。它采取了凹雕的技法,在构图上一般是将四五头鹿的雕像排列在一起,头鹿被雕刻成回首的姿式。鹿的形象被图案化了,表现在角和头部的图像处理上显出了抽象的特征:一种是雕刻出鹿的全身,前肢屈曲,但这还算是较为写实的;另一种是仅仅选取了角和头部,加上脖颈部位。这种图案化鹿像的一个突出特征是鹿的嘴部,被表现成了长喙的形象,类似于长喙的鸟。正是这种特征催生了学界通常的阐释:长喙表示鹿像鸟一样能够飞腾。因此,在图像的排列上也更加图案化,像是一排飞翔的鸟(图九)。

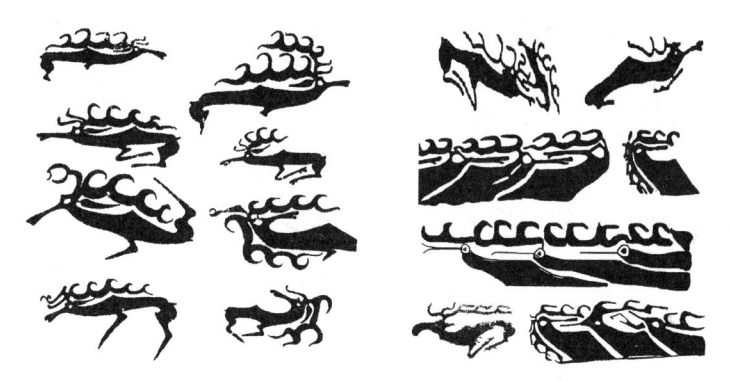

图九 蒙古(左)和新疆(右)鹿石上的图案化鹿纹

就图案化的鹿纹来说,长喙的处理显然赋予了鹿纹以特别的意义。并非所有的鸟类皆有长喙,但相较于兽类,鸟的喙部是突出的。所以,这种鸟喙鹿纹的解释也可以接受。不过，禽兽合体的图像属于古代的神兽或怪兽题材，在鹿石上的鹿纹无疑所表现的仍然是鹿。

我们对新疆发现的鹿石的分类和年代研究正在进行当中，资料非常丰富，图像的摹画工作也很费时。通过类型学研究，可以归纳出鹿纹与鹿石类型之间的内在关系，辅以年代学研究，可以看出鹿纹随时间的变化轨迹。十分重要的是关于鹿纹与鹿石的关系，以及鹿纹和鹿石的意义。如把鹿石和鹿纹的类型与时间性差异及地域分布结合起来看，所反映且值得研究的问题还有更多。

四、金属鹿像

在欧亚草原发现鹿的金属雕像主要有青铜和黄金两种。黄金制作的鹿像发现数量较多一些。青铜的鹿雕像，采用了铸造的技术，在形式上属于圆雕。当采用黄金制作鹿像时，一种是圆雕的形式，似乎也是将黄金融化后在范里铸造成型；另一种是在金版上，采用模压和锤揲的技法成型。

新疆阿合奇县的库兰萨日克墓地出土的一件黄金雕像，是一只鹰和一头鹿的合体像，鹰立身于鹿身之上。[①] 这种雕像容易令人将它与鹿石上那种图案化的长喙鹿联想在一起，即禽兽合体的意象，也有一种解释认为，这是表现鹰在捕猎鹿。对于后者，我们还不知道确凿的例子，能够证明在草原常见的动物间捕猎的图像中，鹿是作为诸如虎或者传说中怪兽"格里芬"的猎物形象而得到表现。

另一种造型的鹿雕像，类似鹿石上的鹿纹，角的造型有某种程度的图案化，四肢蜷曲。俄罗斯圣彼得堡艾尔米塔什博物馆（Ermitage Museum）收藏的鹿雕像中，有一件青铜鹿像，嘴部被制作成了马嘴。

[①] 新疆文物考古研究所：《阿合奇县库兰萨日克墓地发掘简报》，《新疆文物》1995年第2期。

蜷曲的四肢也许是表现鹿在静卧时的姿式，鹿的头也昂起着。这种姿式在金属的鹿雕像中，似乎特别地模式化。在艾尔米塔什博物馆的藏品中，另有一件出自俄罗斯克莱斯淖达尔（Krasnodar）凯勒麦斯4号墓（Kelermes Barrow 4）的属于斯基泰人的黄金箭箙，上面模压了成组的昂首蜷肢的驯鹿图案。该地的括斯特罗木斯卡亚（Kostromskaya）墓地1号墓也出土一件金鹿雕，鹿的四肢蜷曲，类似鹿石上的一种鹿纹（图十）。[1]

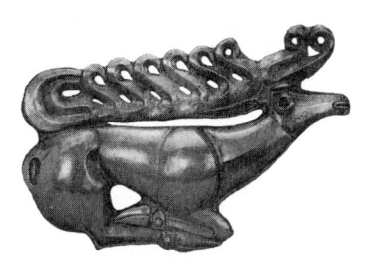

图十　俄罗斯克莱斯淖达尔出土的金鹿雕
（据《世界美术大全集·东洋编》第15卷，《中央アジア》）

利用金片制作的鹿像，见于图瓦著名的阿尔然2号冢（Arzhan 2）大墓等中。它似乎是将金片像剪纸一样剪出了鹿的形象，表现的是昂首、立姿的鹿，工匠捕捉的是鹿在紧张状态时的姿式。[2]

---

[1] 田边胜美、前田耕作：《世界美术大全集·东洋编》第15卷，《中央アジア》，小学馆1999年版，第26-28页。
[2] Von Konstantin V. Čugunov et al., *Der skythenzeitliche Fürsten kurgan Aržan 2 in Tuva*, Mainz: Verlag Philipp von Zabern 2010, Tafel 33·1.

五、结　语

　　新疆鹿石同石人和岩画一样，都是以石为载体，被赋予了永恒的人文意义。有鹿像的鹿石占新疆鹿石总数不多，但其演变规律明确，风格独特，特征明显。研究鹿石的特征及其演变规律，不仅是分期的一个新的角度，对于探讨鹿石的性质及功用、人们雕刻鹿石的意图也很有帮助；同时，研究鹿石上鹿的形象的演变对岩画上和其它载体上鹿的图像进行对比分析，有助于揭示相互之间可能存在的关系。

　　分析鹿石和岩画上鹿的形象，不仅可以借此了解不同地区的鹿石及岩画是否有交流、影响，也可以探讨大范围内各种鹿石文化、岩画艺术的关系。新疆地区鹿石和岩画的研究，可以管窥蒙古地区等广大欧亚草原内部不同区域的文化交流情况。

（原刊《民族艺术》2015年第2期，收入本集时做了修订）

东阿尔泰山地区的祭祀遗迹

一、前 言

阿尔泰山东部地区发现的一些大型石构建筑遗迹，其性质和年代说法不一。如最知名的花海子大石堆（一号克列克苏），有墓葬和祭祀遗迹等不同主张。因为全部的遗迹都没有发掘资料，而且各家所掌握的信息因人而异，看来歧义还要延续下去，因此也有必要把调查的资料整理清楚，并就这类遗迹的基本特征和性质问题做出阐释。

2010年8月，在各方的关照下，我们很幸运地在东阿山的两处重要遗迹——花海子和哈腊色叶儿做了调查，用激光全站仪和GPS对遗迹做了测绘和记录。此前几年，在蒙属东阿山区，我们还调查过一处相似性质的遗迹巴彦祖尔赫（Bayanzurkh khrigisuur, Баянзүрхийн Керекср）。[①] 后来，通过Google Earth的卫星图，我们还在布尔艮河（Bulgan Gol）源头一带的图布辛湖（Tubshin Nuur），找到了另外三处克列克苏遗迹。在蒙属东阿山地区，此类遗迹的实际数量应该不止这些，像过去沃尔科夫在《蒙古鹿石》里提到的科布多省（Hovd Aimeg）达尔维县（Darvi Sum）乌曼哈依尔汗山克列克苏等[②]，都在东阿尔泰山的范围内。

要定义这一类遗迹的基本形制特征，需要参考欧亚草原考古中使用

---

① 刘文锁：《蒙古考古调查报告》，载氏著：《丝绸之路——内陆欧亚考古与历史》，兰州大学出版社2010年版，第88-90页，图70-73。
② ［俄］B. B. 沃尔科夫著，王博、吴妍春译：《蒙古鹿石》，中国人民大学出版社2007年版，第149-150页。

的"克列克苏"（Керексp, Хэрэксуры, khirigsuur, khereksur, kereksur）概念。俄勒冈大学艺术史系在蒙属阿尔泰山的考古调查后，对此类遗迹定义为：

> 克列克苏是一种包括中心封堆和圆形或方形围墙的结构。当从封堆向外围围墙延伸出一种铺面（pavement）时，这种克列克苏被描述为平台克列克苏（platform khirigsuur）。封堆和围墙之间通常是空地，里面可以有射线状结构，按基数方向或分区排列。巨石克列克苏（boulder khirigsuur）是一种中心封堆被一块巨石替代的类型。圆形小石圈祭台常见于北、西、南面围墙的外侧，鲜见有东面者。有些克列克苏在东面有入口；很多克列克苏共存有不明功能的封堆。在蒙古的其它地方，有的克列克苏看上去具有埋葬的功能。在阿尔泰-萨彦地区，它们的功能是不明确的——有的是墓葬，有的是纪念性场所，也有的与其它仪式有关。克列克苏的年代在青铜时代（前第二千纪至前第一千纪早期）。[1]

这个定义指出的克列克苏的基本结构，可以界定为：（1）中心石堆；（2）外围石垣；（3）石构隔墙（射线状结构）；（4）附属的小型石圈或石堆；（5）鹿石。后三种是非充分的要件，不过，正是其存在赋予了克列克苏复杂的意义。在克列克苏中，石垣是一个重要的结构。其中，石堆-石垣结构是与普通石堆（通常是所谓石堆墓的墓葬）相区别的要素。实际上，我们知道，石垣-石堆结构的遗存不仅在蒙古有着广泛的分布，在天山和阿尔泰山地区也有广泛的分布。

就我们所知，在蒙古，这种克列克苏是曾做过发掘的，有两个新发掘的地点都是在前些年完成的：（1）后杭爱省杭爱山北部呼尼

---

[1] Archaeology and Landscape in the Altai Mountains of Mongolia（http://mongolianaltai.uoregon.edu/arch_khigirsuur.ph）.

（Khanuy）河谷的乌尔特·布拉津（Urt Bulagyn）克列克苏；[1]（2）库苏郭勒省乌兰乌苏（Ulaan Uushig）1号克列克苏遗迹。[2] 这些发掘可以为我们研究东阿尔泰山克列克苏遗迹提供参考。

二、三处克列克苏遗迹

以下讨论东阿山地区的三处重要克列克苏遗迹：新疆的青河县花海子（什巴尔库勒）、富蕴县哈腊色叶儿，以及蒙古的巴彦乌列盖省图布辛湖。三个地点的相对位置是：哈腊色叶儿（北纬47°07.405′，东经89°22.607′，海拔1154米）在花海子（北纬46°48.113′，东经90°52.592′，海拔2629米）西北西120公里；图布辛湖（北纬47°20′20.72″，东经90°43′34.28″）在花海子北西北62公里。

（一）花海子克列克苏（Shibal-kul khrigisuurs）

参照过去的调查资料，并根据我们所做的工作，在花海子地区一共发现了不少于9座克列克苏，其形制分为两种类型：

1. 带隔墙和附属小石圈的克列克苏

两座，即体积最大的一、二号克列克苏，二号在一号的南东南方向700米。具有四等分圆的四道隔墙，朝向四个方向，与正北方向有40°-45°的偏差。在二号克列克苏的北和东北侧，地面露出8个左右的小石圈，环绕石垣等距离排列。实际数量可能更多。一号克列克苏的石垣外侧或石垣内，可能也有数量更多的小石圈。[3] 目前在此二处遗迹

---

[1] Francis Allard, Diimaajav Erdenebaatar, "Khirigsuurs, ritual and mobility in the Bronze Age of Mongolia". *Antiquity*, Vol. 79 (2005), pp.547-563.

[2] 林俊雄：《1999年度モンゴル調査報告—オラーン＝オーシグ山周辺の遺跡調査を中心に—》，《草原考古通信》特集《モンゴル・日本合同考古学調査》No. 11 May 2000; The Permanent Archaeological Joint Mongolian and Japanese Mission, "Preliminary Report on Archaeological Investigations in Mongolia, 2003"，《草原考古通讯》No. 14 November 2003; The Permanent Archaeological Joint Mongolian and Japanese Mission, "Preliminary report of the Archaeological Investigations in Mongolia 2004"，《草原考古通讯》No. 15 July 2005。

[3] 中山大学历史人类学中心等：《东阿尔泰山的古代文化遗存》，《新疆文物》2011年第1期。

范围内和附近发现、保存的鹿石，可能是附属于它们的（图一）。

一号克列克苏最重要的特征，是其体积的巨大，应该是欧亚草原迄今所发现的克列克苏中最大的。我们测量了一些基本资料：

a. 一号克列克苏（Shibal-kul khrigisuur 1）

中心石堆呈圆丘形，底部直径72.0-75.0米，高13.4米，石堆外围接建有一道宽5.0米的石环。环绕中心石堆的圆形石垣直径200-210、宽度3-5米。自中心石堆底部石环边缘延伸到外围石垣的四道隔墙长65-70、宽3-5米（图二）。

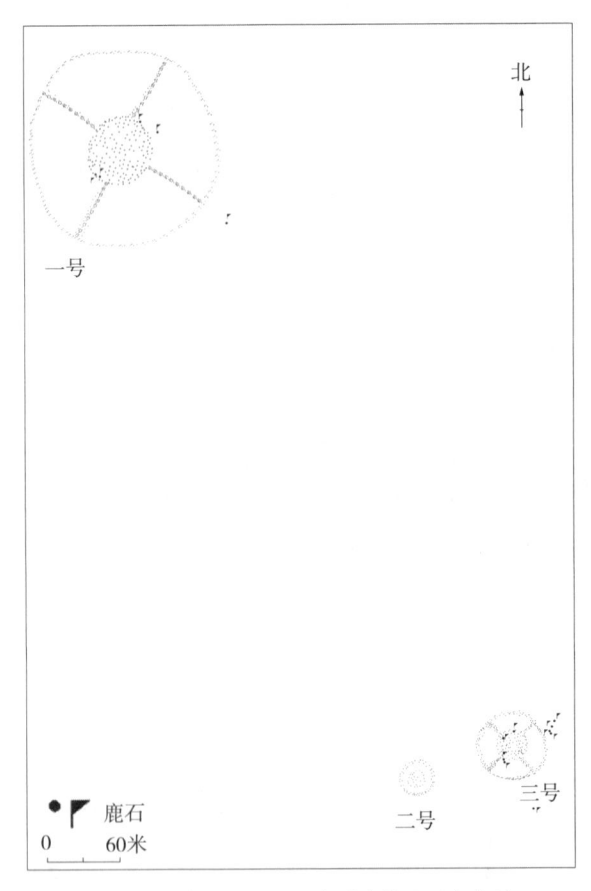

图一 花海子一至三号克列克苏平面分布图

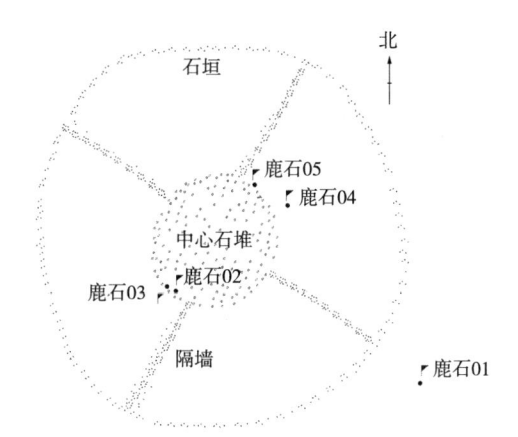

图二　花海子一号克列克苏结构及鹿石分布图

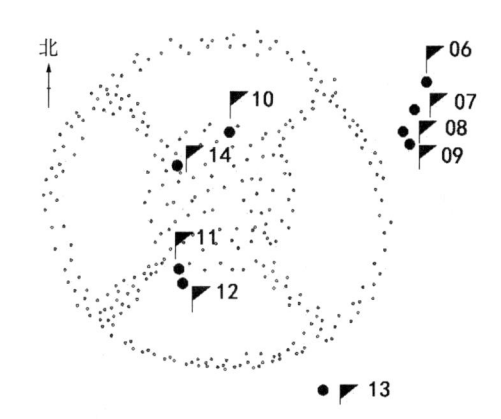

图三　花海子二号克列克苏结构及鹿石分布图

b. 二号克列克苏（Shibal-kul khrigisuur 2）

中心石堆直径30.0-32.0米，现存最大高度1.3米。石垣直径70.0-75.0、宽度2.0-5.0米。四道隔墙宽3.0-7.0米（图三）。

以上资料是用激光全站仪实测的。

2. 不带隔墙的克列克苏

至少在7座以上。除了二号克列克苏西侧的三号外，我们在花海子北缘的山岗上发现的38座石堆遗迹群中，有6座属于石垣-石堆结构的类型，可以归入克列克苏之类（图四）。关于这些遗迹的形制特征等，在我们的报告里已有叙述。① 关于三号克列克苏的形制，也可能是与邻侧的二号一样，在其石垣内也带有四道隔墙。这三座克列克苏是花海子最大规模的，处于中心的地位。

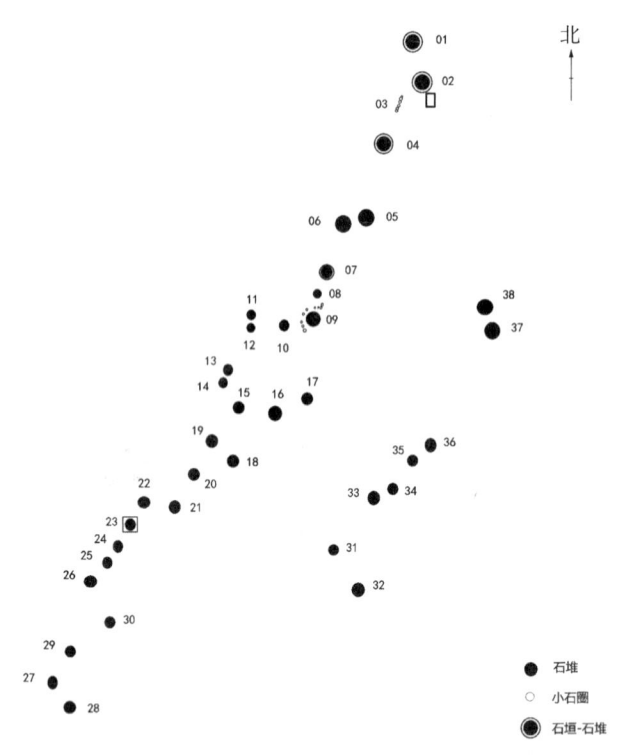

图四　花海子北缘石堆群分布图
（01、02、04、07、23、31为克列克苏形制）

（二）哈腊色叶儿克列克苏（Khara-sayel khrigisuur）

2010年8月我们对位于富蕴县城西北18.5公里富（蕴）-库（尔特）公路边的哈腊色叶儿克列克苏和石堆墓做了测绘。② 这处遗迹包括了两种遗存：克列克苏和成组分布的石堆墓。重要的是，在克列克苏的石

---

① 中山大学历史人类学研究中心等：《东阿尔泰山的古代文化遗存》，《新疆文物》2011年第1期。

② 同上。

垣内分布的3座石堆墓，具有打破克列克苏的相对年代关系，证明克列克苏的年代较成组分布的石堆墓要早一个时段。

克列克苏遗迹建在阿山的前山地带，自富蕴县城至库尔特一带一条狭长的丘陵间谷地中，谷地呈西北-东南走向，地势自西北向东南倾斜。克列克苏位于遗存区的中心，形制和结构与花海子一、二号克列克苏相同，即由中心石堆、外围石垣、隔墙和埋葬祭牲的小石圈组成。过去在当地曾发现过鹿石1通。[①] 圆形石堆的直径27.5、残高1.5米。圆形石垣直径125-130、宽2.5-3米。在中心石堆与外围石垣之间建造的4道隔墙宽约0.5-1.5米，呈东西南北四方向延伸，而有10°左右的偏差（顺时针）。在石垣内侧发现有小型石圈4个（图五）。

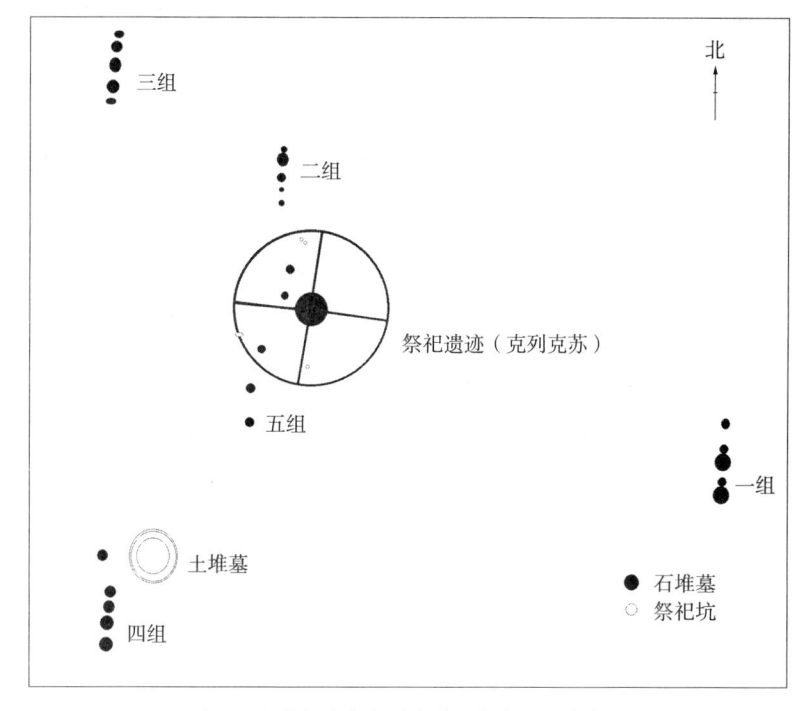

图五　哈腊色叶儿克列克苏/墓地平面分布图

---

① 王博：《新疆鹿石综述》，《考古学集刊》第九集。

(三)图布辛湖克列克苏(Tubshin Nuur khrigisuurs)

在东阿山北麓,可能属于巴彦乌列盖省德龙县(Delong Sum)境内。像花海子一样,它所处的地理环境也是在河源地带,即在乌伦古河上游支流之一布尔艮河源头,布河北岸一条支流流经的图布辛湖岸上。这座湖已经干枯了一段时间,但克列克苏的存在证明它是座古老的湖。在它的南方,布河之南岸,目前还有一座可能是新形成的小湖哈尔湖(Har Nuur),两湖相距7公里。

克列克苏至少有3处,分别在湖的西北岸河水入口(一号)、西岸(二号)和东南岸外侧的山岗(三号)。

1. 一号克列克苏(Tubshin Nuur khrigisuur 1)

北纬47°20′20.85″,东经90°43′34.09″,海拔2590米。[①] 由中心石堆、外围石垣和隔墙组成。中心石堆直径约18米,外侧紧邻石堆有一道石环。外围石垣直径约60米。有13道隔墙。南偏西方向约31米有一座石堆,直径约19米,也许是一座未竣工的克列克苏,或者石料堆(图六)。

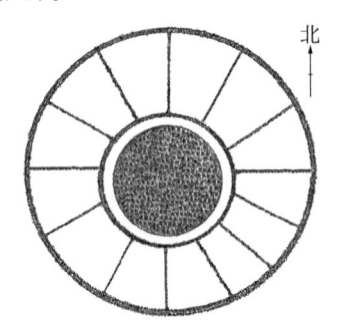

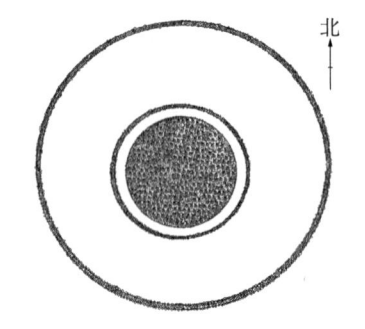

图六 图布辛湖一号克列克苏平面图　图七 图布辛湖二号克列克苏平面图

2. 二号克列克苏(Tubshin Nuur khrigisuur 2)

在一号南西南2.1公里,图布辛湖西南岸,北纬47°19′25.18″,东经90°42′33.47″,海拔2599米。不带隔墙。由中心石堆和外围石垣组

[①] 资料采自Google Earth地图。其余二座同。

成，石堆的外侧也有一道紧邻的石环。石堆直径约 19 米，石环直径约 25 米，石垣直径约 47 米（图七）。

3. 三号克列克苏（Tubshin Nuur khrigisuur 3）

在一号克列克苏东南 7.5 公里，北纬 47°16′33.52″，东经 90°45′46.34″，海拔 2440 米。它的结构是：中心石堆，圆形，直径约 26 米，外缘可能像花海子一号克列克苏一样接建了一道石环；中心石堆外围的圆形石垣，直径约 60、宽约 3 米；介于中心石堆与石垣之间有四道隔墙，四等分圆形石垣内的空间，方向上与花海子一、二号克列克苏相同；朝向东南的隔墙较窄小，在它的东北侧另建有一道同样窄小的隔墙，带有向外凸的弧度，类似所谓"胡须墓"①的结构，与东南隔墙一道，是朝向东、南方的（图八）。

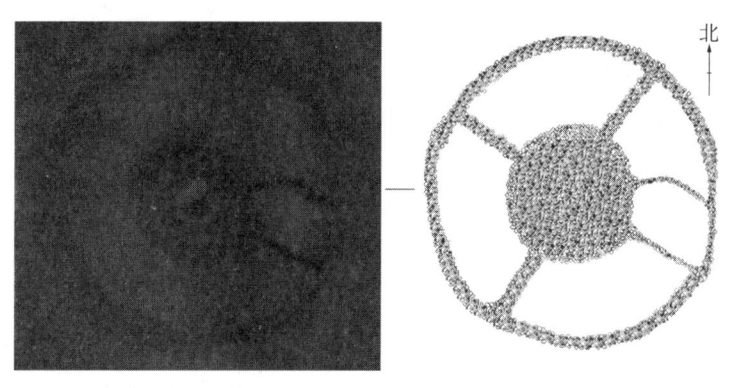

图八　图布辛湖三号克列克苏的卫星图（左）和平面图（右）

三、类型、形制特征与建造方法

虽然同处于东阿尔泰山这个共同的地理区，彼此相距不远，三个地点的克列克苏在形制上的差异仍然是明显的。有两个基本的类型。

---

① 张玉忠：《天山尤鲁都斯草原考古新发现及相关问题》，《新疆文物》1996 年第 1 期；新疆文物考古研究所：《阜康市南泉"胡须"墓》，《新疆文物》1996 年第 2 期；张玉忠：《天山裕勒都斯河谷的古代墓葬》，《文博》1996 年第 4 期；刘文锁：《"胡须墓"》，载氏著《丝绸之路——内陆欧亚考古与历史》。

（一）花海子类型

有两个亚型：

甲型：标准形制　基本结构是中心石堆－外围石垣－隔墙，附带鹿石和小石圈，隔墙是四道。外围的石垣一般为一道。哈腊色叶儿克列克苏也属于同一类型。

乙型：简单形制　三号克列克苏和花海子北缘山岗上的石堆群中6座，由中心石堆和外围的石垣两个部分构成。

以上两种都属于所谓"圆形克列克苏"。在建造上可能是从中心石堆开始的，其步骤可以分解为下列模式：中心石堆→外围石垣→隔墙。附属性的鹿石和小石圈是等到举行仪式时逐步完成的。简单形制的克列克苏只有两道基本的建筑程序：中心石堆→石垣。在类型上的差别可能具有两重性：既有功能上的区别，也有年代上的差别。

（二）图布辛湖类型

也具有多样性，三座克列克苏可以分作三个亚型：

甲型：一号克列克苏的形制，即带有13道隔墙和中心石堆、石垣。石堆的外缘带一道石环。在建造方法上特别复杂，假设它是按照下述模型构建的：先构筑中心大石堆（圜丘形），之后依次构筑外围的两道圆形环绕石环和石垣，最后是辐射线状的隔墙，也有先后的次序，首先是按照四个方向构筑的十字形的四道，方向感惊人地精确（使人怀疑或许使用了测量方向的仪器），之后是以此十字线为中心，在每个象限各自构筑两道对称的隔墙，最后在东南方追加了一道，共十三道。这个数字难以理解（图九）。

乙型：二号克列克苏的形制，除不带隔墙外，其余与甲型相同。构造方法较为简单。

丙型：三号克列克苏的形制，除了在东南部第二象限位置添加了一道似一撇胡须的石垣外，其余部分与花海子甲型相同，建造方法也应该相同。我们注意东南部的这道墙垣，很明显是最后建造的，指示方位的意思是明显的，与图布辛湖一号克列克苏的情况类似。在本地的纬度，东南是朝向日出的准确方位。

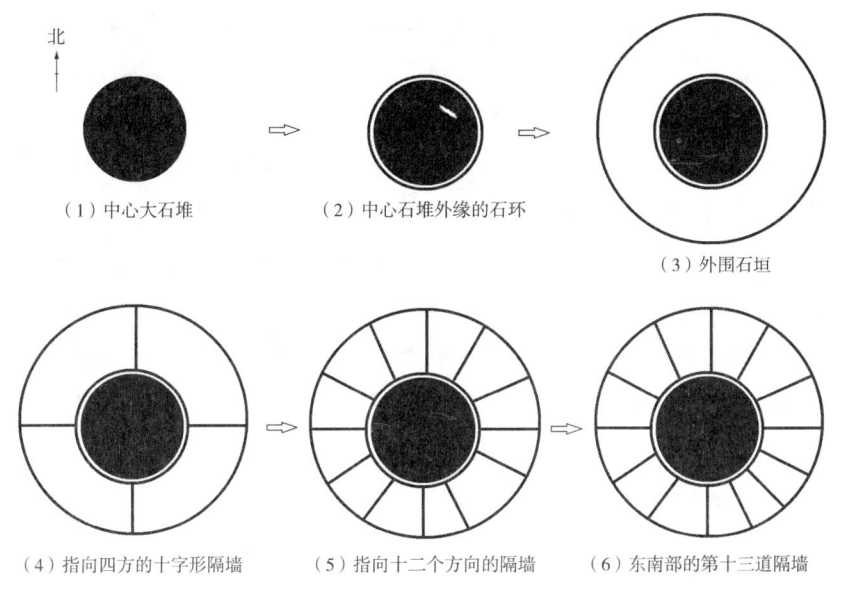

(1) 中心大石堆　　　(2) 中心石堆外缘的石环

(3) 外围石垣

(4) 指向四方的十字形隔墙　　(5) 指向十二个方向的隔墙　　(6) 东南部的第十三道隔墙

图九　图布辛湖甲型克列克苏的构造模型

四、各结构的意义

有人把欧亚草原上遗存的克列克苏称作"仪式性景观"（ritual landscape）和"纪念性遗址"（ceremonial site）。[①] 这是试图说明这种建筑遗迹的意义。我认为，包括其性质和年代在内的问题，必须以探讨其基本结构的意义为基础。为此，通过对东阿山地区三处克列克苏遗迹的分析，我有以下一些认识，提出来向方家请教。

（一）中心石堆

处于中心地位，是整个克列克苏中的核心结构。它的形状是值得注意的。在见诸报道的例子中，尚未有圆丘形之外的形状。不能排除它的形状设计具有工程之外的因素，即大致圆锥体形的圆丘（圜丘）

---

① W. W. Fitzhugh, "The Deer Stone Project: Exploring Northern Mongolia and its Arctic Connections", in W. W. Fitzhugh, ed., *The Deer Stone Project, Anthropological Studies in Mongolia 2002-2004*, Arctic Studies Center, National Museum of Natural History, Smithsonian Institution, Washington D. C., 2005, pp.14; 前揭 "Khirigsuurs, ritual and mobility in the Bronze Age of Mongolia".

形状除了易于施工,还有象征性。从形状上看,这种石堆不是所谓的金字塔式。

简言之,可以和克列克苏中心石堆的形制相类比的,是中国先秦时期发展出的墓上基本建制的封丘,与传统的祭天建筑,都呈所谓的圜丘形制,其初始的意念可能也是相通的。圜丘的形状除了工程上的考虑,可能还模拟了天空(穹窿)。此说如能成立,则可以推论克列克苏的石堆具有两重意义:埋葬和仪式性建筑。

简单形制的克列克苏(不带隔墙和埋葬祭牲的小石圈、鹿石)更可能是墓葬。因此,其石堆相当于墓室上方建造的封丘。至于复杂类型的克列克苏的石堆,还可能是举行仪式活动的标志性建筑。对这个判断后文还有分析。

(二)石垣

石垣的设施,一般来讲,可以解释为中心石堆的护墙,同时也标志了克列克苏的范围。因为在复杂类型的克列克苏中,小石圈是根据石垣而排列的,所以,石垣的标志作用是明显的。大型克列克苏的石垣都是圆形的。在蒙属东阿山区的巴彦祖尔赫也有方形石垣的克列克苏(square khrigisuur),规格较小(图十)。[①] 一般说,方形石垣的形制更像是围墙,也更具围墙功能。

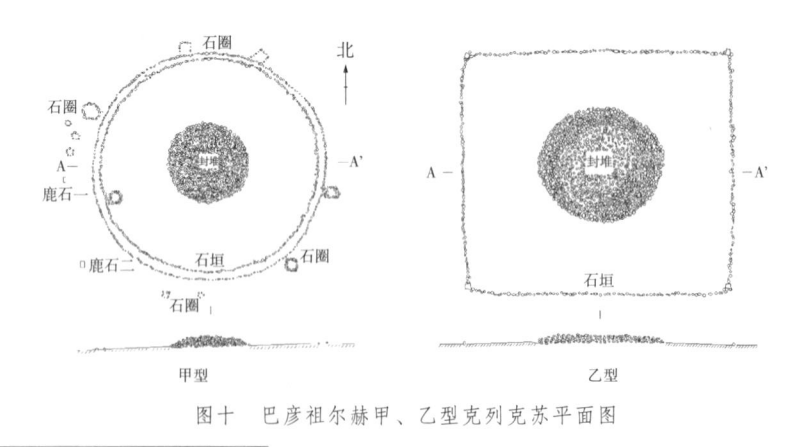

图十 巴彦祖尔赫甲、乙型克列克苏平面图

---

① 刘文锁:《蒙古考古调查报告》,载氏著:《丝绸之路——内陆欧亚考古与历史》。

（三）隔墙

克列克苏中呈辐射线状排列的隔墙是最令人费解的结构。从现存状况看，其高度和构造都与所连接的石垣相同。也许，其原始状况是有一定高度的。隔墙的意义可能有二：一是方位，另一是数量。

根据东阿山的例子，所有带隔墙的克列克苏（复杂形制），隔墙的设置都有明确的方位感，它们几乎是完全一致的，即遵循四个象限的方向，并且与太阳运行的方位有某种关联。换言之，东阿尔泰克列克苏的隔墙，在设计上朝向了四个基本方向，而站在当地的地理位置，在四季期间太阳升起和落下的方向都是东南和西南，所以，可以认为朝向东南和西南的两道隔墙，分别指向日出和日落的方向。朝向东南的方位是更具宗教意义的，因此，这道隔墙也是最具指向意义的。这一方位选择如果结合围绕分布的小石圈来观察，可以得到进一步的佐证。[①] 根据这一设想制作的方位模型，可以较明白地说明这个意思（图十一）。

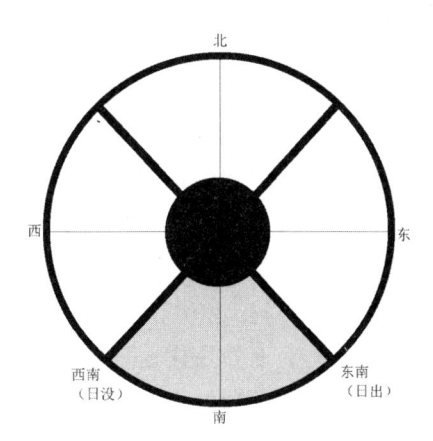

图十一　花海子甲型克列克苏方位模型

---

① 值得参考的呼尼河谷的例子，其石垣外围的小石圈集中分布在中心石堆的东方和南方；经过发掘的小石圈里埋葬的马头，也是朝向东方或东南方。（"Khirigsuurs, ritual and mobility in the Bronze Age of Mongolia"）关于殉马的方位观念，梅维恒（Victor H. Mair）根据在哈萨克斯坦北部 Ural 河南岸 Botai 的殉马遗迹（约前 3600－前 3100 年），认为马头的指向与季节的关联是：春天杀马，日出方向；晚夏杀马，东方；秋天杀马，东南方（最常见）（Victor H. Mair, "Horse Sacrifices and Sacred Groves among the North (west) ern People's of East Asia"，载余太山、李锦绣主编：《欧亚学刊》第六辑）。

隔墙的数量也是值得分析的。四道似乎是个常数，刚好与四方向吻合。但是，图布辛湖一号和三号克列克苏分别有十三和五道隔墙[①]，按我前面推测的构造模型，虽然也是指示方向的——尤其是第十三道，这却是暗示着更复杂的方向知识。如果我们把这种大型和超大型克列克苏解释为祭祀设施的话，在祭仪当中，方位是极其重要的。

加上了隔墙的石垣-石堆，单纯从平面图上看，似乎太阳形象的图案化结构。这是花海子一号克列克苏为"太阳神殿"说的根据之一。这是直观的认识。不过，我仍然认为，像花海子那样的超大型克列克苏，不大可能是一次性建成的，其建造和使用延续了一个相当长的时间，当每次祭仪中都会像后世敖包那样在上面堆积一些石块，并埋葬祭牲（马）和竖立专门镌刻的鹿石。由此推断，石堆、隔墙和石垣更可能是分别标示祭仪中心、方位和祭牲的建筑。

（四）小石圈（祭祀坑）和鹿石

在蒙古发掘的实例都证明这种小型的石构建筑，是埋葬祭牲（马、羊等）的场所。无论是祭奠逝者亡灵还是古代草原萨满教体系的天、河水、山，从杀牲到献祭直到祭仪的完成，都是在祭场实行的，最后的程序是掩埋牲体中被赋予宗教意义的牺牲的头颅（可能还有悬挂在某种地面支撑物上的牺牲的内脏）。[②] 它们的位置选择在石堆外围的石垣附近。

像祭祀坑的小石圈一样，鹿石往往也是出现在较大型的克列克苏中。不过，在东阿尔泰山所保存的鹿石，有一些已失去原始位置。大致上说，我们也同意这种纪念性雕刻石柱是与克列克苏共存的遗物。沃尔科夫说："（鹿石）不全都是墓葬上的遗迹。鹿石的基本用途在于，

---

① 沃尔科夫提到，在科布多省达尔维县（Darvi Sum）乌曼哈依尔汗山的克列克苏，也是五道隔墙。(《蒙古鹿石》，第149-150页)

② 后世的突厥的墓上祭祀就是如此。刘文锁：《突厥的墓上祭祀》，载《传统中国研究集刊》第四辑，上海人民出版社2008年版；刘文锁：《敖包的祭祀》，载《历史人类学学刊》第七卷第一期，2009年4月。

它们是祭祀建筑中最重要的部分，随之它们才与埋葬仪式产生了密切的关系。"[1]也就是说，鹿石首先是用于祭仪，后来才移用于墓葬。1993年发掘的天山北路吉木萨尔大龙口墓地，其中属于克列克苏形制的M9，在封堆底部埋葬一通非典型鹿石[2]，就是这种状况。鹿石的原始位置应该在什么地方？这涉及鹿石的功用问题。它的纪念碑性质是无疑的，因此应该竖立在祭场当中，尤其是祭祀对象的旁边。关于它是拟人化纪念物的说法，还有更深层的问题需要揭示。设想在每次祭祀中都要雕造此类纪念碑，它本身也构成祭仪的一部分，最后在仪式结束时竖立于祭祀对象旁边。这样，我们就可以部分地解释为什么在花海子有大量的鹿石。[3]

五、克列克苏的性质和年代

（一）选址的特征

最先值得注意的是它们的选址。除哈腊色叶儿外，花海子和图布辛湖的克列克苏都是选择在河水（小青格里河、布尔根河）的源头地带。其实，哈腊色叶儿的克列克苏也可以看成是在额尔齐斯河上游地段的一个较远的位置。

这个重要的萨满教地理学特征，有助于我们思索此类遗迹的性质问题。当然，简单形制的克列克苏不一定遵循这样的选址原理，我指的是像花海子那样的大型克列克苏。花海子的选址取向是最明确的：山巅以及河源，而且有足够广阔的面积。在东阿尔泰山，这是理想的地形。

---

[1] [俄]B. B. 沃尔科夫著，王博、吴妍春译：《蒙古鹿石》，第165页。
[2] 新疆文物考古研究所：《新疆吉木萨尔县大龙口古墓葬》，《考古》1997年第9期。
[3] 关于花海子的鹿石，除了我们在《东阿尔泰山的古代文化遗存》著录的22通外，另参见王博：《新疆鹿石综述》，《考古学集刊》第九集；王博、祁小山：《丝绸之路草原石人研究》，第333-334页。

（二）性质

以花海子为中心的三道海子地区，见诸报道的考察有过几次。关于一号克列克苏（大石堆）的形制特征、性质和年代，旧说有蒙古贵由汗陵墓、金字塔式陵墓、用于祭祀的太阳神殿、石围石堆墓等。[①] 在2001年国务院公布的第五批全国重点文物保护单位中，三道海子地区的遗存被称作"三海子墓葬与鹿石"。显然，在获得详实的考古资料之前，讨论性质和年代等问题是要慎重的。不过，我也想表明我的初步认识：从地理环境上看，整个三道海子地区是不适合用作牧场的，而它所处的河源的地理－文化地位，是需要给予充分重视的。基于此，至少包括一至三号克列克苏在内的遗存，作为墓葬的可能性是不大的，它们更可能是祭祀性设施，如祭场（不是祭坛）；关于年代，我们还没有较为成熟的看法，不过，在将全部遗迹和鹿石的形制及其相互关系等彻查之前，是不便遽下论断的。

有两批新发掘的资料可以参考：

1. 蒙古北部呼尼河谷的 Urt Bulagyn 克列克苏

这是匹兹堡大学和蒙古相关部门合作的项目，在经过调查和发掘后，项目负责人艾拉德（Francis Allard）与蒙方合作者额尔德尼巴特尔（Diimaajav Erdenebaatar）撰文介绍了他们的成果。他们认为呼尼河谷的克列克苏是由移动人口所建造的，他们可能是游牧民，因为"移动的狩猎－采集社会是典型地不建造劳动密集型的纪念性建筑的"。2001年，他们勘测并试掘的一座克列克苏，由中心石堆和外围的两道石垣组成，石垣外侧分别环绕有1750和1100座小石圈。石垣内还有

---

① 王明哲：《新发现的阿勒泰地区岩刻画考述》，《新疆社会科学》1986年第5期；阚耀平、杨兆萍：《青河县三道海子石堆墓初探》，《干旱区地理》第21卷第2期，1998年；林梅村：《谁是阿尔泰深山金字塔式陵墓的主人》，《文物天地》1999年第5期；刘学堂、吕恩国：《青河三海子金字塔式"巨石冢"的文化性质及其它》，《新疆文物》2002年第3、4期；林梅村：《阿尔泰山和天山的大石冢》，载余太山主编《欧亚学刊》第三辑；Hatakeyama Tei, "The Tumulus and Stag Stones at Shiebar-kul in Xinjiang, China"，《草原考古通信》No. 13, April 2002；郭物：《三道海子文化初论》，载余太山、李锦绣主编：《欧亚学刊》第七辑。下述诸年代说分别见各文之观点。

石堆和墓葬等。他们发掘了两座石封堆、两座墓葬、三个石圈以及中心封堆与遗址另一侧相联系的部分石甬道。在一座石堆中，出土了成组的马肢骨、一组前门齿和颈椎骨；另一座墓出土了一副完整的颅骨。石圈提供了进行祭祀活动的重要证据。这三座石圈保留了大量白色的经过焚烧的骨头残片（一个石圈内大约有33000片）。这些骨头属于不同动物（马、羊/山羊，可能还有牛）。石圈内不见骨灰（即火烧痕迹），表明骨头是在另一个场地焚烧，然后集中起来放在石圈内。一座墓葬中有一具成年人尸骨（可能是二次葬），另一座墓中有一类似小孩轮廓的残迹。[①] 这个例子说明，大型克列克苏是一种十分复杂的祭祀和埋葬仪式的建筑群。

2. 蒙古北部库苏郭勒省乌兰乌苏1号克列克苏遗迹

蒙-日联合考古团在蒙古北部库苏郭勒省（Khovs gol Aimag）调查并发掘的乌兰乌苏1号遗址，分为北区和南区。在北区共发现15座克列克苏，南区是鹿石。经过选择发掘的1号克列克苏，位于北区最北部。其形制的基本结构和特征是：

a. 中心石堆，圆形。东侧接建两道将近闭合的椭圆形石构墙垣式建筑，形制上类似所谓"胡须墓"的两道向东方开放的设施。下方地面上是一个椭圆形石垣，靠近中心石堆处有一个大致椭圆形的石台。石堆下方是在地面用较大石块砌建的一个圆圈，围绕着中心的圆锥形石堆（石堆的核心）。这个圆锥形石堆下方是一个长方形的石板构筑的坑穴，用4块石板盖住。石室的内侧长141、宽72厘米，里面除了动物骨头碎片和小陶片外，既无人骨，也无随葬品。石堆下方的地面上，除此坑穴外还有一个大洞。在石堆的边缘发现一通鹿石，上面仅雕刻了两个环。在石堆里和地面发掘出石板墓文化（Slab grave culture）类型的陶片。

---

① Francis Allard, Diimaajav Erdenebaatar, "Khirigsuurs, ritual and mobility in the Bronze Age of Mongolia". *Antiquity*, Vol. 79 (2005), pp.547-563.

b. 接近方形的围墙，围墙四角各有一个圆形的石头角堆，类似后世城垣四角的角台结构。其下方一无所有，似乎是纯粹的地面标志物。

c. 环状小石堆，比通常所说的小石圈厚一些。分布在围墙外侧北、东、南三面。其中一些出土马头骨，口、鼻朝向东方。有的还带有颈骨和蹄子。

d. 鹿石。南区围绕鹿石的小石圈的发掘，其中的 4 号鹿石的坑穴里发现马头骨、颈骨和蹄子，与克列克苏围墙外侧的环状小石堆里摆放姿势相同。据此推论克列克苏与鹿石同时期，是由同一群人制造的。[①]

以上两笔发掘资料，显示出复杂的、较大型的克列克苏，是作为集体性祭祀活动的设施而建造的。同样，在伊犁河谷新发掘的几处所谓"祭坛"，也可归入所谓"平台克列克苏"类型，即用砾石平铺的铺面。伊犁河谷分别发现了下述克列克苏遗迹：（1）特克斯县恰甫其海水库墓群 A 区 XV 号墓地，砾石堆直径 25 米，上面再摆放石圈和小石堆，石堆东侧和西侧延伸出去各两条所谓石阵。[②]（2）巩留县山口水库墓地 2005 年度发掘的 2 座祭祀遗址，都是圆形石砌平台。其中，II 号下方的圆形竖穴坑里残留了灰烬，应该是祭祀时采用的所谓"燎祭"方式后的遗迹（图十二）。[③]

3. 尼勒克县穷科克一号墓地

2001 年发掘的 2 座祭坛，也是平台克列克苏形制。它们分别位于墓地的东西两侧，位于东端的一座建在喀什河出峡谷的河岸边。用外径 1 厘米的卵石或块石在地表摆成规整的圆形。圆形的外围用大小基本一致的光滑的卵石围一圈，表面十分平整。位于墓地西侧的一座是

---

① 《1999 年度モンゴル調査報告—オラーン＝オーシグ山周辺の遺跡調査を中心に—》；"Preliminary Report on Archaeological Investigations in Mongolia, 2003"；"Preliminary report of the Archaeological Investigations in Mongolia 2004"。

② 郭建国：《配合伊犁地区恰甫其海水库建设的文物调查》，《新疆文物》2001 年第 1、2 期。

③ 新疆文物考古研究所：《2005 年度伊犁州巩留县山口水库墓地考古发掘报告》，《新疆文物》2006 年 1 期。

选择很小的碎石块在地表堆成圆丘状，这些碎石块也可能是用卵石打碎而成的（图十三）。①

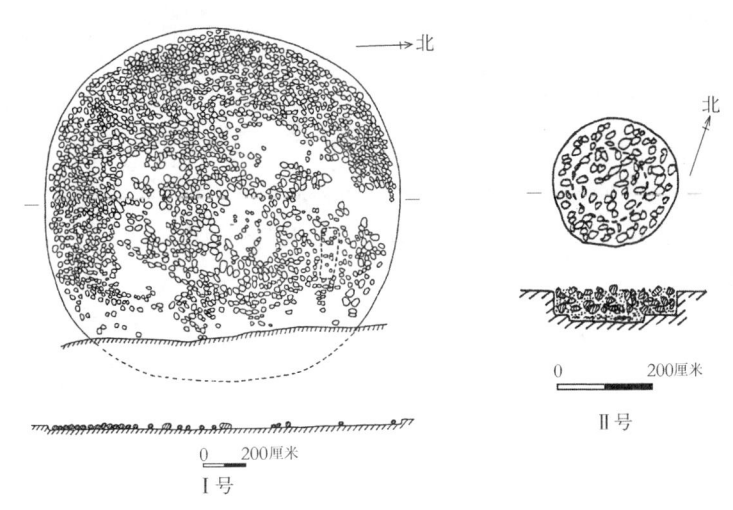

图十二　山口水库墓地的祭祀遗迹（平台克列克苏形制）

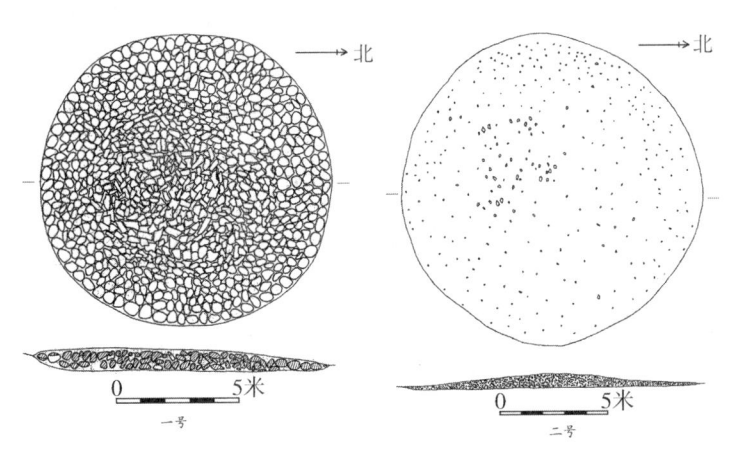

图十三　穷科克一号墓地的祭祀遗迹
（采自《尼勒克县穷科克一号墓地考古发掘报告》）

---

① 刘学堂、李溯源：《新疆伊犁河流域考古新发现》，《西域研究》2002年第1期；刘学堂、关巴：《新疆伊犁河谷史前考古的重要收获》，《西域研究》2002年第4期；新疆文物考古研究所：《尼勒克县穷科克一号墓地考古发掘报告》，《新疆文物》2002年第3、4期。

不过，根据在阿尔然墓地等地的发掘资料①，墓地，尤其是重要人物的较大型墓葬里发现的祭祀坑，也表明墓上祭祀的盛行，与专门的祭祀遗迹是相似的。

（三）年代

关于东阿山克列克苏的年代也有诸说，有前8世纪、前1千纪前半期、前8-前7世纪、前2千纪晚期至前1千纪前期、青铜时代晚期等②。目前看，以鹿石的年代为参照以推论克列克苏的年代，还是一个法门。③不过，其中的问题也是难以解答的，如鹿石本身的考古年代学问题、鹿石与克列克苏之间的关系等。花海子的鹿石数量多而类型复杂，要做年代学研究也不容易。也许，本地正是所谓萨彦-阿尔泰类型鹿石的发祥地。如果我们指望对克列克苏进行发掘的话，实际是利于确认其性质，但难获得可靠的测年标本。

可以参考的同类遗迹里，呼尼河谷 Urt Bulagyn 克列克苏的放射性碳素测年是公元前1390-前680年。这么大的时间跨度是值得怀疑的。阿尔然二号冢的断代是可靠的，为前7世纪晚期（放射性碳素测定的构建墓室的落叶松木头被砍伐的时间是公元前619-前608年）。④吉木萨尔大龙口墓地年代据发掘者认为，约在战国时期至西汉。⑤

东阿尔泰山的大型克列克苏的年代仍然是不能确定的。前面诸说

---

① Hermann Parzinger, "Le Tumulus funéraire d'un Prince Scythe d'Arzan 2 dans la Région de la Touva (Russie)". *Comptes Rendus, Academie des Inscriptions et Belles-Lettres*, April-June 2003, pp.975-995; Konstantin V. Čugunov, et al., "Der skythische Fürstengrabhügel von Aržan 2 in Tuva: Vorbericht der russisch-deutschen Ausgrabungen 2000-2002". Deutsches Archäologisches Institut, Eurasien-Abteilung, *Eurasia Antiqua*, 9 (2003), pp.113-162.
② 王博、祁小山：《丝绸之路·新疆古代文化》，第218页。
③ 乌恩：《论蒙古鹿石的年代及相关问题》，《考古与文物》2003年第1期；潘玲：《论鹿石的年代及相关问题》，《考古学报》2008年第3期。
④ 据德国考古学会（Deutschen Archäologischen Instituts）网站（http://www.dainst.org/index_596_en.html）："Arzhan-a Scythian royal necropolis in Tuva, Southern Siberia, Complete excavation of the kurgan Arzhan 2 including an undisturbed royal grave (late 7th century B.C.)".
⑤ 新疆文物考古研究所：《新疆吉木萨尔县大龙口古墓葬》，《考古》1997年第9期。

提出了关于其年代的所有可能性，本文没有什么新说。

归纳看，东阿尔泰山尤其是花海子地区，遗存了大量且超大型的克列克苏以及众多的鹿石，且处于资源丰富（铜、铁、水源）地区的河源地带，说明此地是一处重要的宗教活动中心。其居地（遗址）也许在阿山的北麓，当重要的时刻他们来东阿山举行祭祀活动。

（原刊《新疆文物》2011 年第 1 期，略有修订）

敖包的祭祀

一、绪 言

敖包（Oboo，也称作鄂博）祭祀现在被认为是蒙古传统文化的一部分，而且是富有特色的祭祀形式。作为研究者，我在考察这种祭祀形式的起源时，发觉其祭祀要素有一个古老的渊源，可以追溯到欧亚草原地区有史可记的时期，而且是普遍的祭祀形式，其内涵需要再深入研究。[1]根据现在的情况来看，奉行敖包祭祀的民族也不完全是草原上的骑马民族，但一般都是与蒙古族有密切关系的北方民族，例如达斡尔[2]、裕固[3]、鄂温克[4]、鄂伦春[5]、土族[6]，以及图瓦人[7]。这些民族的敖包祭祀受到蒙古文化的影响，其痕迹固然很明显；但是问题似乎也没有

---

[1] 刘文锁、王磊：《敖包祭祀的起源》，《西域研究》2006年第2期。
[2] 丁石庆：《达斡尔语言与社会文化》，中央民族大学出版社1998年版，第109、113页。
[3] 钟进文：《近百年的国外裕固族研究》，《西北民族学院学报》（哲学社会科学版）1997年第2期。
[4] 王美娜：《鄂温克的节庆礼仪》，《黑龙江史志》2001年第2期。
[5] 江上波夫《匈奴的祭祀》一文引泉靖一的调查报告《大兴安岭东南部鄂伦春族踏查报告》，说鄂伦春族亦有类似的信仰："为了祭祀'aori-bôrkan'（山神），在大迁徙结束、定居于一处后，请萨满（Shaman）选一略高之山丘，在该处立称为'ao'的堆石，插上木棒（tol），并于春、秋举行祭祀，祈愿猎获丰多。"该文还提到东西伯利亚的突厥系民族雅库特和其他一些民族亦有类似的祭祀。见刘俊文主编：《日本学者研究中国史论著选译》第9卷，中华书局1993年版，第1136页。关于鄂伦春之祭祀敖包，另参见白兰《鄂伦春社会与萨满教》，《东北地方史研究》1985年第3期。海西希在《西藏和蒙古的宗教》一书中也提到，"那种利用这种石堆来标志特定高地的习惯也出现在中亚和阿尔泰诸民族中"。（图齐、海西希著，耿昇译：《西藏和蒙古的宗教》，天津人民出版社1989年版，第498页）
[6] 范玉梅：《土族宗教信仰述略》，《世界宗教研究》1997年第1期。
[7] 程适良：《新疆阿尔泰山区的图瓦人》，《中央民族大学学报》1994年第5期。

那么简单，如果深究下去，或会发觉其中隐藏的那些相类似的敖包和敖包祭祀的因素，既表现出在地域上接近东北亚、北亚民族文化上的共同传统，也反映出那些类似因素在各自民族中的历史渊源。这样一来，问题就归结到（1）敖包祭祀的一般特征及其与历史上北亚、东北亚民族的传统祭祀之间的内在联系；（2）从历史进程中演变而来的蒙古族敖包祭祀，它的转变过程及特性，及其演变成蒙古文化传统的一部分之原因；（3）这种祭祀今天对蒙古等族群的意义。

为探讨这些问题，一方面可以从对现世敖包的基本形制和祭祀方式的考察中，分析其要素及特征，然后上溯到历史中，去比较这些要素的内涵；另一方面，考虑到古今的时间差距，我们要根据可资利用的史料，对敖包祭祀的形成和转变过程的特性做出一个合乎情理的推论和阐释。本文的意图有二：（1）根据有关的民族志记录，归纳敖包祭祀的一般特征；（2）对敖包祭祀的源流问题，即其与历史上北亚、东北亚祭祀传统间的内在联系，加以推测。

因为"敖包"一词的出现较晚，清代以来开始定型的、被认为是蒙古传统文化之一部分的敖包祭祀，经过很多变化才逐渐演变为蒙古传统，所以，对这个漫长历史进程的认识可能是关键所在。当然，关于这个传统文化在宗教信仰方面的性质，以及它在现世得以复兴的背景和对于崇祀者的意义，甚或它的未来，这样的问题是本文暂且难以回答的。以下的讨论涉及几个核心的概念，在这里稍作定义。

（一）敖包

清代为辽、金、元三史作"国语解"时，将三史中记载的地名、人名中的"鄂博"（Oboo），都解释作"蒙古语，堆石以为祭处也"。[1]

---

[1] 如乾隆四十七年敕撰《钦定辽史语解》（《景印文渊阁四库全书》本，台湾商务印书馆1986年版，史部正史类，第296册）卷一《君名》"舒苏鄂博"条，第125页；卷三《地理》"鄂博穆尔"条，第142页；卷四《地理》"苏尔鄂博"条，第46页；卷七《人名》"绰卜鄂博"条，第73页；卷十二、十五《人名》"鄂博布哈"和"鄂博哈雅"条，第403、440页。

但《钦定热河志》里，说蒙古人将形状独特的山峰也奉为"鄂博",[①] 这是说山体也被蒙古人当作崇祀的对象，与人工堆石的建筑一样，都被视作鄂博。这里涉及敖包的语源和本义等尚待探讨的问题。清代汉人学士不谙蒙语者，对鄂博有误解之处，将其与古汉语对音附会。乾隆时直隶总督方观承（1698-1768）奉旨考证濡水之源时，曾曲解"鄂博"之意，乾隆皇帝作《鄂博说》以专纠其误：

> 昨命直隶总督方观承考滦河濡水之源……独其中有"濡经察汗哉軷"之语，引郑氏及《诗·大雅》之言以证为軷祭行路神之义，则失之远矣。夫哉为我，平声，非鄂音；而軷则音拔，与博韵更吴、越不同。徒以石之嵯峨及軷祭取义，实曲为穿凿矣。夫鄂博乃蒙古古语，为堆砌之义，堆砌石以表祭处。[②]

乾隆皇帝《鄂博》诗序又谓：

> 蒙古不建祠庙。山川神示著灵应者，垒石象山冢，悬帛以致祷，报赛则植木为表，谓之"鄂博"。过者无敢犯。[③]

乾隆帝所谓"鄂博乃蒙古古语，为堆砌之义"尚待考证，但据此可知清人所说的"鄂博"，其形制、性质与功能已经定型，并与今天相差无几，指人工堆砌的石堆及其附属性设置，用作祭祀的建筑和场所，兼作路标、界碑。

---

① 《钦定热河志》(《景印文渊阁四库全书》本，史部地理三，第495册）卷四十六《围场二》，第783页："都呼岱，为围场极北界。其北则兴安大岭，拔地际天，广袤不知纪极，其中峰曰'巴龙桑阿苏台'，蒙古奉为鄂博者也。"

② [清]梁国治等奉敕编：《御制文二集》(《景印文渊阁四库全书》本，集部别集类，第1301册）卷五，第316页。

③ 清高宗御制、蒋溥等奉敕编：《御制诗二集》（《景印文渊阁四库全书》本，集部别集类，第1304册），卷五十一，第89页。

（二）祭祀

古人所说的"祭祀"，是对祖先、神祇表达孝敬、崇拜之意的行为。[①] 其教理，是假设被祭祀者以特别的方式存在。[②] 本文所指的祭祀是与信仰、宗教有关的专门仪式，以及配套的设施、设备、活动和理念等。敖包祭祀，即是在萨满教信仰体系下对其崇拜对象所做的一套仪式，包括相关的祭场、祭祀对象、祭期、祭品等（详下文）。

（三）萨满与萨满教

"萨满"与"萨满教"源于东北亚的地域信仰系统，以"万物有灵"为教理，通过巫术和祭祀等活动来表现。这两个概念虽大致可以与"巫"和"巫教"相对应，但因为这种信仰是世界性的、极其古老的信仰基层，所以在不同地域和时间，其情形应有差异之处。[③]"萨满"与"萨满教"在本文中限定在东北亚和北亚范围内；又鉴于古今之别，古代的这种信仰称作"历史萨满教"较为合宜。敖包祭祀是在此"萨满教"和"历史萨满教"信仰体系下的一种祭祀形式。

二、敖包的基本形制与祭祀方式

（一）基本形制

敖包的基本形制是一座体积大小不一的石堆，以及在石堆中央位置安插的竖立物。这是我们认为最具传统性的设置。

石堆：最核心的部分，通常是用自然的石块堆积而成，但是据现

[①]《礼记·祭统》："祭者，所以追养继孝也。"

[②]《论语·八佾》："祭如在，祭神如神在。"

[③] 米尔恰·伊利亚德著，宴可佳、吴晓群、姚蓓琴译：《宗教思想史》："'萨满教'这一术语指一种古老的（几乎旧石器时代就存在了）、分布范围极广（只有非洲例外）的宗教现象。严格意义的萨满教主要盛行于亚洲中部、北部与北极的一些地区。只有亚洲地区的萨满教受到（伊朗-美索不达米亚的、佛教的、喇嘛教的）许多影响，但是并未丧失其原有结构。"（上海社会科学院出版社2004年版，第953页）

在所建筑的敖包的情形,在有的地方据说也曾采用土块或者砖块。① 这可能是变化了的形制。不加附属设置的单纯石堆也可以视作敖包。在现代蒙语中,这种石堆建筑就是"敖包"这个术语的本义。在敖包上也可以堆积诸如酒瓶、钱币、拐杖之类的物品。②

"标":通常是把树干插于石堆中央,或者是在石堆上插一些树木枝条,两者都具有一个共同的含意,可能来源于树有"生命的生长"的象征意义。这个结构部分在蒙语里可能有一个特别术语来表示,本文暂将它称作"标"以方便往后的讨论。笔者曾发现在现代敖包中,有采用铁杆作标的例子。③

附属物:悬挂于树干(枝)上的条状布匹(克穆尔、缨子、哈达④)或其他物品,例如牛、羊等动物的毛和角。其中一种情形,是用绳子牵向附近的树或亭子之类的建筑,绳子缚上一些布条之物。有些布上写有咒文或者绘一些动物图案,这种布条被称为"哈牟利",也就是"风马"。⑤ 有的敖包上的附属物,据说还插置有长矛等武器。⑥

一般而言,一座敖包应当具有上述三个组成部分;但是也有些敖包只是一座石堆,不立标,这种情况也是常见的,或许可以称作"原型敖包",或是正在发育中的敖包。笔者2004年夏天在新疆博尔塔拉草原调查时发现,博乐以西通往米尔其克草原的山麓,在一些岔路口

---

① 武立德主编:《新疆博尔塔拉蒙古族发展简史》,民族出版社2003年版,第152页。
② 笔者在蒙古国调查过的敖包,譬如在后杭爱省(Arhangay Aimag)与扎布汗省(Dzavhan Aimag)分水岭的索伦高廷达阪(Solongotyn Davaa)上的敖包,都是这样的。在哈剌和林南山岗上清代城址中的敖包,一旁还摆放了一些马头。
③ 笔者在新疆博尔塔拉蒙古自治州阿拉套山米尔其克草原入口处见过这样的敖包。
④ 赛音吉日嘎拉、沙日勒岱著,郭永明译:《成吉思汗祭奠》,内蒙古人民出版社1988年版,第223—224页。
⑤ 马鹤天:《内外蒙古考察日记》,南天书局1987年影印新亚细亚学会1932年版,第24页。西藏"嘛呢堆"上的布条也与此相似(石泰安著、耿昇译:《西藏的文明》,中国藏学出版社1999年版,第241页)。
⑥ 札奇斯钦著、王秀云、蔡淑贞校:《蒙古文化与社会》,台湾商务印书馆1987年版,第113页。鄂温克族的"敖包树"虽在名称上有少许的不同,但如将树看成是木杆的话,则其基本形制是统一的。

处建有单纯石堆的小型敖包。沙雷别列克草原的沟口处路边,也建有一座大石堆。在博尔塔拉河河源一带的阿敦乔鲁岩画地点,牧民建了几座石堆,上面的酒瓶是祭祀后堆放上去的;附近的"母亲石"是近年来愈益受到牧民崇祀的"圣所",在这块被描绘作象征妇人或者女阴的巨石之旁,因为人们不断的祭祀而正在形成一座敖包。

现代敖包的形态,尚有一种树枝建筑的形制,这种情况是特殊的,而且有特别的意义。[①]日本人类学家鸟居龙藏也曾提到这种敖包:

> 鸟包云者,所谓积石,为中国人所堆,数之正得十二;惟中央一个,则积木而成者,此外皆积石。鸟包本分木石,近处河畔有木,故以木造之。又无论孛里亚人或蒙古人,石多处建石鸟包,无石处,则集树枝而为鸟包也。[②]

过去,最完整的关于敖包的记录,是1935年清华大学教授A. L. Pollard-Urquhart根据其亲历苏尼特右旗的敖包祭祀后写的一篇文章。当时他受德王邀请,参加了苏尼特右旗的敖包祭祀,他的文章于1937年在《皇家中亚学会会刊》(*Journal of the Royal Central Asian Society*)上发表:

> 敖包是建在山顶的祭坛或石堆,但并不像苏格兰用于标识的石堆。它用来驱赶邪恶的神灵。在敖包前面常年摆放着祭品。我见过的敖包都是许多石头堆成堆,中间立着的一柱上面飘着写满祈求者祷词的布幡。在外蒙古和"满洲",敖包周围有许多树,敖包就在这些树的掩映下,而内蒙古的敖包周围则没有树,只有一座石堆。主敖包周围有四座小石堆。苏尼特的大敖包中间是带有

---

① 沙宪如:《蒙古族祭祀风俗述略》,《辽宁师范大学学报》(社科版)1994年第2期,第81—84页。

② 鸟居龙藏著、汤尔和译:《东北亚洲搜访记》,商务印书馆1926年版,第104页。

佛像的铁柱子。这个敖包设在山上,就像蒙古抵御纯自然力量的神灵。它相当简单,但是无论如何它是人们崇拜山神的最自然的表现。

最有趣的要数敖包的形状。它的前面摆放着古代和现代的各式武器……它的根基呈斗篷状,其顶部有头盔状物,前面有防御物,在它的边上还有各式的臂状物。前面有两把剑,侧面是两支枪,后面是弓箭。①

札奇斯钦在《蒙古文化与社会》中提到一种"十三堆",即敖包群的组合分布形式,由13座集中建筑在山顶或高地上的敖包组成。②还有一些类似的记录,如纳钦在珠腊沁村调查的11处敖包中,有好几处也是13座的组合。③这种敖包群在今天是常见的形式,除了13座一组者外,尚有五、七座一组者。在这些组合中,其特点都是有一个主要的大敖包,周围是若干的小敖包。④

敖包建筑位置的选择,亦因其宗教和世俗两重功能而有所不同。它是一种宗教性建筑,故其位置本身也具有宗教的意义。这项工作在古代应该由萨满或者统治者来完成。特殊的地形——例如有象征意义的高山、丘陵或者河源、道路口等,是选择建筑敖包的地点;⑤新疆博尔塔拉和蒙古国哈刺和林一带,古迹附近以及有象征意义的巨石旁,都被选择来建筑敖包。

有一些文献提及敖包的形制和选址。纪昀在《乌鲁木齐杂诗·典

---

① A. L. Pollard-Urquhart 著、刘迪南译:《苏尼特右旗的一次敖包祭祀》,《西北民族研究》2001年第2期。

② 札奇斯钦著,王秀云、蔡淑贞校:《蒙古文化与社会》,第113页。

③ 纳钦:《作用中的敖包信仰与传说——在珠腊沁村的田野研究》,《田野观察》2004年第4期。

④ 邢莉、易华:《草原文化》,辽宁教育出版社1998年版,第202—209页。

⑤ 《班扎诺夫选集》:"建鄂博的位置要选择明快、雄伟且水草丰美的高山丘陵,选定位置以后,划出一定大小的一个圆形地方,在这里用土或石造成小冢……冢上植树。"引自杨仁普、李振芬:《蒙古族风俗见闻录》,内蒙古人民出版社1987年版,第106页。

制其三》诗注中，提及乌鲁木齐城西祭奠博克达山（Bogd）的敖包：

>　　博克达山列在祀典，岁颁香帛致祭。山距城二百余里，每年于城西虎头峰额鲁特旧立鄂博处，修望祀之礼。鄂博者，累碎石为蕞以祀神。番人见之多下马。①

在选址原理方面，敖包与藏族地区的"嘛呢堆"相同。石泰安（Rolf A. Stein）曾注意到，嘛呢堆位于"所有羊肠小道通过的所有山口"，而且在基本形制上与敖包相同。②如果看到"嘛呢堆"与敖包信仰间的联系，在其选址和形制上的相同性，可以说明它们有共同渊源。③在打上佛教烙印之前，我们不妨推测它们还有一个更古老的渊源。④

根据研究，在维吾尔族麻扎当中的一种形制也与敖包有关，如喀什地区叶城县阔克亚尔乡菩萨沟的帕依嘎麻扎，系一种上面插有树枝、旗帜的石堆，其形制"明显的带有萨满教敖包性质"。⑤

敖包宗教功能的教理体现在其构造物体的特性上，像泰勒所说，是被崇拜者认为有"精灵"寄托在这些物体内。这也是对萨满教原理的一般性解释。实际上，我们可以想象，因为岩石和树木都是自然界最普遍存在的物质，所以，它们本身并不必然会引发崇拜者内心的信仰；应当由一种与之有关的可资纪念的事件或者人物（如英雄）触发造成了这种信仰的产生。关于敖包起源的几种传说，可能都是流传下来的历史记忆。因此，作为宗教性质的活动，对敖包的祭祀在本质上可能是出于对那种事件、人物的纪念，后来仪式化了。当然，可能在

---

①　［清］纪昀撰、郝浚等注：《乌鲁木齐杂诗注》，新疆人民出版社1991年版，第34页。
②　石泰安著、耿昇译：《西藏的文明》，中国藏学出版社2005年版，第241-243页。
③　郭周虎：《西藏玛尼石刻造像初论》，载四川大学博物馆等编：《南方民族考古》（第四辑），四川科学技术出版社1992年版；马昌仪：《敖包与玛尼堆之象征比较研究》，《黑龙江民族丛刊》1993年第3期。
④　札奇斯钦认为（后来的）敖包受了西藏佛教以及西藏萨满——苯教（Bon）的影响。见氏著《蒙古文化与社会》，第158页。
⑤　热依拉·达吾提：《维吾尔族麻扎文化研究》，新疆大学出版社2001年版，第48-49页。

历史萨满教的时代，石堆之类的神圣建筑就被赋予超自然的力量，因此它还赋有巫术的性质，例如祈祷治愈疾病和祈福的功能。这种建筑物及其周围的环境，在崇拜者的心里变成为一处"圣所"，类似那些较有组织的所谓"高级宗教"的寺庙。①

另一方面，与寺庙不同的是，敖包还具有世俗的功能，就是在于标志特殊地形或疆界、道路等的位置、界线。②这是佛教、基督教、伊斯兰教等的寺庙所不曾具备的。藏族"嘛呢堆"也被说成具备这种标志功能。有一些用作界碑、地标的敖包和"嘛呢堆"，也会受到崇祀；建在交通要道上者则会受到往来行旅的崇祀。

（二）祭场与祭祀对象

敖包基本形制中的石堆和设置在中央的"标"是祭祀中的核心物体，这究竟是作为祭祀的对象抑或相当于祭坛的祭祀场所？从清代以来的说法，是二者兼而有之。

前文提及的"国语解"，均以"鄂博"为"堆石以为祭处也"，是祭场所在，相当于祭坛，设置于所祭祀的对象（山、川等）附近。纪昀《乌鲁木齐杂诗》所记的乌鲁木齐城西祭奠博克达山的敖包，也同此理。③另据《钦定热河志》说法，特别的山峰也被视为"鄂博"，④这表示山体是被崇祀的对象，其祭场则可能是建在山峰下的敖包。

敖包本身也可以被当作祭祀的对象，18世纪中叶的贤禅师睿智喇

---

① 刘学铫编著：《蒙古论丛》："萨满并不修建庙宇作为礼拜的场所，只是在适当的地方，堆一堆石头称为'鄂博'（Oboo），这个鄂博就代表了祷告的神。"（南天书局1982年版，第134页）

② 《清史稿·高宗本纪》："庚午，设唐古忒西南外番布鲁克巴、哲孟雄、作木朗、洛敏汤、廓尔喀各交界鄂博。"《清史稿·地理志四·黑龙江·胪滨府》："旧设中俄国界鄂博六：曰塔尔郭达固，曰察罕乌鲁，曰博罗托尔海，曰索克图，曰额尔底里托尔海，曰阿巴哈依图，此为库伦东中、俄界第六十三鄂博。雍正五年《恰克图约》鄂博止此。"《邦交志一·俄罗斯》："时新疆毗连俄境未立界牌鄂博，乌里雅苏台将军麟兴等请派大员会定界址，许之。然迟久未勘。"这种"鄂博"是作界碑用的石堆，不一定用于崇祀。

③ ［清］纪昀：《乌鲁木齐杂诗注》，第34页。

④ 《钦定热河志》卷四十六《围场二》，第783页。

喇说：

> 在我们地区，建起了许多鄂博作为路标和圣址，腾格里天神、龙神和八类地神水神都居住在那里，它们可以向我们提供庇护、保佑、援助和守护。①

这段话，可以理解作关于敖包神圣性质的教理。敖包的两种功能——世俗的路标和神圣场所性质的圣址——已融合为一体了，而且是诸神灵寄居的处所，成为被祭祀的对象。其道理应该是将神圣的山体，移情到了作为象征物的石堆上。这也符合对萨满教原理的一般性解释。以上述物体作为祭祀的对象，根据人类学的调查资料，曾经在全世界有着广泛的分布，在北亚地区的民族中尤其普遍。②

另外，由现今敖包的各种名目可以看出，这种石堆建筑不断被赋予各种神圣性质，例如具有地方保护神功能的地域敖包、专供女性礼拜的妇女敖包（由女萨满领祭）③、为纪念英雄的英雄敖包等④。在很多情况下，敖包既是祭祀的场所，又有祭祀对象的性质，但是也有一些敖包只具上述两种性质的其中一种。

无论是被当作祭祀的场所，抑或祭祀的对象，敖包都与特殊的山体、地形、位置等有着特别的关系。在特殊山体、地形旁建造的敖包，祭祀者或许会像睿智喇嘛所说的那样，将敖包看作是神灵寄居的场所，

---

① 图齐、海西希著，耿昇译：《西藏和蒙古的宗教》，第500页。
② 泰勒："在北亚细亚的阿尔泰语系诸部落中，对木杆和石头的崇拜仍然全盛地存在着。石头，特别是奇形怪状的或者与人或动物的形状相似的石头，作为崇拜的对象，这是因为它们里头住着强有力的精灵。"（爱德华·泰勒著，连树声译：《原始文化——神话、哲学、宗教、语言、艺术和习俗发展之研究》，上海文化出版社1992年版，第620页）；另参见刘学铫编著：《蒙古论丛》，第134页。
③ 乌兰杰：《萨满教文化中的生殖崇拜观念》，《民族文学研究》1995年第1期；波·少布：《蒙古族女性敖包的文化内涵》，《内蒙古社会科学》2002年第5期。
④ 纳钦在珠腊沁村调查的11处敖包中，甚至还有专门属于珠腊沁村喇嘛庙的"寺院敖包"，其祭祀主体（即祭祀者）是庙里的喇嘛，其神是金刚持。参见《作用中的敖包信仰与传说——在珠腊沁村的田野研究》。

因而这些敖包本身也变成了被祭祀的对象。例如在新疆博尔塔拉，重要草场的山谷入口处和博乐市郊的大道边，都建造了形制讲究的敖包；在蒙古国，山地分水岭的交通要道边，也建造了大型的敖包。这些敖包具有守护神的作用，按照教理，神灵也应寄居在这些石堆里，祭祀敖包就等于祭祀这些神灵。Pollard-Urquhart 根据在苏尼特右旗观察的敖包祭祀，认为敖包祭祀"是人们崇拜山神的最自然的表现"。[①] 敖包是山神居住的场所，是模拟的山体。在关于敖包祭祀的起源上，这个观念可能更古老：根据萨满教"灵石"崇拜的原理，特殊的山体和用岩石构筑的敖包都是神灵寄居的场所，因而要受到崇祀。

（三）祭仪

对于敖包的祭祀仪式直到近代才有一些零散记录。在现代敖包祭祀中，最隆重的莫过于成吉思汗祭奠中的敖包祭，据说是从他的灵车被运回伊金霍洛时就开始的，他的陵园附近就有著名的甘珠儿敖包。[②] 近世的敖包祭仪，以《呼伦贝尔志略》记录较为详细：

> 崇祀鄂博（俗曰"敖包"），亦为例祭之重典。考鄂博之设，原为区划界线之标识。本境旗属致祭，含有崇祀山川之意义，有各旗独设者，有全旗共祀者。各旗鄂博，岁于五月或七月，由各旗致祀；合祀鄂博，在海拉尔河北山上，每三年举行大祭（即为挑缺年期）一次，以五月为祭期，全旗大小官员咸集，延喇嘛讽经，以昭郑重。鄂博形圆而顶尖，高丈余，上插柳条及书经文之白布幡。首由喇嘛讽经，鼓钹竞作，绕鄂博三周，且绕且诵，官民随之。三周即毕，各持香火，西南行百余步，至柴望地点，绕行三匝如前，举火燔柴，以香火投之而返。次由副都统率属向鄂

[①] A. L. Pollard-Urquhart 著、刘迪南译：《苏尼特右旗的一次敖包祭祀》。
[②] 赛音吉日嘎拉、沙日勒岱著，郭永明译：《成吉思汗祭奠》，内蒙古人民出版社1987年版，第1—4页。

博行跪拜礼，喇嘛排立案前，讽呗如前，众官以次席地坐，以器贮肉与饭，双手举器，绕过额者数次，而后啖之，一若敬受神馂（神吃剩下的食物——引者注）者然。祀事告终，任一般人民赴场竞艺，作驰马、角力种种比赛，胜者由官府颁给奖品。①

根据上面的记录，敖包祭仪中的主要程序，由以下各方面组成。

1. 祭仪的组织与主持

祭仪由地方官府负责组织。在上述记录中，大小官员参与祭祀、副都统率领下属向敖包"行跪拜礼"等迹象，表明官府在祭仪中所起到的组织作用，副都统是一个领祭者。②他们代表的是世俗的政治权力，组织本地的文化活动。

主持祭祀的是延请来的喇嘛，他们是神职人员。这项职责在喇嘛教传入蒙古地区之前，应当是由萨满教的萨满（巫师）来完成的。③在整个祭祀仪式中，喇嘛处在核心的地位，他们的工作是诵经，应该是念诵《敖包赞》之类的祝辞。在喇嘛念诵之时，还伴随有鼓、钹音乐。据睿智喇嘛所说，《敖包赞》是来自一部古老的蒙古书籍，祝辞采用抒情的韵文形式，里面有这样的祈祷：

> 向你，完全实现了我们祝愿的神，
> 向所有守护神，从腾格里天神到龙神，
> 我们表示崇拜并已祭礼而赞颂！

---

① 引自丁世良、赵放主编：《中国地方志民俗资料汇编·东北卷》，北京图书馆出版社1989年版，第501页。

② 由于敖包祭祀的民族、地域、民间性质太强，在清代不被列入国家崇祀的正统。民国以来，国家祭祀体制被废除，敖包祭祀更成为民间信仰-祭祀的部分。但因为它在民间基础深厚，出于政治的需要，官方也以某种身份积极地参与其中。

③ "萨满"相当于"巫觋"。蒙古萨满教中的男性巫师称为"孛额"（böé，原字义是"师公"），女性巫师称作"亦都干"。余大钧译注《蒙古秘史》卷六译为"巫师"（河北人民出版社2001年版，第181节，第267页）。另参见扎奇斯钦：《蒙古文化与社会》，第151-152、158页。

根据我们的崇拜、祭祀和赞美，
祝永远成为我们的朋友和伴侣，
对于那些奉献祭祀的人和为之而进行祭祀的人，
无论是家中、大街小巷，还是其他什么地方，
减轻疾病，镇压鬼怪和与人作难的恶魔！
赐以生命之力、财富和欢乐！
……
驱除魔鬼和萦扰的敌人，
清除流行疾病和瘟疫，每日、每月和每年的灾难！
阻止豺狼进攻畜群，防止强盗和强贼出现，
预防冰雹降落、发生旱灾、风灾和饥荒。①

虽然是由喇嘛来主持祭祀，但这祝辞里面的萨满教意味太强烈，如果单纯地用萨满教或"萨满式喇嘛教"来推定这种祭祀的性质，势必会陷入一场争论当中。②蒙古的敖包祭祀是复杂的宗教活动，睿智喇嘛所提到的"古老的蒙古书籍"，应当是强调受到喇嘛教侵染以前的蒙古文化。因为我们不相信像敖包的祭祀，会是受到了西藏流行的"嘛呢堆"信仰影响的蒙古高原版，恰恰可能是，这二者都是更早期的一种基础信仰的遗风。

2. 转敖包

转敖包即围绕敖包走动，一般都是三周，由喇嘛领导，"且绕且诵，官民随之"。世俗人等跟随在边绕行边讽诵祝辞的喇嘛后面，在

---

① 引自图齐、海西希著，耿昇译：《西藏和蒙古的宗教》，第 500–501 页。
② Atwood 曾质疑游牧对于蒙古人接受世界宗教的能力和趣味产生了决定性影响，他说："我也怀疑随之生出的假设，即蒙古所有的大众性宗教行为都基本上是萨满教的。我怀疑蒙古佛教徒中普遍行使的仪式，特别是敖包和火祭，能在任何意义上被视作是萨满教的，至少从 18 世纪以来那些早期的文献上得到证明的情况来看是如此。" Christopher P. Atwood, "Buddhism and Popular Ritual in Mongolian Religion: A Reexamination of the Fire Cult," *History of Religions* Vol. 36, No. 2 (November, 1996), pp.112–139.

鼓、钹竞响的法乐声中，围绕敖包旋转三匝。D. Hooker 在喜马拉雅山的伦格特溪谷，观察到当地的列波加人（Lepcha）由左至右（顺时针方向）绕鄂博三匝后礼拜的情形。① 这也是草原地区由来已久的一种祭祀仪式。围绕祭坛或祭祀对象（敖包等）旋转，三是一般采用的次数，大约在萨满教的观念中，三是个吉祥的数目，也是个常数。

3. 燔祭和洒祭

在绕行敖包之后，与祭者持香火到位于敖包西南方向的"柴望地点"（事先堆积好的柴薪处），绕行三匝如前，然后点燃柴薪，将牲体、香火投入火中焚烧。这是一种传统的祭奠程序。"燔祭"也称作"燎祭""火祭"，所取用的应只是祭牲的一部分。这道仪式表示将祭品敬献予祭祀的神灵飨食。在蒙古的祭敖包中，尚伴随有"洒祭"的仪式，即将准备好的"马湩"（蒙语称之"忽迷思"，即经过发酵的马乳）用手指蘸了撒向地面。这两种法式都有古老的渊源，也是普遍存在的祭祀仪式。

《祭鄂博的礼仪和经文》里还提及一个仪式，在仪式的最后，将牺牲的"肠肚细筋"缠绕在敖包的木杆——"标"上：

> 杀壮牛、壮羊或壮山羊来祭祀……还要取出心脏，流出血浆，切下肉脂，并悬挂起来，再用那些肠肚细筋缠绕鄂博。②

这个仪式中的祭牲的心脏、鲜血，在推崇所谓"血祭"的祭法中尤其受到重视。这里所说的，在敖包祭祀仪式的最后部分，将祭牲的肠肚细筋等内脏悬挂于敖包上，是将这些物品也当作祭品供奉给了敖包。

---

① 《匈奴的祭祀》，《日本学者研究中国史论著选译》第9卷，第4页。实际上可能是指"嘛呢堆"，而非敖包。

② 引自杨仁普、李振芬：《蒙古族风俗见闻录》，第108页。这里的《祭鄂博的礼仪和经文》应当就是海西希在《西藏和蒙古的宗教》中提到的贤禅师睿智喇嘛于18世纪所作的《祭鄂博的仪礼》。

4. 分享祭品

敖包祭祀的最后仪式，是在"燔祭"之后将准备好的食品（肉与饭）煮了给与祭者分享。这些食品同时也是供神飨食的祭品，虽然是专门为了祭祀用的，但是在一般的祭祀中，都是在向神祇敬献之后由参加祭祀的人分食神享用过的祭品——这个做法的意义，是分享神的福祉，也应当包含着不浪费食物的意思。在分食之前，尚需再向敖包作一次敬礼，其意思可能是表示不敢擅自享用神圣的食物的祭品。在这个记录中，是以副都统为首率领属下向鄂博行跪拜礼，由喇嘛排立在摆放食物的案前，像前面的仪式一样唱诵讽呗；然后，众官以次席地坐，以器贮肉与饭，双手举器，绕过额者数次，而后啖之，"一若敬受神馂者然"。实际就是吃"神馂"，即分享神吃剩的食物。"双手举器，绕过额者数次"是表示礼敬的姿势。

分享祭品是一重要仪式，也应是一种浸染已久的惯习：祭祀之后的胙肉、米饭、供酒（"马湩"）都要分给参与祭祀的每个人，因为参与分享祭品是作为族中成员身份和地位的权利。

5. 娱乐

敖包祭祀还有一项重要的内容就是祭祀仪式完毕之后的竞艺，"做驰马、角力种种比赛"。清末民初的地方志在涉及蒙古民间文艺时，多详述"驰马""角力"，且多在前面加上"于鄂博日行之""每逢祭鄂博之日，尤盛行之"这样的句子，[①] 可见此项活动在敖包祭祀中的重要性。这种形式在历史上的草原地区也非常盛行。需要补充的是，祭祀之后举行纵情的娱乐活动之本义，除了取悦神外，后来还逐渐"节日化"，可能更主要是为了在实质上取悦人，"悦神""神乐"云云，逐渐变成了幌子。

关于现世敖包的祭仪，波·少布提到过一种"额莫斯因·敖包"——

---

① 丁世良、赵放主编：《中国地方志民俗资料汇编·华北卷》，北京图书馆出版社1989年版，第741页。

女性敖包的祭仪。祭祀妇女敖包的参加者必须是女性，用动物乳房做祭品，女萨满领祭。参加祭祀者头向敖包，按圆形仰卧于敖包周围。片刻后，全体坐起，一阵狂笑。然后在萨满率领下围绕敖包跳古老的祭祀舞。这种女性敖包甚至被认为起源于"遥远的母系氏族时期"。①

波·少布还提到在鲁西南鄄城县的一支苏氏蒙古的祭祀方式，在苏老家村北有一高地，正月里人们常到那里去，按顺时针方向转圈。这个地方深处在汉文化的汪洋大海中，因此令人感到奇特。少布认为这种方式就是历史上曾经信仰过的转敖包习俗的演化，其来源是元末明初时，定居于鄄城的这支蒙古人（苏氏）保有敖包祭祀的习俗，虽然后来在农业文化的熏陶下淡化了，但是人们仍有记忆。他提到，近年来苏老家的村民又在高地上重新垒石建起了敖包，并进行祭祀。②

（四）祭期与祭品

《呼伦贝尔志略》记祭祀敖包的时间，是各旗自祭的小敖包于五月或七月，每年都举行一次；而合祀敖包的大祭是在五月，三年举行一次。《内外蒙古考察日记》中记大喜鄂博是"每年四月中大祭"。③纳钦在珠腊沁村记录的时间，是阴历五月九日或十九日。④可见敖包祭祀的月份和周期是相对固定的，并视各地情况和祭祀的规模而定。从一些记录中提到的祭祀日期看，基本集中在农历的五月（夏季）和九月（秋季），在这段时间里举行祭祀是草原地区的一个传统。可以看出，敖包祭祀的时间是根据草原盛行的物候历制订的。在一年之内，万物枯萎、生命凋零的冬季时间很漫长，只有短暂的生长期适宜举行生产、祭祀以及军事等周期性的主要活动。所以，从古老的时候起，人们就选择在夏、秋两个季节从事重大的活动。

---

① 何日莫奇：《蒙古族妇女敖包探源》，《内蒙古社会科学》（汉文版）2000年第2期；何日莫奇、吴宝柱：《东蒙地区的纪念敖包》，《黑龙江民族丛刊》1999年第4期。
② 波·少布：《鄄城蒙古苏氏考》，《黑龙江民族丛刊》1996年第1期。
③ 马鹤天：《内外蒙古考察日记》，第24页。
④ 纳钦：《作用中的敖包信仰与传说——在珠腊沁村的田野研究》。

敖包祭祀中使用的祭品，一般可以分作动物（牲肉）、谷物（米饭或面食）、酒或饮料（发酵的马奶酒或生马乳）三类。祭牲通常是羊。其中最富特色的"马湩"，亦称为"忽迷思"①，是经过发酵的马乳，蒙古和其他游牧民族喜爱的贵重饮料，其中白马乳尤其珍贵。这种草原特有的饮料被用在祭祀当中，该仪式称作"洒祭"，即将之一滴滴地洒在敖包前，祈求幸福。② 以上的祭品属于传统而规范者，用于大型而重要的敖包祭祀（大祭）中；现今的敖包祭祀，随着祭祀仪规的宽松，传统的祭品已简约成马乳或径直以普通的酒来代替，其仪式部分也相当程度地简化了。

　　若从历史进程上看，仪式简约化是一个趋势，而简约下来的那些最顽固的因素，往往是历史最悠久、最经得起时间考验的所谓传统因素。从这个角度来说，敖包和敖包祭祀里的各个要素，从基本构造到祭祀方式，都是从东北亚、北亚地区发展出的祭祀传统中衍变过来的。所以，为了更深入地理解敖包祭祀的源流，需要从历史中来探索为后世敖包和敖包祭祀所继承的传统因素，以了解它们之间的内在联系。

三、敖包祭祀中的传统因素

（一）基本构造

　　敖包形制中的基本构造，即堆石和立木杆（标）并在上面悬挂装饰物这两个部分，如果分解开来看待的话，可以从历史中找到若干的线索。虽然不能说这种基本构造就是原始敖包的形制，但至少是性质上接近的东西，因为从下面的论述中可以看出，其性质与敖包相似，也是用来作崇祀的场所或者对象。

---

① 柔克义译注、何高济译：《鲁布鲁克东行纪》，中华书局1985年版，第212—215、330页。

② 杨仁普、李振芬：《蒙古族风俗见闻录》，第108页。

1. 封石

在祭祀和巫术中使用石头是一种普遍的做法。《黑鞑事略》记蒙古"无雪则磨石而祷天"。①周良霄注《鲁不鲁乞东游记》，引杨瑀《山居新语》记蒙古以"酢答"（突厥语作 yai，蒙语作 Jada，《山居新语》谓"乃走兽腹中之石"）祷雨，并据方观承《从军杂记》记"蒙古、西域祈雨以楂达石浸水中，咒之，辄验"，是长期以来在北方游牧民族之间流行的迷信。②这些"酢答""楂达石"显然是巫术中所用的"灵石"，在萨满教信仰体系里却是得到崇祀的法物。

染有蒙古风习的元朝太社祭祀，也有这种"灵石"的踪迹。《元史·祭祀志五·太社太稷》记至元七年（1270）十二月，于和义门内南侧空地建造两座祭坛（社、稷各一），看上去做法有些奇怪，不同惯常的汉制：社的神主是一块白色石头，埋在祭坛南侧，一半在地下，旁边植一棵松树。③这种祭法可能掺杂了萨满教的教理和仪规在内。可以看出，岩石，尤其特殊形状、颜色的岩石，在祭祀中所扮演的角色，与后世的敖包有相通处。

契丹的祭祀礼仪中，有所谓祭山仪、柴册仪和拜陵仪。据《辽史·礼志一》，这些祭祀仪式都是由契丹早年的可汗所创立，其中，柴册仪是一种火祭的形式，与再生仪合在一起举行，有专门的场所和祭坛：

> 柴册仪：择吉日。前期，置柴册殿及坛。坛之制，厚积薪，以木为三级坛，置其上。席百尺毡，龙文方茵。又置再生母后搜

---

① [宋]彭大雅撰、徐霆疏证：《黑鞑事略》，见《续修四库全书》史部杂史类第423册，第539页，上海古籍出版社2003年版。

② 道森编，吕浦译、周良霄注：《鲁不鲁乞东游记》，中国社会科学出版社1983年版，第254页。此书与《鲁布鲁克东行纪》一样，其英文译版都是翻译自同一本拉丁文原书，只是中文译版的书名不同。

③ 《元史·祭祀志五》："社主用白石，长五尺，广二尺，剡其上如钟。于社坛近南，北向，埋其半于土中。稷不用主。后土氏配社，后稷氏配稷。神位版二，用栗，素质黑书。社树以松，于社稷二坛之南各一株。此作主树木之法也。"

索之室。皇帝入再生室，行再生仪毕，八部之首前导后扈，左右扶翼皇帝册殿之东北隅。拜日毕，乘马，选外戚之老者御。皇帝疾驰，仆，御者、从者以毡覆之。皇帝诣高阜地，大臣、诸部帅列仪仗，遥望以拜。……皇帝于所识之地，封土石以志之。遂行。

举行"柴册仪"时，皇帝的一连串行为都具有象征意义：他登上一座高阜地，通过使者向群臣训话；然后在册殿之东北隅拜日，并乘马模拟倒地，直至在选择的地点上"封土石以志之"。在高阜地上挑选一处地方堆积土、石，这个做法倒像是在建造一座敖包。

此外，还有"孟冬朔拜陵仪"，是祭奠先祖陵墓的：

孟冬朔拜陵仪：有司设酒馔于山陵。皇帝、皇后驾至，敌烈麻都奏"仪办"。合门使赞皇帝、皇后诣位四拜讫，巫赞祝燔胙及时服，酹酒荐牲。大臣、命妇以次燔胙，四拜。皇帝、皇后率群臣、命妇，循诸陵各三匝。还宫。（《辽史·礼志一》）

这个祭仪中的要点有二：一是围绕陵墓转三周；二是"燔胙"，显然是燔祭、烧饭。陵本身似乎可以看成是一座较大的石堆构造物，是祭祀的对象。

《北史·突厥传》记载突厥人的葬俗：

表为茔，立屋，中图画死者形仪，及其生时所战阵状。尝杀一人，则立一石，有至千百者。又以祭之羊、马头，尽悬之于标上。

《周书·突厥传》所记大同小异：

葬讫，于墓所立石建标。其石多少，依平生所杀人数。又以祭之羊、马头，尽悬挂于标上。

由此可知突厥人死后有立石（即所谓"杀人石"）祭祀的习俗。[①] 我们需注意，突厥葬俗中，墓葬的地上建筑部分，除了类似祠堂的建筑"屋"和陵园的围墙"茔"之外，其余部分为封堆、立石以及在祭祀后悬挂在"标"上的牺牲的头颅，可以肯定这种"标"是插置在石堆中央或石础中的木杆。这种建筑在墓葬地上的祭祀设施和祭祀方式，与敖包和敖包祭祀也有着相似的性质。

2. "标"或封树

前引《北史·突厥传》所说的在突厥墓上祭祀后悬挂祭牲头颅的"标"，应是一种木杆，插立于祭场中央。这也是一种流行的祭祀设备，由来已久。

在《蒙古秘史》（余大钧译注）卷一第43节里，提到与之相似的是祭天时将肉（祭品）悬挂在木杆上的仪式：

> 沼兀列歹以前曾参加以竿悬肉祭天的典礼。

蒙古祭天时用于悬挂牲肉的木杆，可能是插置在祭场中央或祭坛之上，应该有用础石或者石堆之类的物件来固定它。可惜在蒙元史料里，与之有关的记载微乎其微。1253—1254年间，鲁布鲁克（William of Rubruk）奉使蒙古见到库蛮人（Qoman）[②] 的葬俗，在墓上立一根木杆，上面悬挂16张马皮，向着四方，还设有"忽迷思"（马乳）的祭品。[③] 这与前引突厥墓祭时将祭牲（马、羊）的头悬挂于"标"上的做法相似。我们可以看出，这种方式是在较早时期实行过的，在突厥人中流传了很久。只是到后来逐渐废弃，变成了悬挂"风马"之类的装饰物。

---

① 刘文锁:《突厥的墓上祭祀》，载《传统中国研究集刊》第四辑，上海人民出版社2008年版。

② 《柏朗嘉宾蒙古行纪》里也记载了这个民族。据贝凯（Jean Becquet）和韩百诗（Louis Hambis）考证，这个被蒙古人入侵的民族属于突厥族系（贝凯、韩百诗注，耿昇译：《柏朗嘉宾蒙古行纪》，中华书局1985年版，第36、125页）。

③ 耿昇、何高济译:《鲁布鲁克东行纪》，第220页。

蒙古的求子巫术中使用的一种所谓"法幡",即"札剌麻"(jalama),与敖包"标"上的悬挂物有关。《蒙古秘史》卷六第174节:"额勒别孙,札剌麻,乞周。"① 道润梯步译成:"时阿赤黑失伦对曰:罕乎!罕乎!休矣乎!未有子时冀其有也,作法幡而阿备巴备求告焉。"②

道润梯步对"作法幡"一词解释说:

> 作法幡:原文为:"额勒别孙,札剌麻,乞周。"缺旁注。"额勒别孙"即"亦勒必",有"魔术、巫术、幻术"等意。"札剌麻"即"幡"。村上正二先生云:祭敖包时,挂在供牲的牛马鬃上的五彩布条,然而这里不是说祭敖包,而是在招子,用的是招子之幡。③

既然在招子巫术中采用了"札剌麻",当然我们也可以推论在有的祭仪中或许也采用过。在札奇斯钦看来,敖包的"标"上悬挂的就是这种"法幡":

> 在蒙古各地常见的"敖包"(oboo),都是山川地方神灵的居所。在它们的上边所插的树枝,和枝上所挂的小旗帜,及各色绸布条等等,就是蒙古秘史所记的"札剌麻"(jalama),是萨满信仰的一种法仪。④

突厥墓葬上的"标",是用于墓地祭祀的祭场中的设备。我们可以推测,"标"可能来源于树。因为在一些民族的祭祀和墓葬建筑、葬礼中,在祭祀地点或者墓地进行象征意义的封土、石,并在其中栽植松、柏之类,其意义隽永,历史古老。

---

① 额尔登泰、乌云达赉:《蒙古秘史校勘本》,内蒙古人民出版社1980年版,第388页。
② 道润梯步:《新译简注蒙古秘史》,内蒙古人民出版社1978年版,第148页。
③ 同上书,第150页。
④ 札奇斯钦:《蒙古文化与社会》,第158页。

契丹的"祭山仪"中，就是采取在祭祀场所种植树的做法。其程序较为复杂，属于"吉礼"：

> 祭山仪：设天神、地祇位于木叶山，东乡；中立君树，前植群树，以像朝班；又偶植二树，以为神门。皇帝、皇后至，夷离毕具礼仪。牲用赭白马、玄牛、赤白羊，皆牡。仆臣曰旗鼓拽剌，杀牲，体割，悬之君树。……皇帝、皇后御鞍马。群臣在南，命妇在北，服从各部旗帜之色以从。皇帝、皇后至君树前下马，升南坛御榻坐。群臣、命妇分班，以次入就位；合班，拜讫，复位。皇帝、皇后诣天神、地祇位，致奠；合门使读祝讫，复位坐。北府宰相及惕隐以次致奠于君树，遍及群树。乐作。群臣、命妇退。皇帝率孟父、仲父、季父之族，三匝神门树。余族七匝。（《辽史·礼志一》）

这个祭仪中的几个要点值得注意：(1)契丹祭祀的木叶山是其圣山，地位大略相当于泰山、于都斤山和"石室"鲜卑山；(2)在木叶山前设置祭场，场中央植立一棵"君树"，前侧植群树，又植两棵树象征神门；(3)杀牲后将牲体悬挂在"君树"上，用酒洒牲体上祭奠（"洒祭"）；(4)皇帝、皇后领祭，主持祭仪的是"太巫"，即大祭司或曰大萨满，在天神、地祇神位和君树前祭奠后举行神门树绕行仪式，其次数，皇帝率孟父、仲父、季父三族（八部之首）绕行三周，其余五族（五部）绕行七周；(5)祭仪的最后部分是分享祭品，饮酒和吃牺牲的肉（"饮福、受胙"）。可以看出，这种祭奠圣山的仪式，与敖包的祭仪有着更多的相似之处，其中于祭场中央植立一棵树的祭坛，具备了敖包的基本形制。

吐蕃的葬俗中也有在墓冢旁植树为祭场的法式。《新唐书·吐蕃传上》云：

> 君死，皆自杀以殉，所服玩乘马皆瘗，起大屋冢颠，树众木为祠所。

在祭祀地点植树或竖立一根木杆之类的标的法式，在一些现代民族志里还有体现。① 这种标实际上是一种具有象征意义的纪念柱，令人想起在考古资料里所保存的那种图像，如在云南晋宁石寨山墓地出土的著名青铜贮贝器盖上塑造的祭祀场面，在广场中央设立的圆柱可能是这种标的一种形制。从史书的记录看，朝鲜族中也曾盛行过这种祭祀方式。《三国志·魏书·东夷传附韩传》云：

> 信鬼神，国邑各立一人主祭天神，名之天君。又诸国各有别邑，名之为苏涂。立大木，县铃鼓，事鬼神。

此处所说的"大木"可能是指经过专门加工的比较高的木柱，上面悬挂的铃、鼓之类是附属设置的乐器。因为现在有不少的民族志资料可资旁证，所以要想复原也非难事。有时所说的"图腾柱"，也可以看成是这种宗教性设备。

鲜卑祭仪中的一项仪式，也是在祭祀地点竖立一杆标，上面悬挂牺牲的尸体。《魏书·礼志一》云：

> 魏先之居幽都也，凿石为祖宗之庙于乌洛侯国西北。自后南迁，其地隔远。真君中，乌洛侯国遣使朝献，云石庙如故，民常祈请，有神验焉。其岁，遣中书侍郎李敞诣石室，告祭天地，以皇祖先妣配。……敞等既祭，斩桦木立之，以置牲体而还。后所立桦木生长成林，其民益神奉之，咸谓魏国感灵祇之应也。②

---

① 如贵州苗族"牯脏节"（传统祭祖节日）仪式中插在祭场（"牯脏坪"）中央的幡。
② 1980年7月在内蒙古呼伦贝尔盟鄂伦春自治旗阿里河镇西北10公里发现"嘎仙洞"，在距洞口15米的西壁上发现了魏太武帝拓跋焘（408-452）遣中书侍郎李敞等致祭时所刻的祝文，石刻纪年为太平真君四年（443）。祝文所涉史事见《魏书·豆莫娄传》："乌洛侯国……真君四年来朝，称其国西北有国家先帝旧墟，石室南北九十步，东西四十步，高七十尺，室有神灵，民多祈请。世祖遣中书侍郎李敞告祭焉，刊祝文于室之壁而还。""石室"及祝文发现情况参见米文平：《鲜卑石室寻访记》，山东画报出版社1997年版，第20-47页；佟柱臣：《嘎仙洞拓跋焘祝文石刻考》，《历史研究》1981年第6期。按拓跋焘遣使祭祀"嘎仙洞"石室之史实本身，是可以证明鲜卑的崇祀方式的。

遣使祭祀发迹前的"石室",不管是出于纪念创业时的艰难、表示不忘本,还是利用了乌洛侯国的这座"石庙"遗迹,由李敞主持的祭仪上可以看出,拓跋鲜卑虽接受汉人的祭祀制度,但仍然保持了本来的惯习;像木叶山之对于契丹,于都斤(乌德鞬、郁督军)山之对于匈奴、突厥和蒙古,"石室"是鲜卑人心中的圣地,在历史萨满教信仰体系下,自然而然会神圣化。此处值得注意的是在神圣的"石庙"旁祭祀时所立的具有宗教意义的桦木的标,并且在上面悬挂牲体,这种祭法显然是本土的传统,为主祭者李敞所延用了。

如果往前追溯,实际还有匈奴的祭法,其中也有类似"标"的设置。《史记·匈奴列传》记:

> 岁正月,诸长小会单于庭,祠。五月,大会茏城,祭其先、天地、鬼神。秋,马肥,大会蹛林,课校人畜计。

"蹛林",《正义》引颜师古注云:

> 蹛者,绕林木而祭也。鲜卑之俗,自古相传,秋祭无林木者,尚竖柳枝,众骑驰绕三周乃止,此其遗法也。

江上波夫考证,"茏城"和"蹛林"为匈奴春、秋二季大祭时的场所,在形制上都是堆竖着树枝之类的设施("茏城")和自然林木("蹛林")。① 不过,上述鲜卑的祭法,其"秋祭无林木者,尚竖柳枝"的说法,是指鲜卑祭祀先祖"石庙"遗迹等的一般法式,将柳树枝插在地上并绕之旋转三匝(详后说)。上述契丹的"祭山仪"也是如此。对欧亚草原上的匈奴来说,作为神圣场所的"蹛林"之地,可能是草原上一处生长得奇特的树林,是匈奴最重要的集会地之一,可能

---

① 江上波夫:《匈奴的祭祀》,《日本学者研究中国史论著选译》第9卷,第31页。

在"茏城"附近,亦可能是因为祭祀才形成的。

(二)祭仪

敖包祭祀仪式中的程序,若分解来看,就像敖包建筑中的核心结构具有传统性一样,当中的某几个仪式普遍存在于历史中。

1. 围绕祭坛或祭祀对象旋转

围绕祭坛或祭祀对象旋转,是历史上的祭祀仪式当中的一个传统仪式,一般是旋转三次。前引匈奴祭祀中绕"蹛林"旋转及契丹"祭山仪"中围绕祭场中的"神门树"旋转的法式,都是这种共同的祭祀传统。在鲜卑的祭祀中,也采取了相同的方式,《南齐书·魏虏传》记北魏孝文帝之祭天:

> (永明)十年……宏西郊,即前祠天坛处也。宏与伪公卿从二十余骑戎服绕坛,宏一周,公卿七匝,谓之蹋坛。明日,复戎服登坛祠天,宏又绕三匝,公卿七匝,谓之绕天。

此处采取一、七和三、七的数目。由前引《辽史·礼志一》的记载可知,契丹贵族的祭仪中也采取旋转三、七次的数目。总的来看,绕圈的数目都是采用单数,当中又以三为常数。

2. 燔祭和洒祭

燔祭(或称燎祭、火祭)和洒祭这两种法式都有古老渊源,也是普遍存在的奠仪。《蒙古秘史》卷二第70节:

> 那年春天,俺巴孩·合罕的妻子斡尔伯、莎合台二人,到祭祀祖先之地,烧饭祭祀时,诃额仑夫人到得晚了。①

"烧饭"是祭祖时请祖灵飨食的法式。元时有"烧饭院",《元史·祭祀

---

① 余大钧译注《蒙古秘史》,第69页。

志·国俗旧礼》记：

> 每岁，九月内及十二月十六日以后，于烧饭院中，用马一、羊三、马湩、酒醴、红织金币及裹绢各三匹，命蒙古达官一员，偕蒙古巫觋，掘地为坎以燎肉，仍以酒醴、马湩杂烧之。巫觋以国语呼累朝御名而祭焉。

这种"烧饭"仪式由"蒙古巫觋"主持，在专门辟出的"烧饭院"中，在地上掘出一个坑焚柴以烧烤牲体，期间还需要将祭品的酒和马湩洒入坑中的牲体上（"洒祭"），同时用蒙语呼唤祭祀对象（如祭祖需要念先祖名字）来享用。有的时候还会把"布呼玛哈"（羊肉丸子）等东西一起投到火里，一同烧烤。《草木子》说元朝人祭奠亡灵称"烧饭"，大祭之时甚至烧马。① "烧饭"这个仪式，也是在后世祭祀敖包时采用的。②

元朝俗称的"烧饭"，就是"燔祭"的法式。③ 据《元史·祭祀志》，还记载有所谓"升烟""燎坛""望燎"等。"升烟"是举行点燃积薪的奠仪；"燎坛"顾名思义是举行"燎祭"的坛，其形制不尽一致，有在地下挖掘一个坑的，也有建筑成一座土台状的，如契丹；④ "望燎"是指在举行此"燎祭"时，皇帝、皇后在一旁观礼。

王国维以为，"烧饭"之名"自辽金始"。⑤ 女真确有这样的祭法，《金史》记载的"烧饭"史料颇多，如《哀宗守绪纪》：

> 甲寅，宣宗小祥，烧饭于德陵。

---

① ［明］叶子奇撰：《草木子》卷三下："元朝人死，至祭曰'烧饭'，其大祭则烧马。"中华书局1959年版。
② 杨仁普、李振芳：《蒙古族风俗见闻录》，第109页。
③ 那木吉拉：《"烧饭"、"抛盏"刍议》，《中央民族大学学报》1994年第6期。
④ 《续资治通鉴长编》卷一百十："（契丹主）既死，则设大穹庐，铸金为像。朔望节辰忌日，辄致祭。筑台高逾丈，以盆焚食，谓之烧饭。"（第2561页）
⑤ 王国维：《蒙古札记》，载氏著《观堂集林》，中华书局1959年版，第812页。

《礼志九·朝参常朝仪》：

> 若元日、圣节、拜诏、车驾出猎送迎，诣祖庙烧饭，但有职事并七品已上散官，皆赴。

《后妃传下》记载世宗元妃李氏葬礼，皇帝亲自到其墓（在海王庄）"烧饭"祭奠。这种祭法主要用于悼念亡灵，而且是极其重要的，《世宗诸子传》称为"烧饭礼"，属于凶礼中的奠仪。贵族也可采用这种奠仪（卷九五《张万公传》）。皇帝有时为表示恩宠，特意为去世的大臣"烧饭"，但却不合乎礼制：

> 明昌二年，太傅徒单克宁薨，章宗欲亲为烧饭，是时，孝懿皇后梓宫在殡，暐奏："仰惟圣慈，追念勋臣，恩礼隆厚，孰不感劝。太祖时享，尚且权停，若为大臣烧饭，礼有未安。今已降恩旨，圣意至厚，人皆知之，乞俯从典礼，则两全矣。"章宗从之。（《金史·张暐传》）

宇文懋昭《钦定重订大金国志》卷三十九《初兴风土》有更详细的记载：

> 其亲友死则以刀剺额，血泪交下，谓之"送血泪"。死者埋之，而无棺椁。贵者生焚所宠奴婢、所乘鞍马以殉之。其祭祀饮食之物尽焚之，谓之"烧饭"。

这里的"生焚"，是一种野蛮习俗的遗风。由以上记载看，"烧饭"是女真施行的祭法，主要用于墓祭和祭祖当中。此种祭法在东北亚、北亚地区颇为通行。

契丹有"燔柴"祭法，与女真、蒙古的"烧饭"大同小异，且在

重大祭祀时实行,如皇帝登基典礼以及祭天。《辽史·太祖本纪》:

> 元年春正月庚寅,命有司设坛于如迂王集会埚,燔柴告天,即皇帝位。

《太宗本纪》有"甲午,燔柴,礼毕,祠于神帐"的记载。"神帐"大概是毡帐形制的神殿。在拜陵仪中,也是举行燔胙、酹酒荐牲法式的。据《国语解》的说法,此法式是由阻午可汗制定的。① 不过,我们从前代的史书记载中知道,此俗之起源甚早,至少唐代已有所谓"燎坛"。《旧唐书·礼仪志三》载:

> 旧礼:郊祀既毕,敢取玉帛牲体,置于柴上,然后燔于燎坛之上,其坛位于神坛之左。

这里说的"旧礼",应该指《礼记·祭法》和《周礼·大宗伯》里说的古制。② 唐代的这种"燎坛",旧有的形制可能是一座土构的祭坛;后来可能采用薪柴建构,然后在柴坛上摆放牲体等。《旧唐书·职官志三》有"立燎坛而先积柴"的说法,燔柴时与玉帛、牲体一起焚烧。这种祭法在中原地区由来已久,不是游牧民族所独有的;但与草原地区的不同之处在于,中原地区的燔祭在郊祀的时候行

---

① 《辽史·国语解》:"柴册:礼名,积薪为坛,受群臣玉册。礼毕,燔柴,祀天,阻午可汗制也。"

② 《礼记·祭法》:"燔柴于泰坛,祭天也。瘗埋于泰折,祭地也。用骍犊。"祭天神用燔祭,其方法是在祭坛上积薪然后焚烧,其中作为牺牲的骍(一说是赤黄色马)和犊会投入柴上烧烤。祭地祇则用所谓"埋祭"法,此种法式据说在考古上已有发现(魏凡:《从考古学上再论东北商文化问题》,《辽宁大学学报》1994年第6期)。燔祭法式也类似《周礼·大宗伯》里所说的"禋祀":"以禋祀祀昊天上帝,以实柴祀日月星辰,以槱燎祀司中、司命、风师、雨师。"这里的"禋""燎",皆指焚烧牲体;"实柴"指"实牛柴上",即将牛牲摆置于柴上烧烤。

之，①而乌桓、辽、金乃至蒙古的"烧饭"之礼则多于祭祀死者时行之。②

蒙古祭祀中最富特色的祭品——马湩（忽迷思），是蒙古和其他一些游牧民族所喜爱的贵重饮料，其中尤以白马乳最为珍贵。③据说在成吉思汗祭奠中，有专门用从 99 匹白色牝马挤出的奶水作"洒祭"，在祭祀时还要念诵从《金册》(Altun Tobci) 中摘选的《九十九匹白骏之乳祭洒赞》。④这种草原特有的饮料用于祭祀当中，称作"奠马湩"或"洒马湩"。⑤这可能是游牧民族普遍的祭法，⑥称作"洒祭"，在《蒙古秘史》卷二第 103 节里这样叙述：

> （帖木真）说罢，面向太阳，把腰带挂在颈上，把帽子托在手里，以手捶胸，面向太阳跪拜九次，洒奠而祝。⑦

把腰带挂在脖子上、以手托帽、捶胸、面向太阳跪拜九次的做法，是在"洒祭"前所做的奠仪，这一套祭祀仪式应在成吉思汗时代很流

---

① 晋武帝举行登基典礼时采取这样的祭奠方式，但是不配祭先祖。《晋书·世祖武帝纪》："泰始元年冬十二月丙寅，设坛于南郊，百僚在位及匈奴南单于四夷会者数万人，柴燎告类于上帝曰：'……升坛受禅，告类上帝，永答众望。'"又据《晋书·礼志上》："武皇帝设坛场于南郊，柴燎告类于上帝，是时尚未有祖配。"

② 三国时北亚游牧民族乌丸，也采取相同的法式，以祭奠死者或天地日月诸神。《三国志·魏书·乌丸传》："贵兵死，敛尸有棺，始死则哭，葬则歌舞相送。肥养犬，以彩绳缨牵，并取亡者所乘马、衣物、生时服饰，皆烧以送之。……敬鬼神，祠天地日月星辰山川，及先大人有健名者。亦同祠以牛羊，祠毕皆烧之。"

③ 《元史·昔儿吉思传》："初，昔儿吉思之妻为皇子乳母，于是皇太后待以家人之礼，得同饮白马湩。时朝廷旧典，白马湩非宗戚贵胄不得饮也。"白马湩之珍贵是由于白马珍贵的缘故。

④ 赛音吉日嘎拉、沙日勒岱著，郭永明译：《成吉思汗祭奠》，第 93—104 页。

⑤ 《元史·祭祀志一》："世祖中统二年，亲征北方。夏四月（乙）〔己〕亥，躬祀天于旧桓州之西北。洒马湩以为礼，皇族之外，无得㒹与，皆如其初。"《英宗纪》："壬寅，命太仆寺增给牝马百匹，供世祖、仁宗御御殿祭祀马湩。"

⑥ 《元史·地理志六》记吉利吉思人祭祀河神："其俗每岁六月上旬，刑白马牛羊，洒马湩，咸就乌斯沐涟以祭河神，谓其始祖所从出故也。"

⑦ 余大钧译注：《蒙古秘史》，第 112 页。

行。《元史·祭祀志三·宗庙》中记述了对祖先的祭祀：

> 其祖宗祭享之礼，割牲、奠马湩，以蒙古巫祝致辞，盖国俗也。

"奠马湩"即以马乳作祭品，在祭奠时向天空或地面挥洒。在祭祀时除"洒马湩"外，还配合有酒，应当也是挥洒的法式。如《元史·祭祀志四·宗庙下》记载，在摆设祭奠的香案时，"分设御香酒醴，以金玉爵斝，酌马湩、蒲萄尚酝酒奠于神案"。又据前引《元史·祭祀志六·国俗旧礼》所记载的"烧饭院"中的祭品，有马、羊、马湩、酒醴和金币、丝绢。其中马湩和酒用于洒祭，马、羊用于燔祭，而金币和包裹的丝绢，则可能是在祭祀后瘗入地下，即所谓的"埋祭"。这些祭品各有其用途。

3. 分享祭品

祭仪后分享祭品，不仅见于敖包祭祀，也见于蒙元时期的其它祭祀仪式中。《蒙古秘史》卷二第70节：

> 诃额仑夫人对斡儿伯、莎合台二人说："难道因为也速该·把阿秃儿死了，我的儿子们还没有长大吗？分领祭祖的胙肉、供酒时，为什么不等我到了分给我呢？你们眼看着我分不到吃的，你们出发时也不招呼我一声！"[①]

这里提到的是一种重要仪式，也应是一种浸淫已久的惯习：祭祀之后的胙肉、供酒都是要分给参与祭祀的每个人的，而且还是非常重要的食物。参与分享祭品是作为族中成员身份和地位的认同。

分享的祭品，通常是一些高级的食品，如肉及饭，虽然是专门作

---

① 余大钧译注：《蒙古秘史》，第69页。

祭祀用的，但是在一般的祭祀中，都是在向神祇敬献之后由参加祭祀的人分食神享用过的祭品——这个做法的意义，是分享神的福祉，也应当包含着不浪费食物的意思。这个法式也是传统的，类似于古代的"飨燕礼"和"脤膰礼"。①在契丹的"祭山仪"中，以皇帝、皇后为首，在祭奠天地之后，参与祭祀的人依次要"饮福、受胙"（《辽史·礼志一》）。这种法式的来源很古老，应该是一种普遍存在过的祭祀礼俗。在现代民族志资料中可见，这种遗风尚依旧保存着，如苗族的"牯脏节"，在以牺牲祭祖之后，各家族中凡参与祭祀的亲友，都有权利分食牺牲的内脏和肉。②

4. 娱乐

敖包祭祀中，还有一项重要的内容就是祭仪完毕之后的竞艺等娱乐活动。这种活动在历史上的草原地区也是非常盛行的。《东观汉记》（《太平御览》卷九〇一引）：

> 单于岁祭三龙祠，走马，斗橐驼，以为乐事。

西域塔里木盆地的龟兹国也有类似的娱乐活动，在元旦期间举行为时七天的游戏，目的是占卜岁时。段成式《酉阳杂俎·境异》里提到：

> 龟兹国，元日斗牛马驼，为戏七日，观胜负，以占一年羊马减耗繁息也。

对这种行为，江上波夫解释说：

---

① 《周礼·春官·大宗伯》："以飨燕之礼亲四方之宾客。"贾公彦疏："此飨燕谓大行人云。上公三飨三燕，侯伯再飨再燕，子男一飨一燕。飨，享大牢以饮宾。"大宗伯还负责"脤膰之礼"，郑玄注："脤膰，社稷宗庙之肉，以赐同姓之国，同福禄也。"

② 陈国钧：《苗族吃牯脏的风俗》，载吴泽霖、陈国钧等：《贵州苗夷社会研究》，民族出版社2004年版。

要言之，由这些例子推测出北亚、中亚诸民族的年祭或季祭里通常举行的角抵、斗兽、走马等的胜负，不单是一种游戏或杂技，恐怕本来即是将胜负者视为神灵自身或其附身，而将其结果视为神意的显现——神谕——的一种神乐。①

这个解释是有道理的。据《周书·异域传下·突厥》记载，墓上祭祀之后其所在甚至变成青年男女约会娱情的场所，这的确令人惊讶。②自然，在历史时期很多民族的祭祀中，都曾经存在过这种方式。有一些宗教性质的节日，是从这种祭祀后的娱乐活动里演变出来的。例如，我们从史书中知道的北朝至唐年间"九姓胡"的"岁首"、"乞寒"节，③唐宋年间在敦煌等地盛行的"赛袄"④等，都有相似的性质，都是从祭祀仪式发展出来的。

（三）祭期

前述敖包的祭期，视各地情况而有不同，基本集中在五月和九月。在这两个时段里祭祀是草原地区的一个传统。

元朝祭天的时间，曾沿用女真的习惯，定于五月（重五日）和九月（重九日）举行。《蒙鞑备录》说"鞑人……正月一日必拜天，重午〔五〕亦然。此乃久住燕地袭金人遗制，饮宴为乐也"。⑤这个重五、重九祭天礼俗元人曾拟革除，见《大元圣政国朝典章·祭祀·革去拜天》：

其重五、重九拜天，据《集礼》所载，金人立国之初，重五

---

① 江上波夫：《匈奴的祭祀》，载《日本学者研究中国论著选译》第9卷，第15页。
② 《周书·异域传下·突厥》："是日也，男女咸盛服饰，会于葬所。男有悦爱于女者，归即遣人娉问，其父母多不违也。"
③ 蔡鸿生：《唐代九姓胡与突厥文化》，中华书局1998年版，第33-35页。
④ 姜伯勤：《敦煌艺术宗教与礼乐文明》，中国社会科学出版社1996年版，第495-499页。
⑤ 〔宋〕孟珙撰、〔清〕曹元忠校注：《蒙鞑备录校注》，《续修四库全书》影印上海图书馆藏清光绪二十七年刻笺经室丛书本，史部杂史类第423册，第527-528页。

拜于鞠场，重九拜于都城外。此系亡金体例，拟合革去。①

又据《金史·礼志八·拜天》：

> 金因辽旧俗，以重五、中元、重九日行拜天之礼。重五于鞠场，中元于内殿，重九于都城外。其制，剡木为盘，如舟状，赤为质，画云鹤文。为架高五六尺，置盘其上，荐食物其中，聚宗族拜之。若至尊则于常武殿筑台为拜天所。

可知重五、重九的祭天日期，也是契丹的习俗。王恽《玉堂嘉话》卷八引张德辉《边堠纪行》，说蒙古人于大牙帐重九日大祭，也是相同的时间。由此可知这是个传统。

可以看出，北亚、东北亚古代民族举行重要祭祀的时间，是根据物候历制定的。冬季时间很漫长，但因为严寒而不适宜安排军事、祭祀等主要活动。所以，从古老的时候起，就选择在春、夏、秋三个季节，尤其是夏、秋季从事重大的活动。匈奴的时间表就是这样制定的：

> 岁正月，诸长小会单于庭，祠。五月，大会茏城，祭其先、天、地、鬼神。（《史记·匈奴列传》）
> 秋，马肥，大会蹛林，课校人畜计。（《汉书·匈奴传上》）
> 匈奴俗，岁有三龙祠，常以正月、五月、九月戊日祭天神。（《后汉书·南匈奴列传》）

正月、五月、九月之说是沿用华夏的历法，匈奴或许是从万物复苏的春季起算作一年岁首的。正月的"诸长小会单于庭"也许借鉴

---

① 《大元圣政国朝典章》，四库全书存目丛书编纂委员会编：《四库全书存目丛书》，齐鲁书社1995年版，史部政书类第263-264册，《礼部》卷三《典章三十》，第594-595页。

自汉朝的"朝正月"制度,在聚会之时也举行祭祀;[①]大祭则是一年内举行两次,分别在夏季和秋季,也是祭祀主要的神——祖先、天神、地祇、鬼神的时候。汉历五月是草原上最温暖宜人的夏季,而九月则是秋天马肥的时候,也是收获的季节。[②]这是典型的物候历的行动时间表。对匈奴来说,祭祀时间有三个,其中夏、秋两季的祭祀是主要的。[③]

四、敖包祭祀的历史进程与特性

从以上关于东北亚、北亚民族祭祀的零散史料里,我们可以窥出一个基于地域信仰的祭祀传统。这种信仰与后世所论的萨满教和巫教有极大的相似之处,姑且称之为"历史萨满教",至少从匈奴时起,就体现在各种祭祀之中。通过比较可以看出,后世成为蒙古传统文化之一分子的敖包祭祀,以及与之接近的邻族的类似祭祀,都是从大体上同一个信仰体系内逐渐发展、衍变而来的后期形式,它们之间存在着千丝万缕的内在联系。敖包的祭祀虽不是蒙古等族祭祀的全部,却是具有代表性的一种形式。

敖包祭祀本身也有一个历史的进程。"敖包(鄂博)"一词的出现,据史料记载,在辽代,辽、金、元三代都有以"鄂博"为人名、地名

---

① 江上波夫:《匈奴的祭祀》,载《日本学者研究中国史论著选译》第9卷,第17页。

② 草原地区的历法起初是用物候历,并以之为根本。按路易·巴赞(Louis Bazin)的研究,他们直到公元7世纪才沿用和改编了"汉地历法知识",而采用十二生肖历(路易·巴赞著、耿昇译:《突厥历法研究》,中华书局1998年版,第115—155页)。正月、五月和九月的说法应是按照汉地历法计算的,正月是岁首,五、九月大概相当于草原上牧草生长和枯萎的时间。两汉历法有四次变动,但从武帝太初元年改行太初历以来,大部分时间都采用寅正(夏正正月以建寅之月为岁首)(陈梦家:《汉简年历表叙》,载氏著《汉简缀述》,中华书局1980年版,第229—274页)。

③ 除夏、秋二季的祭期外,有的民族则会选择春、秋二季作为主要的祭期,如东西伯利亚的突厥系民族雅库特有制马乳酒(Kumiz),春、秋两回献祭诸神的 Kumiz 祭(ysyaxa)。可见这种春、秋致祭的习俗在草原地区也是由来已久,且一直传承(江上波夫:《匈奴的祭祀》,见《日本学者研究中国史论著选译》第9卷,第10页)。

者。又，宋叶隆礼《重订契丹国志·太祖》叙及"太祖弟博啰鄂博号'北大王'"，① 乾隆时修《钦定重订契丹国志·译改国语解》云：

> 博啰鄂博，蒙古语，博啰，青色也；鄂博，堆石以为祭处也。原作拨剌阿泼，今改正。

此说是否强解，尚待语言学者考证。也许，"鄂博"一词最早是契丹语。但元修《辽史·圣宗本纪》记圣宗太平二年三月发生的一场地震，"云、应二州屋摧地陷，崑白山裂数百步，泉涌成流"。此"崑白山"，《钦定辽史语解》解为"鄂博山"（卷四），以"鄂博"名山，或与鄂博有关。另据明金幼孜《北征录》，明代蒙语中的"鄂博"，有指特别突兀的高山之意。② 已接近后世"鄂博"之义。前文已述清代为辽、金、元三史作"国语解"，将三史中记载的地名、人名中的"鄂博"，都解释作"蒙古语，堆石以为祭处也"。③ 可知此时"敖包（鄂博）"的意义、形制已经定型了。

讨论敖包祭祀的历史形式时，必然会遇到蒙元时期敖包祭祀的问题。虽然从元代祀典当中可以看出，蒙古入主中原后在国家祭祀制度上同时采用了两套系统，即汉制和《元史·祭祀志》所称的"国俗旧礼"；元祀典中的这种"二元性"④ 固然是入主中原的结果，⑤ 但从史书

---

① 亦作"撒剌阿拨"，见〔宋〕袁枢：《通鉴纪事本末》卷四十一《契丹入寇》。
② 关于永乐八年（1410）随成祖亲征漠北一事，见金幼孜撰《北征录》，〔明〕陆楫编《古今说海》卷一《说选一·小录一》，《景印文渊阁四库全书》子部十杂家类六杂编之属，第885册，第236页："初七日发玉雪冈，行十余里，过一大坡陀，甚平旷，远见一山，甚长，一峰独高，秀拔如拱揖。上指示曰：'此赛罕山，华言好山也'。又曰：'鄂博者，华言高山也。其中人迹少至，至则风雷交作，故牧骑少登此。若可登，一览数百里已为其所窥矣'。"
③ 参见《钦定辽史语解》卷四《地理》，卷七《人名》；《钦定金史语解》卷一《君名》，卷三《地理》，《景印文渊阁四库全书》史部正史类，第296册；《钦定元史语解》卷十二、十五，《景印文渊阁四库全书》史部正史类，第296册，第46、73、125、142、403、440页。
④ 黄时鉴：《元朝庙制的二元性特征》，载中国元史研究会编《元史论丛》第5辑，中国社会科学出版社1993年版。
⑤ 《元史·祭祀志一》："元之五礼，皆以国俗行之，惟祭祀稍稽诸古。"

的记载上看,"国俗旧礼"往往占据主要的位置。以传统国家祭祀中最重大的郊祀而言,元世祖时还能做到"躬祀",但是以蒙古的祭天("腾格里")方式来代替,其后则是"亲祀者鲜"。[1]总的来讲,元朝的蒙古人(从皇族到贵族)对于汉人的一套繁复的祭祀礼仪并不习惯,采取敷衍的态度,在实际的祭祀中,则以蒙古根本信仰的历史萨满教为基础;而民间的信仰也应是如此,且基本不予改动。

"国俗旧礼"是蒙古人保留下来的固有祭祀礼俗,其祭法和主持祭祀的"蒙古巫觋"具有历史萨满教的特征。在蒙古史书和蒙元时期西方使节的记载中,都特别提到蒙古固有信仰的特征,如崇祀用毛毡制作的自然神偶像,以及主持祭祀和掌握巫术的巫师。[2]这种信仰很具基层性。

但是,关于蒙元时期蒙古人传统祭祀的细节,各种历史记载均不够详细,尤其后世蒙古祭祀中富于特征的敖包祭,在蒙元时期的情形更是语焉不详。《长春真人游记》中曾记录了丘处机(1148－1227)一行在旅途中(可能在阿尔泰山区)的山岗上见到的"祀神之迹",[3]也可能是祭祀山神的敖包。这种记载都属于"不甚适切"的证据之列。若

---

[1] 张溥论说:"及元一统,质文举矣。然世祖躬祀天于旧檀州之西北,洒马湩献脯馔,尚从国俗;再传而下,亲祀者鲜。英宗有志未遂,久而后成。逮至大间,大臣更议立北郊,亡何中辍,遂废不讲。郊社,国之大事,其疏若此,又何言中祀以降哉!"参见[明]陈邦瞻原编、臧懋循补辑、张溥论正:《元史纪事本末》卷九《郊议》,《续修四库全书》史部纪事本末类第389册,第113页。"檀州",《元史·祭祀志一》作"桓州"。

[2] 他们认为占卜术、涤除罪恶和殡葬仪礼等是罪孽的事(《柏朗嘉宾蒙古行纪》第三章,第32－39页;《鲁布鲁克东行纪》,第250－252页)。冯承钧译《马可波罗行纪》(上海书店出版社2000年版,第152－158页)谓:"彼等有神,名称纳赤该(Nacigay),谓是地神,而保佑其子女、牲畜、田麦者,大受礼敬。各置一神于家,用毡同布制作神像,并制神妻神子之像,位神妻于神左,神子之像全与神同。食时取肥肉涂神及神妻神子之口,已而取肉羹散之家门外,谓神及神之家属由是得食。""前所言者,乃真正鞑靼之生活及风习,然今日则甚衰微矣。盖其居留契丹者染有偶像教之积习,自弃其信仰。而居留东方者则采用回教徒之风习也。"这里所谓的"偶像教",是将佛像、蒙古毡像及为逝者塑像等混为一谈。志费尼曾称崇拜偶像的畏吾儿人中行使巫术者为"珊蛮"(qam),波伊勒(John A. Boyle)认为该词是个突厥语词。参见志费尼(Ata-Malik Juvaini)著、波伊勒英译、何高济译:《世界征服者史》上册,商务印书馆2004年版,第60、64页。

[3] 参见[元]李志常:《长春真人游记》卷上,《续修四库全书》史部地理类第736册,第407页。

求诸蒙元祭祀遗址的考古资料，如四子王旗所谓"元代敖包"遗址[①]和羊群庙祭祀遗址[②]，这样的发现如能多一些，并且得到考古年代学的证实，自然可以冰释疑案。

由后世往前追溯，虽然可以猜想敖包的祭祀像睿智喇嘛所认为的那样，是一种古老的习惯，但因为缺乏原始史料的记载而难知其详细。[③]罗卜藏尊丹认为敖包祭祀是在佛教传入蒙古地区之前已经存在。[④]这个说法是有道理的。有人把敖包祭祀的源头，说成是成吉思汗被三姓蔑儿乞惕人追捕时躲藏在不儿罕·合勒敦山，他脱险后许下的对这座圣山的祭祀。[⑤]其实，《蒙古秘史》里记载的祭祀不儿罕·合勒敦山，不能说明蒙古的敖包祭祀之发端，它只能说明在成吉思汗时代蒙古对特殊山体（圣山）的崇拜具有萨满教信仰的特征，且早在蒙古之前就已经存在了。

由于敖包祭祀与蒙古传统文化的关联，故有关蒙元时期此种祭祀的情况自然是一个引人关注的问题点；但史料中关于此时期敖包祭祀的记载都来自后世，而蒙元当代的史料只有关于祭天等的祭仪、祭期、祭品的分散记载。所以，谨慎地讲，我们虽然可以推测彼时敖包祭祀存在的可能性，但其细节则只能从各要素的早期形式中去推知。这样

---

① 王大方：《内蒙古四子王旗发现元代大型"敖包"遗址》，《内蒙古社会科学》（汉文版）1997年第1期，第81页。从其描述的情况上看，这座所谓"元代敖包"的年代问题还值得商榷，至少是现代还在奉祀中。

② 1992年在元上都遗址附近发掘的四座元代祭场遗迹，由祠堂、祭坛、石像组成，显示出元代祭场的形制特征。经考证属于有突厥血统的元权臣燕铁木尔的家庙。参见内蒙古文物考古研究所、正蓝旗文物管理所：《正蓝旗羊群庙元代祭祀遗址及墓葬》，载内蒙古文物考古研究所编《内蒙古文物考古文集》（第一辑），中国大百科全书出版社1994年版，第610－621页；魏坚、陈永志：《正蓝旗羊群庙石雕像研究》，《内蒙古文物考古文集》（第一辑），第622－629页。

③ 罗卜藏尊丹：《祭鄂博的仪礼》："现在，在我们地区经常谈论建造和崇拜鄂博的问题，大家认为这是一种古老的习惯。然而，这一习惯过去在该地区并没有广泛流传。我们也没有得到任何原始文献，而且我们地域内的学者们也没有写过有关这种仪礼的著作。即使找到一部有关该问题的蒙古文著作，那也会由于其中有许多缩写字和解读困难而颇难理解。"引自图齐、海西希著，耿昇译：《西藏和蒙古的宗教》，第498－499页。

④ 《西藏和蒙古的宗教》，第498页。

⑤ 周玲：《蒙古族的自然崇拜》，《殷都学刊》1994年第4期，第36－38页。有关成吉思汗此段事迹，参见余大钧译注：《蒙古秘史》卷二第102－103节，第110－112页。

自然有令人遗憾之处。

敖包祭祀是在历史萨满教信仰体系下，从东北亚、北亚祭祀传统中发展、衍变出来的一种新形式。它的特性体现在两个方面：（1）它以蒙古传统文化的面目出现，或被认为是蒙古传统文化的一部分，具有较强的地域性和民族性；（2）与其他信仰体系下的祭祀传统相比，敖包祭祀在设施、仪轨、教理等方面都特别古朴、自然、简便，可操作性强，因而也特别有生命力。这是特别针对汉族的祭祀传统而言的。

东北亚、北亚广袤的草原和山地，在蒙元时代之后再没有产生一个能够改变本土文化面貌和历史进程的力量。蒙古之后崛起的满族在入关后迅速成为中华的新主，在文化上也相应地深度汉化。在蒙元时代后漫长的时间里，蒙古人仍然是从兴安岭到准噶尔盆地的主人。另一方面，在这块"随畜逐水草"的自然经济－生活方式的大地上世代生息的骑马民族，其信仰也特别接近自然，这是我们认为萨满教和历史萨满教具有地域性和民族性的原因。因为萨满教基本上可以认为是一种自然宗教，即所谓"基层信仰"。虽然中古以来不断有外来的宗教（如摩尼教、基督教、伊斯兰教、道教等）向欧亚草原渗透，直至喇嘛教进入这个地区后逐渐取得统治地位，但是喇嘛教也被深深地"萨满教化"了。这两种情况决定着东北亚、北亚的文化格局，即以蒙元时代奠定的、以蒙古族为主、以历史萨满教为信仰基础的地域文化根本形态，发展出敖包祭祀的新形式，并定型为蒙古祭祀的新传统，流传至今并影响到了其周围具有相同文化背景的族群。

与汉族的信仰－祭祀传统相比，敖包祭祀在设施、仪轨、教理等方面的古朴、自然、简便，是很明显的。虽然泰勒等人把这种信仰－祭祀传统贬斥为"粗物的崇拜"，[①] 但不容否认它是从远古流淌到今天的一条

---

① 爱德华·泰勒著，连树声译：《原始文化——神话、哲学、宗教、语言、艺术和习俗发展之研究》，第621页："观察低级文化中石头和木块的崇拜是特别有益的，这是因为我们通过这种方法能够借助遗留论来阐明，对那些粗物的崇拜如何可能处在旧大陆，处在古典学说和古典艺术的最深层。对那些粗物的崇拜毫无疑义仅仅是属于遥远的野蛮时代。"

信仰长河。沿着这条长河追溯，可以发现它联结了很多古代民族的精神世界，只是在较晚的时期有一些民族开始逐渐从这个链条上脱离出去，但仍然可以察觉到其痕迹。从世界主体民族纷纷把信仰-祭祀改宗为有组织的"高级宗教"以来，这种"粗物崇拜"被视作是"原始文化"（也可以说是文化化石）的一部分，遗存在一部分生活在世界版图边缘的族群中。

五、结语：敖包祭祀的意义

按现世萨满教教理的解释，敖包祭祀的意义，是在这种物体里面潜伏着精灵，可以制造祸福，所以要人类礼敬之。但在这种祭祀中，所崇祀的对象并非所有的山石，而是经过严格挑选的山体和岩石。在选择时，特别的方位、形状以及与特别值得纪念的事件或人物有关者，是主要的参考指标。我们不能仅根据后世萨满教的理论和实践，预先设想山石里面寄住着神灵，所以人们才加以崇祀；真正的开始可能是人们出于对自然界伟大力量的敬畏，因此才加以崇拜，或者转寻那些奇异的自然体，赋予其神圣的意义和理念。[①] 从这个角度说，敖包祭祀应是从对自然的山石信仰中发展出来的，采用人工建筑的方式重构出崇拜的纪念物，可能主要是出于便利祭祀的目的。

史书里记录的一些民族的圣山崇拜，如匈奴、突厥之于都斤山，鲜卑之"石室"，契丹之木叶山等。与"灵石"崇拜有关，二者原理相同。如实行燔祭的乌桓，其葬俗中将死者的亡灵护送安置到赤山（未知其详），可能是将灵柩运归赤山安葬，这被认为是与中国人的灵魂归泰山一样的信仰。[②] 赤山是乌桓的根据地，是一座"圣山"。圣山崇拜

---

① 《晋书·四夷传·东夷传附肃慎传》："其国东北有山出石，其利入铁，将取之，必先祈神。"祭神是出于对山中出产的这种特殊岩石的崇拜，以为是神奇之物，"神"是赋予岩石这种神奇性能的造物主。

② 《后汉书·乌桓列传》："使护死者神灵归赤山。赤山在辽东西北数千里，如中国人死者魂神归岱山也。"

在北亚游牧民族中是普遍存在的。

敖包中央设立的木杆，可能源自"生命树"（灵木）信仰。这种状况令人联想到《周礼·春官》中提及的墓上建筑，即由"冢人"职掌的"以爵等为丘封之度，与其树数"。虽然封丘的体积大小以及上面栽植的树种的差别是按照逝者地位规定的，但是在墓冢（封丘）之上栽树的做法毫无疑问带有宗教的意义。因为这种做法在东亚地区具有普遍性，所以其信仰的意义是不容置疑的。[①]

古代的"社"是祭祀地神的场所，后来专称其祭祀的神祇为后土。关于古代社的形制，《白虎通义·社稷》云：

> 不谓之土何？封土立社，故变名谓之社，别于众土也。……社无屋何？达天地气。故《郊特牲》曰："天子大社，必受霜露风雨，以达天地之气。"社稷所以有树何？尊而识之，使民望见即敬之，又所以表功也。

可以看出，古代的社是一种露天建筑的封土台，上面植树。[②]但植树的本义恐非班固等人所说的是标志和表功等作用；而社的原型及意义，应当与更早期的信仰有关，其形制来源于彼时的祭祀建筑，其祭祀功用则一直延续不变。封树的原始意义，或许是表达象征性，象征着生命的生长。[③]在维吾尔族史诗《卜可汗的传说》中，树是孕育先祖的圣

---

① 《三国志·魏书·东夷传附高句丽传》："积石为封，列种松柏。"另见《后汉书·东夷列传·高句丽》。

② 汉代有所谓"枌榆社"，见《汉书·郊祀志上》："及高祖祷丰枌榆社。"颜师古注："以此树为社神，因立名也。"

③ 斯钦朝克图：《生殖器名称与自然崇拜——以蒙古语为例兼论北方诸民族语言与文化关系》，《民族研究》2000年第2期。将树（树枝）及由其变异而来的柱子或木桩、杆子等，如蒙古包的柱子、敖包上插的长杆子和旗杆、象征蒙古族精神的画天马图案的旗杆（keyi mori siilde）与箭杆等，都认为是神圣的，而且与性崇拜有关。他还认为对敖包、库伦与参天大树等的崇拜都是蒙古族"比较原始的崇拜"，这些地方"实际上是蒙古族原始萨满教神灵的住所"。另参见斯钦朝克图：《蒙古语"库伦"的文化释读》，《民族研究》2001年第4期。

所，因而受到崇祀和追念。①

在敖包祭祀中采取的以火烧烤牲体等祭品的法式，既是一个源远流长的传统祭法，也与蒙古对火神的崇祀有关。②此做法同样普遍存在于东亚地区。按《周礼·春官·大宗伯》所记，周人实行这样的祭法，郑玄和贾公彦等都解释说："殷人尚声，周人尚臭。尚臭者，以取烟气之臭闻于天。"是以这种烧烤牺牲的烤肉烟气味道娱乐神祇，讨其欢心。周人还实行血祭，据说也是为了娱神，因为神喜欢血腥气。实际上，烧烤牺牲的用意可能还包含以熟食供神享用，顺带的，也便于祭祀后参与祭祀者的分食。

自然，祭祀用的牺牲是个复杂的问题。一般来说，牺牲是贡献给神的用品，但是实际上是被参与祭祀者所分食，这里面包含的巫术以及信仰的原理，本文也没必要赘述。③游牧民族极为重视的牺牲的鲜血，因为这种在鲜活的肉体里流淌着的神圣液体，可能更包含生命力的能量。④至于敖包祭祀的起源，可以肯定的是，其基本形制和祭仪的主要方面，都可以追溯到非常古老的时期，至少是成文史开始出现的时候；这种形式不是蒙古人独创的，其信仰应该是东亚——尤其是欧亚草原

---

① 《卜可汗的传说》："土拉河、色楞格河水的合流之处，有个叫忽木兰的地方……有一日，两株树中间，忽然出现了一个小丘……内中有五间房子……房子中各悬一根网，网内各坐一婴儿……"见何全江：《维吾尔族古典诗歌嬗变撮要》，《西北民族学院学报》（哲学社会科学版）1994年第1期。又据秀库尔、郝关中：《〈乌古斯传〉译注》，《新疆大学学报》（社会科学版）1978年第1期。关于维吾尔族起源传说，引〔元〕虞集《道园学古录》（《四部丛刊初编》集部，上海商务印书馆缩印明刊本，1929年，第217—218页）卷二十四《碑·高昌王世勋之碑》："盖畏吾而之地有和林山，二水出焉，曰秃忽剌，曰薛灵哥。一夕有天光降于树，在两河之间，国人即而候之。树生瘿，若人妊身然。自是光恒见者，越九月又十日，而瘿裂，得婴儿五，收养之。其最稚者曰卜古可罕。既壮，遂能有其民人土田，而为之君长。"

② 胡其德：《十二三世纪蒙古族的宗教信仰》，载林富士主编《台湾学者中国史研究论丛·礼俗与宗教》，中国大百科全书出版社2005年版。

③ Sir James G. Frazer, *The Golden Bough: A Study in Magic and Religion. Part I The Magic Art and the Evolution of Kings*, Vol. I, New York: Collier Books, 1963.

④ 《周礼·春官·大宗伯》："以血祭祭社稷、五祀、五岳，以狸沈祭山林、川泽。"郑玄注："阴祀自血起，贵气臭也。"贾公彦疏："先荐血，以歆神。"认为神祇喜血腥气。

地区所普遍具有的一种传统，即一般所认为的萨满教的历史形式。[1] 从信仰的角度，可以看出其形制和义理都是来自山石崇祀，从历史文献所记录的古代民族志资料，可以看出敖包的原型，其基本形制中的两个构造——堆积石块或封土、设立木杆或栽植特种的树，都有其传统源流。有时这两种基本构造被结合在一起，从而接近后世敖包的真正形制。这是用于祭祀活动的纪念性建筑，所以出现在各种主要的场合，如祭奠天地以及墓上祭奠等，只不过后者逐渐被忽略了。敖包的世俗作用如路标、界标等，恐怕后世发展出来的，也就是说，敖包的宗教功能发生在先，世俗功能是后来发展出来的。在草原盛行的于敖包附近举行集会的方式，也与古代祭仪中最后的娱乐活动有关。

在经过一段时间的销声匿迹后，敖包祭祀如今又在草原上复兴了。表面看似是预示着"传统的复归"，其实有更深层的意蕴。[2] 这种古老的草原宗教的未来发展，我们知道那是一个文化变迁的过程，而且是充满未知数的。一方面，尤其是在现今社会当中，在多民族混居的情况下，那些表层的东西容易发生变化；另一方面，一些深层的因素则仍然保存着，只是以扭曲的方式表现出来。对此，我们只能拭目以待了。

（原刊《历史人类学学刊》第七卷第一期，2009年4月）

---

[1] 江上波夫认为匈奴的茏城和契丹举行"柴册仪"的柴册殿，都是与敖包差不多的东西："要言之，在北亚、中亚的狩猎游牧民之间，广泛存在着竖树枝，于春秋某时期，以奶酪或酒浇灌其上，或悬牺牲肉，绕其周匝，以祭天地之风俗。"（《匈奴的祭祀》，《日本学者研究中国史论著选译》第9卷，第8页）

[2] 张承志说："人心向神明聚集，处处是新堆起的敖包。著名的大敖包祭会，如今是年中最要紧的行事。小敖包则密不可数；在自家领地制高的山顶，在大路或辙印的当途，在逝者指引过的地点。敖包，这个在蒙古学术中经久地被人讨论不已的名词和现象，或许只是在今日才闪现出一点它的本意。"（见《一页的翻过》，《读书》2000年第7期）

论东黑沟遗址的年代与性质

东天山北部的巴里坤东黑沟遗址，曾被称为石人子遗址[①]，分布在巴里坤湖南岸、巴里坤山北麓和山前平原地带（图一），在选址上与巴里坤湖（蒲类海）的关系十分明显。巴里坤湖汉代的面积应该比今天所残余的更阔大，而水域的界限向南可能达到了今天城镇和村庄所在一线。

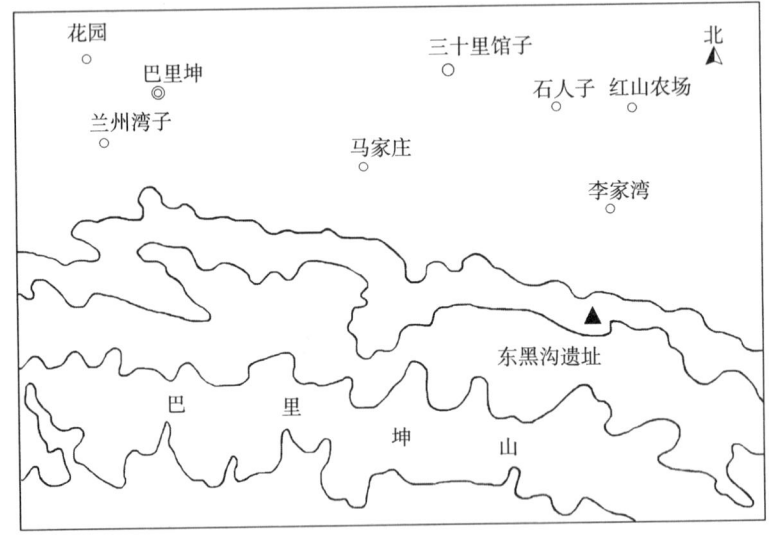

图一　东黑沟遗址位置图
（据《新疆巴里坤县东黑沟遗址 2006-2007 年发掘简报》）

---

① 黄文弼：《新疆考古发掘报告》，文物出版社 1983 年版，第 13 页；李遇春：《新疆发现的彩陶》，《考古》1959 年第 3 期；吴震：《新疆东部的几处新石器时代遗址》，《考古》1964 年第 7 期；新疆文物考古研究所、西北大学文化遗产与考古学研究中心：《2006 年巴里坤东黑沟遗址发掘》，《新疆文物》2007 年第 2 期；新疆文物考古研究所、西北大学文化遗产与考古学研究中心：《新疆巴里坤县东黑沟遗址 2006-2007 年发掘简报》，《考古》2009 年第 1 期。

根据调查、发掘者的分类，东黑沟聚落遗址包括石构建筑物、墓葬和岩画三种遗迹在内，面积约8.8平方公里。建筑物中包括3座石块砌筑的高台和居址（石围居址）。2006-2007年解剖性发掘了石筑高台1座、石围居址4座，及12座墓葬，发掘报告认为这三种遗存属于同一个考古学文化，其中，墓葬的年代上限可推定在西汉前期。所谓高台是与兰州湾子遗址相同的建筑，其下部的使用面是房屋式建筑。根据墓葬资料，可知有两支人群居住在本地，是共存关系，其中一支是"以墓主为代表的外来文化"，是征服者；另一支是"以人牲为代表的土著文化"，是被征服者。[1] 在进一步的研究中，结合在东黑沟以西的岳公台－西黑沟遗址群，以及早先对兰州湾子遗址、伊吾拜其尔墓地、哈密寒气沟墓地的调查与发掘，研究者认为这些游牧文化可以分为两种，一种是当地"土著文化"，可能是月氏的遗存；另一种是后来的征服者的文化，可能是外来的匈奴的遗存。[2]

根据中国和希腊文献的线索，在相当于战国到汉代的东天山地区，这里出没或可能出没过的部族有伊赛多涅斯人（Issedones）[3]、月氏、乌孙、匈奴，以及以"蒲类"为名的三个小部落（东蒲类、蒲类后、蒲类）[4]，都是游牧部族。这些部族彼此间可能在种族上有亲缘关

---

[1] 新疆文物考古研究所等：《新疆巴里坤县东黑沟遗址2006-2007年发掘简报》，《考古》2009年第1期。

[2] 任萌：《从黑沟梁墓地、东黑沟遗址看西汉前期东天山地区匈奴文化》，载《西部考古》第五辑，三秦出版社2011年版；张凤：《新疆东黑沟遗址石筑高台、居址研究》，载《西部考古》第四辑，三秦出版社2009年版；王建新、席琳：《东天山地区早期游牧文化聚落考古研究》，《考古》2009年第1期；磨占雄：《新疆巴里坤黑沟梁墓地与东黑沟墓地的考古类型学比较研究》，《考古与文物》2010年第5期。

[3] 余太山：《〈穆天子传〉所见东西交通路线》《希罗多德〈历史〉关于草原之路的记载》《托勒密〈地理志〉所见丝路之路的记载》，载氏著《早期丝绸之路文献研究》，上海人民出版社2009年版。

[4] 其地望主要参考了余太山《两汉魏晋南北朝正史西域传要注》（中华书局2005年版，第59-232页），以及笔者对地望的推测。

系，而且在河西走廊西部至沿天山地带发生过连锁式的迁徙。这个历史背景很复杂。根据中国、希腊历史文献推测，汉代及之前在天山生活的部族中，似乎以高加索人种（Caucasian）为主，其中包括塞种（Saka）的几个部落。[①] 在天山地区所做的部分人骨鉴定和人类学研究（哈密焉不拉克文化墓地、阿拉沟墓地、昭苏土墩墓、察吾乎沟墓地）表明，东天山地区的居民以蒙古人种为主，混居以高加索人种。[②] 汉代前后在西天山游牧的塞种-乌孙人属于高加索人种的帕米尔-费尔干纳类型。[③]

将考古资料和考古学研究与历史背景对应起来，则上述研究富于启发性地指出了问题所在。本文拟在此基础上，根据发掘、调查资料，对东黑沟遗址的年代和性质问题给予讨论。

一、石构台式建筑的年代与性质

位于遗址南部的石构台式建筑（GT1）显示出早、晚两次的占据。这座建筑选择在东黑沟西岸的台地上，从巴里坤河谷-湖泊型盆地的地形特征来看，当时巴里坤湖的湖面可能比今天大许多，分布在盆地的大部分，向东达到了石人子一带（即东黑沟遗址/墓地的北缘）。遗址南面的巴里坤山的地理特征也是需要注意的，它与巴里坤湖的组合关系隐含着萨满教的地理观念（图二）。

---

① 余太山：《塞种史研究》，中国社会科学出版社1992年版；《早期丝绸之路文献研究》，第105-123、145-163页。余太山：《两汉魏晋南北朝正史西域传研究》，中华书局2003年版，第327-338页。

② 韩康信：《丝绸之路古代居民种族研究》，新疆人民出版社2009年版，第1-22、147-217页。

③ ［苏］А. Н. 伯恩斯坦姆著、陈世良译：《谢米列契和天山历史文化的几个主要阶段》，《新疆文物》1992年译文专刊。

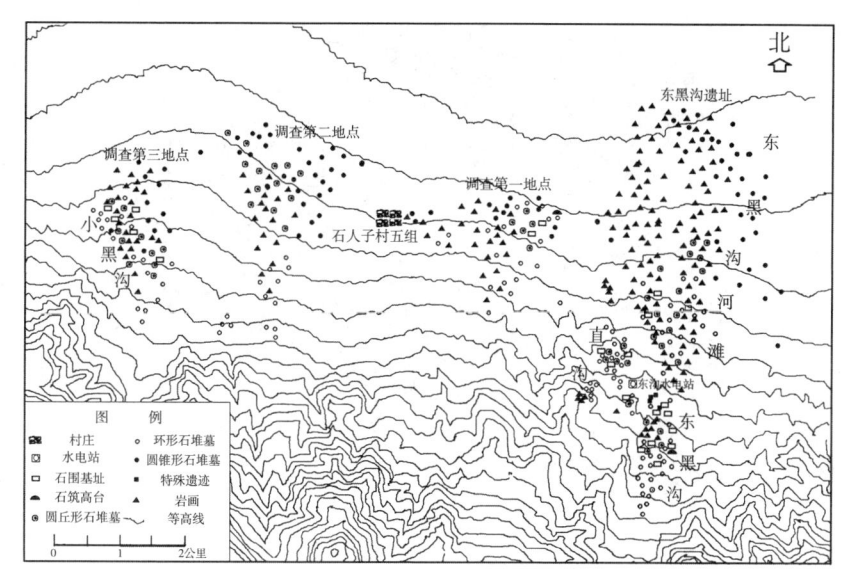

图二　东黑沟遗址平面图
（据《新疆巴里坤县东黑沟遗址 2006-2007 年发掘简报》）

（一）地层与遗迹的特征

GT1 发掘前是一座平面近圆角方形的覆斗状高丘，类似兰州湾子遗址的特征。根据发掘报告和调查资料，这座建筑在两次使用阶段、间隔期及第二次废弃的状况，可以大致复原如下（图三）。

1. 下部建筑（早期堆积）

代表了第一次使用期，在第 11 层下（第 12c 层）。它的使用面分布于整个建筑的内部，长 18、宽 9.4 米，建筑总面积约 166 平方米。长方形石构围墙，东北－西南向，在中部偏北处是一道斜坡式踏步，起隔墙的作用，东段用小砾石砌筑出，西段用土。这道踏步将整个建筑分成两部分，南部是较大的一间（约占三分之二）。南间墙内现残存 20 根木立柱和用圆木横向构筑的木墙遗迹（已不存，石墙抹泥上有圆木压印的凹槽）。建筑内分布有大型火塘（1 座）、灰坑（9 座）、带有木立柱的柱洞（30 个）等遗迹，并发现大量使用过的陶器（夹砂灰、褐陶，多双耳器；双耳彩陶罐的纹饰是倒三角网格纹和水波纹）和石磨盘、石杵、石锛、

232　乙编　古代游牧文化

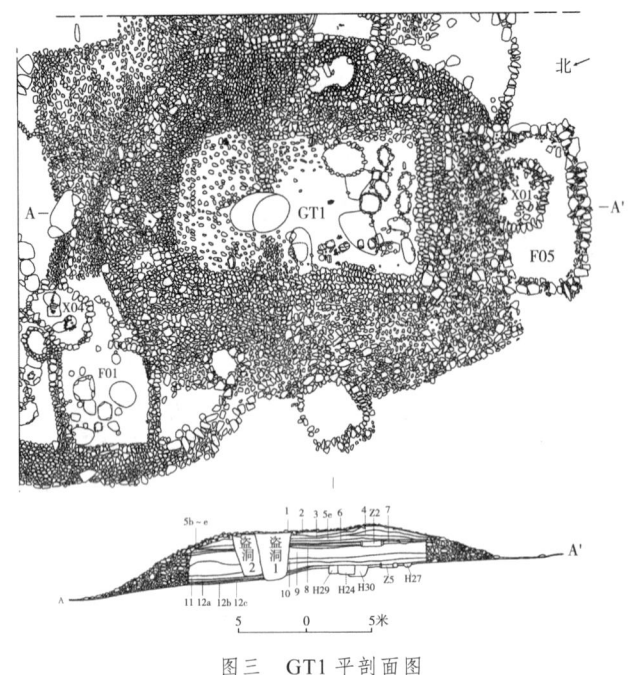

图三　GT1平剖面图
（据《新疆巴里坤县东黑沟遗址2006–2007年发掘简报》）

石球等石器，以及少量铜器（环首弧背刀、锥），还有几处集中分布的炭化麦类颗粒堆积。北部建筑面积较小，约占三分之一，发现承重柱10根，排列整齐，但未见木墙，也无其他遗迹。依山坡地势，南部建筑位置较高，北部建筑位置较低，其间有斜坡相连。这座建筑毁于火。

下部地面上有若干迹象值得注意：

火塘（Z5），在南部建筑中央，圆角方形，南北长1.54、东西宽1.32米，用青石片砌筑，里面有灰烬堆积。这种大型火塘的位置及其对于建筑面积100多平方米的空间来说，意味着是最重要的设施之一。在可能的四种用途——煮食的灶、取暖的火塘、燔烧祭品的火塘，及保存火种的火塘——中，灶的可能性似乎不大，而后三种可以是复合的。

灰坑（H24），在建筑南部，平面近椭圆形，长2.34、宽1.4、深0.52米。坑内填埋大量羊骨，其中有羊头骨7个。坑内填土表面与使用面相连。发掘者推测可能是奠基的祭祀坑。但根据层位关系，这座坑是比12c层、H29、H30较晚才建造的。因此，可能的解释是，它是在建筑使用当中建造的，而其用途似乎与祭祀有关（图四）。①

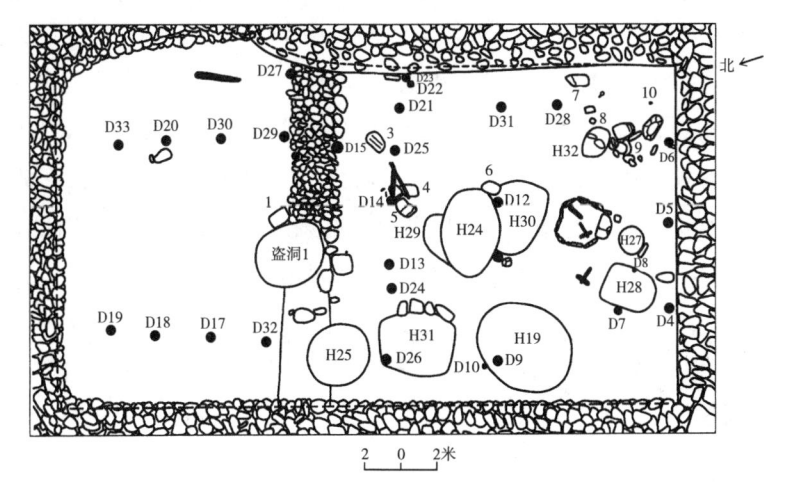

图四　GT1下部使用面平面图
（据《新疆巴里坤县东黑沟遗址2006-2007年发掘简报》）

2. 间歇期

在下部与上部使用地面之间的第11-7层，是层次分明的废弃后堆积，但有间歇性的使用，即位于东部的灰烬堆积（8处）和位于西南部的第8层下的灰坑（H19）。按着从下向上堆积的次序，第11-9层是废弃后逐渐形成的堆积，其中，在分布于第11层上的8处灰烬，里面包含着大量木炭、炭化谷物和羊粪，表示在早期使用废弃后不久又被用作焚烧谷物的场所，可能是利用旧址举行过燔祭。此后经过一段时间的间歇，至第9-8层所代表的时段之间，有1座堆积了大量谷物、羊骨、石器（磨盘、磨具）、铜管、白陶珠、绿松石珠等物的坑，表示在间歇期中的第二次使用，是偶然性的，坑的性质像是祭祀后的瘞地埋藏。之后是紧接着到了第8-7层的时间，为两个薄的单纯的土层，报告认为是垫土。从地层堆积的特征上看，这时是在第二次使用时的

---

① 新疆文物考古研究所等:《新疆巴里坤县东黑沟遗址2006-2007年发掘简报》,《考古》2009年第1期。

234　乙编　古代游牧文化

垫土，第 7 层上方即第二次使用时的地面（上部地面）。①

3. 上部使用面（晚期堆积）

在第 5、6 层下，分布于整个台子，长 18、宽 10 米。在南部分布有火塘（1 座）、灶（3 座）、灰坑（11 座）等遗迹。从发表资料看，所谓灶与火塘没有本质区别，大致上仍可以归作火塘类。火塘（Z2）在南部建筑的中央，位置、大小及形制与下部地面者相同，应该是个巧合。不同的是，上部火塘的周围放置有规则排列的 8 具大型石磨盘，并散布有一些石器和大型陶器的残片等（图五）。②

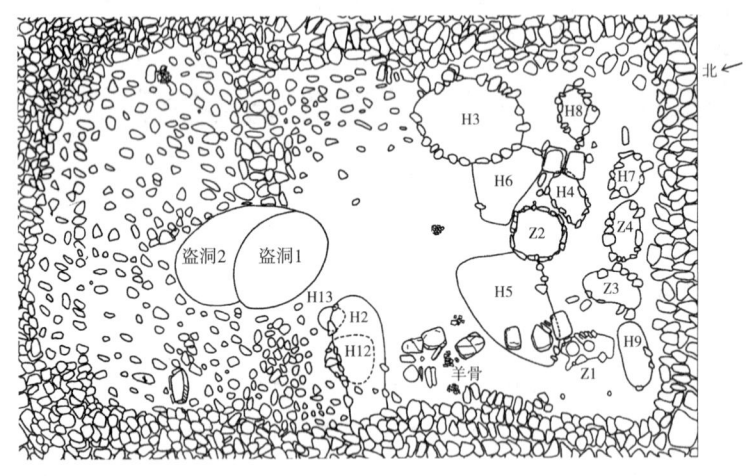

图五　GT1 上部使用面平面图
（据《新疆巴里坤县东黑沟遗址 2006-2007 年发掘简报》）

（二）年代

下部地面及其遗迹、遗物代表了一个早期的使用期，墙体结构和木柱等表明它是一栋较大型的牢固的屋宇式建筑，不一定是供部落首领居住的房屋，而可能与祭祀有关。在下部与上部使用地面之间的第 7-11 层，是层次分明的早期废弃后堆积，但仍有间歇性的使用，即位于东部

---

① 新疆文物考古研究所等：《新疆巴里坤县东黑沟遗址 2006-2007 年发掘简报》，《考古》2009 年第 1 期。

② 同上。

的灰烬堆积（8处）和位于西南部的第8层下的灰坑（H19）。上部使用面与下部面的间隔有一个时间段，两次使用时的性质可能相似。

发掘报告曾提出，上、下部建筑和使用面属同一文化的两个发展阶段，而且台式建筑与石围居址、墓葬都属于同一考古学文化的遗存，[①]暗示台式建筑与墓葬年代在同一个时间范围内。

1. 下部建筑的年代

具有断代意义的是几种器形：倒三角纹和波纹双腹耳彩陶罐、素面双腹耳罐、双耳罐、椭圆形盘、圜底钵、环首弧背铜刀等。倒三角纹是新疆彩陶中一种有代表性的纹样。在器形上，部分或大部分与东天山北部一些墓地出土的类似，而与东天山南部有较大差异。

GT1下部地面出土的典型器形有双腹耳陶罐和双腹耳彩陶罐（倒三角纹、波纹）。双腹耳陶罐形制特征类似南湾墓地三期所出同器形者，但口部较直且口径较小，圜底趋大、平。这也许是较晚期的变化特征。另外，倒三角纹彩陶双腹耳罐较南湾墓地一期、二期同器形者，在特征上也有差别（双腹耳偏下，腹部较大等）。[②]南湾墓地绝对年代经过 ^{14}C 测年并经树轮校正的资料共有18个，介于公元前1685年至公元前838年之间，统计资料上大多在公元前15至公元前10世纪之间。[③]在建筑形制上，GT1与兰州湾子石构建筑遗迹相似。后者的 ^{14}C 测年资料为 3285±75 年，约当公元前14至公元前13世纪。[④]参考其他器形，GT1下部地面代表的遗迹年代，应较南湾墓地为晚。但在建筑形制上，

[①] 新疆文物考古研究所等：《新疆巴里坤县东黑沟遗址2006-2007年发掘简报》，《考古》2009年第1期。

[②] 吕恩国、常喜恩、王炳华：《新疆青铜时代考古文化试析》，载宿白主编：《苏秉琦与当代中国考古学》，科学出版社2001年版；新疆维吾尔自治区博物馆：《巴里坤南湾墓地66号墓清理简报》，《新疆文物》1985年第1期；贺新：《新疆巴里坤县南湾M95号墓》，《考古与文物》1987年第5期。

[③] 新疆文物考古研究所编：《新疆文物考古新收获（1979-1989）》"附录 ^{14}C 测定年代资料一览（1962-1990）"，新疆人民出版社1995年版，第618-620页。

[④] 王炳华：《巴里坤县兰州湾子三千年前石构建筑遗址》，中国考古学会编：《中国考古学年鉴·1985》，文物出版社1985年版，第255-256页。

GT1是与兰州湾子遗址相似的，说明二者的性质和年代是接近的。综合来看，下部遗迹的年代或在公元前10世纪前后。

2. 上部遗迹的年代

从出土遗物上看，上、下部遗迹间有一定的关联，表现在双腹耳罐和圜底钵两种器形上。不过，在其它陶器和石器的形制等方面却不具相似性。由此可以推论，二者之间有一段时间的间隔。这种器物上的断续联系，在石构建筑、石围居址与墓葬之间，都相互存在，表明它们之间的关系。因为对器物间相似性的阐释上见仁见智，虽可以把它们解释为属于同一种考古学文化（游牧考古文化），但那些差异性则可以理解为除时间因素外、在同一地区出没过的操持相同生计模式的不同部族的文化差异，即它们是在一个长时段内分别在巴里坤草原上游牧过的不同部族的遗存。

上部遗迹的年代较下部建筑可能晚多少时间？从上部遗迹出土的陶器和石器来看，除了大型陶腹耳罐和陶直筒杯与南湾墓地较晚期墓葬中所出土相似外，也有较多的新器形。大致上可以把下、上部遗迹暂分作一、二两期，大致推定上部遗迹的年代，可能较下部建筑晚一个世纪左右。

（三）性质

上、下部建筑和使用面上相同的火塘、灰坑等设施，以及地面上放置的石磨盘和陶器等物品，表明它们的性质相同。其中，下部建筑是一栋石、木墙和木柱支撑的屋宇，火塘在内部靠近内侧（南墙）居中位置，在其四周密布的灰坑，主要是在北面，其中北侧的3座（H24、H29、H30）有打破关系，甚至在南、北二室的坡道边也有1座，但所有灰坑都在南室。北室地面上堆积着被烧过的动物骨头。[1]报道的1座灰坑（H24）里堆积了大量羊骨，包括7具羊头。

下部建筑中，火塘（Z5）的南侧有一块平铺的石板。火塘西南侧

---

[1] 张凤：《新疆东黑沟遗址石筑高台、居址研究》，载《西部考古》第四辑。

的H27里有一件双耳高领罐。邻侧的H28里有一件倾倒的双耳罐，里面盛满谷粒。

H24打破了H29和H30。H24里埋藏有7具羊骨。

H25是挖在南、北间坡道西部的一座坑，里面堆积分为两层：下部也是7具羊骨，之后垫了一层土；上层是大量陶片。H32里也埋藏了1具羊骨，但口部无践踏的硬面。

陶片成堆分布。东、南墙根位置是集中摆放器物的地方，而且器形有所区别：东墙根是陶容器和石工具（磨盘、斧、杵）；南墙根除陶容器和石磨盘外，出现几种特别器物：坩埚（盛于一陶钵内，带少量铜渣）、石拍、尚未焙烧的杯，以及成堆的羊距骨。东南墙根位置集中有7件磨盘，近旁有石磨具、石拍、穿孔石器、一种类似陀螺的石器、铜锥，同时有大量陶器（双耳罐、单耳罐、钵）。

概括起来，有这样几个现场特征：(1)中、西部地面上围绕火塘分布着用途有差的灰坑；(2)器物中数量最多的是器形较大的陶双耳罐、石磨盘，属于特别器物的有石拍、坩埚及磨过的羊距骨和马距骨；(3)石磨盘摆放比较整齐，旁边一般都有陶容器或谷粒；(4)大型陶容器也摆放在有些坑里（H19、H28、H30），里面还保存下了谷粒，证明它们是储存谷物的；(5)在3座灰坑里都埋藏了相同数目的7具羊头骨。

年代上介于上、下部使用期之间的灰坑H19，是需要特别注意的。据透露的资料，它是在间歇期的第8层下建造的，向下一直挖到了下部使用面（12c层），体积也最大（直径4.26-4.27、深2.34米），是一座大深坑。坑内的填土分两层，上层是填埋的石块、红烧土块、土坯残块，及大量炭化谷粒，但在北侧掩埋了1具基本完整的羊骨；下层西侧是基本完整的羊骨，包括3具羊头，此层包含有大量炭化谷粒，多与石磨盘和羊骨共出，近坑底的中央位置还有一堆谷粒，厚14-36厘米，很纯净，其上部南侧覆盖一层黄褐色物，谷粒堆下有粘连物。[①]

[①] 张凤：《新疆东黑沟遗址石筑高台、居址研究》，载《西部考古》第四辑。

这一特征使之看上去像是一种专门用途的窖穴，主要存放的物资是粮食、石磨盘和羊骨。

北间的结构，门道可能是开在其东墙上（即朝向日出方向）。

上部使用面代表的是一批后来者，他们出于同样的理由利用了这座较早时期的废墟，举行活动。

与东黑沟遗址石构台式建筑相似的是兰州湾子遗址，二者同处于巴里坤山北坡、巴里坤湖南岸地带。在兰州湾子一带发现了3座。其中1座经过发掘，其形制与东黑沟GT1相同，但只有一个使用面。不同的是，据报道，在兰州湾子遗址内出土了17个个体的人骨，2具是成年男子，其余均为未成年婴幼儿及老妇，1具头骨上有创伤。[1]这些迹象显示，他们可能是被屠杀后掩埋在了废墟里。

1957年黄文弼先生在石人子乡南和东南调查的两座所谓土台遗迹，也包含有石构墙基、灰土及夹砂红陶片、彩陶片等，看上去似乎与高台1的形制及性质相似。[2]

如果仅根据在室内灰坑里埋葬羊骨即推论属于祭祀遗址，显得证据不足。重要的是，如果认为包括兰州湾子石构建筑在内的遗迹是祭祀设施，那么，就需要对这种祭祀的可能的规则、原理等给予解释，以自圆其说。我认为，根据发现的各种迹象来推理，东黑沟下部及兰州湾子的这种建筑不是单纯的祭祀设施，而是举行重大活动的场所，这种活动包括祭祀、会议等项。下面是一些基本事实。（1）建在南部居中位置的火塘是核心，它的主要用途可能是宗教性的，其南侧的平放石板是用来摆放物品的。（2）火塘周围的灰坑从打破关系看，是不同时间所建造、使用的——也就是说，当旧灰坑填满后会用土封闭垫平，然后再挖新坑。这些灰坑的功用有所不同，有些埋葬祭牲（羊，H24、H25、H32）；有些坑里放置了陶双耳罐等大型容器，里面盛放

---

[1] 王炳华：《巴里坤县兰州湾子三千年前石构建筑遗址》，载《中国考古学年鉴·1985》。
[2] 黄文弼：《新疆考古发掘报告》，第13页。

谷物，这种坑看来是储藏粮食用的，类似粮窖。这些粮食也可能作为谷物类祭品用于祭祀。(3)大量出现的石磨盘主要放置在南室东部的空地上，此处没有灰坑。石磨盘近旁发现的陶容器和谷粒，又表示南室东部靠墙角位置是研磨谷物的场地。虽然石磨盘在墓葬等处的出现是一个值得探索的问题，在此屋宇内它们仍然是实用的。

根据这些事实，可以将此大型石构建筑的性质归结为：(1)早期（约公元前1000年前后）是一座建在峰下、湖滨的公共建筑，功能是复合性的，即举行祭祀、会议、储存和加工粮食这种重要物资之地；(2)在此早期建筑废弃后，至少有两次断续的利用（第11层面上的7处灰堆，第8层下的大型坑H19），用于举行祭祀活动。它们的年代介于上、下部使用面代表的相对早晚的两期之间；(3)晚期（约公元前1000年后）的活动较为连续，延续时间也较长，是利用早期的建筑废墟继续举行祭祀活动的祭场。

二、石围居址与墓葬的年代

（一）居址

与居住有关的所谓石围居址，内部有大量灰坑、灶和火塘，而且存在打破关系，证明其使用延续了一段时间。这些被解释为房屋的遗迹并不单纯，有下述几点值得注意的特征：(1)连体并与石构台式建筑相连接；(2)被较晚期的石圈所打破。这个情况说明，居址的年代与台式建筑同时并早于石圈。

从出土物上看，5座居址中出土的陶器与台式建筑的上、下部分别存在相似的器形（图六）。[①]但与下部遗迹相似度较大。根据打破了F01的石圈X04所出1件单耳罐的形制特征看，此种器皿有鼓腹、直

[①] 新疆文物考古研究所等：《新疆巴里坤县东黑沟遗址2006–2007年发掘简报》，《考古》2009年第1期。

口、圜底的变化趋势。以此推理，居址较台式建筑下部年代要晚，与上部年代接近。

在石构居址内地面上，也有数量很多的火塘、灶和灰坑设施，与台式建筑相似，但灰坑一般都属小型。看上去，它们也像是一种公共建筑。

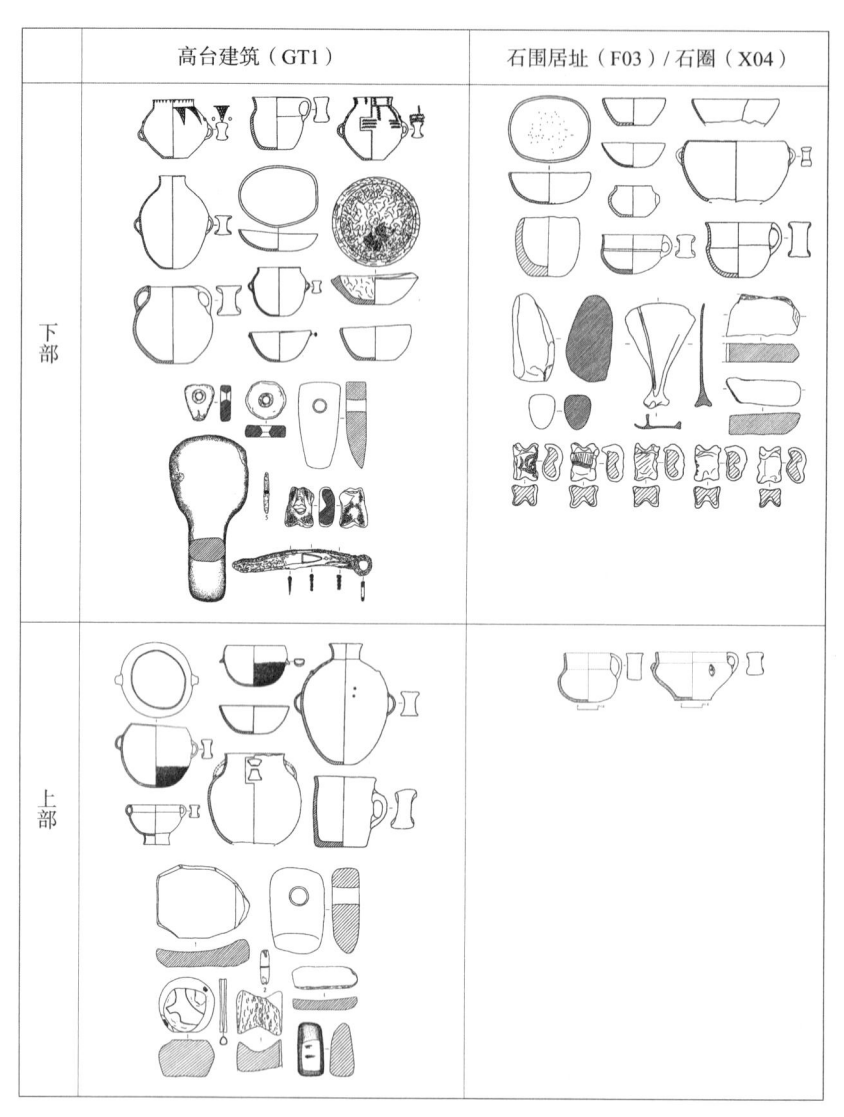

图六 台式建筑与石围居址、石圈出土遗物对比

（二）墓葬

发掘墓葬 12 座，均为圆形石封堆，其下挖掘出长方形或椭圆形的竖穴，其中 10 座墓的方向为东南-西北向（头向大致西方），2 座墓的方向为东北-西南向（头向大致南方）。根据墓葬（封堆、墓室）的体积、墓室结构、随葬品及殉葬情况，可以将它们分作两种：较大的墓 4 座，在墓穴的底部偏南位置再建造一个大略呈圆角长方形的竖穴，较浅，成为实际的墓室，使用木框架构筑（木室）；较小的墓 8 座，用立置的石块砌筑成石室结构。根据发表的三例（M12、10、15），代表两种类型墓葬的基本特征，较小型墓单人葬，墓主仰身直肢，头骨和上身骨骼残破而凌乱（像是"残肢葬"的遗痕），仅见铁刀和手腕上戴的白烧土质珠链；较大型墓分别在封堆西侧发现殉牲坑（3 座，分别为 1 驼和 2 马），并在墓穴填土中埋葬祭牲（整马）和可能的人牲（M12），或在封堆中和墓穴底（打破木构墓室）埋葬可能的人牲（M15），随葬品丰富而贵重，有少量陶器（素面和彩陶腹耳壶、单耳罐、横双耳和无耳钵、高侈口壶、碗），较大量的金器（用模具批量压印的长方形小牌饰、金花、金泡等缝缀在衣服上的装饰）和银器（与长方形金牌完全相同的牌饰、扣）及铁器（残朽）、骨锥、漆器（红地黑纹）。M12 的可能人牲都有随葬品（陶单耳罐、素面和彩陶腹耳壶、钵，铜镜、带饰、锥、环首刀、砺石、石磨盘、骨饰、镞、串饰）。此外，M11 还随葬了具有特征的缠丝坠绿松石和红宝石金耳环。[①] 发掘报告认为这批墓葬可能与高台、石围居址属于同一考古学文化的遗存，其年代推测为相当于西汉前期；其中的两种墓葬是外来的征服者的，而 M12、15 封堆中和填土里、墓底的尸体（人牲）可能是被征服的土著。[②]

[①] 据王建新教授在中山大学的演讲《东天山地区的古代月氏与匈奴》。在此特向王建新教授致谢！

[②] 西北大学考古专业、哈密地区文管会：《新疆巴里坤岳公台——西黑沟遗址群调查》，《考古与文物》2005 年第 2 期；《2006 年巴里坤东黑沟遗址发掘》；《新疆巴里坤县东黑沟遗址 2006-2007 年发掘简报》。

现在再对这批墓葬的特征进行检查。

M12所出一组金、银器，其中略呈长方形的牌饰富有特征，从造型看，由上方的三只鸟和中下方的虎啮一种奇蹄类动物组成。奇蹄目动物具有马的造型特征。在阿鲁柴登墓地出土的一组鄂尔多斯式金牌饰中，也有镶绿松石的虎鸟纹。这批金器被推定为战国晚期的匈奴高阶贵族遗物。[①]这种体型较大的牌饰，与阿尔泰－萨彦岭地区发现的早期铁器时代的小型金牌饰是不同的文化产物。后者如俄罗斯图瓦阿尔然墓地与新疆哈巴河县东塔勒德墓地所出，都是单体动物（豹等）。[②]因此，可以推测M12的金银牌饰具有所谓鄂尔多斯式样匈奴贵族金器的特征，也可以说明东天山与内蒙古地区的联系。

除金银牌饰外，M11所出缠丝坠绿松石和红宝石金耳环，此种工艺也见于阿鲁柴登的遗物。但在工艺上更接近于西天山地区的阿合奇县库兰萨日克墓地所出者，该墓地还出土了1件翻蹄马造型的金牌饰。墓地的年代被推定为东周（公元前770-前256年）。[③]贵金属饰品在形制和工艺上的相似性，可以作为年代推理的依据之一，但其时代性不如陶器明确。在陶器的器形等方面，东黑沟墓地的地方性是十分明确的。

在葬俗上，随葬金银器的M12的封堆西侧和墓室填土中，都有殉葬的动物（马、驼）和人。现在我们知道，在欧亚草原的青铜时代至早期铁器时代，部族葬礼和祭仪中都会有文化意义地使用马牲，[④]但在祭牲数量、牲体处理和掩埋方式等上有区别。在封堆一侧（西侧）和填土中（而非墓室底部）埋置牲体，是M12的特征。在天山地区，墓

---

① 田广金、郭素新：《阿鲁柴登发现的金银器》，载田广金、郭素新编著：《鄂尔多斯式青铜器》，文物出版社1986年版，第342-350页，图一六。

② 据新疆文物考古研究所2011年《文物考古年报》（第24页）。2012年初，在该所蒙发掘主持者于建军先生惠允，观看了此批金器。特此致谢！

③ 新疆文物考古研究所：《阿合奇县库兰萨日克墓地发掘简报》，《新疆文物》1995年第2期。

④ Victor H. Mair, "Horse Sacrifices and Sacred Groves among the North(west)ern People of East Asia"，载余太山、李锦绣主编：《欧亚学刊》第六辑，中华书局2007年版，第22-53页。

葬殉马（驼）的例子是很多的，如尼勒克县穷科克二号墓地、加勒格斯哈音特墓地、奇仁托海墓地，特克斯县恰甫其海 A 区 IX 号墓地，察吾呼沟一号至四号墓地、开都河南岸墓地、小山口水电站墓群、察汗乌苏墓群，轮台县群巴克墓地，阿拉沟竖穴木椁墓，乌鲁木齐乌拉泊墓地，交河故城沟北墓地、沟西墓地，鄯善三个桥墓地、洋海墓地二号墓地，哈密黄田上庙尔沟 I 号墓地、五堡墓地、寒气沟墓地、寒气沟西口墓地、小东沟南口墓地、伊吾县前山乡三分场墓地等。另一方面，在桃红巴拉墓地，最盛行的葬俗是在尸体上方的填土中掩埋殉牲（马、牛、羊头颅），其程序可能是：安厝尸体后再摆放殉牲（层叠），之后填土掩埋。这是与 M12 更接近之处。① 因此，这种葬俗之存在说明了墓葬的游牧文化性质、墓主人和年代上的联系。

    东黑沟西面的黑沟梁墓地，也曾做过发掘。根据比较研究，认为二者年代相当，是大致同时期墓葬而分属于不同的两个民族。② 但从透露的资料上看，两个墓地之间在墓葬形制和随葬品、葬俗等方面，存在本质性差异，看上去更像是不同时期的。其彩陶在图案和器形上，有些与吐鲁番盆地的洋海二号墓地及苏贝希三号墓地接近，其它器形上也显示出一定的古老性，在铜刀、铜镜、骨镞和石磨盘等形制特征上也有明确的区别。所有这些都显示出，黑沟梁与东黑沟墓地都是延续了较长时间的，而且考古学文化性质复杂，落实到族属的问题上，就是汉代及之前不同民族所留下的墓地。须注意以墓葬形制特征印证族属问题的复杂性。③ 所以，目前还只能说，就发掘并透露的部分资料看，其中有些墓葬可能是匈奴人的，另有一些可能是在当地生活过的其它民族的；其年代下限，可能到了西汉。

---

  ① 田广金、郭素新编著：《鄂尔多斯式青铜器》《鄂尔多斯式青铜器》，第 205-209 页
  ② 磨占雄：《新疆巴里坤黑沟梁墓地与东黑沟墓地的考古类型学比较研究》，《考古与文物》2010 年第 5 期。
  ③ 吕恩国：《新疆的偏室墓不一定是月氏遗存——简评〈由考古证据论月氏的迁徙路线〉》，《吐鲁番学研究》2001 年第 2 期。

三、关于"人牲"问题

包括黑沟梁墓地在内,从墓葬及房址中,都发现了可能是殉葬人牲的现象。因为涉及所谓"石围居址"的性质和人牲祭祀问题,故在此有必要略作分析。这种所谓"人牲"的共同特征是:(1)尸骨凌乱而残缺,因此推论尸体是被肢解后埋葬的;(2)安厝的位置不在正常的墓室中,分别出现在封堆下墓口附近地面、墓穴填土中、墓室内(图七)。

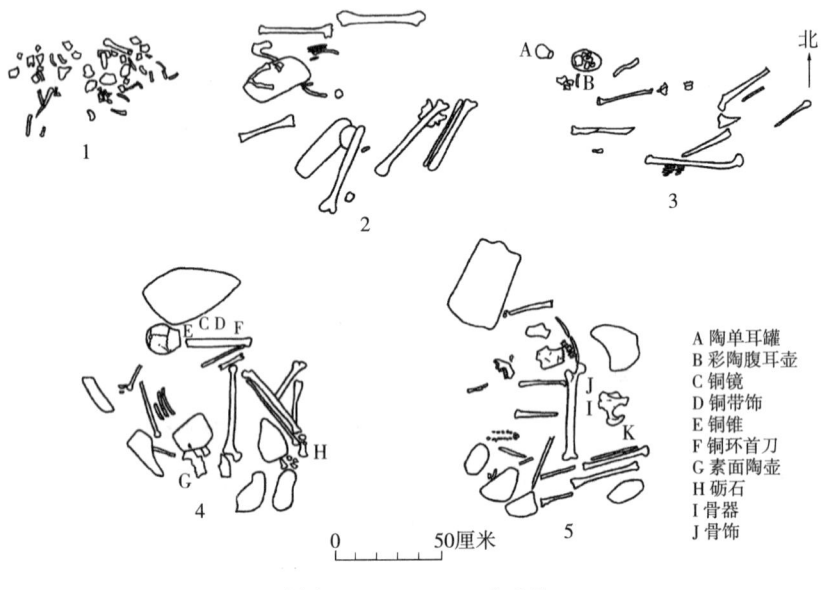

A 陶单耳罐
B 彩陶腹耳壶
C 铜镜
D 铜带饰
E 铜锥
F 铜环首刀
G 素面陶壶
H 砺石
I 骨器
J 骨饰

图七　M015RS1-5 平面图
(据《新疆巴里坤县东黑沟遗址 2006-2007 年发掘简报》)

上述非正常处置尸体的方式,确实是表现了死者的悲惨地位和从属性,从随葬品上也可以看出他们与墓主人有别。不过,要说这些人是当地的土著,被匈奴人征服了,并被宰杀作祭牲,似乎也牵强了点。因为根据史实,在本地被匈奴所征服的部族中固然有月氏;而在战国到汉代这个时期内，除了匈奴与月氏外，希腊史书提及的伊赛多涅斯人以及汉文史书的乌孙、蒲类，都有可能在这里出没过，甚至可能还有不知名的其他部族，他们之间不全是征服与被征服的关系。

如何解释这种非正常的死者？我认为，至少不能一概论之。因为以人作牺牲献祭，涉及复杂的宗教信仰问题。就史书记录看，匈奴和斯基泰君主丧葬时是有"从死者"和殉葬者的，而且据说人数很多，似与殷商天子可比。①这种情况都可以归入殉葬，可以理解它们并不是出于献祭的祭品，故也谈不上"人牲"。没有史料显示，在匈奴的祭祀中曾使用了人牲。②

四、关于祭法的推测

这座台式建筑连同旁边的五座石构居址，与格拉科娃早年在南西伯利亚地区发掘的托波尔河畔阿列克谢叶夫卡遗址的祭祀遗迹－墓地组合有相似处。该组合有下述特点：（1）五座可能连体的长方形地穴式房屋，用粗壮的圆木蓬盖，屋子中央有大型石火塘及几座灶（吉谢列夫推测，"每一房屋都有几个分别开伙的人群，可能是几个亲属同居一屋的家庭"）；（2）遗址西北边缘山坡上的祭祀遗迹由埋藏烟熏痕迹的陶罐、动物烧骨、烧焦的小麦粒和秸秆的坑穴组成，表示采用了"烧祭"加瘗地埋祭的法式。③

关于石构台式建筑遗迹乃一集祭祀、储放粮食、可能还有会议诸

---

① 《史记·匈奴列传》："其送死，有棺椁金银衣裳，而无封树丧服。近幸臣妾从死者，多至数千百人。"《汉书·匈奴传上》作"数十百人"，可信。关于斯基泰，希罗多德《历史》第四卷（王以铸译，商务印书馆1997年版，第292-293页）特别记录了国王安葬时以身边嫔妃和侍臣殉葬、并在墓地上屠杀少年和马的史实（IV，第71-72节）；在同卷第62节，他也提到用战俘作牺牲献祭，是每百人里挑选一人，宰杀时只取其鲜血献祭，尸体抛弃荒野（第289页）。

② ［日］江上波夫：《匈奴的祭祀》，载刘俊文主编：《日本学者研究中国史论著选译》第九卷《民族交通》，中华书局1993年版，第1-36页。

③ 吉谢列夫：《南西伯利亚古代史》上册，新疆社会科学院民族研究所1981年版，第49页。

功能于一体的复合型建筑,这还是一个推测,需要今后更多发现和研究证实。根据我们对古代内亚地区祭祀问题的了解,在此试对东黑沟遗址的祭祀方法作一推测。

（1）祭场设施：高台是祭祀的场地,祭祀是在此石构房屋中举行的,火塘是核心；南侧平放的石板可能是摆放祭品之处,相当于祭坛。这座火塘可能仅当祭祀时点燃。从最后一次使用后留下的堆积看,里面没有那种类似后世的"烧饭"①的被投掷的祭牲的烧骨。可以推测,祭祀的仪式是在这座建筑里举行的。

（2）祭品：上、下部灰坑中掩埋的羊骨,属于祭品的可能性大于食后弃掷的骨头。如是,则可推论羊是主要的祭牲。但在一些灰坑中所残余的谷物,可能也被作为祭品焚烧并掩埋了。

（3）燔祭或烧祭：间歇期地层中的灰坑（H19）和灰堆,可能都是采用燔祭或烧祭方式祭祀后的遗迹。在上部使用面的灰坑和火塘、灶,是较晚期的祭祀遗迹。此时也可能采用了燔祭的方式。

五、东黑沟遗址的生态考古学问题

虽然有很多问题有待未来考古资料的积累和研究来解答,但是,就目前资料来对一些历史问题进行揭示和探索是十分必要的。

在相当于周至汉朝的时代,有许多游牧部落选择内亚腹地的沿天山地带为栖息地,吸引他们的是本地的生态环境和资源优势。

在东天山地带,地形的优势尤为明显。山体两麓遍布的河谷提供了丰足的季节性草场。发源于山谷的河流,在山的南北两面洼地,都形成了湖泊：山北的巴里坤湖、山南的南湖。南湖由于流域内河流的开发和蒸发,现在已经干涸。不过,在这座干湖西岸发现的那些墓地和遗址,类似于罗布泊的情况,见证了该区域在青铜时代以来被利用

---

① 刘文锁：《敖包的祭祀》,《历史人类学学刊》第七卷第一期,2009年4月。

的历史。这座湖泊似是《后汉书·西域传》记载的"秦海",[①]唐代称之为陆盐池(又称盐池海),[②]清代称作南湖。[③]

分布于巴里坤湖(蒲类海)南岸的东黑沟遗址显然与湖泊有关。它是否属于以巴里坤湖为基地的夏营地?这一问题对我们判断东黑沟遗址的性质来说,是有关联的。参照关于匈奴祭祀的研究成果,其重大的祭祀活动是在夏季五月举行的。[④]对于大规模和较为强大的游牧部落来说,他们是可以将其季节性营地在山南山北之间移动的,以充分地利用生态环境所提供的条件。这一游牧文化的生态考古学问题,留待将来继续探讨。

(本文为2011年12月参加中央民族大学"交流与互动——民族考古与文物研究"学术研讨会论文,原刊肖小勇主编:《交流与互动——民族考古与文物研究》,中央民族大学出版社2013年版。此次略作修订)

[①]《后汉书·西域传》:"北虏呼衍王常展转蒲类、秦海之间,专制西域。"唐李贤等注:"大秦国在西海西,故曰秦海也。"余太山以为秦海似应指大秦所临之海,即今地中海。(《两汉魏晋南北朝正史西域传要注》,第251页)这些说法都失之偏远。按匈奴右部的呼衍王领地,通常认为是以东天山和巴里坤湖为中心,此海与蒲类海(巴里坤湖)相呼应以"制西域",故应在东天山附近地区。

[②]《元和郡县图志》卷四十《陇右道·伊州》:"盐池海,在县南三百里。周回百余里。"《新唐书·地理志四·陇右道》伊州伊吾郡"南二(百)里有盐池海"。敦煌遗书《沙州伊州地志》(S. 367)伊吾县:"陆地盐池,地周回十里,北去县六十里。碛中无水,陆地出盐,月满味甘,月亏即苦。积久采取,竟无减损。"《光启元年(886)十二月廿五日书写沙、伊等州地志》,见中国社会科学院历史研究所等合编《英藏敦煌文献(汉文佛经以外部分)》第一卷,四川人民出版社1990年版,第158页。

[③][清]钟方撰《哈密志》"哈密舆地全图",成文出版社1968年版(据1937年铅印本影印),第7页。《西域图志》卷二十四《水一》:"南湖,在哈密城南二十里。赛巴什湖东来入之,又汇南山口以西诸泉,折而西流二百里,为沙碛所限。"(钟兴麒等校注,新疆人民出版社2002年版,第37页)

[④]《史记·匈奴列传》:"岁正月,诸长小会于单于庭,祠。五月,大会茏城,祭其先、天、地、鬼神。"《后汉书·南匈奴列传》:"匈奴俗,岁有三龙祠,常以正月、五月、九月戊日祭天神。"另参见拙作《匈奴的祭祀》《敖包的祭祀》。

匈奴与突厥时期新疆的冶铁及有关问题

新疆的天山、阿尔泰山和昆仑山富含铁矿资源。根据考古发现，自公元前一千纪的最初时起，沿天山地带分布的一些部族就曾经使用了铁器，这就是东天山的哈密地区焉不拉克墓地所出土的铁器遗物。[①] 此后，越来越多的铁器和冶铁遗址被发现，其年代跨越了公元前一千纪的中期到晚期。[②] 另一方面，从一些涉及新疆古代的铁及冶铁史料中，也反映出若干历史问题，诸如铁矿资源的分布、冶铁技艺以及可能的文化交流等。我们从史料中可知，对早期铁器时代的一些游牧部落或国家来说，铁是其最重要的资源之一。从这个角度说，一个有趣的问题就是关于古代新疆的冶铁业，以及匈奴和突厥是如何从新疆当地的铁资源中获益，从而发展其自身的。在历史上，匈奴和突厥这两个欧亚草原上的强大势力先后出现在了中古史的历史舞台上。

一、历史文献的记载与问题

（一）匈奴、突厥与古代新疆地区

1. 匈奴

据《史记·匈奴列传》记载，匈奴至冒顿单于（？－前174）及

[①] 新疆维吾尔自治区文化厅文物处、新疆大学历史系文博干部专修班：《新疆哈密焉不拉克墓地》，《考古学报》1989年第3期。

[②] 凌勇、梅建军：《关于新疆公元前第一千纪金属技术的几点思考》，《西域研究》2008年第4期；Wei Qian & Ge Chen, "The Iron Artifacts Unearthed from Yanbulake Cemetery and the Beginning Use of Iron in China", *Proceedings of Beginnings of the Use of Metals and Alloys-V*, Gyeongju, Korea, 2002, pp.189-194.

其子老上单于时，两次击败月氏，开始控制楼兰、乌孙、呼揭（乌揭）及分布在古代新疆地区的"三十六国"。汉文帝前元四年（前176），冒顿"单于遗汉书"，中云：

> 今以小吏之败约故，罚右贤王，使之西求月氏击之。以天之福，吏卒良，马强力，以夷灭月氏，尽斩杀降下之。定楼兰、乌孙、呼揭，及其旁二十六国，皆以为匈奴。诸引弓之民，并为一家。

汉朝是从汉武帝时开始向塔里木盆地发展的，至汉宣帝神爵二年（前60）设置了西域都护府。[①]此时汉朝与匈奴之势力范围大致以天山山脉为界。汉朝与匈奴为控制塔里木盆地的斗争未曾终止，并发生了多次战争。《后汉书》记载的最后一次战争，发生在汉顺帝元嘉元年（151）。

由史料可以看出，在匈奴所极力控制的塔里木盆地诸国中，关键的一个是位于盆地北缘的龟兹（今库车）。这是值得注意的。

2. 突厥

《周书·异域传下·突厥》记载的突厥，原是臣属于柔然（茹茹、蠕蠕）的部族，生活于所谓"金山之阳"即阿尔泰山的南部和东南部。

> 臣于茹茹，居金山之阳，为茹茹铁工。

按突厥早期史研究，其部落中的阿史那氏是460年迁徙到"高昌北山"的金山（阿尔泰山）的，阿史那氏是"专为柔然提供铁器贡赋的部落"，该氏族是552年创建的突厥汗国的核心。[②]556年前后，土门可汗的弟弟莫贺咄叶护室点密（İstemi）率众占领了塔里木盆地等地，

[①] 余太山主编：《西域通史》，中州古籍出版社2003年版，第55-56页。
[②] 薛宗正：《突厥史》，中国社会科学出版社1992年版，第82-84页。

自立为可汗,号称十姓部落。汗庭设在龟兹北面的天山裕勒都斯河谷,该地至伊犁河谷和伊塞克湖谷地,后来成为西突厥汗国(约556－648年)的中心。①648年,唐朝征服了西突厥汗国,随后又将安西都护府移置龟兹。

(二)文献记载的古代新疆地区的铁矿和冶铁

《汉书·西域传上》记载了下述地区出产铁矿或有冶铁业:

婼羌:山有铁,自作兵,兵有弓、矛、服刀、剑、甲。

莎车:有铁山,出青玉。

姑墨:出铜、铁、雌黄。

龟兹:能铸冶,有铅。

(墨)山国:山出铁。

郦道元《水经注·河水二》记,北河东经龟兹国南,向东汇合龟兹川(库车河),引《释氏西域记》说:

> 屈茨北二百里有山,夜则火光,昼日但烟,人取此山石炭,冶此山铁,恒充三十六国用。

《隋书·西域传》也特别记载了龟兹"饶铜、铁、铅",疏勒土多铜、铁,"每岁常供送于突厥"。唐初,玄奘在《大唐西域记》里也记载龟兹"土产黄金、铜、铁、铅、锡"②。

楼兰故城出土魏晋时汉文文书中,提及一种"胡铁"(LA.VI.ii.186, LA.III.i.x),③可能指楼兰(鄯善)或塔里木盆地某地生产的铁器。

---

① 余太山主编:《西域通史》,第125-128页。

② [唐]玄奘、辩机原著,季羡林等校注:《大唐西域记校注》卷一,中华书局1985年版,第54页。

③ Édouard Chavannes, *Les Documents Chinois Découverts par Aurel Stein dans les Sables du Turkestan Oriental*, Oxford: Imprimerie de l'Université 1913, p.168;孟凡人:《楼兰鄯善简牍年代学研究》,新疆人民出版社1995年版,第161页。

(三）问题

上述史料涉及公元前 2 至公元 7 世纪间，塔里木盆地周边山区分布的铁矿资源及生活于各绿洲的掌握冶铁术的部落或城邦。据此我们可以提出如下问题：（1）秦汉（相当于匈奴时期）和隋唐（相当于突厥时期）新疆地区的冶铁业状况如何？（2）匈奴和突厥（特别是西突厥汗国）是如何利用天山、阿尔泰山和塔里木盆地的铁矿资源与冶铁业的？

众所周知，匈奴与汉朝为控制塔里木盆地和罗布泊地区（楼兰地区）的斗争持续了很长时间，但值得注意的是，他们争夺的最具重要性的地区是楼兰和龟兹。[①] 楼兰当联结中国内地与西域地区的门户，为"丝绸之路"之要冲；龟兹为塔里木盆地的一个强大势力，更重要的是富于铁资源。因此，我们可以推测：匈奴正是从塔里木盆地——尤其是龟兹地区获得铁矿资源。或许是由于这个缘故，《汉书·西域传上》记载说：

> 匈奴西边日逐王置僮仆都尉，使领西域，常居焉耆、危须、尉黎间，赋税诸国，取富给焉。

二、新疆境内考古发现的冶铁遗存

（一）冶铁遗址

1. 库车河上游河谷的冶铁遗址群

该遗址最初发现于 1958 年，分布于库车县城北 120 公里处的山间河谷，年代可能为汉代。附近山区现为铁矿区。遗址区发现了窑炉遗

[①] 余太山主编：《西域通史》，第 50-55 页。

迹和大量的冶铁器具小坩埚、铁渣、陶埙（汉代鼓风设备）、石锤及铁矿石等。遗址区通常还发现有陶片等当时的生活用具。①

2001年，由考古学者李肖博士及冶金史学者梅建军博士等开展的一次冶金考古专项调查，涉足阿克苏及古龟兹境域的库车-拜城地区。他们共发现古矿冶等遗址36处，其中冶铁遗址13处，冶铜遗址21处，同时冶炼铁和铜的遗址1处，及1处石油矿遗址。据其调查资料，库车县境内的冶铁遗址集中在库车河上游（旧称铜厂河）雀儿塔格山与天山之间的河谷，包括贝迪勒克遗址、阿格村冶铁遗址、阿艾冶铁遗址、可可萨依冶铁遗址、苏博依村冶铁遗址等。据说当地在1950-1960年代还在冶铁。②

值得注意的是，在阿艾冶铁遗址附近发现了城址，即阿艾古城遗址。城址位于阿格乡府北面。1928年黄文弼调查时，注意到古城城门前遗存有大量的炭渣、铁汁（铁炼渣），城东北角有一座窑炉遗迹，口径0.5、长约0.33、深1.6米，下部圆形，有一个炉口。他疑为铁炉之遗迹。在城内西南部堆积有煤渣。城北煤渣、铁汁堆积如丘，"排列如一小城"。遗址区遗存了大量的陶坩埚，内壁粘满铁汁。自可可萨依向北、向西直至哈拉柯儿，绵延数十里范围皆出煤炭、铁矿，本地人称之"梯木康"（出铁处）。山上存矿井遗迹3处，斜行，宽约1.8、高1.3米。矿井附近有大量瓦砾及房屋基址，地面遗存有压印花纹的红陶片。他推测古城为唐代所建（图一、二）。③

---

① 史树青：《新疆文物调查随笔》，《文物》1960年第6期。
② 李肖：《古代龟兹地区矿冶遗址的考察与研究》，载贾应逸、霍旭初主编：《龟兹学研究》第一辑，新疆大学出版社2006年版。
③ 黄文弼：《塔里木盆地考古记》，科学出版社1958年版，第32-33页；黄文弼：《库车考古调查简记》，载黄烈编：《黄文弼历史考古论集》，文物出版社1989年版，第257页。

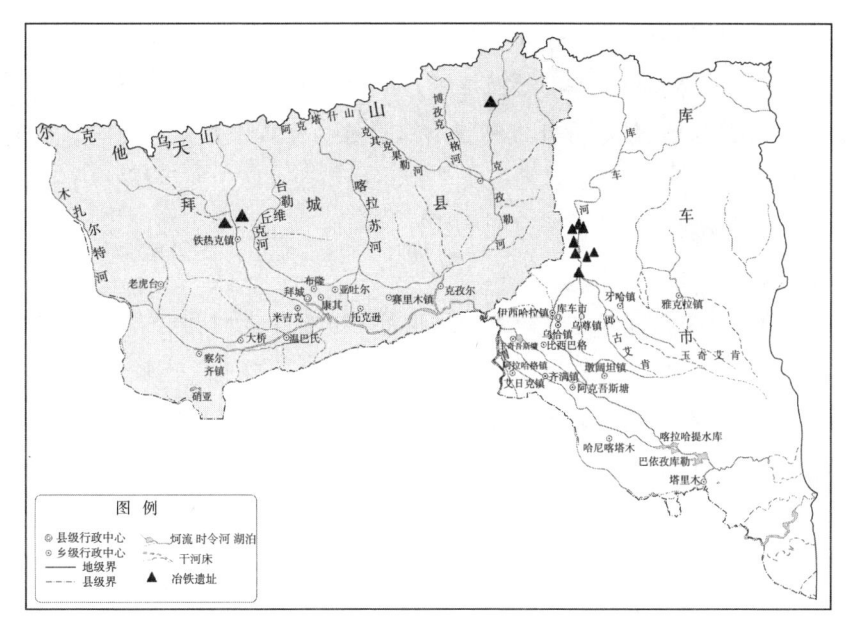

匈奴与突厥时期新疆的冶铁及有关问题　253

图一　库车-拜城地区冶铁遗址分布示意图

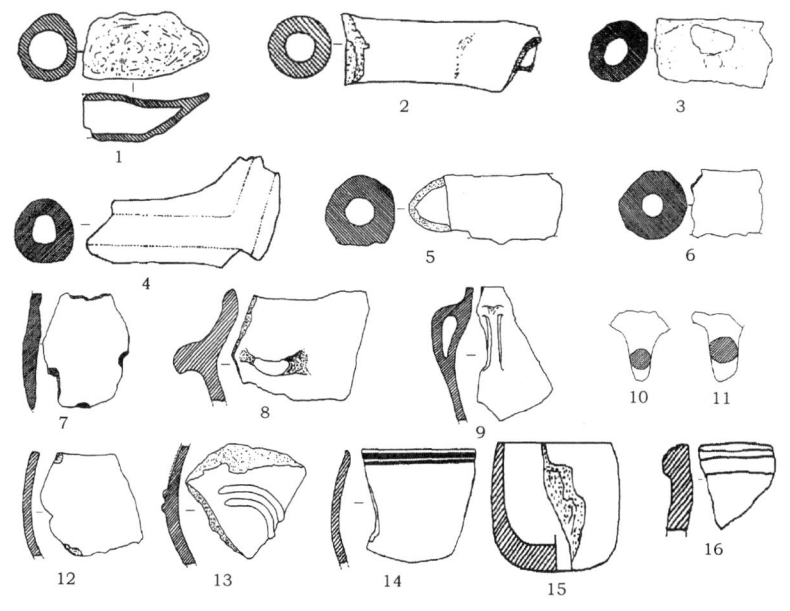

图二　库车河上游冶铁遗址发现的遗物
（1-6.陶风管；7.石锤；8-16.陶片。据李肖《古代龟兹地区矿冶遗址的考察与研究》）

2. 拜城县境内的冶铁遗址群

在邻近库车河上游的拜城地区，迄今也报道了3处冶铁遗址：亚木古鲁克冶铁遗址、麻扎吉勒嘎冶铁遗址、瓮古鲁吉勒尕冶铁遗址。与库车河上游的冶铁遗址情况类似，在这些遗址区中通常都发现有窑炉遗迹，及地面上堆积的大量冶炼器具陶风管、铁炼渣和陶片、石磨盘、铁器、动物骨骼、灰烬等。

值得注意的是亚木古鲁克冶铁遗址，它位于老虎台乡羊场二连东北、吐鲁木塔依艾肯沟口东岸台地上。遗址之上建有一座城堡（亚木古鲁克古城堡遗址），被推测为唐代所建。城堡外南侧发现有冶铜遗址。这个遗址的对面，即隔着吐鲁木塔依艾肯沟口的西岸台地上，分布着麻扎吉勒嘎冶铁遗址。后者遗存面积不大，约100米见方，文化层堆积比较厚（约1米），在地面采集有石膏建材。另外，遗址区南端还保存了1座窑炉遗迹，残高约0.7、直径约2米，以砾石砌筑，内壁涂10厘米厚的黏土，已烧结成琉璃状。附近也保存有冶铜遗址。[①]

3. 洛浦县阿其克山冶铁遗址

1958年发现，在洛浦县城南30公里。此地发现有赤铁矿藏。在山坡上发现有陶风管残件、铁渣等，在附近一个封闭的山洞中发现一堆石凿、石锤（采矿工具），上面粘满赤铁矿粉。[②]

4. 克里雅河喀拉墩遗址

1990年科考时，据说在遗址区发现了作坊和冶炼遗迹，地面遗存有铁炼渣等遗物。[③]

5. 尼雅遗址冶铁作坊遗迹

据报道，在遗址区发现了17处作坊（窑炉等）遗迹，其中一些属于冶铁的窑炉和作坊。规模最大的一处位于遗址区北缘的住宅 N. XIV

[①] 李肖：《古代龟兹地区矿冶遗址的考察与研究》，载贾应逸、霍旭初主编：《龟兹学研究》第一辑。

[②] 史树春：《新疆文物调查随笔》，《文物》1960年第6期。

[③] 黄小江：《于田县喀拉墩遗址》，《中国考古学年鉴（1991）》，文物出版社1992年版，第333－334页。

南部，包括窑炉、水池等遗迹和炼渣等遗物（图三）。①

6. 且末县冶铁遗址

位于且末县煤矿附近，1983年调查时发现，地面采集到陶管、铁炼渣等，附近有古煤矿遗址和墓地。②

7. 吉木萨尔县境内冶铁遗址

据调查资料，在新地、渭户沟口、马营沟发现三处冶铁遗址。遗址规模小，地面存炼渣。渭户沟遗址存1座宽、深各约1米的窑炉遗迹。年代推测为汉至唐。③

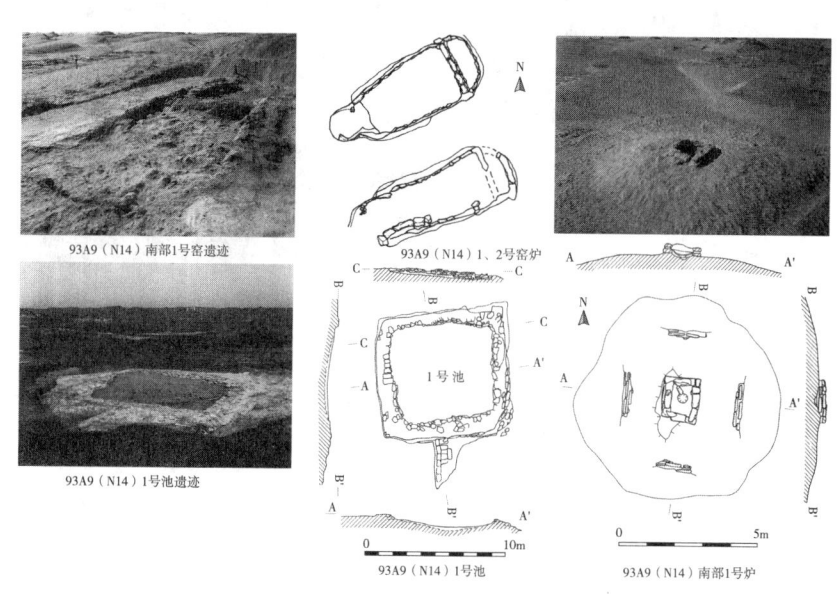

图三　尼雅遗址93A9（N14）南部作坊区的窑炉、池塘遗迹
（据《中－日共同尼雅遗迹学术调查报告书》第二卷）

① 中日共同尼雅遗迹学术考察队：《中日共同尼雅遗迹学术调查报告书》第二卷"本文编"，京都，1999年，第27、81-82页；《中日共同尼雅遗迹学术调查报告书》第二卷"图版编"，图版十七、十九、二十、六十六·2、六十七；吉崎伸：《ニヤ遗迹93A9（N14）南方工房迹群について》，《中日共同尼雅遗迹学术调查报告书》第三卷，京都，平成十九年，第165-174页。

② 孙秉根：《且末县古煤矿及冶炼遗址》，中国考古学会编：《中国考古学年鉴（1984）》，文物出版社1984年版，第179-180页。

③ 新疆文物普查办公室昌吉州文物普查队：《昌吉回族自治州文物普查资料》，《新疆文物》1989年第3期。

（二）考古发现的铁器

在新疆各地报道的墓葬和出土遗物中，属于汉至唐代的铁器遗物是很常见的，包括武器（箭镞）、马具（马衔、马镳）、刀，农具犁、镰等。铁兵器和农具可能是在本地制造的。通过考古学研究可以看出，新疆汉代铁犁可能是在内地制造后被带入本地的（图四）。①

图四　新疆发现的铁器

（三）冶铁技术

近些年，随着冶铁遗存发现的增多，加上冶金科技考古的进展，有关新疆古代冶铁和铁器制造技术的问题得到了研究。在早期铁器时代，亦即公元前一千纪早期，新疆地区的冶铁为块炼铁，但在制造铁器的技术上采取的是锻打抑或铸造尚不明确。1996年在克里雅河圆沙古城遗址区及附近采集的14件铁器标本，经检测为以生铁铸造为主的铁器，从中也检测出了白口铁。这个发现表明，中原地区发明的生铁铸造铁器技术，可能在汉代传入了塔里木盆地。②从史书有关记载上看，

---

① 王炳华：《新疆犁耕的起源和发展》，《新疆社会科学》1982年第4期；张弛：《两汉西域屯田的相关问题——以新疆出土汉代铁犁铧为中心》，《贵州社会科学》2016年第11期。

② 北京科技大学冶金与材料史研究所、新疆文物考古研究所：《新疆克里雅河流域出土金属遗物的冶金学研究》，《西域研究》2000年第4期；凌勇、梅建军：《关于新疆公元前第一千纪金属技术的几点思考》，《西域研究》2008年第4期。

并结合在库车等地的考古发现,至少在汉代,新疆一些绿洲的居民已经掌握了铁矿产冶炼并制造铁器的技术。

三、突厥及其在阿尔泰山地区的冶铁

《周书·异域传下》云,突厥"臣于茹茹。居金山之阳,为茹茹铁工。金山形似兜鍪,其俗谓兜鍪为突厥,遂因以为号焉"。或以为柔然在阿尔泰山地区拥有一个巨大的冶铁业基地,以阿史那氏突厥充任铁工,而突厥强盛后曾从其属部疏勒、黠戛斯获得冶铁的贡赋。[①] 这些说法都指向了下述问题:(1)早期突厥部族作为金山的铁工之可能性和条件是什么?(2)"金山形似兜鍪"之说究是无稽之谈还是确切的记录,该山究竟指哪里?

汉文史书所说的金山即指突厥语和蒙语等中的阿尔泰山,此说殆无异议。从现代地矿资料可知,在阿尔泰山的东南部、西部和东北部等地,富含铁矿资源。与之对应的是,在阿尔泰山的东南部等地也有一些冶铁遗存被发现,孜尼雅科夫(Nikolai M. Ziniakov)发现的三十多处冶铁遗址,几乎全集中在阿尔泰山东南地区,为矿藏与冶铁遗址的组合,其中最主要的是楚雅-库拉格(Chuiya-Kurag)矿冶区。该区域位于蒙属鄂毕河上游,海拔1500-1800米,包括库拉格、楚雅和赛勒玉艮(Sailyugem)草原,面积约5000平方公里。因此他说:"矿藏的分布与特征表明,在古代最可取的开采是在阿尔泰的东南地区。"(图五)[②]

阿尔泰山区的铁资源和冶铁考古遗存,对于解释中国史书中有关突厥早期作为金山铁工和所谓金山的记载,进一步说突厥的早期居地问题,是很有意义的。虽然新疆阿尔泰山地区目前尚未发现冶铁遗存,但可以推

[①] 余太山主编:《西域通史》,第107-108页。

[②] Nikolai M. Ziniakov, "Ferrous Metallurgy and Blacksmith Production of the Altay Turks in the Sixth to Tenth Centuries A. D.", *Arctic Anthropology*, Vol. 25, No. 2 (1988), pp.84-100.

理的是，以额尔齐斯河河源地为中心的阿尔泰山东南部，曾是552年突厥战胜柔然、建立汗国之前的活动基地；对突厥来说，正是基于对阿尔泰山富藏的铁资源的有效利用，才获得了快速发展并壮大起来的。

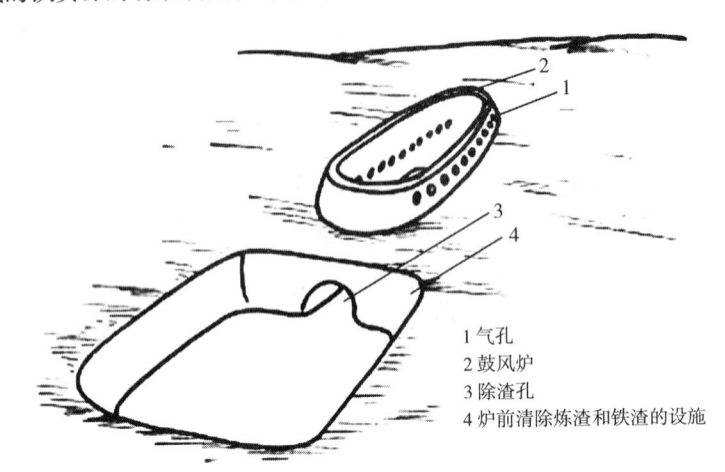

1 气孔
2 鼓风炉
3 除渣孔
4 炉前清除炼渣和铁渣的设施

图五　阿尔泰山地区发现的一座冶铁炉遗迹的示意图
（据 "Ferrous Metallurgy and Blacksmith Production of the Altay Turks in the Sixth to Tenth Centuries A. D."）

另一个有关问题，是史书中金山形如兜鍪之说。这一说法指出，金山曾是一处圣地，是为早期突厥人所崇祀的圣山。突厥人的信仰体系是崇祀天、地、祖先以及位于河水源头具有显著特征的山体，这与历史上东部亚欧草原上的其他部族的信仰体系是类似的。[①] 在阿尔泰山的东南部额尔齐斯河主源地带，我们知道分布有一座特异的山峰，被当地人称作"神钟山"，其形状似乎一座钟或兜鍪，附近还有温泉和岩洞。如果我们把阿尔泰山东南部视作突厥的早期栖息地，那么，就可以推测形如兜鍪的金山实则可能指神钟山，而额尔齐斯河河源则可能是与突厥祖先居地有关的一处圣地，以后金山的名称就逐渐扩展到整个山系了（图六）。

[①] 案《周书·异域传下·突厥》记载："可汗恒处于都斤山，牙帐东开，盖敬日之所出也。每岁率诸贵人，祭其先窟。又以五月中旬，集他人水，拜祭天神。于都斤四五百里，有高山迥出，上无草树，谓其为勃登凝黎，夏言地神也。"关于突厥之祭祀，另参见刘文锁：《于都斤山地望与崇祀：游牧生态考古学观察》，载特力更、李锦绣主编：《内陆欧亚历史文化国际学术研讨会论文集》，内蒙古人民出版社2015年版。

图六　额尔齐斯河源的神钟山

四、结　语

根据中文史料和有关考古发现,汉代匈奴与汉朝所争夺的对塔里木盆地的控制权,是为获得赋税,其中包括对古代游牧政权来说至关重要的铁。在塔里木盆地的诸冶铁地中,龟兹是最为重要的,也是最发达的,因此被匈奴当做获得铁的关键地区。这似乎可以解释,为什么汉朝将西域都护府治所设在靠近龟兹的乌垒。

突厥早期曾居住于额尔齐斯河上游谷地,并从开发阿尔泰山东南部的铁资源中获益,发展为一个强大的部落,最终建立了汗国。富含铁资源的额尔齐斯河上游,遂在后来被他们视为其圣地和祖先发祥地。在西突厥汗国时期,塔里木盆地中的部落疏勒,也曾被迫以其本地所产的铁向西突厥纳贡,直至648年西突厥为唐朝征服为止。

（本文的英文稿"On Iron Metallurgy and Related Questions in Ancient Xinjiang During the Xiong-nu and Turks Periods",发表于 *Historical Ethnology*, 2016. Vol. 1, No. 1,由作者汉译并做了部分修订）

丙 编
图像考古

阿尔泰山的洞穴绘画

在中国境内的阿尔泰山地区发现了六个以上地点的洞穴绘画，分别是：富蕴县唐巴勒塔斯、富蕴县喀依尔特河支流玉律昆库斯特河谷（两处）、阿尔泰敦德布拉克和阿克塔斯、哈巴河县多尕特。[①]有的文章中提到的其它几个地点，尚无确凿的考古记录。[②]另外，根据以前的报道和我们的调查，在蒙古国境内的阿尔泰山区也发现了至少一处洞穴绘画（科布多省成克里，Tsenkeri-Agui, Hovd）。[③]富蕴县玉律昆库斯特河谷洞穴绘画遗迹，是2010年夏我们在富蕴县张学文先生的引导下发现的。[④]因为同处在阿尔泰山，我们把这七个地点的同类遗迹总和在一起进行考察。

这里要解释一下"洞穴绘画"（cave painting）的概念："洞穴"这个词还包括了所谓的"岩棚"（rock shelter），即通常在旧石器时代考

[①] 张志尧：《新发现的别列泽克河附近洞窟彩绘岩画》，《新疆师范大学学报》1986年第1期；王明哲：《新发现的新疆阿尔泰岩刻画考述》，《新疆社会科学》1986年第5期；王明哲、张志尧：《新疆阿尔泰地区岩画初探》，《新疆社会科学研究》第23期；王炳华：《阿尔泰山旧石器时代洞窟彩绘》，《考古与文物》2002年第3期；王博、郑颉：《阿尔泰山敦德布拉克的旧石器时代晚期岩棚画》，《吐鲁番学研究》2005年第1期；祁小山、王博编著：《丝绸之路·新疆古代文化》，新疆人民出版社2008年版，第224、269-271页；刘国防：《阿尔泰地区人类早期活动的相关证据》，单兆鉴、王博编：《人类滑雪起源地——中国新疆阿尔泰》，人民体育出版社、新疆人民出版社2011年版，第69-77页；中山大学历史人类学研究中心、富蕴县文物局、青河县文物局：《东阿尔泰山的古代文化遗存》，《新疆文物》2011年第1期。

[②] 如胡邦铸在《文献资料中的新疆岩画》（载周菁葆主编《丝绸之路岩画艺术》，新疆人民出版社1993年版）中，提到了哈巴河县翁古尔、吉木乃县哈尔交两处洞穴绘画，未知其出处。王博在《新疆石器时代考古漫谈》（载《丝绸之路·新疆古代文化》）中提到共发现九处。

[③] A. H. Dani, V. M. Masson, ed., *History of Civilizations of Central Asia*, Vol. I, UNESCO 1992, pp.102-103；刘文锁：《蒙古考古调查报告》，载氏著《丝绸之路——内陆欧亚考古与历史》，兰州大学出版社2010年版，第87页，图66、67。

[④] 《东阿尔泰山的古代文化遗存》。在此特别向张学文先生致谢。

古学中用指那种山体或岩体上的凹穴,尚未发育成更深结构的洞穴;"绘画"是指用颜料在洞穴壁面上的描绘。因此,这种洞穴绘画与通常所指的在露天岩石表面上雕刻(线刻或凹雕式的阴刻)的"岩画"(rock carving, petroglyph)分属于两个体系,后者更精确地讲是"岩刻",所谓的"画"是指图像而言。洞穴绘画是一种遗迹,而非遗址。

在世界各地都有洞穴绘画的发现,分布于欧、亚、非、美、澳洲,是称得上广泛的遗存。[1]这种遗迹一般都被推定在旧石器时代晚期至铜石并用时代,年代上早于所谓岩画。不过,在未来的研究中我们需要关注的,仍然是年代和性质问题,这一点是不言而喻的。需要充分考虑与洞穴绘画遗迹可能存在关联的遗迹或遗物。

一、地　点

以下所述各地点,唐巴勒塔斯、玉律昆库斯特河谷和成克里四处是作者本人的实地调查资料,已分别发表《东阿尔泰山的古代文化遗存》和《蒙古考古调查报告》二文,读者可以参考。这里只略述其画面的内容。

---

[1] 关于这些发现,至少有下述一些文献可以参考: Ann Sieveking, *The Cave Artists*. London: Thames and Hudson 1979; S. P. Gupta, *Archaeology of Soviet Central Asia, and the Indian Borderlands*, Vol. 1. Delhi: B. R. Publishing Corporation, 1979; David C. Grove, "Olmec Cave Paintings: Discovery from Guerrero, Mexico". *Science*, New Series, Vol. 164, No. 3878 (Apr. 25, 1969), pp.421–423; Valda J. Blundell, "The Wandjina Cave Paintings of Northwest Australia," *Arctic Anthropology*, Vol. 11, (1974), pp.213–223; John Mathew, "The Cave Paintings of Australia, Their Authorship and Significance," *The Journal of the Anthropological Institute of Great Britain and Ireland*, Vol. 23 (1894), pp.42–52; Edward B. Eastwood, Benjamin W. Smith, "Fingerprints of the Khoekhoen: Geometric and Handprinted Rock Art in the Central Limpopo Basin, Southern Africa," *Goodwin Series*, Vol. 9, Further Approaches to Southern African Rock Art (Dec., 2005), pp.63–76; Donald Chrisman, *et al*., "Late Pleistocene Human Friction Skin Prints from Pendejo Cave, New Mexico," *American Antiquity*, Vol. 61, No. 2 (Apr., 1996), pp.357–376; J. David Lewis-Williams, David G. Pearce, "Southern African San Rock Painting as Social Intervention: A Study of Rain-Control Images," *The African Archaeological Review*, Vol. 21, No. 4 (Dec., 2004), pp.199–228.

（一）富蕴县唐巴勒塔斯

关于这处遗迹的介绍和研究，除前引文章外，另见于赵养峰、王炳华、盖山林等的论著。① 全部发现的三座洞穴按我们的编号是01-03（图一）。

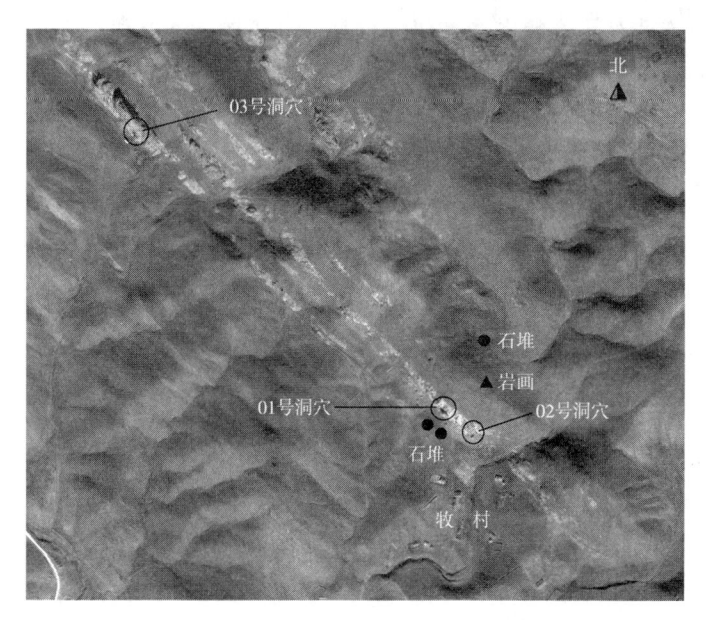

图一 唐巴勒塔斯洞穴绘画分布

1. 唐巴勒塔斯01号洞穴

a. 洞顶画面

可能表现一幅左侧身、挽弓人像；弓右上方画一个圆形图案（图二，1）。

b. 后壁画面

处于中心位置，由三种图画组成：

b-1：画在右面的一只大鸟；

---

① 王炳华：《阿尔泰山旧石器时代洞窟彩绘》，《考古与文物》2002年第3期；赵养峰：《阿尔泰山崖画调查记》，《考古与文物》1986年第6期；盖山林、盖志浩：《丝绸之路岩画研究》，新疆人民出版社2009年版，第261-263页。

266　丙编　图像考古

b-2：大鸟的背上方，可能是一幅鸟的正面图像。

b-3：画在鸟身下部和尾部的各1幅同心椭圆图画，以及画在鸟身左面的1组2幅。其中最右面的一幅同心椭圆图画似乎是大鸟的翅膀。

b-4：其它绘画，画在b-2上方的残笔，似乎一张弓；另在鸟喙的右下方残存了一幅图画，似乎也是弓；在鸟喙下方和上方，有3个左右的红色斑点（图二，2）。

c. 左侧壁画面

主要由三幅画面组成：

c-1：画在洞顶的一幅图画，与b-2相似而更完整且略有差别，同样有特意描绘的鸟喙，是一幅鸟的正面图像（图二，3）。

c-2：由圆弧线等组成，受损严重，图像难以辨认。

c-3：在c-2下方，由3幅大致水平并排的同心椭圆组成，图形小，二重圈。右侧的一个是利用岩壁的凹窝，残存部分白地（图二，4）。

此区洞顶有用浅红色书写的文字，似乎是藏文。

d. 右侧壁画面

受损严重，残存部分线条，图形难以辨认。

图二　唐巴勒塔斯洞穴绘画·01号洞穴

e. 其它

左侧洞顶和右侧壁面上各有一处可能是藏文的题记。在左侧壁和右侧壁面上各有若干现代题记。

2. 唐巴勒塔斯 02 号洞穴

图画均为赭红色，以人物为主，约 19 幅。可分为洞口及洞底两区。

洞口区：画在侧壁上，构图分散。靠内侧的一组较集中，绘有两排 6 人，正面像，双手张开下垂，裆间有下垂物；靠外侧有 5 幅，左侧视图，向前行进姿势，其中 1 人作射箭形象（图三，1-4）。

洞底区：由东壁、西壁及洞顶三部分构成。共有绘画 12 幅。东壁绘有 2 排手拉手舞蹈者，第一排 6 人，胖瘦相间，头顶都画成二叉或三叉形；右侧 1 人独立，在裆间画出一物下垂，可能是表现男性生殖器。第二排 5 人，有 3 人都画出类似上排右侧画像的裆间物；此排右侧画一人手握弓箭。两排之间靠右侧偏下方位置绘有"X"形符号。上排左起第三幅像下方的图案似乎也可以看出是此种"X"形符号。西壁人物分布凌乱，可辨有 2 人及一些"X"形符号。洞顶绘有 1 个小人（图三，5-11）。

图三　唐巴勒塔斯洞穴绘画·02 号洞穴

3. 唐巴勒塔斯 03 号洞穴

为赭红色绘画，可辨图像有 4 幅，为野猪 2 头，鹿 2 只，其余为动物图像和符号的残笔。还有若干不可辨认的图形（图四）[①]。

图四　唐巴勒塔斯洞穴绘画·03 号洞穴

（二）玉律昆库斯特河谷口

两处，编号为 01 号（西北）、02 号（东南）洞穴。

1. 玉律昆库斯特河谷口 01 号洞穴

在岩棚内后壁壁面上，用赭红色颜料喷绘的手掌印图像。在左侧残存手印 2 个，均为右手。右侧有手印 4 个，1 个不清楚，3 个为左手，手掌较宽大，手指较短，其中一个已模糊不清。手印东侧另残存 4 道赭红色线（图五，1）。

2. 玉律昆库斯特河谷口 02 号洞穴

在岩棚后壁面上，可辨认出自上而下大致有 3 行赭红色手掌印，共 9 个，其中右手 3，左手 6。颜料和绘画技法与 01 号洞穴相同（图五，2）。[②]

[①] 中山大学历史人类学研究中心等：《东阿尔泰山的古代文化遗存》，《新疆文物》2011 年第 1 期。

[②] 同上。

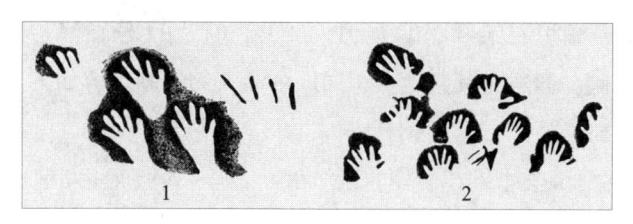

图五　玉律昆库斯特河谷口洞穴绘画

（三）玉律昆库斯特河谷

在岩壁上绘赭红色手掌印，其颜料和绘画技法与位于谷口的洞穴绘画相同。顶部壁面上残存有红色痕迹。西部壁面上有1个手印，似为右手。壁面上共有手印10个，以右手居多（图六）。①

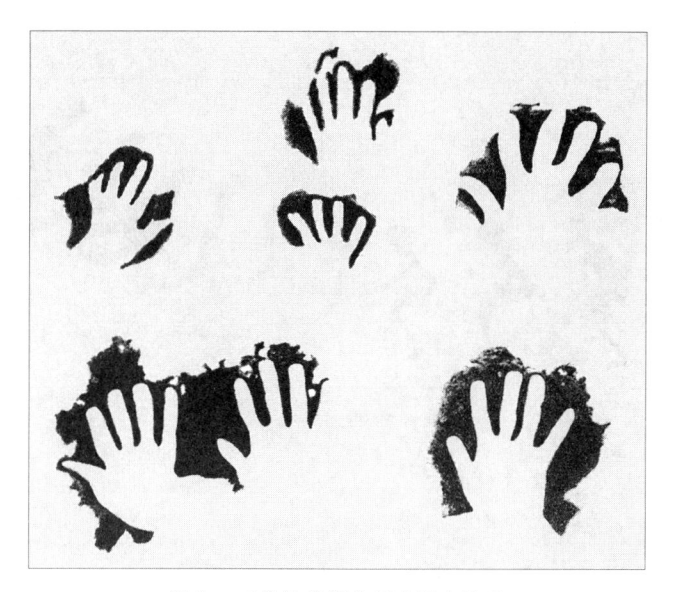

图六　玉律昆库斯特河谷洞穴绘画

（四）阿尔泰敦德布拉克

在阿尔泰市汗德尕特乡东南4公里敦德布拉克河上游河谷中。共

---

① 中山大学历史人类学研究中心等：《东阿尔泰山的古代文化遗存》，《新疆文物》2011年第1期。

发现4座岩棚里有绘画，编为01-04号，01、02号在河谷东侧，03、04号在西侧。颜料与其它地点相同。各洞穴的绘画内容如下。

1. 阿勒泰敦德布拉克01号洞穴

保存绘画最多。绘于岩棚的顶部和后、东、西壁面上（洞口南向）。

a. 东壁面（并延伸到洞顶部分）

绘画了上、下两组图像。下方者为6列动物，头朝向洞口，其中最多的1列有6只动物，种属是野马和野牛。画在上方者是上下2排人像，下排有10人左右，左侧视像，身体前倾，弯腰屈膝，有几幅像的脚部画出了一个超出了脚部尺寸的东西，左起第四幅像的手中执了一根长条状的物；上排画2人像，一高一矮，似乎右侧身。所有人像都是用涂实的方式（非线描）描画的（图七）。

图七　敦德布拉克洞穴绘画（01号洞穴东壁上方）

b. 后壁（并延至洞顶）

绘画人面、野牛和射猎像。人面画在左上角位置，线描，画出点状双目、三角形鼻子、一字形嘴，两颊各画有一个点。人面右下角画一幅射猎像，射手左臂执弓，弓上搭箭，右臂曲于腰部；野牛画在猎人图的下方。周围有一些符号式图案。

c. 西壁的顶部

用排列紧密的短线、三线纹构图成一个长椭圆形，圆内有图画，大多漫漶，其中也有一幅线描的人面，椭圆形，用短线表示五官。

2. 阿勒泰敦德布拉克 02 号洞穴

残存少量红彩。

3. 阿勒泰敦德布拉克 03 号洞穴

在后壁绘画。中间画一幅体型大的牛（野牛？），其周围画人物，存 6、7 幅，叉开腿站立，左臂平伸，挥右臂。皆线描。

4. 阿勒泰敦德布拉克 04 号洞穴

洞口南向，画在西壁。中间画两头野牛和鹿，两侧画一些人像。皆线描。①

（五）阿勒泰市阿克塔斯

在阿勒泰市巴里巴益乡，东南距阿勒泰市约 25 公里。海拔 1000 米。在一座孤立的花岗岩山岗上，为一洞口呈半圆形的岩棚，方向朝南。洞口长约 13、高约 1、深 1-4 米。

据王炳华先生的报道，绘画的内容包括：

1. 女性生殖器

在画面左上部位，用线描的形式绘画一幅女性生殖器图画，包括臀部和大腿部位，比较形象，类似涂鸦的色情画（当然，它出现在这里是有严肃意义的）。画面长 16 厘米，中部最大宽 7 厘米（图八，1）。

2. 人像

在一道由短线组成的长弧线图画下和右侧，分别描绘了 4 幅人像，姿势都是作双手上举。此外，在下方的另一道短线组成的长弧线图画下方，也画了 1 幅人像，姿势相同（图八，2-4）。

3. 短线组成的长弧线图画

有 2 组。与人像组合。这种短线也与上述女性图画中相当于腹部轮廓线的弧线相似。②

---

① 王博、郑颉：《阿尔泰山敦德布拉克的旧石器时代晚期岩棚画》，《吐鲁番学研究》2005 年第 1 期；祁小山、王博编著：《丝绸之路·新疆古代文化》，第 224 页。

② 王炳华：《阿尔泰山旧石器时代洞窟彩绘》，《考古与文物》2002 年第 3 期。

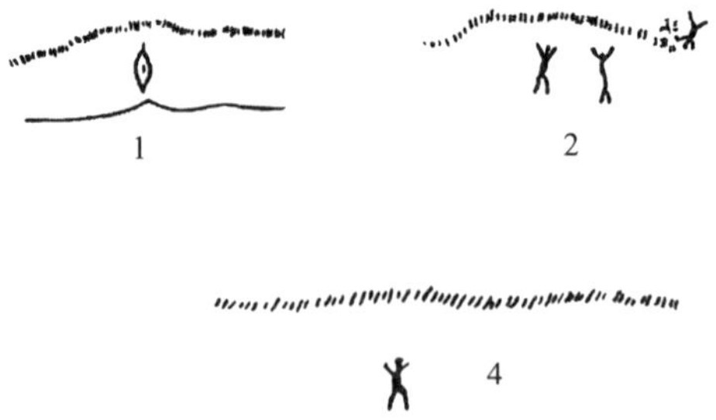

图八　阿克塔斯洞穴绘画
（据《阿尔泰山旧石器时代洞窟彩绘》重绘）

（六）哈巴河县多尕特

在哈巴河县萨尔布拉克乡多尕特沟，属别列则克河（哈巴河支流）流域。根据多人的报道，目前共发现了七座岩棚（01-07）中有绘画。论数量讲，这个地点是现在所知阿尔泰山中最多的，也是图画最复杂的之一。①

多尕特01号洞穴，洞口宽1.6、洞高1米。在洞内壁上用赭红色线条描绘2排图画：上排是1幅人像，其右侧是1幅器具图像；下排是4幅牛像（3幅向左姿势，1幅向右），其右侧绘1幅人像，人像右侧是1件棍棒形器具图像（图九）。

图九　多尕特01号洞穴绘画
（据《阿尔泰山旧石器时代洞窟彩绘》重绘）

---

① 王炳华：《阿尔泰山旧石器时代洞窟彩绘》，《考古与文物》2002年第3期；张志尧：《新发现的别列泽克河附近洞窟彩绘岩画》，《新疆师范大学学报》1986年第1期。

阿尔泰山的洞穴绘画　　273

多尕特 02 号洞穴，洞穴稍大，图画高约 1.3、宽约 1.2 米，画面较大且复杂。赭红色点和线描，其内容如图所示。有三种图像：（1）人像，画在上、下方位置，两种类型，一种是图案化的，像两个串联的菱形，中间的竖线表示躯干，两个菱形分别表示上下肢；画在画面右下方 2 幅，是写实的人像；（2）三角形图像，3 幅，画在画面的右下方位置，与 3 幅人像对应；（3）画面中间用点绘画的图像，不好描述（图十）。

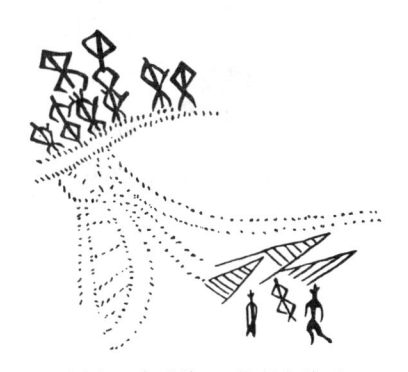

图十　多尕特 02 号洞穴绘画
（据《阿尔泰山旧石器时代洞窟彩绘》重绘）

多尕特 03 号洞穴，洞口宽 1.7、高 1.5、深 1.3 米。洞穴后壁上用赭红色线和点绘画，外围有粗线描出一个不规则椭圆形的边框。图像令人费解：明确的是画在左下方的一头牛和两幅人像（部分重迭）；那些点形图案中，画在上方的呈大致并行线排列，下方者看不出图形；画在点形图案间的是 3 幅图形，不易辨识（图十一）。

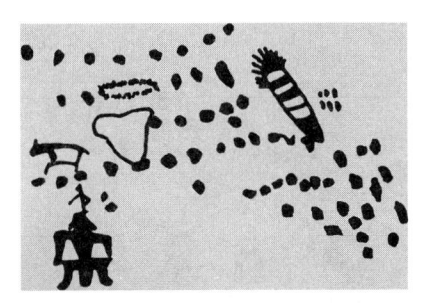

图十一　多尕特 03 号洞穴绘画
（据《阿尔泰山旧石器时代洞窟彩绘》重绘）

多尕特 04 号洞穴，与 01 号相去不远。洞口宽 1、深 1、高 0.9 米。洞内以深赭色彩绘了一排纵列竖线，高 3-4 厘米，排列成 65 厘米长，形若木栅。

多尕特 05 号洞穴，洞口宽 1、深 0.9、高 0.8 米。赭红色绘 2 幅人像，分别高 20、25 厘米，作舞蹈状。

多尕特 06 号洞穴，洞口宽 1、深 1、高 0.5 米。在洞内壁面上赭红色绘画 1 人 2 牛。人像高 26 厘米，用填实方式描绘，在头部画两个角形头饰，双腿叉开，其间绘一个尾饰。牛的图像用线描，长 42 厘米，上下并列（图十二）。

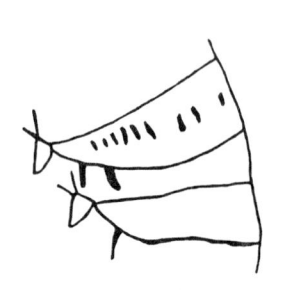

图十二　多尕特 06 号洞穴绘画
（据《阿尔泰山旧石器时代洞窟彩绘》重绘）

多尕特 07 号洞穴，洞穴高出沟底约 20 米，洞口宽 8、高 2.8、深 4.5 米，是体积最大的洞穴，图画也最复杂。用赭红色颜料在洞内后壁上作画，画面高 2.5、宽 4.5 米。全部可以辨认的图像如图所示（图十三），分为下述几种。如果把归类后的图画单独抽离出来看的话，它们的特征会显得更清楚。

图十三　多尕特 07 号洞穴绘画总图
（据《丝绸之路·新疆古代文化》照片临摹）

（1）手印、足印

手印9幅，画法上分两种：采用"留白"的喷绘法，7幅；实画法，2幅。前者构图在整个画面的左和左下方外缘，后者画在右面。除画在最上方的1幅手印外，其余均左右手成对，而且按对应的左右位置布图。最下方的1对还画出了手臂。

足印2幅。画在最下方位置。左右脚，成对（图十四）。

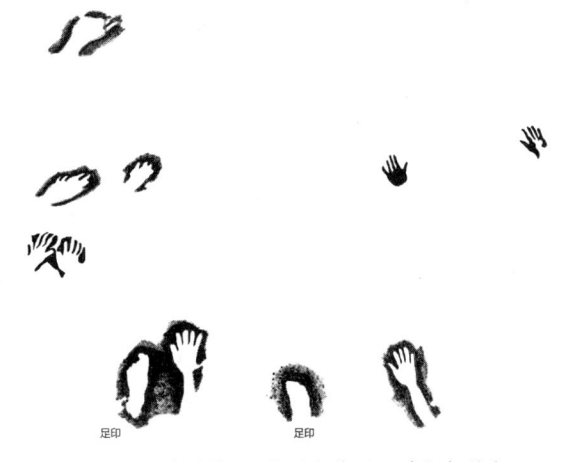

图十四　多尕特07号洞穴绘画·手印与足印

（2）人物

约9幅，画在整个画面大致中栏位置，分散。除最上方的2幅分别呈左、右侧身外，其余皆为正面像。所有人像尺寸都很小。上方的1幅手持一种棍棒形物，左侧与三角形图像相接（图十五，4、7、10、14、16、18、21、25、26）。

（3）动物

约14幅，画在中栏位置。其中，牛7（图15，11-13、19、22-24）、马2幅（图十五，17、20）、羊（？）2幅（图十五，2、3）、鸟2幅（图十五，1、15），及1幅长双角、长尾的动物（9）等。

（4）三角形图案

1幅（图十五，6）。

图十五　多尕特07号洞穴绘画·人物与动物

（5）由点构成的图形

10幅。画法接近多尕特02号洞穴，其图形也不易辨识。其中，画在右侧的2幅，即由点组成的线条，又与阿克塔斯相接近。（图十六）①

以上07号洞穴的全部图画可以分作三组：（1）手、足印；（2）点形图案；（3）人物与动物。

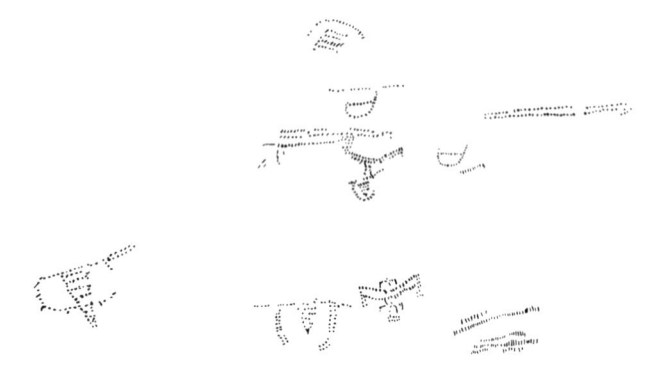

图十六　多尕特07号洞穴绘画·点形图案

（七）蒙古科布多省成克里

位于阿尔泰山北麓，蒙古国科布多南偏东79.3公里，在成克里河（Tsenkeri Gol）东岸的断崖上。洞口距河滩高约59米，为天然大型洞

---

① 王炳华：《阿尔泰山旧石器时代洞窟彩绘》，《考古与文物》2002年第3期。

穴，形状不规则，曾因地震而坍塌过。洞内现堆积了大量的鸟粪。在洞穴深处一个似耳室的凹进的壁面上，保存有数处壁画。以赭红色的矿物颜料绘画，题材为双峰驼、野牛、人物、树，以及一种与多尕特07号相似的长双角、长尾的动物（图十七）。①

图十七　成克里洞画摹本

二、绘画的内容和技法

上述七处遗迹，彼此间没有完全雷同的情况，除了出现于两处遗迹的手印外（玉律昆库斯特河谷和谷口、多尕特07号），似乎它们各不相关，分别由不同的人在不同的时间所绘。不过，从绘画内容上，应该把它们区分和归类如下：(1) 手印和足印；(2) 动物和人像（包括狩猎图）；(3) 点形图形；(4) 其它（几何图形等）。

在可辨识的画像中，有些题材的意义是比较明确的。

（一）手、足印

手和足印在世界各地洞穴绘画中有较为普遍的发现。关于这类图

---

① *History of Civilizations of Central Asia*, Vol. 1, pp.102-103；刘文锁：《蒙古考古调查报告》，载氏著《丝绸之路——内陆欧亚考古与历史》，第87页，图66、67。

像的意义，托卡列夫在解释法国旧石器时代晚期的洞画时说，"显然与宗教的观念和礼仪有某种关联"。[①] 当然，全部这种洞画都不是无聊的涂鸦，而是早期信仰的遗迹，只是我们需要比较明确的解释：是什么样的仪式才需要将手和足印拓印在洞穴的墙壁上？

在玉律昆库斯特河谷的两处洞画中，都不曾描绘手印之外的图像。手印的数量也不多，在排列上大致是上、下成行，也有左、右手成对构图的情况。除谷口的02号洞穴外，其余洞穴中手掌的尺寸差别不明显，像是出自同一个人，而且全部手、足印都是成年人的，但无法判断全部手印和足印是一次性还是逐次完成的。这些洞穴体积都小，距离地面有一定高度，处在河谷中，而且洞内无法居住。在玉律昆库斯特河谷洞穴的前方滩涂上发现有类似墓葬的石构遗迹。多尕特07号洞穴的手、足印是与更复杂的图像画在一起的。这是它们的基本特征。洞画的分布规律似乎无更多的线索。

假设这些洞穴是游猎至此的猎人举行某种信仰活动的场所（"圣所"），那么，仪式应是在洞口外的地面举行的，最后一道程序可能是将手或足印在洞穴的墙壁上。因为数量不多，很可能这些印记是有选择的，即只有成年人有这个资格。而且，关于使用情况有两种可能：仅使用了一次，或者经过了反复多次使用。由于手和足印更像是一种标记，这有可能是游猎至此的猎人举行仪式后所做的标记他们踪迹的印记。

（二）狩猎

这种题材出现在唐巴勒塔斯，即由洞顶的人物射箭图与画在下方的大鸟构成的画面。这种大鸟，通过画在它身后和身下的圆涡纹（可能表示羽毛），我们猜测可能是鸵鸟（*Struthio camelus*）。[②] 这种图像

---

① ［苏］谢·亚·托卡列夫著、魏庆征编译：《人类与宗教》，中央编译出版社2009年版，第8—9页。

② 拉诺夫（V. A. Ranov）在塔吉克斯坦东帕米尔发现的沙赫他洞（Shakhta Cave）绘画，里面有鸵鸟的图像。S. P. Gupta, *Archaeology of Soviet Central Asia, and the Indian Borderlands*, Vol. 1. Delhi: B. R. Publishing Corporation, 1979, pp.100−102.

也出现在敦德布拉克1号洞穴后壁和多尕特07。另外，多尕特01号洞穴的上下两排人物以及画在他们中央的牛（野牛？），也像是在表现狩猎的场景，但不同于一般的狩猎图式。画在右侧的人像旁边的竖棒状物象可能是表示手持的工具。

（三）动物

在唐巴勒塔斯03号洞穴、敦德布拉克、多尕特的几座洞穴，都有描绘多幅动物图像的画面，以野生物种（鹿、野猪、牛，及可能的羊）为主。马的图像似乎是可以肯定的，即在多尕特07号洞穴画面中部描绘的2幅大型动物的形象，有长的脖颈，其一画出了鬣鬃。涉及马的驯化，这里的马图像应该表现的是野马。成克里洞画中仅见的1幅骆驼像，应该也是野生的。实际上无法确定这些物种中是否有驯养者。

（四）人面

见于敦德布拉克。

（五）生殖

阿克塔斯洞画画面左上方表现的图像，看上去很写实。令人难解的是画面右部和下方所画的由点组成的略曲的线，在线下方还画了双手上举作崇拜姿势的人像。这种点形线与左上方表现女性腹部的线相同，由此，可以推论这2幅可能也是表现女性的腹部，只是简化了。

（六）滑雪（？）或行列

敦德布拉克洞画中一组排成队列、作左侧身向右方行进的人像（共10幅），从身体姿势看，的确像是滑行的姿势，而与唐巴勒塔斯02号洞穴里的上下成排、作正面姿势的人像不同。在各地发现的洞画中，包括岩画在内，这种图像目前还是个孤例。

（七）舞蹈

唐巴勒塔斯02号洞画中，画在洞穴侧壁上的一组人像，分成两排，正面姿势，手张开彼此间作牵手的姿势。这种舞蹈姿势是比较典型的。

此外，在多尕特 02 号洞画中，也画有成排的人像，可能也是表现舞蹈的场景。

所有的图画都呈赭红色。关于这种颜料的配制，拉诺夫（V. A. Ranov）说是羼和了动物脂肪，以起加固作用。[①] 这个说法是有道理的。

三、年代和性质问题

（一）阿尔泰山地区发现的关系遗址

上述报道的 7 处以上地点中，除阿尔泰山东北麓的成克里洞穴外，其余都没有洞穴地层堆积。成克里洞内有深厚的堆积，但未闻做过发掘。同时，在阿尔泰山地区陆续发现了越来越多属于旧石器时代至新石器时代的洞穴遗址等，集中在了阿山的北麓河谷等地，那里有发育较好的洞穴；而洞穴绘画都是分布在阿尔泰山东南部的前山地带。假设被认为是旧石器晚期至新石器时代的遗存（遗址和洞穴绘画）是相关的，那么，人们的主要居地是在山北麓地带，而阿尔泰山的东南部则可能是他们的猎场之一。

阿尔泰山地区发现的旧石器时代至铜石并用时代遗存，吉谢列夫在《南西伯利亚古代史》中曾有简略的说明。[②] 年代最早的乌拉林卡遗址（Ulalinka），在山北麓俄罗斯阿尔泰边疆区（Altayskiy）之戈尔诺-阿尔泰斯克镇（Gorno-Altaysk）附近，1961 年由奥克拉德尼科夫（A. P. Okladnikov）发现，并做发掘，地层的热释光测年为距今 148 万年左右，属旧石器时代早期。[③]

---

① 见 S. P. Gupta, *Archaeology of Soviet Central Asia, and the Indian Borderlands*, Vol. 1, pp.100-102。
② 吉谢列夫：《南西伯利亚古代史》上册，新疆社会科学院民族研究所 1981 年，第 6 页。
③ A. H. Dani, V. M. Masson ed., *History of Civilizations of Central Asia*, Vol. 1, pp.56-58；《中亚文明史》第一卷，第 28 页。

根据爱卜腊莫娃（Z. A. Abramova）的介绍，苏联时期在阿尔泰山至萨彦岭地区叶尼塞河上游支流安加拉河（Angara R.）流域，及勒拿河（Lena R.）上游，曾发现一批旧石器时代遗址，遗物以骨、石、猛犸象牙等雕刻的人像和动物像为显著，其中，在玛尔塔（Mal'ta）发现的大批女像是十分重要的（图十八）。此外，在勒拿河上游西斯基诺（Shishkino）断崖上的绘画，是用赭红色颜料绘的野牛和野马的大型画（图十九）。① 这种女像刻意突出了性征，与阿克塔斯表现对女性生殖器崇拜的画是相通的，其作者和利用者恐怕都是男子。

西斯基诺的崖画题材，在敦德布拉克和多尕特07号洞画中也出现了。这里常见的野牛，在乌兹别克斯坦铁尔梅兹（Termez）东方大约100公里处巴巴塔格（Baba Tag）的乍老忒·萨依（Zaraut-Sai 或 Zaraut Kamar）洞绘画和塔吉克斯坦东帕米尔（Eastern Pamirs）的沙赫他洞（Shakhta）绘画里，都有表现，前者用涂实颜料的画法，后者采用线描，其年代被推断为中石器时代。② 这种野牛图，在法国等洞画中是常见的题材。

关于旧石器时代阿尔泰山的动物物种，鲁金科（S. I. Rudenko）在阿尔泰山西麓山根地带发掘的乌斯季-康斯喀雅（Ust'-Kanskaia）洞穴遗址出土的动物骨骼，种类有猛犸象、鸟，以及灭绝了的螺角羚羊（spiral-horned antelope）和洞鬣狗（cave hyena）。这个遗址也出土了打制石器和雕塑。③

---

① Z. A. Abramova, translated by Catherine Page, edited by Chester S. Chard, "Paleolithic Art in the U. S. S. R." *Arctic Anthropology*, Vol. 4, No. 2 (1967), pp.1-179.

② S. P. Gupta, *Archaeology of Soviet Central Asia, and the Indian Borderlands*, Vol. 1, pp.100-102.

③ S. I. Rudenko, H. M. Wormington, C. S. Chard, "The Ust'-Kanskaia Paleolithic Cave Site, Siberia". *American Antiquity*, Vol. 27, No. 2 (Oct., 1961), pp.203-215.

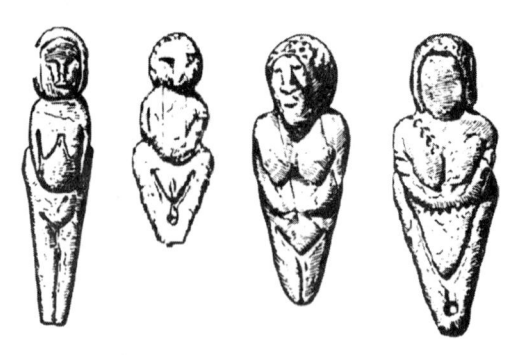

图十八　玛尔塔遗址出土的女雕像
（据"Palaeolithic Art in the U. S. S. R."）

图十九　西斯基诺崖画的野牛和野马
（据"Palaeolithic Art in the U. S. S. R."）

阿尔泰山区的旧石器时代考古发现，还有奥克拉德尼科夫等人在蒙古戈壁阿尔泰（Gobi Altay）大博格达山（Ikh Bogd）北的乌鲁克湖（Orok Nor）滨发现的一处遗址，出土了刮削器和用砾石加工的砍砸器。[①] 比哈巴河岸边发现的细石器年代要早，但可能属于游猎者的临时

[①] A. P. Okladnikov and William B. Workman, "Palaeolithic Finds in the Region of Lake Orok-Nor", *Arctic Anthropology*, Vol. 3, No. 1 (1965), pp.142–145.

性营地遗址。

前些年,关矢晃撰文介绍 1990 年代在俄罗斯阿尔泰区的发现,有旧石器时代地点 6 处(4 处为洞穴遗址),新石器时代洞穴遗址 1 处。这些遗址是:(1)捷尼索娃洞穴遗址,地层堆积深厚,以旧石器时代晚期为主;(2)卡明纳亚洞穴遗址,洞口和洞内堆积深厚,各时代的遗存都有,年代自莫斯特期(Mousterian period)至蒙古时期,经历了新石器时代、青铜时代和铁器时代;(3)乌斯季卡拉科尔 1 号遗址,碳十四测年,第 2 层距今 28700±850 年,第 3 层 31410±1160 年和 29900±2070 年,相当于旧石器时代晚期,地层中出土了野牛脊椎骨化石;(4)伊斯克拉遗址,第 1-3 层为中世纪至现代地层;第 4 层较厚,含新石器时代至铁器时代遗物,4B 层相当于旧石器时代最末段,4C 层以下为旧石器时代晚期遗物的包含层;(5)比克洞穴遗址,下洞群未出遗物,上洞群最下层为莫斯特文化层;(6)卡拉博姆遗址,发现了地层上分属两个时期的居址,早期地层为两个莫斯特期文化层。① 主要是旧石器时代晚期的洞穴堆积,洞穴体积大,地层堆积深厚,断续使用时间长。

1990 年代,伊弟利斯·阿不都热苏勒和张川在中国境内的阿尔泰山地区做了考古调查,在额尔齐斯河谷发现了 6 个打制石器地点,全部在哈巴河县境内。根据他们的意见,这些石器遗存"证明了在阿尔泰地区金属工具广泛使用之前存在着一个以广泛使用细石器工具为标志,以狩(渔)-猎经济为特征的史前文化的发展阶段"。② 由于这些遗存地点与最集中的洞画遗迹多尕特处于同一区域,所以,也最容易使人推测二者之间的关联,即以狩猎谋生的某支人群,他们居住、生活于河谷,而在前山地带的洞穴举行意识形态活动。鉴于额尔齐斯河的渔

---

① [日]关矢晃著、朱延平译:《近年俄罗斯阿尔泰地区的考古学状况——1992-1994 年旧石器时代、新石器时代的发掘收获》,《华夏考古》1997 年第 4 期。

② 伊弟利斯·阿不都热苏勒、张川:《额尔齐斯河畔的石器遗存及其类型学研究》,《新疆文物》1998 年第 3 期。

业资源,也可能,这群人是复合经济的猎人加渔民。

(二)相似题材或图案的比较

在断代上,将洞穴绘画与通常所说的岩画区分开来是有道理的。一般来说,由于法国和西班牙发现的洞穴绘画做过较可靠的年代学研究,[①] 在对亚欧大陆发现的同类遗迹的断代上,也都参照了欧洲洞画的年代。不过,现在我们知道,在美洲和澳洲发现的洞画,其下限可能到了近代,为印第安人和澳洲原住民的后期创作。[②] 中国西南地区的绘画是利用河崖的山壁,与洞画也不同。这是要注意的。

对于推断阿尔泰山洞穴绘画的年代来说,比较邻近地区发现的洞画的相似图像应该是有参考价值的,主要是手印和圆涡图案。

手印:内蒙古西部阿拉善右旗雅布赖山洞穴绘画,有三处手印。特征是手指短,有些带一截手腕。[③] 此类洞画手印,在旧、新大陆的一些洞穴绘画中是比较常见的,画法也都相似,很容易把它们视为同一种遗迹,年代上也彼此参照。此外,在岩画中也发现了手印的图形,如新疆且末以及宁夏贺兰口岩画。[④] 这种手印甚至出现在马家窑文化的彩陶上。[⑤]

圆涡图案:唐巴勒塔斯的圆涡纹图案,可资比较的是在特克斯县乌孙山发现的阿克塔斯洞穴绘画,有羊、犬(?)及同心椭圆图案和圆

[①] Paul Pettitt, Alistair Pike, "Dating European Palaeolithic Cave Art: Progress, Prospects, Problems," *Journal of Archaeological Method and Theory*, Vol. 14, No. 1 (Mar., 2007), pp.27-47.

[②] David C. Grove, "Olmec Cave Paintings: Discovery from Guerrero, Mexico," *Science*, New Series, Vol. 164, No. 3878 (Apr. 25, 1969), pp.421-423; David Gebhard, "The Diablo Cave Paintings," *Art Journal*, Vol. 20, No. 2 (Winter, 1960-1961), pp.79-82; John Mathew "The Cave Paintings of Australia, Their Authorship and Significance," *The Journal of the Anthropological Institute of Great Britain and Ireland*, Vol. 23(1894), pp.42-52.

[③] 《丝绸之路岩画研究》,第 150-152 页。

[④] 多鲁坤·阚白尔、克由木·霍加:《新疆且末县古代岩画艺术》,载《丝绸之路岩画艺术》,第 514-524 页;多鲁坤·阚白尔、克由木·霍加:《古代昆仑原始艺术奇观》,《新疆艺术》1986 年第 6 期;盖山林、盖志浩:《丝绸之路岩画研究》,第 168 页。

[⑤] 甘肃省博物馆:《甘肃彩陶》,科学出版社 2008 年版,第 170 页。

圈图案。① 不过，构图相似的图像在岩画甚至彩陶上是十分常见的。在新疆天山地带，见于昌吉地区、木垒县芦塘沟和博斯坦牧场岩画，及巴尔鲁克山冬牧场哈因沟、托里县玛依勒山喀拉曲克牧场岩画等中。② 彩陶上的类似图案见于鄯善苏贝希三号墓地及甘肃仰韶文化早期和马家窑文化的彩陶。③ 岩画中的此类图画也有印记或符号之说。如果广泛比较的话，恐已失去了意义。鉴于岩画的年代难以确定，延续很长时间，通过比较相似的图案，也只能说明二者之间存在的相似性，不能排除某些洞画与岩画可能是同时期的。

（三）洞画年代的推测

在洞画年代问题上，可采取的推理方法和根据，目前看仍然是相互比较，而基本的依据是发现最早、遗存也最多的法国南部和西班牙的洞画，因为这些洞画有较完备的年代学研究，包括发现和研究了有关的人工遗物和动物群遗骸，甚至做过放射性碳素测年；虽然这些遗物和遗骸在年代上与洞画之间的关系受到质疑，④ 但因为不能对洞画直接测年，这种在洞画附近（同一洞穴内或地理区）遗存的遗物或遗址，仍然是最值得考虑的证据之一。拉诺夫对沙赫他洞绘画的断代，就是根据同一洞穴内地层中埋藏的石器和动物特征，推论绘画的年代属于中石器时代至新石器时代的。⑤

---

① 伊犁地区文物普查队：《新疆伊犁地区岩画》，载《丝绸之路岩画艺术》，第 261–270 页；苏北海：《新疆伊犁地区岩画中的生殖崇拜及猎牧文化》，同上书，第 271–292 页。
② 昌吉回族自治州文物普查队：《新疆昌吉地区岩画》，载《丝绸之路岩画艺术》，图七，图十八，第 27–45 页；苏北海：《新疆木垒县芦塘沟的岩画》，同上书，第 63–75 页；苏北海：《新疆木垒县博斯坦牧场罕见的岩画山》，同上书，第 76–104 页；苏北海、张岩：《新疆托里县玛依勒山喀拉曲克牧场岩画所反映的古代猎牧文明》，同上书，第 216–234 页、图三十二。
③ 新疆文物考古研究所、吐鲁番地区博物馆：《新疆鄯善县苏贝希遗址及墓地》，《考古》2002 年第 6 期；新疆文物考古研究所、吐鲁番地区博物馆：《鄯善县苏贝希墓群三号墓地》，《新疆文物》1994 年第 2 期；《甘肃彩陶》，第 17、23、28、41–42、46、50、55、56–57、60、62、67、68、72–73、80、84、96、99–104、106–108、113、136–140、155 页等。
④ Paul Pettitt, Alistair Pike, "Dating European Palaeolithic Cave Art: Progress, Prospects, Problems," *Journal of Archaeological Method and Theory*, Vol. 14, No. 1 (Mar., 2007), pp.27–47.
⑤ S. P. Gupta, *Archaeology of Soviet Central Asia, and the Indian Borderlands*, Vol. 1. pp.100–102.

286　丙编　图像考古

　　归纳来看，关于阿尔泰山的洞穴绘画之年代，目前有旧石器时代晚期和距今约 1.5 万-1 万年等不同观点。依我们之见，目前尚不足以给出更精确的断代。值得我们思考的有这样几个问题。

　　1. 洞画题材的类型与年代的关系

　　前文已述，除了出现在多尕特 07 号洞穴和玉律昆库斯特河谷口和河谷内三处地点的手印图画外，在题材和图样上各洞穴都没有相同之处——这一现象暗示它们可能是在不同年代所创作，当然，也可能是不同的人群所留下的。内容较明确的几种题材，参考已有的阐释，可能是有不同的意义，比较复杂，也暗示了年代上的差别。

　　图画最多也最复杂的多尕特 07 号洞穴，从画面上看，似乎存在着图画相叠压的痕迹，介于我们上述分类的三组图像中：最明确的是在画面中央布图的动物和人物像，叠压在较分散的点形图案上。其中，有一处画面显示动物图画本身也有叠压关系（图十五，19、20）；同时期的手印和足印较明确地叠压在了点形图案上（图二十）。

图二十　多尕特 07 号洞穴绘画中的重叠现象

　　根据这些关系和构图等特征，推论三组主要画面的年代关系如下：点形图案是最早的，其次是动物、人物像，最后绘制的是手印和足印；数量最多、最复杂的动物、人物像，也是在不同时间内所分批创作的。

2. 洞画与石器时代遗存之间的关系

假设这些洞画与阿尔泰山地区所发现的被认为是旧石器时代晚期至中石器时代的遗址相关联，即洞画是那些遗址的主人所遗留，则其年代不妨考虑确定在这一较长的时间范围内。关于洞画年代的证据是不足的，这也是个现实难题，也许将来会有突破性的进展。

（四）关于洞画的性质

阿尔泰山地区洞穴岩画所代表的人类社会生活方式，我们以为与本地前游牧时代的游动狩猎生活（游猎）有关；由于绘画洞穴非居住之地，它们属于意识形态（信仰）的场所。他们不一定是"采集者"，至于是否渔夫也尚不能确定，一切有赖于考古发现和研究。而对洞画性质的解释，目前看还必须与世界各地发现的洞画相参照。

敦德布拉克出现的人面是具有意识形态意味的图像之一。这些面具式的图样令人联想到宁夏乌海桌子山岩画中表现的各种人面像，在那里的岩画中，也出现了手印、足印和圆涡纹。[①]在南非北巴苏托兰的马黑他洞（Makheta Cave）绘画的人物和鸟首人身像，被认为是表现神像的图画。[②]澳大利亚安谷弥（Unggumi Territory）原住民的洞穴绘画中，被推测为较晚期的手印和蛇、鳄鱼、熊、成排的人面以及更复杂的人像（头上有辐射状的线条）出现在一起，研究者认为那些人像表现的都是神。[③]研究者根据当代民族志，认为洞穴绘画是不同氏族组织的领域标志，绘画的内容是描绘氏族先祖的历史神话，动物和植物表示图腾。此说可供参考。如果认为这一阐释是接近事实的，那么，相同的动物、植物等"图腾"图像的地域，就是可以说明同一个氏族

[①] 梁振华：《桌子山岩画》，文物出版社1998年版，第81-83页，图四二、四六至四八，图版2-42等。

[②] James Walton, "Kaross-Clad Figures from South African Cave Paintings," *The South African Archaeological Bulletin*, Vol. 6, No. 21 (Mar., 1951), pp.5-8.

[③] Valda J. Blundell, "The Wandjina Cave Paintings of Northwest Australia," *Arctic Anthropology*, Vol. 11, Supplement: Festschrift Issue in Honor of Chester S. Chard (1974), pp.213-223.

的活动区域；如果在相距遥远的区域发现了相同的"图腾"式图像，就会解释成这个氏族的迁徙地。当然，这里又需要在推论中有所保留，涉及"图腾"的起源以及如何理解"图腾"和图腾制度的问题。

截至当前，关于被普遍地认为是旧石器时代晚期至中石器时代的洞穴绘画遗迹的性质的讨论，始终是考古学和宗教思想史、艺术史共同感兴趣的问题。这种洞穴一般都被认为是当时举行狩猎、生殖、丰收等巫术以及更复杂的早期信仰活动的仪式场所。[1] 这些全球性的考古发现，似乎昭示着人类第一个宗教信仰的高潮期，从艺术史角度也可以把它们归作同一个时期。所以，伊利亚德（Mircea Eliade）在《宗教思想史》中讨论"岩画：图像还是符号？"时，说这种绘画的洞穴是一种圣所，因为它们不能居住，进出很困难；狩猎图像是"可以作为'狩猎巫术'的证据"，"仪式也可能是在'圣所'的最深处举行的，或是在狩猎出征之前，或是年轻人的'入会礼'"；有的图画可以看成是"萨满的降神会"，"在旧石器时代存在着某种类型的萨满教，这似乎是肯定的。一方面，在今天萨满教仍然支配着猎人和牧人的宗教思想；另一方面，出神的体验作为一种原初的现象，它也是人类状态的一种基本元素"。[2] 这里引述他的观点，是供我们考虑阿尔泰山的洞穴绘画时作为参考。

（原刊余太山、李锦绣主编《丝瓷之路——古代中外关系史研究 II》，商务印书馆 2012 年版）

---

[1] June Ross, Iain Davidson, "Rock Art and Ritual: An Archaeological Analysis of Rock Art in Arid Central Australia". *Journal of Archaeological Method and Theory*, Vol. 13, No. 4, Advances in the Study of Pleistocene Imagery and Symbol Use [Part I] (Dec., 2006), pp.305-341; Steven J. Mithen, "To Hunt or to Paint: Animals and Art in the Upper Palaeolithic". *Man*, New Series, Vol. 23, No. 4 (Dec., 1988), pp.671-695.

[2] [美] 米尔恰·伊利亚德著、宴可佳等译：《宗教思想史》，上海社会科学院出版社 2004 年版，第 18-21 页。

吐鲁番晋-唐时期墓葬壁画的考察

一、绪　言

阿斯塔那-哈拉和卓古墓群壁画墓最早发现于民国初年，即斯坦因1915年1月在阿斯塔那墓地发掘的三座壁画墓（Ast.ii.2、Ast.vi.1、Ast.vi.4）。[①]以后发掘的有三批：1965年和1973年发掘的三座唐代西州时期壁画墓（65TAM38，73TAM216、217）、[②]1975年在哈拉和卓发掘的5座（75TKM94-98）[③]，以及2004年发掘的一座（TAM408）[④]，凡12座。近来整理的阿斯塔那墓地发掘资料，提到1972年发掘的M183"墓室壁上有壁画"，[⑤]但因未见到任何介绍，故而不予置论。它们明显的特征，一是数量上的少数，另一是在时间上处于高昌郡至高昌国时期和唐代西州时期。两个时期的壁画在题材和构图方式上的差异是十分明显的，为此本文要做出详细的分析。

全部壁画墓的墓葬形制都属于同一种类型的封堆-斜坡墓道洞室墓。方形墓室的顶部，按照晋-唐代北方地区的墓葬和石窟广泛流行

[①] M. A. Stein, *Innermost Asia, Detailed Report of Explorations in Central Asia, Kan-su and Eastern Iran*, Oxford at the Clarendon Press, Vol. II, 1928, pp.631, 660-661.

[②] 新疆维吾尔自治区博物馆：《吐鲁番县阿斯塔那-哈拉和卓墓群发掘简报》，《文物》1973年第10期；新疆文物考古研究所：《吐鲁番阿斯塔那第十次发掘简报（1972-1973年）》，《新疆文物》2000年第3-4期。

[③] 新疆博物馆考古队：《吐鲁番哈喇和卓古墓发掘简报》，《文物》1978年第6期。

[④] 吐鲁番地区文物局：《吐鲁番阿斯塔那古墓群西区408、409号墓清理简报》，《吐鲁番学研究》2004年第2期；吐鲁番地区文物局：《新疆吐鲁番地区阿斯塔那古墓群西区408、409号墓》，《考古》2006年第12期。

[⑤] 鲁礼鹏：《吐鲁番阿斯塔那古墓群发掘墓葬登记表》，《新疆文物》2000年第3-4期。

的单层或双层覆斗形（盝顶式）设计，壁画一般绘于墓室的后壁。根据随葬的衣物疏和墓主人尸体来看，大部分属于夫妇合葬墓，少数是单人葬。合葬墓的壁画可能是绘于最后一位逝者入葬时，根据是除TKM96外的合葬墓壁画上，都有墓主人夫妇的画像。其中，有些墓葬出土了汉文文书，尤其是75TKM96发现的八件纪年文书，对于墓葬的年代和墓主人身份的判断来讲是关键性的。

自墓葬发掘至今，关于这批墓葬壁画的研究还比较欠缺。由于众所周知的原因，其资料没有完整地发表。在研究上，孟凡人先生介绍了75TKM94-98号墓及斯坦因发现的三座墓葬（Ast.ii.2、Ast.vi.1、Ast.vi.4）中的壁画和M13等墓出土纸画，讨论了壁画及纸画的题材和技法，并通过将两汉中原墓室绘画题材和河西地区的比较，推测河西地区的墓葬壁画是内地同期墓葬壁画的缩影。[1]最近发掘的一座墓葬（M408），有李肖先生的一篇简介。[2]另外，郭永利先生对阿斯塔那－哈拉和卓墓地包括斯坦因发掘的部分墓葬中的纸画和壁画进行了简要分析，不过，作者的关注点与本文完全不同。[3]

今后可能还会有晋至唐时期的壁画墓被发现。在前人研究的基础上，我们希望集中讨论两方面的问题：(1)壁画的题材、命名、蓝本、意义与传统；(2)壁画图样变化的社会史背景。为此，需要从分析壁画墓葬的年代和墓主人身份、形制与壁画构图方式及画面内容着手。事涉十六国至唐代吐鲁番本地的一段历史，这些丧葬资料是中国墓葬绘画史的一个例子，反映了中古时期河西移民在西域的现实生活。

---

[1] 孟凡人：《吐鲁番十六国时期的墓葬壁画和纸画略说》，载氏著《新疆考古与史地论集》，科学出版社2000年版，第9—16页。

[2] 李肖：《吐鲁番新出壁画"庄园生活图"简介》，《吐鲁番学研究》2004年第1期。

[3] 郭永利：《河西魏晋十六国壁画墓研究》，兰州大学博士学位论文，2008年，第171页。

二、壁画墓的年代与墓主人

　　以出土文献的年代推论入葬的年代（因而是壁画绘制的年代），除随葬的墓志（表）和衣物疏外，其它文书显然需要留出一个大致的时间差。另一方面，基于墓葬形制的分期以及若干类型器物的比较分析，只能推出一个相对年代范围。这些影响墓葬断代的因素是要考虑的。

　　如果以根据墓葬形制演变的分期研究为参照系，则全部12座壁画墓分属于第一期（晋至南北朝中期，即高昌郡至马氏高昌国时期，3—6世纪初）和第三期（盛、中唐）。[①] 以下关于各墓年代的讨论，虽以此为参考，但我们仍需要依据各墓的文书、家族墓地规制和墓中的典型随葬品等，来尽可能地推定较为精确的年代。另一方面，由于全部壁画墓都有被盗扰的迹象，由此对文书造成的损害是可想而知的，这无疑也影响了文书断代的精准度。

　　哈拉和卓墓地的5座壁画墓分布于两处：M96-98为东西向并排的一组；M94-95东西向并排，在前组东南方。这种墓葬排列方式与唐代的茔院式家族墓地的南北向（大致）排列是不同的，也证明这种墓葬排列方式是唐以前的。

1. 75TKM94-98

　　此5座墓中，仅96号墓出土有纪年文书（8件）[②]，文书中的年号有：

玄始（元始，412—428年）：十二年（423年，3件）；

真兴（419—425年）：六年（424年）、七年（425年）、某年；

义和[③]：二年（432年）；

[①] 新疆维吾尔自治区博物馆《吐鲁番阿斯塔那-哈拉和卓古墓群清理简报》，《文物》1972年第1期；《吐鲁番县阿斯塔那-哈拉和卓古墓群发掘简报》，《文物》1973年第10期。

[②] 国家文物局古文献研究室等编：《吐鲁番出土文书》第一册，文物出版社1981年版，第58—96页。

[③] 关于"义和"年号，参见吴震《吐鲁番文书中的若干年号及相关问题》，载《吴震敦煌吐鲁番文书研究论集》，上海古籍出版社2009年版，第179页；王素：《高昌史稿·统治编》，文物出版社1998年版，第213—221页。

龙兴（438-440年）①：某年。

这些年号涵盖了自西凉高昌郡至阚爽统治时期。根据墓中出土的《北凉真兴七年（425）宋泮妻隗仪容随葬衣物疏》和《龙兴□年宋泮妻翟氏随葬衣物疏》，可知这是宋泮与两位妻子的合葬墓，而隗仪容逝世在宋泮及其续弦翟氏之前。考虑到文书的废弃至被利用入葬的时间差以及宋泮夫妇可能的年龄差，文书可能是在北凉沮渠无讳兄弟统治高昌时期被废弃并入葬的（442-460年）。在《隗仪容衣物疏》里，墓主人宋泮是高昌县（？）某乡延寿里的村民。据同墓出土的一组公文，此人生前似乎有官府背景，这是他或其后人获得这批公文的前提。

75TKM98出土了四件无纪年文书。《吐鲁番出土文书》整理者认为从墓葬形制及出土遗物、文书书法风格看，此墓应属十六国时期。②75TKM94、95、97三墓无文书出土，在墓葬形制上都是斜坡墓道洞室墓（单层或双层覆斗形顶）。M97出土了人形的"代人"木牌，在同年发掘的邻墓（M91）也出土了一组"代人"木牌，该墓年代据纪年文书推为北凉高昌郡时期。③

在墓地布局上，M94-95与M96-98两组墓葬，依据其墓葬形制、随葬品的比较，且同是壁画墓的特征，可以推定是同时期的，有明显的族葬性质（表1）。不过，虽然发掘报告将这五墓都划作第一期，年代范围在高昌郡至阚氏高昌王国时期（327-488年）；④但进一步推理，此5墓年代应该在这个时期的晚段，可能在阚爽政权至麴氏高昌王国之前（435-501年）⑤；另外，如后文的分析所显示的画幅在数目上的差异（三幅与五幅），它们在年代上仍有较早与较晚之分（M94-95较早，M96-98较晚）。我们如是推定可能的年代：M94-95，阚爽政权

---

① 薛宗正：《龙兴年号与李宝后西凉政权》，《新疆师范大学学报》（哲学社会科学版）2009年第1期；王素：《高昌史稿·统治编》，第222-225页。
② 《吐鲁番出土文书》第一册，第211页。
③ 同上书，第111-112页。
④ 新疆博物馆考古队：《吐鲁番哈喇和卓古墓群发掘简报》，《文物》1978年第6期。
⑤ 关于高昌郡与高昌国政权演替与年代，依据王素《高昌史稿·统治编》。

至北凉承平时期（435-460年）；M96-98，阚、张、马氏高昌国时期（460-501年）。

2. M408

2004年发掘的M408，在墓葬形制上也是斜坡墓道洞室墓，单层覆斗形顶（第一期形制特征）。墓中出土的一份无纪年衣物疏，[①]从行文格式看，与北凉高昌时期的衣物疏有区别，缺少疏尾的套词，是较早时的西凉时期衣物疏特征；但行文所列物品的类型、名称与用词，又与《北凉缘禾六年随葬衣物疏》（63TAM2）[②]接近。综合考虑，本墓年代可能在西凉高昌郡末期。

出土物中，有一件浅腹、平底、素面陶盘，与75TKM98号墓出土的陶盘相同。此外，本墓所出的两件女木俑与75TKM94、97号墓出土的男、女木俑有众多相似点：在身体姿势、衣服、发型和表情上使用的表现手法相似；在制作上都是先将木料雕刻出大致的轮廓，用黑色或彩色的线条在木刻上绘画；女子都梳有向上的单髻，衣衫下部都为长裙，腰上系腰带。根据这些相似性，可以将本墓的年代推定在西凉高昌郡时期。

3. Ast.ii.2、Ast.vi.1、Ast.vi.4

斯坦因《亚洲腹地考古图记》提供了此三墓的若干考古信息，它们均为斜坡墓道洞室墓，单层或双层覆斗形顶，与75TKM94-98号墓相同。因而，可以将它们归作第一期。Ast.vi.1随葬品中，有一件前凉升平八年（364）木牍。与之相邻的墓Ast.vi.2出土六件北凉时期文书，而另一座邻墓Ast.vi.3则随葬一张与壁画题材相同的纸画。[③]另外，与

[①] 吐鲁番地区文物局：《吐鲁番阿斯塔那古墓群西区408、409号墓清理简报》，《吐鲁番学研究》2004年第2期；荣新江、李肖、孟宪实主编：《新获吐鲁番出土文献》上册，中华书局2008年版，第20-21页。

[②] 《吐鲁番出土文书》第一册，第176-177页。

[③] M. A. Stein, *Innermost Asia, Detailed Report of Explorations in Central Asia, Kan-su and Eastern Iran*, pp.660-661；Henri Maspero, Les documents chinois de la troisiéme expédition de Sir Aurel Stein en Asie Centrale. London: British Museum, 1953, pp.82-92；陈国灿：《斯坦因所获吐鲁番文书研究》，武汉大学出版社1995年版，第296-303页；荣新江主编：《吐鲁番文书总目（欧美收藏卷）》，武汉大学出版社2007年版，第824-825页。

Ast.ii.2 相邻的 Ast.ii.1 墓，曾出土一件北凉玄始九年（420）的衣物疏。① Ast.vi.4 出土一双丝锦的织成履，类似 64TAM39 所出者，后者出土前凉升平十一年（367）和十四年（370）的契约。② 这些异同使我们推定，Ast.ii.2 的年代与 75TKM94-98 墓接近，而这一组墓较晚于 Ast.vi.1 和 Ast.vi.4。

4. 65TAM38、73TAM216、73TAM217

M38 是一座双墓室墓，盝顶，壁画绘于前、后室顶部及四壁。是墓早年曾被盗，发掘时无文书和墓志（表）出土，但新近整理的《登记表》上则注墓主为"氾祟鹿"。③M216 与 M217 为单室墓，分布于阿斯塔那墓地西北隅的张氏家族茔院（张雄家族墓地）东北隅，壁画绘于后壁。

双室墓是数量很少的类型，在墓葬分期中被分为第三期的西州时期。与 M38 邻近的 M37，出土了唐大历三年（768）的牒④，据此可推论 M37 的年代在大历三年后的若干年，由此推定，M38 的年代也大致相同。

依据唐代西州家族墓地的排列规则，M216 和 217 大致上在同一排，其男墓主或许是同辈的兄弟或从兄弟关系，而且他们是张氏的族人，可能是卒于贞观七年（633）的张雄的孙辈后人。另外，这两座墓又与 M188 处在同一排，故其男墓主可能是同辈，后者出土的《唐开元三年（715）张公夫人麹娘墓志铭》⑤，表明该夫妇墓年代在开元年间。因此，我们可以推论二墓的年代可能也是在开元年间（713-741），并可能到了天宝时期（742-755）。

---

① 陈国灿：《斯坦因所获吐鲁番文书研究》，第 181-183 页；荣新江主编：《吐鲁番文书总目（欧美收藏卷）》，第 822 页。

② M. A. Stein, *Innermost Asia, Detailed Report of Explorations in Central Asia, Kan-su and Eastern Iran*, p. 661；新疆维吾尔自治区博物馆：《吐鲁番县阿斯塔那-哈拉和卓古墓群发掘简报》，《文物》1973 年第 10 期；《吐鲁番出土文书》第一册，第 4-7 页。

③ 鲁礼鹏：《吐鲁番阿斯塔那古墓群发掘墓葬登记表》，《新疆文物》2000 年第 3-4 期。

④ 《吐鲁番出土文书》第九册，第 153-161 页。

⑤ 侯灿、吴美琳：《吐鲁番出土砖志集注》，巴蜀书社 2003 年版，第 628-630 页。

表 1　壁画墓对照表 ①

墓号	墓主人	推定年代	墓葬形制/特征遗物	壁画
Ast.vi.1	一男二女	前凉高昌郡时期	盝顶洞室墓。木俑（彩绘）、冥鞋、冥弓箭、木牍、丝绸	墓室后壁，横向三幅（车牛运载、墓主人、树）
Ast.vi.4	一男（？）	前凉高昌郡时期	盝顶洞室墓。木俑（彩绘）、木牛、木家具模型	甬道两壁（狮）；南壁（牲畜、备食图）；后壁（墓主人）；北壁（树、牲畜、牛车）
75TKM94	一女	阚爽政权至北凉承平时期	盝顶洞室墓。木俑（彩绘）、木器具、木猪、棉布、丝绸	后壁，横向三（？）幅（耕作、墓主人等）
75TKM95	一男二女	阚爽政权至北凉承平时期	盝顶洞室墓。陶盘一	后壁（漫漶）
TAM408	一男一女 咨尊钟 妻令狐阿婢	西凉高昌郡末期	盝顶洞室墓。木俑（彩绘）、木牛、象、铜钱、丝绸、衣物疏	后壁，横向三幅（畜牧、牲畜、备食；墓主人、车牛运载；田园）
Ast.ii.2	一男一女	北凉高昌郡时期	盝顶洞室墓。木俑、木牛、漆碗	后壁，横向五幅（墓主人、畜牧、车牛运载等）
75TKM96	一男二女 宋泮 妻隗仪容 妻翟氏	阚、张、马氏高昌国时期	木俑（彩绘）、陶罐、木器具、麻布、丝织品、文书	后壁，横向五幅（器具、田园、墓主人、备食、车牛运载）
75TKM97	不详	阚、张、马氏高昌国时期	盝顶洞室墓。木俑（彩绘）、"代人"木牌	后壁，横向五幅（备食、弓箭、墓主人、畜牧、车牛运载、田园）
75TKM98	不详	阚、张、马氏高昌国时期	盝顶洞室墓。木俑、文书	后壁，横向五幅（弓箭、手工业、墓主人、备食、田园、车牛运载）
73TAM216	张雄后人（？）	西州时期（开元至天宝年间）	洞室墓。不详	后壁，横向六幅（六屏式，鉴诫）

① 参照了前述发掘报告等。

续表

墓号	墓主人	推定年代	墓葬形制/特征遗物	壁画
73TAM217	张雄后人（？）	西州时期（开元至天宝年间）	草俑等	后壁，横向六幅（六屏式，花鸟）
65TAM38	一男（？）泛崇鹿	西州时期（大历年间？）	盝顶双洞室墓。生肖俑等	前、后室顶部及四壁。天象，后室后壁横向六幅（六屏式，树下人物）

三、壁画构图方式与画面内容

（一）墓室壁画

12座墓葬的壁画中，75TKM95的画面漫漶不清。除Ast.vi.4绘于甬道两壁和墓室的三壁外，其余都绘于墓室后壁上。以黑线勾勒轮廓基本定稿后着色，主要为红、黑、蓝三种色彩。在构图上根据墓室后壁的形状，采用了纵向分隔画面的组合画框形式再横向展开，类似于联屏的构图形式，但在个别画框内也横向隔开（类似于分栏）。全部画框都是用较粗的墨线（前期）、红线（后期）描出。参照内容，可以看出这种画框是画匠在构图上区分每一幅画面采用的手法。各幅画面的内容和构图方式是程式化的。以下对各墓壁画的构图与内容作一些分析。

1. Ast.vi.1

构图上用一道粗黑线画出了画幅的边框，可能还画出了纵向的屏格式画框。《亚洲腹地考古图记》未刊布图或照片。画面可能是三幅，自左向右依次是：

画面一：由几头公牛拉着的两轮车，前面还有车夫。在此图之上还有一跪着的骆驼；

画面二：二女一男，跪（跪坐？）姿势；

画面三：一树和花卉。[①]

[①] M. A. Stein, *Innermost Asia, Detailed Report of Explorations in Central Asia, Kan-su and Eastern Iran*, p. 660.

2. Ast.vi.4

此墓壁画构图特殊，分别绘于甬道两侧壁及墓室后壁和两侧壁（南、北壁）上。很遗憾，《亚洲腹地考古图记》未刊布图或照片。依斯坦因的文字描述，画面内容分别是：（1）甬道，两侧壁各绘一幅狮形兽；（2）南壁，居中绘一木架（斯坦因误认作牌坊形门），其左侧（？）绘马、牛、羊及一驼像，右侧（？）绘一似在烹食的女子；（3）后壁，绘一右（？）侧身男子坐于毯（也许是类似纸画 Ast.vi.3.05 上的木榻或胡床）上，对面是一女子及其身后的三位持物的仆从。男子着冠；（4）北壁，参照南壁的构图方式，可能由三幅画面组成，左侧绘一树，中间空版，右侧上方绘一驼及其它家畜，下方绘一辆牛车（图一）。①

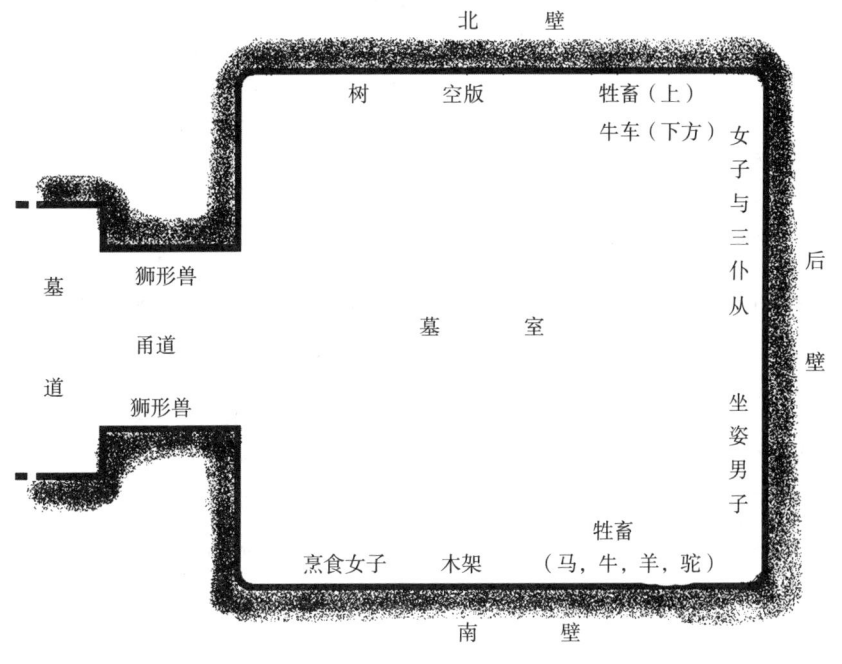

图一　Ast.vi.2 构图方式与画面内容（刘文锁绘）

---

① M. A. Stein, *Innermost Asia, Detailed Report of Explorations in Central Asia, Kan-su and Eastern Iran*, p. 661.

3. 75TKM94

构图与画面单纯。仅用一道粗黑线画出边框。未刊布图或照片。画面内容简单，现存共两幅（原作可能是三幅，即在三位人像的画面右侧还有一幅画面），自左向右依次是：

画面一：一人牵牛，一人拉犁，一人扶犁。

画面二：三个着阔袖长衣之人。①

4. 75TKM95

画面漫漶。

5. M408

用粗黑线绘出长方形边框和纵向的屏格式画框，外围画框的四角用黑墨各绘一个四角形，可能是表示画布的挂索。屏格式画面为三幅，但右侧画幅中央用粗黑线画一道横线分隔。自左至右画面内容依次是：

画面一：自上向下依次是木架、弓、箭箙，一驼及身后骑马持套杆的驭者，羊、犬和案（案上置一器皿，下置一大型容器），一人舂米一人推磨、鸡、案及其上摆放的樽及一侧搅拌者（架侧画一大型罐），三足灶架及其上支的甑形炊具。

画面二：画幅很宽。左、右两侧分别画竖向菱网格线加点纹的条带和相连方格，分别表示水渠和田地（榜题"田"）。中部上方画云纹和人面（榜题"月像"）、屋顶形天穹、云纹和人面（榜题"日像"）；其下分别画紫薇垣大熊星座星象（榜题"北斗""三台"）、马（榜题"马"），及摆在案上的香炉形器、站在四足（木）榻上的一男二女，双手合十或笼袖于胸前；右方画牛和带篷的厢式双轮车（榜题"车牛"）。

画面三：上方画结果实的树林，或许是某种果树（榜题"树"）；下方画葡萄园（榜题"蒲陶"）（图二）。②

---

① 新疆博物馆考古队：《吐鲁番哈喇和卓古墓群发掘简报》，《文物》1978年第6期。

② 吐鲁番地区文物局：《吐鲁番阿斯塔那古墓群西区408、409号墓清理简报》，《吐鲁番学研究》2004年第2期；李肖主编：《吐鲁番文物精粹》，上海辞书出版社2006年版，第86-87页。

画面一　　　　　　　　　画面二　　　　　　　　画面三

图二　M408 壁画（李颖钟摹）

6. Ast.ii.2

用粗黑线画出长方形边框及纵向的四（五？）幅屏格式画框。① 第二、五幅可能也是用横线分隔的。《亚洲腹地考古图记》未刊布图或照片。画面内容自左向右依次是：

画面一、二：损毁。

画面三：画一男子，其对面画一女子。

画面四：牲畜（驼、马等，漫漶）。

画面五：牛车、花卉等，漫漶。②

7. 75TKM96

画面较复杂，用粗黑线画出长方形边框以及纵向屏格式画框（五幅）。第二、四幅画面中部位置用横向画框线分隔。图或照片未刊布。画面内容自左向右依次是：

画面一：画舂臼、钵。

画面二：上部画条框表示的田地，下部画树。

画面三：中央画着阔袖长袍之男子，手执团扇，席地坐，身后立

---

① 斯坦因指出了四幅画框，但由于左边的部分损毁严重，这一部分实际上应该包括了两幅（参照 75TKM97-98，这两幅画面面往往画得很窄），即总画幅仍然是五幅。这样，就可以解释显然是男女墓主人的画幅居于第三幅即中央的位置。M. A. Stein, *Innermost Asia, Detailed Report of Explorations in Central Asia, Kan-su and Eastern Iran*, pp.650-651.

② M. A. Stein, *Innermost Asia, Detailed Report of Explorations in Central Asia, Kan-su and Eastern Iran*, pp.650-651.

一梳双髻、手持长拂的侍女。

画面四：上部，左上位画一案，上面摆放一樽，内有一长柄勺，另置二件器皿（器形辨识不清）。下部画一人，其前侧画三足灶架和釜，釜内也有一把长柄勺；右上角画一具推磨。

画面五：漫漶不清。①

其构图方式和画面内容，可以用下面的图式表示（图三）。

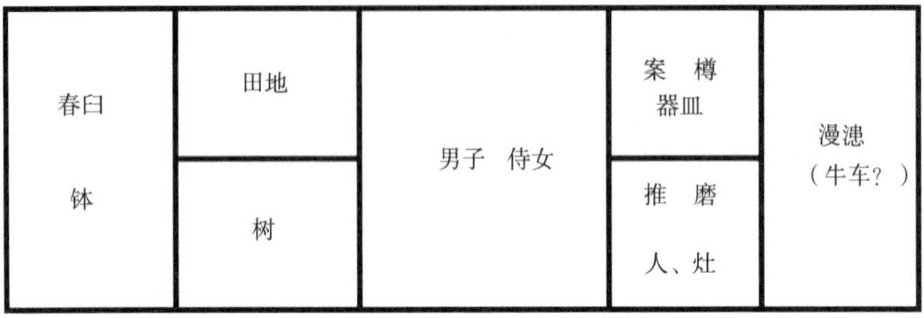

舂白钵	田地	男子 侍女	案樽器皿	漫漶（牛车？）
	树		推磨人、灶	

图三　TKM96壁画图式

8. 75TKM97

用粗黑线画出长方形边框及纵向的五幅屏格式画框。第五幅画框用横向粗线隔开。画面内容自左向右依次是：

画面一：支在三足架上的釜，右侧画一跪地女子，双手在身前盆形器中。

画面二：盛于囊中的弓箭，立放着，可能是表示挂在墙上。

画面三：上方画垂帐顶，其下为跪坐在榻上的一男，其身后紧随一女。人像前方靠上画了一幅弓囊，下面像是一张台子。

画面四：一人牵马，下侧为一驼。

画面五：上方画树林，下方画牛车，右侧画田（图四）。②

9. 75TKM98

用粗黑线画出长方形边框及纵向的五幅屏格式画框。第二、五幅画框用横向粗线隔开。画面内容自左向右依次是：

---

① 新疆博物馆考古队：《吐鲁番哈喇和卓古墓群发掘简报》，《文物》1978年第6期。
② 同上。

画面一：盛于囊中的弓和箭箙。

画面二：上方画自第三幅画面延伸过来的垂帐顶，其下画一立于案后的女子，案上摆一器皿。下方画两只大罐。

画面三：画垂帐顶下跪姿的一男，其身后跟随三女，一女在前，发式不同于身后并排的二女。四人皆双手笼于胸前（礼拜姿势）。

画面四：上方画三足架和甑形器，一侧为一人，跪姿，双手在身前之盆中；其后画一人推磨。中部画田地。下方画葡萄园。

画面五：上方画树林，下方画驭者牵引牛车，其后画一马（图五）。①

图四　TKM97壁画画面（李颖翀摹）

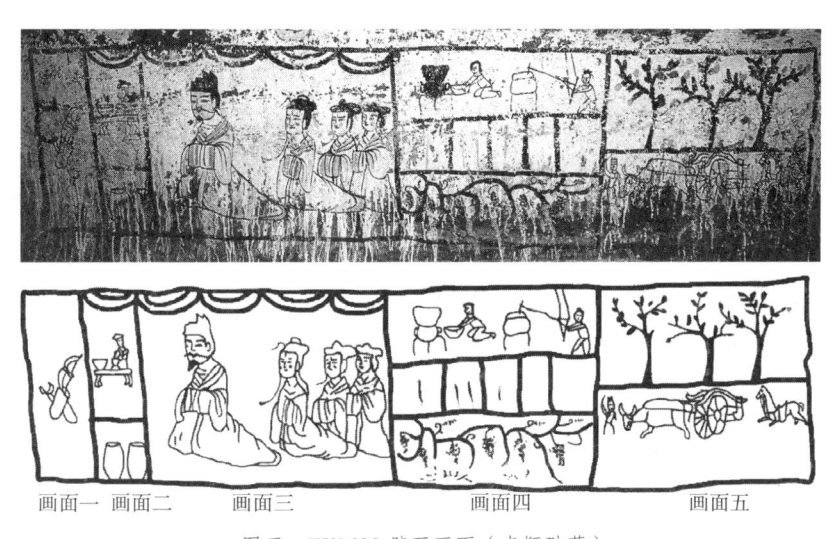

图五　TKM98壁画画面（李颖翀摹）

---

① 新疆博物馆考古队：《吐鲁番哈喇和卓古墓群发掘简报》，《文物》1978年第6期。

10. TAM38

绘于前、后室的覆斗形顶四披及四壁。四壁的图画只绘于上部，下部留白。

（1）前室画面

顶四披：祥云，飞鹤。

四壁：上部画童子骑飞鹤、童子托盘骑飞鹤、飞鹤衔花草等；下部留白。

（2）后室画面

顶、四披及四壁上部：天象（顶部正中用墨画五个圆点，分居四方和中心，表示五星；其北侧用白线表示银河；四披用白点和连线分绘二十八宿星座，西方和东方的对角各绘日、月）。下部留白。

后壁：用紫色粗线画六幅相连的立屏，构成六屏式的屏风画，各屏均绘有一株大树，树下呈站立或坐姿的人像，幞头，朝服，身后画男女侍仆一至二人，持物或棋盘等（图六）。[①]

11. TAM216

绘于墓室后壁，画面高145、宽400厘米。用红色粗线勾勒六幅立屏式画框，画面内容自左向右依次是：

画面一：欹器，下方画出榜题框，空白，表示原本书以与此器有关的警句。

画面二至五：用紫色或红色画的人像，踞于榻上，分别在胸前或背后画出小方框，书"土人""金人""石人""木人"（？）二字；人像下方的榜题框空白，表示原本书以与此四德有关的警句。

画面六：器具（樽、草、丝束各一）。榜题的警句框画在画面左上方（图七）。[②]

12. TAM217

画法与M216相同，惟画面题材和内容有别，此处绘六屏式的花鸟（图八）。[③]

[①] 新疆维吾尔自治区博物馆：《吐鲁番县阿斯塔那－哈拉和卓古墓群发掘简报》，《文物》1973年第10期。

[②] 新疆文物考古研究所：《吐鲁番阿斯塔那第十次发掘简报（1972–1973年）》，《新疆文物》2004年第3-4期。

[③] 同上。

图六　TAM38 后室屏风式画
（采自《丝绸之路·新疆古代文化》[①]）

图七　TAM216 后室屏风式画
（采自《中国新疆古代艺术》[②]）

图八　TAM217 后室屏风式画
（采自《中国新疆古代艺术》[③]）

[①] 祁小山、王博编著：《丝绸之路·新疆古代文化》，新疆人民出版社 2008 年版，第 113 页。
[②] 穆舜英主编：《中国新疆古代艺术》，新疆美术摄影出版社 1994 年版，第 88 页，图 217。
[③] 同上书，第 88 页，图 219。

（二）出土纸画

阿斯塔那墓地中，过去曾出土过几幅与壁画相同题材的纸画，目前所知的有两批，一批是属于高昌郡至高昌国时期的 Ast.ii.1.01+03、Ast.vi.3.05、M13；另一批是橘瑞超所得的一件两屏纸本设色的"树下美人图"和"树下人物图"，以及1969年出自哈拉和卓墓地的一张三扇纸本设色花鸟画。这些纸画的画法和题材与壁画相似，显然是模仿自壁画，作为一种低成本的替代品。

1. Ast.ii.1.01+03

见斯坦因《亚洲腹地考古图记》图版CVII。墓主人为女子。纸画未绘出画框。画面横向展开，内容自左向右依次是：一位跪姿女子，呈进献姿势左手持一物伸向对面的另一位女子，该女子跪坐于毯上，右手伸出，她身后另有两位女像；她们之间画可能是丝绸的布匹，两只大型罐，摆放着三足釜的案，案下方另画三件同样的罐，画在上方罐旁的椭圆形物象，长方形孔。四幅人像头后都画有蝴蝶双翼似的某物，可能是某种女性头饰（图九）。①

图九　Ast.ii.1.01+03 纸画
（采自 *Innermost Asia*, Pl. CVII）

2. Ast.vi.3.05

见斯坦因《亚洲腹地考古图记》图版CVII。墓主人为一男一女。未绘出画框。画面内容自上而下分作三部分，依次是：

---

① M. A. Stein, *Innermost Asia*, Vol. II, pp.650; Vol. III, Pl. CVII.

上方画面：垂帐；两幅跪坐的男像，左侧身四分之一双手笼于胸前，身前是一幅跪姿女婢像，左手持杯举向对面跪坐在四足木榻上男子，该男子身后是一女子，其身后画一套盛在囊和箙中的弓箭。

中部画面：一舞女，一鼓手，一笛手。

下方画面：画在黑线画框里的田和树；牛车，三足架和釜，摆着三足釜的案，可能是纺车的图像；牌坊似的木架，上面悬挂着带三叉的冠和容器；架前为一伏地的男子（图十）。①

图十　Ast.vi.3.05 纸画
（采自 Innermost Asia, Pl.CVII）

① M. A. Stein, Innermost Asia, Vol. II, pp.661; Vol. III, Pl. CVII.

3. M13

用粗黑线画出横长方形画框，上边框线曲折。画面左右向构图，内容分作三部分，自左向右依次是：

左画面：上方画圆形的月像和星座（参照 M408 壁画，应是北斗），下方是树、马和一男子，右侧画一株树，树枝上立一鸟。①

中画面：上方画星座（参照 M408 壁画，应是三台），其下画华盖；盖下画一男子，右侧身四分之一，右手执团扇，跪坐姿势；男子身后画一跪坐姿势女子，双手笼于胸前。

右画面：上方为田、树、日像、农具，下方是牌坊、容器、舂米、女婢、木架（图十一）。②

图十一　M13 出土纸画摹本
（据《丝路考古珍品》，李颖翀摹）

4. "树下美人图"与"树下人物图"

著录于《西域考古图谱》，长 140、宽 56 厘米，为东京国立博物馆收藏。③ "树下美人图"的里张为一份先天二年（713）和开元四年

---

① 参照丁家闸 5 号墓前室后壁绘画，画面间以树丛分隔。甘肃省博物馆：《酒泉、嘉峪关晋墓的发掘》，《文物》1979 年第 6 期。

② 新疆文物事业管理局等：《新疆维吾尔自治区丝路考古珍品》，上海译文出版社 1998 年版，第 177 页，图 87。

③ 香川默识编：《西域考古图谱》，国华社，大正四年，图 51。分屏的两幅画作收入《世界美术大全集·东洋编》第 15 卷《中央アジア》，小学馆，1999 年，第 272 页，图 294–295。

吐鲁番晋-唐时期墓葬壁画的考察   307

图十二 "树下美人图"与"树下人物图"
（采自《世界美术大全集·东洋编》第15卷《中央アジア》）

(716)的账,指示该画的年代在此年份之后(图十二)。

5. 花鸟画

保存了三扇,采取了屏风画的形式。与前述西州时期的墓室壁画及前件纸画相同,外框和分屏或扇的框都是用较宽的暗红色线描绘的。①

四、壁画题材

无论是构图上作三幅、五幅或是六幅画面的形式,出自不同画匠之手的全部画作,都呈现出对固定题材的模式化遵循。我们把全部出现的画面上的画像,按照内容的关联——尤其是画面本身的屏格式画框构图法,归纳为下述八种题材及西州时期的新样式(天宫图和六屏式画)。有一些零散的图像似装饰图案一般,画在上述题材的旁边,似乎没有完整的意义。

前期壁画墓的壁画题材显然是来自河西,墓主人的郡望也在这一地区,随着时间和生活环境的改变,作为在西域的移民文化,也有了适切的改变。在关于题材以及意义的阐释上,我们有河西素材的参照,该地在年代、墓葬形制、葬俗上与高昌壁画墓最接近的,是酒泉丁家闸5号墓壁画的构图方式和题材、敦煌祁家湾二期墓墓室后壁放置画像砖(M301、310、369)的方式。②这一形式显示了阿斯塔那－哈拉和卓壁画墓的传统。河西地区另有一类型墓葬绘画的画像砖,其绘画技法、构图方式以及画面内容,都与纯粹的墓葬壁画有相承的关系,也可以视为另一种形式的壁画。至于壁画和画像砖的体裁之差异,则是由于墓葬墓室的地质差异所造成的。比较在

---

① 中国古代书画鉴定组编:《中国绘画全集》第1卷《战国－唐》,文物出版社、浙江人民出版社1997年版,图七十,图版说明见第11页。

② 甘肃省博物馆:《酒泉、嘉峪关晋墓的发掘》,《文物》1979年第6期;甘肃省文物考古研究所:《敦煌祁家湾——西晋十六国墓葬发掘报告》,文物出版社1994年版,第139-140页,图版四一;韦正:《试谈酒泉丁家闸5号壁画墓的时代》,《文物》2011年第4期。

敦煌、嘉峪关和酒泉等地发现的魏晋壁画墓资料,[①]可以看出河西墓葬画像的发展阶段与题材的变化形式,并佐证对高昌墓葬壁画题材的考释。

(一)墓主人像

壁画中部或近中部一般都画有跪坐在榻或毯上的人像,有男女组合像或男女的单人像;在整幅壁画中相对其他人物而言,不仅所占画幅较大,而且都盛装打扮。在他们对面或女子身后,也有其他的人物。重要的点缀是画在头顶上方的垂帐或华盖,指明其身份的特殊。

男女组合像中出现了两种情形。(1)男子与女子对坐,见于两座墓葬壁画中(Ast.ii.2 画面三、Ast.vi.4 墓室后壁)。Ast.vi.4 后壁的女子身后有三位仆从。斯坦因认为这对面相坐的男女是夫妇,是很可信的推断。(2)女子在男子身后跪坐,见于 Ast.vi.1 和 75TKM94(?)、M408 和 75TKM97-98。在三座墓(Ast.vi.1、M408 和 75TKM98)的壁画中,都描绘了第二乃至第三位女性,她们很像女婢的形象,可以理解为夫妇及其婢女的组合画像。

单像的形式只有一例(75TKM96),是一位男子。在其身后,另画了一位侍立的婢女的像。

见于 M408 居中的画面,最值得注意的是在墓主人头顶的伞盖之上方,分别描绘了日、月及北斗与三台星座图像,它们的旁边都有榜题。这是仅见的天象题材,表示华盖之上是天穹。

参照前述三座墓葬出土的相同题材纸画,以及报道的墓主人的数

[①] 甘肃省博物馆:《酒泉、嘉峪关晋墓的发掘》,《文物》1979 年第 6 期;嘉峪关市文物管理所:《嘉峪关新城十二、十三号画像砖墓发掘简报》,《文物》1982 年第 8 期;吴礽骧:《酒泉丁家闸五号墓内容考释》,《敦煌学辑刊》1983 年第 4 期;甘肃省文物队等编:《嘉峪关壁画墓发掘报告》,文物出版社 1985 年版;甘肃省文物考古研究所:《酒泉十六国墓壁画》,文物出版社 1989 年版;甘肃省文物考古研究所:《甘肃酒泉西沟村魏晋墓发掘报告》,《文物》1996 年第 7 期;张掖地区文物管理办公室等:《甘肃高台骆驼城画像砖墓调查》,《文物》1997 年第 12 期;甘肃省文物考古研究所:《敦煌佛爷庙湾西晋画像砖墓》,文物出版社 1998 年版。

图十三 墓主人像
a. 丁家闸 5 号墓壁画，采自《酒泉十六国墓壁画》；
b. 祁家湾 M310 画像砖，采自《敦煌祁家湾》（均李颖翀摹）

目，我们有理由相信，这种画在画面中心位置的男女画像就是墓主人。可资比较的河西墓葬壁画资料，有丁家闸 5 号墓画在前室后壁右侧的墓主人像，[①] 以及敦煌祁家湾 310 号墓摆放在墓室后壁处的墓主人画像砖（图十三）。

---

① 甘肃省博物馆：《酒泉、嘉峪关晋墓的发掘》，《文物》1979 年第 6 期；甘肃省文物考古研究所：《酒泉十六国墓壁画》，第 5 页，图版"前室壁画·西壁"。

（二）备食

这一题材见于 M408、75TKM96-98，及纸画 Ast.vi.3.05。画作通过灶、炊具、厨娘和舂米、磨粉、煮食几种场景，以及容器类器皿、货架等几种图像，表现制作食物的几个过程。相比河西的同类题材"庖厨图"（图十四），可以看作是简化的形式。

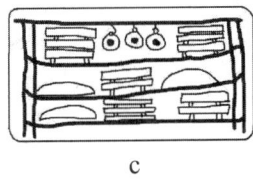

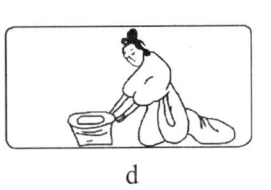

图十四　河西壁画中的庖厨图
a. 丁家闸 5 号墓；b-c. 嘉峪关 M1；d. 酒泉西沟村 M7（李颖翀摹）

（三）田园

常见的题材见于 M408 和 TAM96-98，这一题材可以参照纸画 Ast.vi.3.05。在构图上，分别是下述形式：

田、果园（桑树？、葡萄园）（M408）；

田、树（TAM96）；

田（TAM97）；

田、葡萄园（TAM98）。

在 TKM94 壁画中，描绘了一幅二人牛耕的画面，与田园图有关。在河西地区墓葬壁画中，此种田园和牛耕的题材是常见的（图十五）。

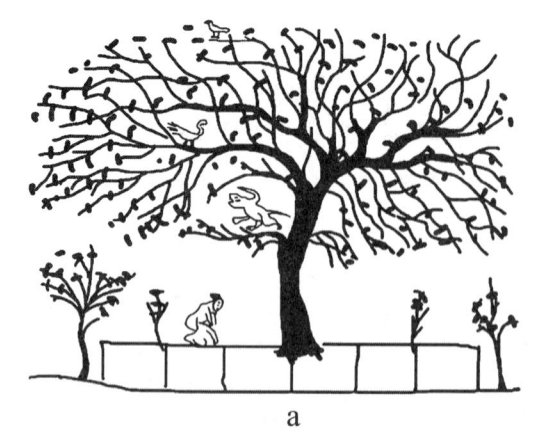

图十五　田园图
a-b. 丁家闸 5 号墓；c. 嘉峪关 M6（李颖翀摹）

（四）运载

即所谓"车牛图"。常见的题材见于 Ast.vi.1 和 4、TKM96 和 98、Astii.2。在画面上，最常见的是牛拉车的图像，在 Ast.vi.1 和 TKM98 描画了在牛车前牵引的车夫以及跟在车后的驼或马（图十六，a-c）。

除 TKM94 外，在壁画中牛车和桑树都是结合出现的，甚至是直接由这两个主题材构成一幅画面。这一题材在河西壁画中的蓝本稍显复杂，例如嘉峪关画像砖墓 M1 中有两块画像砖同时出现了牛车和桑树（图十六，d），在嘉峪关 3 号墓和丁家闸 5 号墓中，也都有更细致的车牛运载的图画（图十六，e-g）。对比之下，可以看出所描绘的车的形制和类型的区别。

图十六　运载与牛车图
a. TKM97；b. TKM98；c. M408；d. 嘉峪关 M1；e. 嘉峪关 M3；
f. 嘉峪关 M3；g. 酒泉丁家闸 M5（李颖翀摹）

（五）畜牧

表现放牧牲畜的题材，见于 M408（画面一）和 TKM97（画面四），以及可能的 Ast.ii.2。与单纯表现畜群的图像不同的是，在这种题材中表现了一位骑马或牵马的牧者，旁边是一峰骆驼。所以，它们表现的是牧驼的图景。在嘉峪关，这种畜牧图是一种常见的题材，牧畜有马、羊等几种；在畜群一侧描绘一幅牧人像。[①]

（六）弓箭（骑射？）

在 TKM97 中有两幅画面出现弓箭（第二幅画面和第三幅画面墓主

[①] 甘肃省文物队等编：《嘉峪关壁画墓发掘报告》，图版五〇至图五二。

人左上方)。M98中第一幅画面是一幅成套的弓箭图。M408画面一的上方顶部，也绘画了一张弓，旁边是木架和箭箙，弓挂在架上。这种弓是一种曲弓。①这种图像与河西壁画里那种表现了弓箭的骑射题材似乎存在关联，像是一种简化的形式。②

（七）做工

表现制陶与酿酒的场景。哈拉和卓 TKM98 第二幅画面（图十七，a）的下部描画两只大型容器。参照嘉峪关等墓葬中的陶器画面，如嘉峪关画像砖墓 M1 的陶器群（图十七，c），似乎可以比定这一幅画面是在描绘制作后摆放的陶器。这样，也可以将其上方的图画，理解为酿酒的画面。在 M408 画面一右下角的图画，也许是描绘蒸馏酒的场景（图十七，b）。这种图像在嘉峪关和酒泉的画像砖上，也有一些表现（图十七，d-f）。③

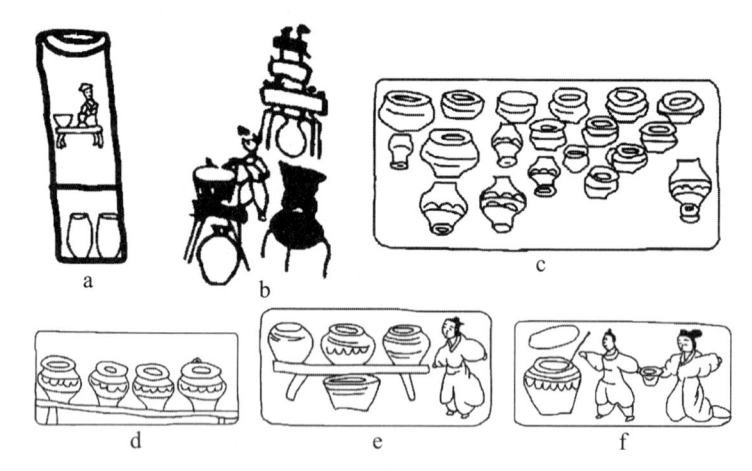

图十七　制陶与酿酒图
a. TKM98；b. M408；c. 嘉峪关 M1；d. 嘉峪关 M1；
e. 酒泉西沟村；f. 酒泉西沟村（李颖翀摹）

① 刘文锁：《射雕传——天山地带骑马民族的弓箭》，载氏著《丝绸之路——内陆欧亚考古与历史》，兰州大学出版社 2010 年版，第 24—29 页。
② 甘肃省文物队等编：《嘉峪关壁画墓发掘报告》，图版七六·2，图版七七，图版七八·3，图版七九。
③ 甘肃省文物队等编：《嘉峪关壁画墓发掘报告》，图版五六·1，八八·1；甘肃省文物考古研究所：《甘肃酒泉魏晋墓发掘报告》，《文物》1996 年第 7 期。

（八）野兽

Ast.vi.4 甬道两侧的壁面上各绘画了一头狮形野兽。如果斯坦因的判断无误，这一题材仅见于此墓，在河西墓葬壁画中尚未发现过。不过，在河西的壁画里出现过"四神"和瑞兽（麒麟）的图像，也许存在着关联。

（九）天宫图

TAM38 绘于前、后室的覆斗形顶四披及四壁上的图像，除后室后壁的六屏式画（树下人物图）外，在前室的顶四披、四壁以及后室的顶、四披及四壁上部，分别描绘的祥云、飞鹤、童子骑鹤以及星象的图像，这些画面都是在墓室里模拟阴界的天宫图像，表达人们对死亡的信仰。这种墓室里的天宫图，在北朝至唐代是比较流行的题材。值得注意的是，在这里没有出现描绘在四壁上的表达四方的"四神"图像，以将墓室模拟为一个墓主人生活的三维空间。显然，在西州采取的是简化的形式。

（十）六屏式画

这是到了唐代西州时期的新样式。参照在关中等地的情况，在构图上的六屏式以及绘画的题材，相当于关中的天宝样式。由于关中的墓葬是坐北朝南，所以中心的壁画是绘于西壁（棺床后壁）；这时流行的是六屏式，题材上很丰富，除侍女、树下老人、树下仕女外，新增了花草和山水。[①] 在西州的 3 座壁画墓中，分别是三种题材，它们被习称作"树下人物图"（M38）、"鉴诫图"（M216）和"花鸟图"（M217）。其中，鉴诫图似乎是新出现的。在西州，壁画都是画在墓室的后壁，这与棺材的摆放位置是有关的，它们一般都横向置于墓室的后壁前侧。

通过上述比较可以看出，前期壁画虽然遵循的是河西的模式，但

---

① 张建林：《唐墓壁画中的屏风画》，载《远望集——陕西考古研究所华诞四十周年纪念文集》，陕西人民美术出版社 1998 年版。

是并不存在绘画的蓝本，这些移民是凭借文化惯习而在西陲新家乡创作的，主要的改变是在构图上的简化，以及屏格式的构图方式。而对于后期的西州墓葬壁画来说，则是另外的特征，即西州当地的居民与关中的联系。

五、画法与构图的特征

墓室的形制影响了这批墓葬壁画的画法和构图，有一些特征值得注意。

总体来说它们都显得简单而粗糙，在用色上也较少变化，表明画匠的美术水准较低。不过，其中也有较娴熟的画笔，如75TKM98这幅较晚期的作品；西州时期的三幅作品也是较佳的，而与之同时期的分别在3座墓葬中（72TAM187、188、230）出土的三件木框绢画屏风（六屏和八屏式），则显示出了更高的水平。当然，这分属两个时期的作品各有其历史的背景。

另一方面，吐鲁番盆地的地质状况与河西地区相似的，是河湖相的沉积，使洞室结构（洞室墓，石窟）的砂砾石质壁面原本是无法作画的。因此，为解决难题，在实践中势必要因地制宜，而且我们从河西地区的壁画墓、石窟（莫高窟等）实例中，可以察觉到基于相同地质环境而在理念与美术技法上二者间的文化互动。这个问题另当别论。

（一）墓室形制与画法

为解决在砂砾地层上作画的难题，河西的方法之一是采用烧土砖构筑墓室的壁画，但因为某种原因而在吐鲁番被放弃了。另一种方法是在墓壁上抹一层细泥面，这在中亚干旱区是普遍的，也运用于石窟寺的壁画中。为防止燥裂而在黏土中掺入了麦糠或羊毛等物。这个黏土面是绘画打底的基础。

打底是在黏土面上涂一层白灰面。白灰面略大于画面，边缘不甚规则。壁画绘于白灰面上。这种技术在绘制石窟寺壁画时也被采用了，特别适合西北和中亚的干旱区。

在用色上特别偏重于黑色和砖红色，后者是河西墓葬绘画中的传统，主要的原因可能是颜料的制作问题。这里也显示出，红色显然还不是丧葬中禁忌的颜色。

整幅壁画的边框和分隔画面的竖向画框线条，都是用黑色或砖红色的粗线勾勒的。人物或牲畜、器具等图像的轮廓，也用相同的颜色勾勒，再在部分轮廓内填上蓝色、砖红色彩，也有直接使用蓝彩绘画点缀。似乎使用的是一种硬笔，但不能肯定。纸画与壁画很类似，但没有使用墨线绘制画框，而是直接用黄、蓝、黑三色的线条和色块来表现图像。

（二）构图的特征

1. 壁画的两种布局法

这个时期各地的墓葬在结构上早已定型，流行于北方地区的洞穴式墓室，在形制上的差别存在于壁面的构造上。由于地质条件的限制，像前述画法那种因地制宜的做法，在高昌和西州墓葬壁画的布局上也得到了反映。

一种构图法是在洞室的四壁和顶部满绘图画，在前、后期各有一例。这种构图法的来历一目了然，更大程度上模仿了河西和关中地区的模式。

前期的 Ast.vi.4 在墓室的后壁和两侧壁绘画，但忽视了顶部。壁画的题材前文已述。在构图和布局上，模式化的特征是使墓室形成三面围屏式：居于中心（后壁）的墓主人夫妇及侍仆像，独幅；左右两壁各三个立幅，凡七幅，或七屏式。参照关中第三阶段开始的天宝样式的后壁（主壁）六屏式壁画，之前的屏风数目并不固定，但总数上是由多变寡。[①] 这样，结合本墓的年代（前凉高昌郡时期），可以推论屏

---

① 张建林：《唐代壁画中的屏风画》，载《远望集——陕西考古研究所华诞四十周年纪念论文集》，陕西人民美术出版社1998年版。

风式墓葬壁画在十六国时期即已被河西的移民带入了高昌。

属于后期的TAM38，也是采取满绘法的壁画墓，其画法、构图到题材，都类似于关中的样式；后室顶部绘天象图，在后室后壁上绘六屏式树下人物画，即所谓的"树下老人图"，是一种翻版。

另一种的构图布局法，是除Ast.vi.4外的其余8座前期墓，均采取在墓室后壁绘画的方式。通过前文的分析可以看出，它们显示出了屏风式壁画的影响，总体的特征是采用联屏的构图形式，将精简后的河西题材分绘于各屏上；屏格的数目采取前三后五的奇数，目的是将墓主人的像置于居中的屏格上。

2.画幅的变化形式与构图法

在构图上最显明的特征，是从三幅（三屏）式画面向五幅（五屏）式和六幅（六屏）式的过渡。较早期的壁画（Ast.vi.1、4，M408，75TKM94）都是三幅式的。其中，M408具有某种过渡性，表现在分别采用渠和田来分隔开三幅画面，隐然具有五幅画面的形式。在前期构图法中，于墓主人像两侧的次要屏幅中也采用了分栏。此种分栏构图法，既见于墓室壁画中，也见于石窟寺的壁画中。

绘画的题材具有程式化特征。较早期的三幅式壁画，以墓主人和运载为稳定不变的题材，第三幅则表现为或田园图或备食图或畜牧加田园和备食图。较晚期的五幅式壁画，稳定的题材仍是墓主人、田园、备食、车牛运载四种，第五种题材则为畜牧或器具或弓箭或做工几种形式。

由于在立屏的画幅中加上了分栏的构图法，因而可以容纳更多的内容。如TKM98中从左侧开始至右侧的第四幅图，从上至下分为三栏，描绘了庖厨、磨面、田地、葡萄多种意象，使用独幅内分栏画的构图形式。另一种形式是M408壁画的左侧第一部分（画面一），虽然没有分栏描绘，却在同一个平面上记录了有关庖厨、家禽饲养、磨面、畜牧、食柜、弓箭等一系列内容。

是否是出于节省和压缩复杂的河西图样以及技法上的目的，而把河西的满绘法压缩为仅在后壁的单一画法，且把本来是分栏的、分别画在不同位置的题材，提炼为更具模式化、因而更易操作的联屏形式？可以看出，在这个过程中，原本就得到实践的屏风式墓葬壁画法式被借鉴了。

在高昌的实践中，鉴于当地的土质以沙砾土为主，墓葬普遍偏小，以单室墓为主，在绘制壁画时面对的技术性难题，是如何处理壁面，如何将原本分栏满绘于墓室壁面的画法及画像砖的体裁，用一种更因地制宜的新形式替代。河西传统体裁之一的画像砖被放弃了，其原因从吐鲁番本地向来无需烧土砖建材上或可得到部分的答案。当时的画匠要考虑的是，如果不采用画像砖的方式，怎样才能将画面尽可能地在墓室的墙壁上表现出来。

吐鲁番本地的洞穴式墓葬形制，是由河西的移民移植到高昌的。认识到因地制宜这一点，我们就可以理解壁画墓的根本问题：如何在遵循河西丧葬观念与墓室画像传统题材的前提下，在壁画的体裁和画法上，要做出适当的改进？

3. 棺床方位与主壁面

墓室四壁中，棺（棺床）所倚的壁面是最具重要意义的，这一问题涉及的是墓葬的方位及墓室内部的空间分配差序。就棺（及其棺床）这个墓室中心来说，墓室的四壁和顶是围绕着它的三维的空间；棺（棺床）在墓室中的方位，自北朝至唐代有两种基本情形，一种是沿着后壁的横置式，另一种是沿着一个侧壁的纵置式。纵置式盛行于唐代，对坐北朝南的墓葬朝向来说，即是在墓室中轴线的西侧，由此其西壁变为棺床所倚的主壁。

由于吐鲁番晋-唐时期的墓葬采取了横置式，因此，对应墓门的后壁是其主壁。为要使画面结构符合墓室结构，在放弃画像砖的实际情况下，在构图与绘画技法上做出的调整，是将传统题材以简约画面的形式集中在墓室的后壁。因此，在河西地区墓室中出现的大规模的墓葬画像砖和壁画就不可能在此处完全照搬过来。从现在阿斯塔那古墓群的壁画内容来看，虽内容要简单得多，但河西地区的大部分题材都有所体现，可以说，阿斯塔那古墓群的壁画是河西地区壁画的浓缩；为了显示不同壁画题材间的区别，借鉴已有的屏风式壁画法，将基本为一类或者要作为一类突出表现的意象画在一起，用粗黑线作为立屏式界栏分隔。虽然这种构图法是环境的限制所致，但是整体布局紧凑、简练、重点突出，使人一目了然，同样是绘画上的一次新的尝试。

4. 题材的组织与主题

在高昌墓葬壁画中，最重要的是墓主人画像，被安置在壁画的中心位置，即后壁正中，整幅壁画以其画像为中心，所有的人物或事件描绘都围绕着墓主人。墓主人的衣冠描绘清晰，坐姿和穿戴是主人身份的模式。M408 提供了一个关键性证据，即墓主人像上方的帐顶周围，分别描绘的日、月、北斗和三台星象，意在表明天宫的图景。因此，可以推测这种天象图是为表现墓主人在阴界的生活而设计的，即表明墓主人生活在天宫的世界。

墓主人像两侧的其他图像，显然是与墓主人像有关，备食、田园、车牛运载、畜牧、做工、弓箭等题材，都是现实生活的内容。它们出现在墓葬中墓主人的画像旁，在布局上有一定的规则：

左侧：畜牧、备食、弓箭、做工等；

右侧：车牛运载、田园等。

比较河西地区的相关壁画墓，以嘉峪关新城 M5 前室画像砖为例，其画像砖的排列顺序和题材组织关系为：以墓主人的宴饮图为中心，左侧的主要内容为庖厨、进食、屠宰，右侧则以坞堡、农牧业活动、出行为主要内容。与 M5 很类似，M1 同样是以墓主人图像为中心，庖厨类图像在壁画左侧，而宴饮、出行、耕种、狩猎等在右侧。看来，图像分布规律可以认为是左侧以食为主，右侧以住、行为主。在题材的组织上的差异，也是移民文化因地制宜的结果。

在主题上，无论是关于农业、牧业、副业或者是庖厨、宴饮的描绘，壁画的全部内容都是围绕墓主人进行的，是对墓主人生前生活的蒙太奇式图画表达。墓室壁画作为西汉兴起的新葬俗，与由社会思想及文化变迁导致的墓葬祭祀和墓葬空间意义的变化有关。[①] 壁画在墓葬中的意义,即所谓"事死如生"的体现,通过描绘墓主人生前生活的图景,来再现逝者在另一个世界生活的情境。也可以说,是逝者后人对于先人死后生活的想象。因此,将这种墓葬(墓主之阴宅)壁画称作"庄园生活图"是不够适切的,更应该称作"墓主生活图"。

西州时期壁画墓的情况属于另外一种。在 M38 中,虽然绘了墓室顶部的天象图和四披的童子骑鹤等摹画了流行的天宫图景,但在最重要的后壁上,则采取流行的六屏式画法及几种不同题材。这个位置在此前是被用来绘画墓主人生活像的。看来,对墓室后壁位置的丧葬观念和设置发生了变化,导致了墓主人画像的退出,与之相关联的题材也一并消失,而在屏格的数目上也出现了偶数的六屏。此种屏风式壁画另有一番来历。

六、墓室的屏风式壁画

在墓室绘制屏风式壁画,受到了两方面因素的影响:(1)于墓室里随葬屏风,以及(2)屏风画。前者指一种葬俗,后者是一种绘画形式。要言之,墓室的屏风式壁画,是在墓室的墙壁上模拟的随葬屏风和屏风画。而洞室墓的结构是适宜采用围屏的形式作画的,它除了适宜在宽展的壁面上安排画面,更重要的意义是在墓室中模拟了屏风。在唐代,屏风式壁画的形式还用在了莫高窟的石窟中。[②]

这里说的"屏风式壁画",有两个特征:(1)用深色(通常是暗红色或所谓砖红色)宽带画出屏风的外框,以及屏格(扇)间的分隔框;(2)题材是模式化的,通常由统一主题下相对独立的各扇画面所组成,

---

[①] 贺西林、李清泉:《中国墓室壁画史》"引言",高等教育出版社 2009 年版,第 3—7 页。
[②] 于向东:《莫高窟屏风画的起源探讨》,《东南大学学报(哲学社会科学版)》2005 年第 2 期。

便于纵向窄长幅构图的花鸟以及点缀以树、树下人像，特别适宜作屏风画的题材。

在阿斯塔那-哈拉和卓墓地发现的两个时期的壁画墓，均采取了屏风式壁画的形式。这在前文已有分析。但区别是明显的：前期的三、五幅（扇或屏）画面的屏风式壁画，仅仅是在构图形式上的模仿，因为它们从题材和主题上说是"墓主人生活图"。后期的西州屏风式壁画墓，葬俗和屏风画的图样都来自关中。在关中等地，自天宝时起流行在墓室绘画六屏式人物和花鸟画，可能是同时期在墓室中棺床周围尤其是后侧摆放屏风的替代形式。因为在同时期的西州墓中发现了保存下来的随葬木框联屏绢画（72TAM187、188、230），即绘画屏风，[①]这个问题得到了佐证。从考古发现上说，至少是汉代以降，在墓室里已经开始随葬屏风（漆屏等）。

另外一点值得注意的是，北朝至隋在华粟特人后裔的石葬具中所谓雕像"围屏"的美术形式，[②]看上去与墓室的屏风式壁画似有关联。而且我们注意到，在安伽墓的围屏后壁，是由六扇屏格式雕版组成的（图十八）。

似乎可以说的是，汉代开始在贵族的洞穴式墓室里随葬实物的屏风，这种葬俗一直延续到了盛唐时代；但与此同时，随着在墓室里绘画的习俗的流行，人们还采取了在墓室里壁画屏风的方式，以替代随葬的实物屏风。从墓室的结构看，无论是随葬屏风还是屏风式壁画，都是围绕着棺材摆放的，并到盛唐时期变化为仅在后壁一面描绘六屏式壁画的简约形式。

[①] 李征：《新疆阿斯塔那三座唐墓出土珍贵绢画及文书等文物》，《文物》1975年第10期；金维诺、卫边：《唐代西州墓中的绢画》，《文物》1975年第10期；新疆文物考古研究所：《吐鲁番阿斯塔那第十次发掘简报（1972-1973年）》，《新疆文物》2000年第3-4期。

[②] 第一种类型的所谓"围屏石榻"，以安伽墓为典型（参见陕西省考古研究所编著：《西安北周安伽墓》，文物出版社2003年版）。与之同时及以后，另一种更被采纳的葬具类型的庑殿形石椁，其四壁在构造上也采取了雕像的立屏式石板形式（以虞弘墓为代表，参见山西省考古研究所等：《太原隋虞弘墓》，文物出版社2005年版）。

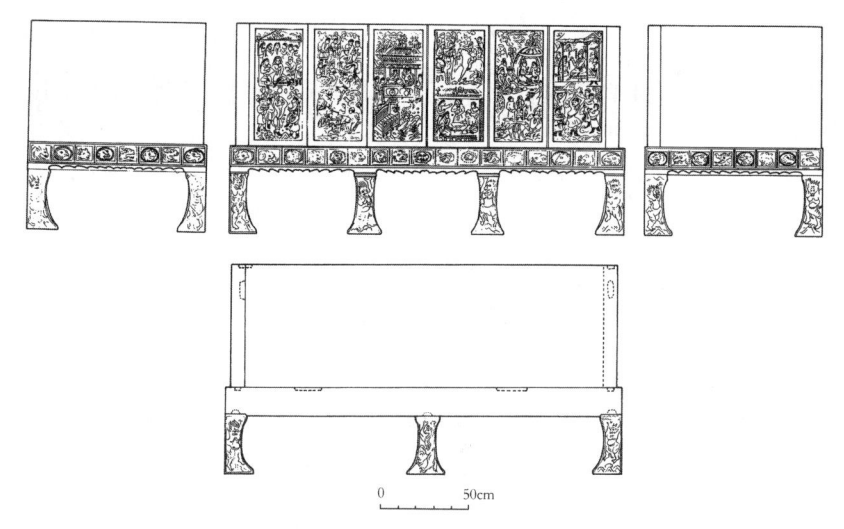

图十八　安伽墓围屏石榻的六屏式雕版
（采自《西安北周安伽墓》图一九）

归纳来说，在从河西地区向西陲吐鲁番盆地的迁徙过程中，墓葬壁画作为移民的文化装备之一，被带到了新的家园。

通过比较可以看出，吐鲁番的前期墓室壁画中，在河西墓葬中流行绘画的三种题材——与神仙信仰有关的精灵和祥瑞、镇墓辟邪的守护神灵、表现墓主阴宅生活的内容，①只有最后一种被借鉴过来，而且是被极少数人使用的，因而也反映出这些墓主人的特殊移民身份。

（原刊《艺术史研究》第十五辑，中山大学出版社2013年。
注释略作修订）

① 贺西林、李清泉：《中国墓室壁画史》，第66—67页。

唐代西州的墓室屏风与屏风式壁画

一、前　言

　　唐代的屏风和屏风画，除文献所载外，并无传世品。据说正仓院的藏品里，还有二叠（各六扇）及残屏二十七扇，是天平胜宝八年（756）光明皇后献给东大寺的圣武天皇遗物。[①]考古发现的唐屏风实物和屏风画，目前还仅见于墓葬与石窟寺中。前者为阿斯塔那墓地所出，后者见于新疆、陕西、山西、宁夏等地方的唐墓，及莫高窟的唐代洞窟壁画中。

　　1972年自阿斯塔那墓地张氏家族茔院的三座墓（72TAM187、188、230）中，发掘出土了三架木骨绢画屏风，虽出土时均已残破，但可做大略的复原，尤其是经故宫博物院修复过的《弈棋仕女图》。[②]可惜由于历史原因，发掘时的考古信息残缺不全，而所存的各幅（扇）绘画散刊于不同时间出版的图录中，画作的名称也因人而异，对画作本身亦无详细的研究。了解过这些画作的人都认为，它们是稀世的唐人绢画真迹，在画史上是很重要的。

　　与此屏风画有关的，另有两种发现：一种是在阿斯塔那墓地的三座墓（38、216、217号）的墓室后壁，保存了屏风式的壁画；另一种

[①] 杨泓：《"屏风周昉画纤腰"——漫话唐代六曲画屏》，载孙机、杨泓：《文物丛谈》，文物出版社1992年版，第234—243页。

[②] 李征：《新疆阿斯塔那三座唐墓出土珍贵绢画及文书等文物》，《文物》1975年第10期；新疆文物考古研究所：《吐鲁番阿斯塔那第十次发掘简报（1972—1973年）》，《新疆文物》2000年第3—4期；国家文物局古文献研究室等编：《吐鲁番出土文书》第八册，第418—467页。

是从墓葬出土的成组的绢本和纸本设色屏风画残片，有三组，系早年分别为斯坦因和橘瑞超从阿斯塔那墓地掘获的两组，① 及1969年自哈拉和卓墓地出土的一组。② 此外，还有若干以仕女、乐舞伎和花鸟为题材的绢本、纸本残片，出自阿斯塔那和哈拉和卓的墓葬，分别为橘瑞超掘获及新中国时期考古所得。③ 这几种物品都是有关联的，尤其是屏风画与墓室的屏风式壁画之间。

对各画作的定名是个问题，但这需要深究画作的内容并做出复原，涉及唐画题名的意义和唐代画师的习惯作法。所有的画作均未见题名，显示出唐代屏风画在当时的一般作法。今人为研究和鉴赏起见，赋予画作以什么名称，是研究者本人对于画师创作意图的揣摩，也兼及研究的意义。

有关画作的报道和研究都是少见的。三墓所出绢画的报道，见于《新疆日报》1973年的报道④ 和《文物》1975年第10期上李征与金维诺等的文章。但是，仍然缺乏必要的考古信息，即使多年后的2000年在《新疆文物》上终于发表的1972年的发掘报告，⑤ 亦无详细的出土信息。

值得注意的研究，有杨泓关于屏风和唐代六曲画屏以及唐代墓室壁

---

① M. A. Stein, *Innermost Asia, Detailed Report of Explorations in Central Asia, Kan-su and Eastern Irān*, Oxford at the Clarendon Express 1928, Vol. II, pp.693-694; Vol. III, Pl. CV, CVI；香川默识编：《西域考古图谱》，国华社大正四年版，图51。分屏的两幅画作收入《世界美术大全集·东洋编》第15卷《中央アジア》（小学馆1999年版，第272页，图294-295），亦收入金维诺主编《中国美术全集·绘画编2·隋唐五代绘画》（人民美术出版社1997年版，图版十二）。

② 中国古代书画鉴定组编：《中国绘画全集》第1卷《战国-唐》，文物出版社、浙江人民出版社1997年版，图七十，图版说明见第11页。

③ 香川默识编：《西域考古图谱》，图52；金维诺主编：《中国美术全集·绘画编2·隋唐五代绘画》，第15页，图版六；中国古代书画鉴定组编：《中国绘画全集》第1卷《战国-唐》，图七一，图版说明见第12页。

④ 新疆博物馆考古队：《吐鲁番新出土一批古代文物》，《新疆日报》1973年10月21日。

⑤ 新疆文物考古研究所：《吐鲁番阿斯塔那第十次发掘简报（1972-1973年）》，《新疆文物》2000年第3-4期。

画的若干论著，其中注意和引述了阿斯塔那发现的屏风和屏风式壁画。[①]杨泓指出，《弈棋仕女图》属于唐画的珍品，反映了西州流行的画风及其与长安的关系。[②]张建林认为，屏风式壁画在布局与题材上，经历了三次变化和四个发展阶段，总体上是屏扇的数量逐渐减少（自22扇减至独幅）；其中，阿斯塔那的三座屏风式壁画墓，分别被纳入以节愍太子墓（景云元年，710）为代表的第二阶段（TAM38、216）和兴元元年（784）至唐末的第四阶段（TAM217）。[③]在贺西林与李清泉所著《中国墓室绘画史》里，也收录了阿斯塔那的三座屏风式壁画墓。[④]

我们认为，要将屏风、屏风画、屏风式壁画三者结合起来，置于屏风和屏风画史以及墓葬情境中去讨论。这种研究涉及下述几个方面：（1）墓葬的年代与墓主人身份；（2）屏风、屏风画的复原与画作的内容和定名；（3）屏风式壁画的内容与定名；（4）关于墓室的随葬屏风与屏风式壁画的问题；（5）唐代的屏风与屏风画。

二、墓葬年代与墓主人身份

三座随葬画屏的墓葬与三座屏风式壁画墓都是斜坡式墓道洞室墓。在墓葬分期上，皆属于第三期（唐西州时期，640—791）。[⑤]这些墓葬都受到了不同程度的扰动。根据随葬墓志、出土文书及遗骸等推断，应该都是夫妇合葬墓。

---

① 杨泓：《屏风》《"屏风周昉画纤腰"——漫话唐代六曲画屏》，载孙机、杨泓：《文物丛谈》。

② 杨泓：《美术考古半世纪——中国美术考古发现史》，文物出版社1997年版，第268—269页。

③ 张建林：《唐墓壁画中的屏风画》，载《远望集——陕西考古研究所华诞四十周年纪念文集》。

④ 贺西林、李清泉：《中国墓室壁画史》，高等教育出版社2009年版，第210—211页。

⑤ 新疆维吾尔自治区博物馆：《吐鲁番阿斯塔那-哈拉和卓古墓群清理简报》，《文物》1972年第1期；新疆博物馆考古队：《吐鲁番哈喇和卓古墓群发掘简报》，《文物》1978年第6期。

在年代的推理上，可以理解：与画作年代相接近的墓葬年代，因为是夫妇的合葬墓而有了两个可能；在实际推定墓葬年代（即墓主入葬的年代）时，鉴于各墓都残缺一方或两方墓主的墓志（表），我们不能假定屏风和屏风式壁画都是当安葬逝者后才随葬或绘制的。屏风画绘于入葬前的时段。壁画是当入葬逝者的其中之一时绘制的。

（一）三座画屏墓

此三墓在葬俗上都不曾使用棺材，而是于土台上铺苇席以陈尸。三墓同遭盗扰。通过发掘可知，墓葬属于麹氏高昌国至唐西州时期的本地望族张氏家族墓地（即《张礼臣墓志》所谓之"高昌县之〔西〕北原旧茔"[①]），朝向东方。在墓地内的墓葬布局，是按着大致的南北向逐排排列的。随葬的墓志指示出，由西向东的排数之间，是依辈分为序安排的（图一）。

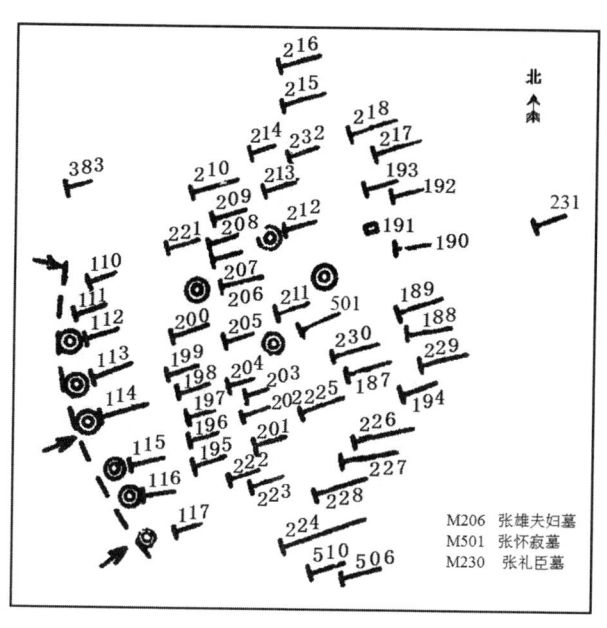

图一 张氏家族墓地分布图

[①] 侯灿、吴美琳：《吐鲁番出土砖志集注》下册，巴蜀书社2002年版，第611页。

从墓葬的排序上推测，187号墓主为230号墓主张礼臣的兄弟或从兄弟，而据《武周长寿三年（694）张怀寂墓志铭》"子礼臣等，扣心泣血"①，可知礼臣乃怀寂之子，且在诸子中为长。故187号墓主应是他的弟弟，为礼字辈。从发掘情况看，张氏至少在礼臣这一辈已出现子嗣众多而同辈墓葬占据多排的情况。如此排以东一排的188号墓，其女墓主麹娘的墓志铭叙及有子名献直，与张礼臣的儿子献诚、献琛同为献字辈，故而可以推定麹娘的丈夫亦与张礼臣同辈。由此可推知，三座画屏墓的墓主皆为兄弟或从兄弟的关系了。②

187号墓出土的《武周上柱国张某墓志》，墓主人张公（阙名）拥有"安西都护府□□□副□上柱囻"职衔，在志文里使用了武周载初元年（689）改用的新字"囻（国）"。③据此可以推定张氏卒于载初元年至长安四年（704）之间。另据本墓出土的纪年文书，起垂拱三年（687），止天宝四载（745）。④这位后入土的张氏之妻，卒年当在天宝四载后某年，夫妇年龄差及卒年相差约40年。这使人相信张氏的卒年，很可能为接近长安四年的某一年，这样，他就与其兄张礼臣（"春秋卌有八"）的卒年相接近了。

《弈棋仕女图》的创作年份，早于墓主入葬的年代。它有两个可能，一是男主人入葬的年份，为接近长安四年的某一年；另一个可能是女墓主入葬的年份，在天宝四载后的某一年。绢画作者可能是张礼臣兄弟妻室中的某一位，很可能是188号墓女墓主的画家麹娘，屏风画都出自她的手笔，后来当作随葬品随女墓主入葬了。

男墓主张氏家族的男性曾数代与高昌王族的麹氏联姻，此为麹氏高昌国至唐西州时期的有关墓志所证实，如188号墓的张氏与麹娘夫妇。是否张怀寂父子以及230号和187号墓墓主的张礼臣兄弟，都延

---

① 侯灿、吴美琳：《吐鲁番出土砖志集注》下册，巴蜀书社2002年版，第597页。
② 伊力：《吐鲁番阿斯塔那古墓群发掘墓葬分布图》，《新疆文物》2000年第3-4期。
③ 《新疆阿斯塔那三座唐墓出土珍贵绢画及文书等文物》。
④ 《吐鲁番出土文书》第八册，第418-467页。

续了张、麹二氏的秦晋之好？这是很可能的。

188号合葬墓出土开元三年（715）入葬的女墓主麹娘的墓志（《唐开元三年张公夫人麹娘墓志铭》），其丈夫的入葬年代不得而知。按我们前文的假设，三架屏风都是生前的用品，并随女墓主入葬，则此墓所出的屏风画当作于开元三年之前的某年。

230号墓为张礼臣夫妇合葬墓，据保存的男墓主张礼臣的墓志，他葬于长安三年（703）。与187号墓相似，在墓中出土的纪年文书，最晚的为开元九年（721），因此其夫人亦晚于他而去世和入葬，时间在开元九年后的某年（表1）。

表1 屏风墓与屏风式壁画墓表

墓号	墓主人	入葬时间	画作与题材
188	张氏夫妇（张礼臣兄弟或从兄弟）	开元三年（715，麹氏）	八屏，绢本设色屏风画，人物鞍马
230	张礼臣夫妇（张怀寂子，张雄孙）	长安三年（703，张礼臣）开元九年（721）后某年（张妻）	六屏，绢本设色屏风画，乐舞伎
187	张氏夫妇（张礼臣兄弟或从兄弟）	约长安四年（704，张氏）天宝四载（745）后某年（张妻）	六屏，绢本设色屏风画，《弈棋仕女图》
216	张氏夫妇（张礼臣兄弟或从兄弟）	开元至天宝年间（713-755）	六屏式壁画
217	张氏夫妇（张礼臣兄弟或从兄弟）	开元至天宝年间（713-755）	六屏式壁画
38	不详	盛唐至中唐	六屏式壁画
Ast.iii.4	不详	景龙三年（709）后	绢本设色屏风画，仕女等
不详	不详	开元四年（716）后	二屏，纸本设色屏风画，树下美人图、树下人物图
哈拉和卓某墓	不详	不详	三屏，纸本设色屏风画，花鸟

（二）三座屏风式壁画墓

三墓（38、216、217号）皆无墓志（表）和随葬衣物疏出土，其中仅216号墓出土有文书。

1965 年发掘的 38 号墓位于墓地的西南部,双室墓。从墓葬形制和随葬品上推定,属于第三期(盛唐至中唐)。①

1972 年与三座屏风墓同时发掘的 216、217 号墓,亦属于张氏旧茔的墓葬,在分布上与 188 号墓同排,因此其男墓主或许是同辈。在入葬年代上,可推定为开元至天宝年间(713-755)。②

216 号墓出土的文书 11 件,纪年者有天宝元年(742)和天宝十载(751)。③后位墓主的入葬年代,是在天宝十载后某个年份。

(三)三座随葬绢本和纸本屏风画的墓葬

1. Ast.iii.4

斯坦因所得的绢画(Ast.iii.4.010),出自他编号的 Ast.iii.4 墓中。④该墓位于阿斯塔那墓地一座茔院,为双室墓。斯坦因打开墓葬时,发现已被盗,但仍残存了烧土砖作的墓表和 23 件汉文文书。棺床上有一具尸体。⑤看上去,他既未采集亦未著录这方墓表。在汉文文书中的纪年,有武周天寿元年(690)、长寿二年(693),中宗神龙元年(705)、景龙三年(709)。⑥因此,其入葬年代,可推定在景龙三年后的某年。

2.《树下美人图》与《树下人物图》所出墓葬

橘瑞超所得的一件两屏设色纸本的《树下美人图》和《树下人物图》,著录于《西域考古图谱》,为东京国立博物馆收藏。⑦《树下美人

---

① 新疆维吾尔自治区博物馆:《吐鲁番县阿斯塔那——哈拉和卓古墓群发掘简报》,《文物》1973 年第 10 期。

② 宿白先生推定,此墓和 216 号墓的年代为大历年间(766-779)(《西安地区唐墓壁画的布局和内容》,《考古学报》1982 年第 2 期)。

③ 《吐鲁番出土文书》第八册,第 468-483 页。

④ Sir Aurel Stein, *Innermost Asia, Detailed Report of Explorations in Central Asia, Kan-su and Eastern Irān*, Oxford at the Clarendon Press 1928, Vol. II, pp.693-694; Vol. III, Pl. CV, CVI.

⑤ Ibid., Vol. II, p. 654.

⑥ Ibid., Vol. II, p. 657;陈国灿:《斯坦因所获吐鲁番文书研究》,武汉大学出版社 1995 年版,第 239-285 页。

⑦ 香川默识编:《西域考古图谱》,图 51;《世界美术大全集·东洋编》第 15 卷《中央アジア》,第 272 页,图 294-295;金维诺主编:《中国美术全集·绘画编 2·隋唐五代绘画》,图版十二。

图》的里张为一份先天二年（713）和开元四年（716）的账，表明该画的年代在此年份之后。关于墓葬与墓主人的信息，一概不详。

3.哈拉和卓纸本花鸟屏风画墓

《中国绘画全集》所录的一件三扇的纸本花鸟屏风画，据说为1969年发掘哈拉和卓墓地时所得。① 有关该墓无任何考古信息，恐发掘资料已失。

三、屏风画的复原、内容与定名

张礼臣夫妇及其兄弟或从兄弟夫妇的三墓，报道云1972年发掘时均出土了联屏木框的绘画屏风及墓志，木框上裱了绛紫色绫边，绢画当出土时已成残片。其中，《弈棋仕女图》屏风被发现于187号墓停尸台的西北隅，所谓《侍马图》屏风被发现于188号墓停尸台下，230号墓所出画有乐舞伎图像的屏风则被发现于墓室入口的积沙下。

绢本与纸本的屏风画，其中如《弈棋仕女图》是可以复原的；其它残存的画作，亦可以根据内容作适度复原。

（一）《弈棋仕女图》

故宫修复后的《弈棋仕女图》，常见的说法是共有11位左右的人物；② 但据《中国美术全集》所刊布的画面，计有17位人物及草木、云霓和飞鸟等。③ 这应该是最完整的公布了。

构图上与《簪花仕女图》相似的，是显然居于中心的描绘两位对弈仕女的画面，及成组构图的主婢（一仕女＋一婢女）或群仆，一共有6幅或6组。弈棋画面中很可惜残缺了左面的一位仕女，占大约三

---

① 中国古代书画鉴定组编：《中国绘画全集》第1卷《战国-唐》，图七十，文字说明见第11页。

② 金维诺、卫边：《唐代西州墓中的绢画》，《文物》1975年第10期；新疆文物考古研究所：《吐鲁番阿斯塔纳第十次发掘简报（1972-1973年）》，《新疆文物》2000年第3-4期。

③ 金维诺主编：《中国美术全集·绘画编2·隋唐五代绘画》，第18-23页。

分之一的画幅。此外的 5 幅则较为完整。

画作的定名存在问题。金维诺和卫边曾将画作称作《围棋士女图》。① 在《中国新疆古代艺术》和《天山古道东西风》两书中，它被分作了四幅左右分别命名，最核心的部分被称作《仕女弈棋图》和《弈棋贵妇绢画》。② 在《中国美术全集·隋唐五代绘画》里，将这幅画命名为《弈棋仕女图》。③ 而同年出版的《中国绘画全集》则分解为 7 幅画作，各自表述和命名。④

这种弈棋的题材尚不见于唐代的传世画作。不过，《宣和画谱》曾著有周昉的《围棋绣女图》。⑤ 依唐画的习惯，此类仕女画往往是有题名的，为"某仕女图"模式，故此画宜题作《弈棋仕女图》。

金维诺、卫边曾就修复的画面，提出过一个基本的复原方案：以弈棋的仕女居中，大体上左侧视者居其右侧，右侧视者居其左侧。⑥ 但是，仍有不少的问题需要解决。它们如何构图、是否采用了分屏的方式等，是很费解的。

复原整幅画作的依据，除以左、右侧视的姿式确定人像的分班排列外，尚需酌定画作的主题。侧视像是主要的，但也不排除少见的正视像。在故宫修复的画面中，见于多幅的飞鸟亦采取左、右侧视的姿势，与人像相一致。须注意《弈棋仕女图》画作的完整性，它与 230 号墓随葬的乐舞伎及 188 号墓的人物鞍马画所选取的题材是不同的，后二者及树下人物和花鸟等更适于作屏风画。我们从单幅画面的角度来尝试复原整幅的画作。

---

① 金维诺、卫边：《唐代西州墓中的绢画》，《文物》1975 年第 10 期。
② 穆舜英主编：《中国新疆古代艺术》，新疆美术摄影出版社 1994 年版，图 210，第 86 页；中国历史博物馆、新疆维吾尔自治区文物局编：《天山古道东西风》，中国社会科学出版社 2002 年版，第 208—211、228—233 页。
③ 金维诺主编：《中国美术全集·绘画编 2·隋唐五代绘画》，第 18—23 页。
④ 中国古代书画鉴定组编：《中国绘画全集》第 1 卷《战国—唐》，图五九至六五，图版说明见第 9—11 页。
⑤ 《景印元大德本宣和画谱》卷六《人物二·周昉》，台北故宫博物院印行，1971 年。
⑥ 金维诺、卫边：《唐代西州墓中的绢画》，《文物》1975 年第 10 期。

1. 画面一：弈棋仕女

残幅尺寸：纵69、横59.7厘米。[①]所存为右侧弈棋仕女及完整的棋盘，并座下之榻，仕女取右侧视四分之一坐像。残损的左侧弈棋仕女画面，推测约占三分之一画幅，故其整幅的宽度在约90厘米。按阿斯塔那44号唐永徽六年（655）墓所出木尺，一尺合29厘米，[②]故其宽在3尺左右。纵高上参照人像的比例及其它保存较完整的画面，应该在100厘米（合约3.3尺）左右。人像可能是在近景的位置（图二）。

图二　画面一：弈棋仕女
（采自《天山古道东西风》，沈昕璐摹）

2. 画面二：左班观棋仕女

纵96、横91厘米。为右侧视四分之一的仕女与随侍侍女的立像，二者的头顶上方画了飞鸟（燕子）、白云和红霓。在尺寸上，仕女像大于其身后侍女像的处理手法，是为了表现二者位置的斜向远近（偏向中景的位置）而采取的类似透视的画法，这令人想起周昉在《簪花仕女图》里用过的技法（图三）。

[①] 资料采自新疆维吾尔自治区文物局编：《丝路瑰宝——新疆馆藏文物精品图录》，新疆人民出版社2010年版，第27页。

[②] 鲁礼鹏：《吐鲁番阿斯塔那古墓群墓葬登记表》，《新疆文物》2000年第3-4期；丘光明等：《中国科学技术史·度量衡卷》，科学出版社2001年版，第321页。

图三　画面二：左班观棋仕女
（采自《中国美术全集·隋唐五代绘画》，沈昕璐摹）

3. 画面三：左班侍女

残幅纵83.5、横89.3厘米。三位侍女的立像。左侧著红衣者取左侧视四分之一姿势，左手持苹果；其身左著紫衣侍女取正视姿势，二者贴身；右侧紫衣侍女为右侧视四分之一像，手执高圈足金盘，内置一高足金杯。与画面二相同的头顶上方处理法，亦是云霓和飞鸟。从内容上看，这三幅像为一组。画幅尺寸上小于画面二，应该是在较近景靠后约中景的位置，以示其婢仆的身份。这可以从上方画的两排飞鸟的大小和位置与画面二相比上，得到佐证（图四）。

图四　画面三：左班侍女
（采自《丝路瑰宝》，沈昕璐摹）

4. 画面四：右班观棋仕女

残幅纵61.4、横65.5厘米。与左班观棋仕女相对应，为一仕女及其近侍侍女的左侧视四分之一立像。仕女的衣饰和手式与左班不同，以抵消因对称造成的呆板视觉。在身后侍女的选位上也有所不同，几乎站在了同一条线的近景位置。可能在头顶上方也绘有云霓和飞鸟（图五）。

图五　画面四：右班观棋仕女
（采自《天山古道东西风》，沈昕璐摹）

5. 画面五：右班仕女与童子

由两片修复时被分拆开的残幅组成，即所谓的《树下美人图》和《童子图》。《树下美人图》纵84、横66.7厘米，《童子图》纵59、横47.3厘米。仕女取左侧视四分之一姿式。在她身侧的中、远景位置画了一片树林和竹林。注意它们的尺寸，以及分别描绘的树林与草甸，处理为近、中景的人像构图法，表明二者是可以拼合的。拼合后的画面尺寸，亦可能高约90、宽约100厘米。童子所踏的草甸，应该出现在林间，所以这幅所谓的《童子图》应该移至树林的下方，因此也可以解释左侧怀抱拂林狗的童子，其向右侧身，并以右手指向其上方的林木。可能是树上的鸟吸引了他（图六）。

336　丙编　图像考古

图六　画面五：右班观棋仕女与童子
（采自《天山古道东西风》，沈昕璐摹）

6. 画面六：右班侍仆

残幅，尺寸不详。比例较小的人像应该置于中景的位置。一共画了 6 位侍仆，呈侍立或坐姿。在头顶上方亦绘画了飞鸟。注意残存的一截雕栏，表示是在园林中。两个硕大的花蕊形的图像可能是阳伞。有两人画成了右侧视四分之一的姿式，余者皆左侧视四分之一。这与最右侧的画面三的左班侍女中的两幅左侧视像，在构图上有了呼应，因此也加深了我们的印象：画面三和画面六，一定是分处在整幅画作的右端和左端（图七、图八）。

图七　画面六：右班侍仆
（采自《中国美术全集·隋唐五代绘画》，沈昕璐摹）

图八　《弈棋仕女图》复原（沈昕璐摹）

六幅画面的高度应该是一致的，推测在100厘米左右，而各幅的宽度可能大致相同，90厘米左右。在形式上看类似于横卷轴画。从残存迹象看，似乎不存在类似Ast.iii.4.010和人物鞍马、乐舞伎画那样显示分屏装裱的绛紫色绢带或棕色画框，表示它们是屏风画。这一形式也是纸本的屏风画所采用的。因此，问题是：横长卷的《弈棋仕女图》绢画，如何装裱在屏风的木框上？

屏风本身虽难以复原，但据六幅画面的存在，可以推理装画的木框，也相应的分为六个屏格，其尺寸应该大于画面的画幅，大约为100厘米见方。这个宽度似乎不允许作相联的曲屏处理。因此，它们实际上可能被分成了六架，每架装有一幅画面。这种形制类似于六架"插屏"，在摆放上比较自由。

根据上文的推想，我们试着模拟了《弈棋仕女图》的原件。分占六个架子的六幅画面，以画面一的弈棋仕女为中心，依次展开了其余的五个画面。但是，在布局上弈棋仕女的画面不可能居中，它偏在了右侧的一组三格中。其出土位置在棺床的西北隅，如果未被扰动的话，这表明当时屏风是集中摆放在了那个位置。

观察绘画的特征，可以见到在用笔上自然暴露出的可以觉察的模仿痕迹——这个问题涉及画作的来源和作者，是得自长安抑或本土的临摹？我们倾向于认为，是188号墓的女墓主麹娘，她是187号墓女墓主的姊娌，创作了这幅《弈棋仕女图》。因为她的墓志里曾夸她是勤奋的画家和工艺家（"晨摇彩笔，鹤态生于绿笺；晚弄琼梭，鸳纹出于红缕"），出身名门而富天资。但是她卒于开元三年（715），比我们推定的187号墓女墓主的卒年天宝四载（745）后某年早了许多年。

（二）人物鞍马画

出自188号墓，木框连屏设色绢画，八扇。各扇画面的尺寸为纵53.7-56.5、横22.5-27.0厘米。[1] 屏风以木框为骨架，有的木框保存还很完整。由出土情况可知，绢画是裱糊在木框上的，但绢上有用墨点模拟的钉眼（存疑）。[2] 有三幅还保存了用绛紫色绢带装裱的分屏框，这些框对应的是背面的木框架。

每扇的画面都是独立的，描绘的是相同的题材：树下的侍仆和鞍马。[3] 保存较佳的画面上，树的上方还画了云霓和飞鸟，下方画了草甸；各有两幅分别采取左侧视和右侧视的人物鞍马，其中，右侧视者画成了静立的姿势，左侧视者则取行走的姿势。我们推测，全部的八幅（扇）画面，应该是左、右侧视像各占了半数。这是那种矮小的联屏，在实际摆放上，可能是左、右侧视图分处于左、右（图九）。

（三）乐舞伎画

230号墓（张礼臣墓）出土的绢本设色六扇屏风画，出土时也有一段木框相连，框上裱了绛紫色的绫边。每扇画一位乐舞伎，既有正面像，也有分向左、右的侧身像，取四分之一侧视姿式。据说为乐伎四，舞伎二。[4] 其中两幅保存较佳者，见诸多种图录，一幅是着胡服的舞伎的正面像，其尺寸是纵51.5、横25.0厘米；另一幅是持乐器（阮咸）

---

[1] 资料取自《中国绘画全集》第1卷《战国-唐》，第11页。
[2] 《唐代西州墓中的绢画》。
[3] 《唐朝名画录》记张萱"尝画贵公子鞍马屏障、宫苑士女，名冠于时"（张彦远著、俞剑华注释：《历代名画记》卷第九《唐朝上》，上海人民美术出版社1964年版，第184页），即人物鞍马题材的屏风画，此即当时的称法。开元年间的名家陈闳有《人马图》。这种人物鞍马画，与曹霸、韩干等所擅的鞍马画有所不同。
[4] 中国古代书画鉴定组编：《中国绘画全集》第1卷《战国-唐》，第8页。

340　丙编　图像考古

图九　绢本八扇式人物鞍马屏风画（部分）
（采自《中国绘画全集》第1卷、《丝路考古珍品》等）

唐代西州的墓室屏风与屏风式壁画　341

图十　绢本乐舞伎六扇式屏风画（部分）
（采自《丝路考古珍品》）

的乐伎。这应该是全部六扇画的画面规格，与《人物鞍马画》和《观乐仕女图》相同（图十）。

前述为橘瑞超所得的一块绢画残片，画一位取左侧视姿式的着胡服的舞伎。看上去，无论从题材还是画法上，似乎是出自230号墓的残片。《西域考古图谱》里，把它标注为出自吐峪沟，应该是讹误。[①]

（四）《观乐仕女图》

斯坦因所得的绢画（Ast.iii.4.010），出自他编号的Ast.iii.4墓中，出土时被发现卷成卷搁置在墓室的地面上。他推测是盗墓者所为。这幅绢画最初由安德鲁斯（Andrews）做了描述，收入《亚洲腹地考古图记》阿斯塔那获得文物的"清单"中。[②] 随后由宾勇（Laurence Binyon）对绢画做的复原研究，根据保存下的较完整的分屏装裱的棕色丝框，每屏的尺寸是21×8.5英寸，约当53×22厘米。[③] 绢画表现的是乐舞伎和站立在树下的仕女（所谓"树下美人"）。他推测至少有5屏以上，画面可以分为两组，分属于不同的屏格（图十一）。[④]

实际上，这幅画作在题材上有些类似《弈棋仕女图》，它不是如人物鞍马画、乐舞伎画和花鸟画那种各自独立又宜于联屏的无情节题材，其内容由两部分组成：取左侧视观赏姿式的仕女，一共有三位以上，每人的身后都有一位随侍的侍女；取右侧视或左侧视的乐舞伎，有三位以上，作表演的姿式。画作表现的是仕女观赏乐舞的情景。乐舞伎的画面应该是在仕女画面的右方。

每位随身侍女的仕女，连同她们所立身其下的树、树上方画的飞鸟和云霓，被安置在了一个屏格（扇）内。在第三位仕女-侍女的右侧还有两扇，残损得很严重，残存有侍仆像的局部，因此这两幅可能

[①] 香川默识编：《西域考古图谱》，图52。
[②] M. A. Stein, *Innermost Asia*, Vol. II, pp.693–694; Vol. III, Pl. CV, CVI.
[③] 这一资料显然是就残存的画面计算的。
[④] "Remains of a Tang Painting, Discovered by Sir Aurel Stein, Described by Laurence Binyon", *Burlington Magazine*, June 1925, pp.266–275.

图十一　绢本《观乐仕女图》屏风画
（采自《亚洲腹地考古图记》）

画的是在仕女后面侍应的仆从，类似于《弈棋仕女图》的画面六。位于右端的三位乐舞伎像，应该是画在了同一幅（扇）内。这样就构成了一架六扇式的画屏，画作本身是表现仕女观赏乐舞的主题，可以暂且定名为《观乐仕女图》。① 它的画功不亚于《弈棋仕女图》，笔法很娴熟。

（五）《树下美人图》与《树下人物图》

橘瑞超所得，一件两屏，纸本设色，著录于《西域考古图谱》，为东京国立博物馆收藏。尺寸分别是 138×54 厘米和 149×57 厘米。里张的先天二年（713）和开元四年（716）账，是为了使纸本的画张厚实、耐用而裱糊上去的。

在构图上，两幅画面都由侧视站立在树下草甸上的一主一仆画像构成。树的上方未画出云霓与飞鸟。每幅画面用棕色的粗线画出屏格的画框（图十二）。这一画法当来自于绢本屏风画。它们应该是一架六扇式屏风画中的两幅（扇），比绢本画屏高许多，是一种高屏形制。

所谓《树下美人图》，是一幅身后随侍侍女的仕女画；另一幅《树下人物图》，画的是一位由侍从扶持的戴帷帽的男子。一般说，一树一人（或两人）的题材是屏风画所适用的；在构思和画法上，树是为了避免单纯人像的呆板而点缀到画面上的，这与有情节的画作不同，所以不宜作过多的解释，② 前述《人物鞍马画》也是如此。这种屏风画因为没有情节而缺少主题，在定名上可以总称之为《树下人物图》，就仕女、老人等不同身份的人物来说，自然也可以称作《树下美人图》和《树下老人图》（图十二）。

---

① 《宣和画谱》卷五《人物一》，著录张萱《按乐仕女图》《楼观仕女图》等画作。

② 最近读到 Mary H. Fong 的《八世纪早期的唐墓壁画》（张娟妮编译，《文博》2004年第6期），否定了"树下美人"源自古印度药叉画的说法，并说画树是为了区隔人物，与树下男子画一样，这种构图法都是源自"竹林七贤"的构图法。其实，以排树分隔画面的形式，在十六国时期的河西与吐鲁番本地亦有发现，见于酒泉丁家闸5号墓前室后壁壁画（甘肃省博物馆：《酒泉、嘉峪关晋墓的发掘》，《文物》1979年第6期），及阿斯塔那M13（新疆文物事业管理局等：《新疆维吾尔自治区丝路考古珍品》，上海译文出版社1998年版，第177页，图87），等。

唐代西州的墓室屏风与屏风式壁画　345

图十二　纸本《树下美人图》与《树下人物图》
（采自《世界美术大全集·东洋编》第 15 卷《中央アジア》）

（六）纸本"花鸟屏风画"

另一件纸本屏风画，1969 年出土于哈拉和卓墓地，保存了连在一起的三扇画张。尺寸为纵 140、横 205 厘米，单扇的画幅宽约 68 厘米，高度上接近前述的《树下人物图》，但略宽一些。外框和分屏（扇）的框都是用较宽的暗红色线描绘的。

我们相信应该还有另外的三扇画张，它应该是一架六扇式纸屏风的画张。每扇都画了在不同的花下的不同的鸟，站在怪石嶙峋的草甸上，在花的上方画了红色的云霞和飞鸟（图十三）。[①]在题材与画法上，它与后文所述的屏风式壁画《花鸟画》（阿斯塔那217号墓）如出一辙。

图十三　纸本"花鸟屏风画"
（采自《中国绘画全集》第1卷）

四、屏风式壁画

在三座西州时期墓葬中保存的屏风式壁画，都是六屏（扇）的式样。其绘制的技术类似本地的石窟寺壁画，即在洞室的壁面上打底后，以棕色带画出六个屏格的框，这一做法来自对绢本屏风画的模仿。三

---

① 《中国绘画全集》第1卷《战国—唐》，图七十，图版说明见第11页。

墓的画作题材各不相同。

(一)《树下老人图》

38号双室墓的前、后室四壁及顶部,满绘了壁画。前室藻井与四壁绘祥云、飞鹤、童子驾鹤、仙草,是常见的表现仙界的图景。后室即主墓室,顶部及四壁上栏画日月星象,后壁(正壁)绘六屏式画,每幅高约140、宽约56厘米,均以紫色画出双重的屏格框。扇面的尺寸与前述的屏风画——绢本《树下美人图》与《树下人物图》及纸本"花鸟屏风画"接近。

每幅画面上都画了一株不同的大树,树下画一位幞头正装、看似长者的男子,取立姿或坐于榻上的姿式,并以之为中心在其身侧画一至两位侍仆或青年或妇人。有两幅画面描画了他弈棋的场景,有一幅画了随侍在他身侧的捧卷的侍从(图十四)。[①]

图十四 阿斯塔那38号墓六屏式壁画
(采自《丝绸之路·中国新疆古代文化》)

全部六幅画面中的男子,应该看作是同一位人物,在画中仅对服色作了区分。发掘报告以为乃描绘墓主人生前生活的画像,"其各种活

[①] 祁小山、王博编著:《丝绸之路·新疆古代文化》,新疆人民出版社2008年版,第113页。

动当是生前骄奢淫逸，奴役劳动人民的罪恶生活的真实写照"。[1]这个论断涉及在墓中绘画墓主人像的问题。

由考古发现可以推论，唐时墓主人像渐已绝迹，[2]所以可否定画中主人公为墓主人、联屏壁画为墓主故事画说。我们应该确信：这种墓室屏风式壁画表现的是屏风，即将屏风画于壁上，所以不算是真正的屏风画。关键的证据是，按照洞室墓的墓室结构，所有的屏风式壁画都被布置在了棺或棺床的周围。既然是模仿的生间作为家具的屏风，其要点就应该在屏风而非屏风上的绘画。所以，这种屏风式壁画的题材和内容，应该与丧葬无关。

所谓"树下老人"或"树下老翁"题材，集中发现于太原、西安和固原等地高宗至玄宗时期的墓葬中。在太原发掘的计有温神智夫妇墓[3]、金胜村46号墓[4]、新董茹村唐墓、金胜村附近壁画墓[5]、金胜村337号墓[6]，长安一带有南里王村韦氏家族墓[7]、天宝四载（745）苏思勖墓[8]，宁夏有固原南郊梁元珍墓[9]等。有八扇、六扇、十扇三种形式，布置于棺床周围。

我们要注意与38号墓相似的温神智墓。他卒于景龙二年（708），前妻王氏早卒，续弦杨氏卒于开元六年（719），先葬于小泡村，开元十八年改迁合葬于太原城西二里。这是一座单室穹窿顶砖室墓，坐北

---

[1] 新疆维吾尔自治区博物馆：《吐鲁番县阿斯塔那－哈拉和卓古墓群发掘简报》，《文物》1973年第10期。
[2] 宿白：《西安地区唐墓壁画的布局和内容》，《考古学报》1982年第2期。
[3] 常一民、裴静蓉：《太原市晋源镇果树场唐温神智墓》，载陕西历史博物馆编：《唐墓壁画国际学术研讨会论文集》，三秦出版社2006年版。
[4] 山西省文物管理委员会：《太原南郊金胜村唐墓》，《考古》1959年第9期；山西省文物管理委员会：《太原市金胜村第六号唐代壁画墓》，《文物》1959年第8期。
[5] 山西省考古研究所：《太原市南郊唐代壁画墓清理简报》，《文物》1988年第12期。
[6] 山西省考古研究所：《太原金胜村337号唐代壁画墓》，《文物》1990年第12期。
[7] 赵力光、王九刚：《长安县南里王村唐壁画墓》，《文博》1989年第4期。
[8] 陕西省考古所唐墓工作组：《西安东郊唐苏思勖墓清理简报》，《考古》1960年第1期。
[9] 宁夏固原博物馆：《宁夏固原唐梁元珍墓》，《文物》1993年第6期；罗丰编著：《固原南郊隋唐墓地》，文物出版社1996年版。

朝南，墓室西壁前侧为砖砌棺床。墓室顶部壁画自下而上依次为挽帐、星象、四神和祥云；在四披之下的立壁上栏位置，画了垂下的帐幔、斗拱和立柱；四壁绘门吏、侍女和男仆、树下老人、田园劳作和远山风景。树下老人为屏风式画，取一人双树图式，双树起到了屏格框的作用。老人形象、衣着、姿势各异。六幅（扇）画面依次分布在北壁西侧（一幅）、西壁（四幅）、南壁西侧（一幅），是以西壁棺床为中心的三面围屏模式。

另一例是金胜村附近的壁画墓，二棺床，围绕棺床画八扇屏风式树下老人。穹窿顶的壁画布局，自上而下依次为帐幔、星象、四神。报告推为高宗至武周时期，老人图与道教有关。

从画面看，所谓的"树下老人"或"老翁"，应该是表现一种男性长者的形象。这是汉代以来的人物画传统的发展，树所起的是分隔画面和装饰作用，但有的也会根据画匠所遵循的章法而赋予树以意义。赵超认为唐墓的这种"树下老翁"题材，是汉至南北朝时期流行的忠臣、孝子、列女、隐士、贤人人物画的余续，金胜村4-6号墓中的"树下老翁"画中有曾子、王裒、孟宗等人物故事，而树下人物的构图法则受到了南朝"竹林七贤"画的影响。[①]

如前所述，墓室里的屏风式壁画是在棺床周围描画的屏风，因此，"树下老人"题材是将实际的屏风画于壁面时摹画而来的，并没有特别的丧葬意义，只是在墓室的情境中构拟出的墓主人阴宅生活的视觉空间。从这个角度，我们可以解释与屏风式壁画组合的其它题材壁画，这些图画与墓室、棺和墓主人一道，共同构造出了一个想象的四维（加上了时间）的逝者生活世界。所谓的"树下老人"屏风式壁画，来自实际屏风上的人物画。

[①] 赵超：《"树下老人"与唐代的屏风式墓中壁画》，《文物》2003年第2期；赵超：《从太原金胜村唐墓看唐代的屏风式壁画墓》，载陕西历史博物馆编：《唐墓壁画国际学术研讨会论文集》，三秦出版社2006年版。

唐代的人物画，有为当代真人所画的"写真像"和创作的人物画，前者一般称"写真"和"像"，后者一般称"图"。凡称"图"的创作的人物画，自晋以来形成以隐士、高人为创作对象的传统题材，如晋卫协的作品《高士图》，唐杨升于开元年间亦作有《高士图》且善"制衣服冠巾以别之"，丘文播有《松下逍遥图》，孙位有《高逸图》。《宣和画谱》著录有唐朝女画家童氏的《六隐图》。① 由此来看，唐墓屏风式壁画的所谓《树下老人（翁）图》，其六人者或与"六隐"题材有关，故其画作宜称作《六隐图》之类。而八扇式的题材，则与传统的忠孝人物故事题材有关。

（二）216号墓《鉴诫图》

同属于张氏西北旧茔的216号墓，于墓室的后壁上绘制了相同的六屏式壁画，通常被称作《鉴诫图》。每屏尺寸是高约140、宽约71厘米。自左起，第一幅绘象征什物的敧器；第二至五幅绘人物，其背或胸位书小方框的榜题，依次为"土人""金人""石人"，第四人未书，应该是"玉人"；第六幅亦画象征的什物，通常解说为陶罐、草束与生丝。画像下方或旁侧画出榜题的方框，但未书。② 在实际屏风的鉴诫画中，应该书有相应的格言警句。

六幅画像皆有鉴诫、劝导的意义。第一幅的敧器图，取孔子"虚则敧，中则正，满则覆"之意。第二至五幅的人像，以土、金、石、玉之德性象征人性。隋萧吉《五行大义·论人配五行》，引《禄命书》云，金人刚强自用，木人多华而雅，水人开通智慧，火人自贵性急，土人忠信而直。③ "土人"以五行之土德象人的德性，诚人忠信秉直。"金人"取"三缄其口"典故，诫之慎言，其人像的口部以布帛封

---

① 《宣和画谱》卷六《人物二·唐朝》。六隐者，范蠡至张志和等六人乘舟而隐居者。
② 《中国新疆古代艺术》，第88页，图217。
③ ［隋］萧吉撰《五行大义》卷五《论诸人·论人配五行》（清佚存丛书本）。

缄。①"石人"，或是替代金人，仍诫缄口慎言②。"玉人"，寓意君子之德、守身如玉（图十五）。③

（三）217号墓"花鸟画"

后壁绘六扇屏风式花鸟壁画。与《弈棋仕女图》类似的，是在画幅的大部分，相当于近景至中景位置，采取了景深画法：近景画草甸、怪石；中景画花、鸟，花、鸟皆不同种类，鸟类有大雁、锦鸡、鸳鸯、双鸭等；远景画飞鸟与红霓，这个位置其实又相当于画面的上方，相当于天空（图十六）。④

上述三种屏风式壁画，皆六扇式，其图样应来自实物的六扇屏风（六曲屏风）；而三种题材——树下人物、鉴诫与花鸟——都是适于屏风画的。三座墓葬年代亦相接近，在开元至天宝年间（713—755），这时正是流行六曲屏风的时代。

五、屏风与屏风式壁画的墓葬情境

从考古发现看，先秦时期发明的屏风，至少在西汉时期，已经开

---

① 《孔子家语》卷三《观周》："孔子观周，遂入太祖后稷之庙，庙堂右阶之前，有金人焉。三缄其口而铭其背曰：'古之慎言人也。戒之哉！无多言，多言多败。无多事，多事多患。安乐必戒。'"陈士珂辑：《孔子家语疏证》卷三，上海书店1987年版，第72—73页。《刘子·慎言》说："天有卷舌之星，人有缄口之铭，所以警恍言、防口说也。"参见［北齐］刘昼撰《刘子》卷六《慎言》，《景印文渊阁四库全书》子部十杂家类一杂学之属，第848册，第912页。

② 段成式：《酉阳杂俎前集·广知》记，邓城西百余里縠城城门石人，腹部有题铭"摩兜鞬，摩兜鞬，鞬慎言"，"疑此亦同太庙金人缄口铭"。［唐］段成式撰、方南生点校：《酉阳杂俎·前集》卷十一《广知》，中华书局1981年版，第107页。

③ 宋孙奭疏：《孟子注疏》："璞玉则亦国家比也，玉人则亦君子比也。"［汉］赵岐注，［宋］孙奭疏，廖名春、刘佑平整理，钱逊审定《孟子注疏》解经卷第二下，北京大学出版社1999年版，第55页。

④ 《中国美术全集·绘画篇12·墓室壁画》，图版一三三、一三四。宿白：《西安地区唐墓壁画的布局和内容》称作"翎毛屏风"画，花丛上方画的是远山和群燕。注意此种画法与《弈棋仕女图》画面二、三上方所画的飞鸟与云朵、红霓，十分相似。

352　丙编　图像考古

图十五　六扇屏风式壁画《鉴诫图》

图十六　六扇屏风式壁画"花鸟画"

始用于随葬。①这是一种具特别意义的葬俗,自汉代延续了下来,其屏风的实物在墓葬中也时有发现。②屏风摆放在墓室里棺或棺床的旁边,这是所谓"事死如生"观念的体现,将墓室视同为生前的寝室。这种随葬屏风的葬俗一直延续到了盛唐。在墓室里壁画屏风的方式,是替代随葬实际的屏风。从墓室的结构看,无论是随葬屏风还是屏风式壁画,都是围绕着棺材摆放或布置的。西州实行的仅在后壁一面描绘六屏式壁画,是盛唐时期当地的简约形式。③

在现世生活中,人们在房间内布设有多种起屏蔽或装饰作用的设备,用布制作,主要是在寝室内。按汉代的情形,《释名·释床帐》说有帷、帐、幕、幄、扆、屏风等,各具功用。依刘熙之说:

帷:"围也,所以自障围也。"是四面遮掩,但不带顶。

幄:"屋也,以帛衣板施之,形如屋也。"如幕,相当于帐篷之类,可以独立使用。

帐:"张也,张施于床上也。"是在床上使用。

扆:"倚也,在后所依倚也。"是卧具(床)后背可供倚靠的结构,亦起屏障的作用,设计在床或榻的三面,应该是用木板制作,也被视作是一种专门的围屏。④

屏风:"言可以屏障风也。"顾名思义,是挡风所用。⑤寝室里摆放的屏风,一般都置于床的旁侧,是可移动的形制。

---

① 广州南越王墓里出土的金属座漆屏,即被安置在主墓室的棺侧(广州市文物管理委员会等编辑:《西汉南越王墓》,文物出版社1991年版,第147-148页,图版二二四至二三〇)。马王堆一号墓也随葬了漆屏(湖南省博物馆、中国科学院考古研究所编:《长沙马王堆一号汉墓》,文物出版社1973年版,第93-94页,图版一九二)。

② 如大同北魏司马金龙墓随葬漆屏(山西省大同市博物馆、山西省文物工作委员会:《山西大同石家寨北魏司马金龙墓》,《文物》1972年第3期)。

③ 刘文锁、李颖翀:《吐鲁番晋-唐时期墓葬壁画的考察》,载《艺术史研究》第15辑,中山大学出版社2013年版。

④ 《三礼图》:"扆,纵广八尺,画斧文,今之屏风则遗象也。"(《太平御览》卷第七〇一《服用部三·屏风》)

⑤ 以上参见王先谦:《释名疏证补》卷六。

自从汉代盛行在墓室里安排各种题材的图像，使得墓室的丧葬意义空间更趋复杂。在这之前的丧葬行为中，构成墓葬意义的要素是建筑物实体的封堆、墓道和墓室、随葬品、葬具（棺、椁等）和遗体（包括装殓）。作为美术的图像的加入，以及谏文（墓志、墓表、墓碑、买地券、衣物疏）的兴起，并与墓葬结构的改进互动，使得人们在安葬逝者时，能够表达更为复杂的抽象性意义。这实际上构成了一种奇妙想象的缀合体，类似于复合的行为艺术，以丧葬为主题将建筑物、器具、物品、遗体、图像缀合在一起。由于图像的加入，墓室的有限空间内增加了对空间和时间无限性的新表现手段。从这个角度说，墓室里的屏风实际上扮演了如同戏剧舞台上的道具的角色。既然墓室被视作是墓主人的寝室，棺床自然就是墓主人的床，所以屏风被摆放在了棺床的周围。

在北朝至唐代的墓葬中，还有更为复杂的棺床设置和葬具。一是在天子及高级贵族的棺床上，悬挂了如现世所用的床榻上的帷帐，即《通典·礼四十六·丧制四》所说的"宝帐"，棺床称作"神座"，上方垂以帷帐，这为考古发现所证实。[1]另一种情况是贵族所使用的围屏石榻和庑殿式石椁，前者是三面围屏式榻的模型；后者则是屋宇模型，它被想象成了墓主所居的屋宇，并被置于想象的穹窿顶墓室之中。

替代实物屏风的屏风式壁画，更像是一座独角戏舞台中被布置成的背景。这舞台有图像和道具，只是缺了现场的声音和动作。主人公是被安置在棺中的墓主人。屏风被描画在他（她）静卧的棺床后面的墙壁。

像216、217号墓还算是简化的场景，仅在后壁上描画了六扇式的屏风。38号墓则是较为复杂的类型，更接近关中和太原等地的屏风式壁画墓，它们都有更复杂的壁画。

在38号墓中，绘于墓室顶部的天象图和四披的童子骑鹤等，摹画了流行的天宫图景。在最重要的棺床所依的后壁上，描画流行的《树

---

[1] 如北魏宣武帝（元恪）景陵棺床的四角各有一个插座，应是用来安放幄帐用的。参见中国社会科学院考古研究所洛阳汉魏城队、洛阳古墓博物馆：《北魏宣武帝景陵发掘报告》，《考古》1994年第9期。

下老人图》六扇式屏风。这些图像表现了逝者的生活设备和场景，壁画上的屏风表现摆放在床边的屏风，顶部的天宫图像表现了他在彼世的无限生活空间。

长安和太原地区的屏风式壁画墓，通过这种想象的缀合场景所表现的逝者生活空间，更为丰富。依据墓室的结构人们安排了不同题材的壁画。温神智夫妇墓的穹窿顶是模拟的天宫的形状，自上而下描画的挽帐表示的是屋内的场景，星象、四神和祥云则是表示由天宫和四方代表的宇宙图式，这是将二者缀合在了一起。在四披之下的立壁上栏位置，画了垂下的帐幔、斗拱，结合在墓室四角所画的立柱，表现的是屋内的空间。墓葬坐北朝南，西壁为棺床所在的正壁。南壁的甬道两侧所画的门吏，表示这是屋门所在。西壁一侧为棺床，其壁面及南、北两壁相接的壁面画三面的围屏。迎门的北壁，画面朝墓主棺床的侍女和男仆。在棺床对面的东壁，则画出两幅家园劳作和远山风景，是屋外的景象，像是从屋内隔窗目睹的景观，表示的是另外一个空间。

与此相似的金胜村337号墓，是单室穹窿顶，坐北朝南，棺床横置于北壁前。顶部画星象、四神等表示的天宫图像。立壁的上端画出屋檐及斗拱图案，下方是插屏式屏格，用自斗拱延伸下的立柱作间隔。墓门所在的内侧南壁，画两位门吏。东、西壁南侧各画一幅由侍女在侧的仕女图，手执花束或拂尘。东、西壁北侧及北壁，是围绕棺床三面的四幅画面，北壁二幅，东、西壁北侧各一幅。[1]加上两屏仕女画，一共是六架插屏。它表现的是三面为插屏围绕的室内空间。

插屏与多扇式屏风组合的例子，可见于固原梁元珍墓。除了门吏和天宫，东、北、西壁为屏风式画，东壁为插屏画，画一位站立树下的仕女，身后为男装侍女。北壁和西壁画五扇屏风，各扇面上画站立树下的一位长者，一共是十扇屏风画。[2]它表现的也是三面为屏风围绕的室内空间。

---

[1] 山西省考古研究所：《太原金胜村337号唐代壁画墓》，《文物》1990年第12期。
[2] 宁夏固原博物馆：《宁夏固原唐梁元珍墓》，《文物》1993年第6期。

六、附论：唐代的屏风与屏风画

吐鲁番发现的西州时期的屏风和屏风式壁画，为唐代屏风和屏风画的实例。我们相信这些屏风是实用的屏风。通过前述复原研究可以看出，存在两种规格的屏风：

矮屏：《弈棋仕女图》《人物鞍马画》《乐舞伎画》《观乐仕女图》画屏，4件，六扇和八扇式。木框绢面。加上屏架可能高3-4尺，屏板下面安装在石础上。①《弈棋仕女图》的画屏接近于方形，其余是窄长幅型。屏障床榻之用。

高屏：《树下美人图》与《树下人物图》、"花鸟画"画屏，2架。竖长幅型，六扇式，纸本的屏面。屏面画幅高138-149、单扇宽54-68厘米，加上屏架要更高一些。这种纸本的屏风画，因未见报道有木框架，它们或许只是屏风画。不过，日本正仓院藏开元年间的六曲屏风实物，其中的所谓"鸟毛立女屏风"，扇面为纸本，绘画一株树下一位仕女，呈立姿或坐姿，每两扇为一组。②

屏面上的绘画（屏风画），从内容和题材看，也是分为两种：一为情节画，《弈棋仕女图》和《观乐仕女图》，仿自其当代的仕女画；二为人物画和花鸟画，具装饰性，更适于作屏风画的题材。总的来说，由于是在屏风上作画，适合的题材是有限的。

墓室里的屏风式壁画是屏风画的一种间接形式。前述三种题材的"树下人物"（或曰"六隐图"）、鉴诫、花鸟，应该说是画匠在墓室画屏风时临摹的屏风画，也是当时屏风画的题材。

关中等地的唐墓屏风式壁画表现了更丰富的屏风画流行题材：除树下仕女（美人）、树下老人、花鸟外，还有侍女、花草、山水、乐

---

① 杨泓：《屏风》，载孙机、杨泓：《文物丛谈》，第226页。
② 杨泓：《"屏风周昉画纤腰"——漫话唐代六曲屏风》，同上书，第237-239页。

舞、宴饮、双鹤、胡人牵牛、云鹤等翎毛图。①此外，长安南里王村韦氏家族墓的六屏式壁画，表现的是游园仕女图题材。②

见载于画史的唐屏风画家薛稷（字嗣通，河东汾阴人，高宗至玄宗时人），与张彦远同为河东人。张彦远说他"尤善花鸟人物杂画，画鹤知名，屏风六扇鹤样，自稷始也"。③这几种屏风画图样都是当时流行的动植物和人物画。

屏风式壁画除见于墓室外，还出现在莫高窟的盛唐至晚唐的洞窟中。它们都绘在窟内的佛龛的壁面上，表现佛背后的屏风，有6、7、8、10、12扇多种。题材有人物画和佛经故事画两种。④这种佛窟内的屏风式壁画，虽与墓室屏风式壁画一样，都是摹画的实际屏风，但在其绘画情境和题材等上有很大的不同。

由于屏风一般说并非百姓的用物，而是贵族的家具，因此数量有限，而考古发现更少。汉至唐代是屏风发展的时期，在形制与用途上都多样化了，体现在扇面的多寡以及扇幅的宽窄上。在材质上，硬质的漆木屏风与木骨软质扇面的丝绸和纸屏风，都适于作画，因此成了中国古代绘画的一种体裁。虽然普通的素屏风也有存在，但不占主导地位。在唐代，六扇（六曲）的折叠形式是最常用的数目，或者可以说是标准形制。

（原刊吐鲁番学研究院、吐鲁番博物馆编：《古代钱币与丝绸高峰论坛暨第四届吐鲁番学国际学术研讨会论文集》，上海古籍出版社2015年版）

---

① 张建林：《唐墓壁画中的屏风画》，载《远望集——陕西考古研究所华诞四十周年纪念文集》。
② 赵力光、王九刚：《长安县南里王村唐壁画墓》，《文博》1989年第4期。
③ ［唐］张彦远著，俞剑华注释：《历代名画记》，上海人民美术出版社1964年版，第182页。
④ 赵秀荣：《莫高窟晚唐龛内屏风画的题材内容》，《敦煌研究》1997年第1期；赵青兰：《莫高窟吐蕃时期洞窟龛内屏风画研究》，《敦煌研究》1994年第3期。

伏羲女娲图考

资料·问题·方法

汉代编定的以"三皇五帝"为核心的中国上古神圣系谱，是从各地实行的以自然神信仰为主的巫教思想体系中改编而来的，其特征是人格化。这些神圣加上并行不悖的其它信仰，弥漫在汉人的精神世界，并且延续到了后世。在"三皇"系统当中，地位最稳固的伏羲和随后跻身其中的女娲，从开始出现到最终被司马迁排除在信史范畴之外并彻底神祇化，以二氏结合化生人类缔造出一部中国人的"创世记"，其间经历过的变化复杂曲折，其信仰是中古精神生活的滥觞。

汉墓中大量出现画像的现象，在考古学上意味着新墓葬形制和葬俗的出现，在美术史看来是一个重要的流派。汉墓中盛行画像石（砖）和壁画的风习，曾被认为"与汉武帝以来实行察举孝廉的官吏制度有直接关系"。[①] 层出不穷的汉代考古图像资料，构筑了两汉美术史和意识形态的认知基础。著名东汉小祠堂武梁祠（桓、灵时期）是一个代表。这座祠堂的画像、题铭之著录，始于北宋欧阳修《集古录》卷三，其后赵明诚《金石录》中有武氏祠石阙铭和画像的著录、跋尾。[②] 以后经历洪适（《隶释》卷十六、《隶续》卷六）[③]、王昶（《金

---

① 李松：《中国美术·先秦至两汉》，中国人民大学出版社2004年版，第14页。
② 赵明诚撰、金文明校证：《金石录校证》卷十四、十九，上海书画出版社1985年版，第256—257、356—357页。
③ 《景印文渊阁四库全书》史部十四目录类二金石之属，台湾商务印书馆1986年版，第681册，第443—757、759—878页。

石萃编》卷八、二十)[①]、瞿中溶(《汉武梁祠画像考》)[②],直至今人巫鸿著作[③],可以说是历经千年的学问。因为这座祠堂的画像里有与本课题有关的内容,即伏羲女娲图像,所以在此处提及,以说明汉-唐墓葬及附属设施(如汉墓祠堂)伏羲女娲图的发现由来已久,时至今日仍可期待新发现不期然的问世。

本文的初衷,是因为新疆吐鲁番盆地阿斯塔那-哈拉和卓墓地(晋-唐)的墓葬里,曾经出土过数量不菲的此类画像,而其阐释终有令人恍惚之处,以至于出现匪夷所思之论。[④]关于墓葬等考古资料里的图像研究,虽说是近年来的"显学",但最近也受到了批评;[⑤]有两点足堪小心应对:一是在选取资料时需持谨慎态度,弄不好就犯生搬硬套、牵强附会的毛病;另一个是解释图像时需注意"意义的飘忽"和"程序化的保守的陷阱"。但是这样一来,那些最接近墓葬资料的考古工作者的压力也增大了:什么样的阐释才是比较中肯的?这个问题终归是要问的。虽然墓葬是与寺庙、宫殿一样具有"纪念性"(monumentality)的空间,但要真正将画像之类的研究对象置于墓葬的"情境"(context)里去,也不是件容易的事。因为画像自身并不一定是能够阐明自身的,往往需要文字的或者其它画像资料的佐证,以及其它类型的墓葬资料(如墓主身份、墓葬形制、埋葬习俗、随葬品组合等)的互证。况且,可能有人会认为,文字记录的"文本"研究与图像的"文本"研究应该各自独立,各说各的"话语",最好不要纠缠在一起。

武梁祠的伏羲女娲石刻画像,因为榜题的缘故,瞿中溶的考证已奠定"识图"的基础。因为考古工作的进展,一个世纪来,汉至唐代伏羲女娲图像的新资料迭有发现;又由于涉及广泛,从神话学、艺术

---

① [清]王昶撰:《金石萃编》,见《历代碑志丛书》第四册,江苏古籍出版社1998年版,第132-133、335-362页。
② [清]瞿中溶著、刘承干校:《汉武梁祠画像考》,北京图书馆出版社2004年版。
③ Wu Hung, *The Wu Liang Shrine: The Ideology of Early Chinese Pictorial Art*. Stanford: Stanford University Press, 1989.
④ 关静芬:《伏羲与欧亚奈斯生物》,《辽宁大学学报》1996年第2期。
⑤ 缪哲:《以图证史的陷阱》,《读书》2005年第2期。

史、信仰到思想史，各家学说仁智分明，使笔者意识到这些考古资料的重要性。应该将这些图像资料纳入其出土情境——墓葬本身来考察，这需要结合诸如墓主身份、墓葬形制、埋葬习俗等方面的情况。为此，需要讨论的问题包括伏羲女娲图像的识别和发现情况、图像的变化形式、墓葬的变化等三个方面。后者反映汉-唐间墓葬制度和丧葬礼俗的变迁，且与历代祭祀伏羲有关。关于伏羲女娲的研究，实际会涉及先秦以来丧葬、信仰的一部整体历史。从认知和方法论上讲，对二氏意象资料的理解、阐释，需要建立在对先秦以降关于二氏的信仰、祭祀以及丧葬体制的认知上，而这种认知却是依赖于对前者的认知基础上的。二者看似互为因果，但是对有关文献、图像、墓葬资料的认知是更基础性的。通过对伏羲女娲图像的研究，我们将会发现这二氏是如何在古人的精神世界里出现、变化并渐趋消亡的。

图像研究的方法论，虽然有"图像证史"的说法，[①]那也是表明一种"研究策略"上的侧重。在将按照原始思维创作的神话题材与图像题材比对的时候，一定要重视二者之间的内在联系。文字和图像资料是分别采取的表达其信仰的不同形式。图像表现的情境——墓葬、宗庙或祠、神殿等，都是为了信仰的。但如文学与造型艺术间有天然的分别，其作品必然是按着各自的技艺创造的，这个简单的道理提醒我们在建立文字与图像间的关联时，尽量避免牵强附会的解读。

我认为，在我们"看图说话"和"看话说图"时，"意象"[②]和"情境"是两个分析概念；但是这二者是只有在一个更大的整体认知框架下才能够达到合乎情理的阐释。这个认知框架，一是考虑神话、美术、祭祀、信仰以及现实生活之间的水乳般的内在联系；[③]二是考虑文献和

[①] 蔡鸿生：《〈中国祆教艺术史研究〉序》，见姜伯勤：《中国祆教艺术史研究》，生活·读书·新知三联书店2004年版，序第3页。

[②] 此系陈健文先生在《先秦至两汉胡人意象的形成与变迁》（台湾师范大学历史学系博士论文，2005年）中采用的途径。

[③] 张光直：《美术、神话与祭祀》，辽宁教育出版社2002年版。

艺术品（图像）间的界限和联系；三是考虑这两种信息载体的时间性、局限性及其表达的方式和场合，又涉及所谓"模件化生产"问题。[①]

对伏羲女娲图像的阐释来说，按整体认知框架来要求，是需做到对下述三方面知识的掌握：（1）先秦以来流传下来并"层累地生成"的神话、传说知识；（2）先秦以来的艺术知识；（3）当时的主要以祭祀形式体现的信仰等。最难的可能是建立各种知识间的关联。神话、传说与图像，都服从当此的认知体系的整体水平。要素分析，或者说基本构造的分析，是沟通各种资料的方法。

"伏羲""常羲""羲和""女娲"图像的辨认，如果没有《天问》《山海经》《鲁灵光殿赋》等文字材料，我们将如何阐释这些图像？

实际上，从文字到图像的过渡，或许是将传说的人物（祖先）"神圣化"，[②]这个做法是赋予人物以神异的形体，就如给伏羲女娲加上龙或蛇的躯体一样，使之半人半神或半人半兽化。但是也存在一个明显的问题：为什么只有伏羲女娲最明显呢？是否因为"三皇五帝"的系统里，只有这二氏最古老、记忆最模糊的缘故？那种将二氏与西王母、东王公组合，并且配置以羽人或"翼人"等的构图方式，是否暗示了他们与真正神话人物的西王母（东王公）属于相似的题材？

先秦伏羲女娲意象的蓝本及铭旌

（一）楚地的文献

汉代的伏羲女娲意象应有一个早期的蓝本。根据有关的文献和考古资料，这部蓝本的原创地似乎集中在了长江中游的楚地。

1941-1942年，长沙子弹库楚墓中出土的战国楚帛书、帛画曾受

[①] ［德］雷德侯著、张总等译：《万物——中国艺术中的模件化和模件化生产》，生活·读书·新知三联书店2005年版。

[②] ［美］米尔恰·伊利亚德著、宴可佳等译：《宗教思想史》，上海社会科学院出版社2004年版，第468-470页等。

到极大的关注。在帛画中表现的"十二月神像",其中的题记"余"相当巳位的神像,是上身呈怪兽、下身呈两条缠绕的蛇(龙)躯体的形象。① 二是帛书的《乙篇》,叙述包戏(伏羲)娶"女塡"繁衍后代"四神"主管"四时"的故事。② 这个被称作"同胞配偶型洪水故事"的先秦版本,③ 是楚地较早流传伏羲及其配偶神话的证据之一,是"楚人的传说系统"。帛书的《丙篇》即配合"十二月神像"的文字,从内容上看相当于《日书》式的"月令"。④ 这篇帛书是关于伏羲女娲传说的最早版本之一。我们注意文字与图画之间的联系,其中蛇身形象的出现,是最早的这一类图形(图一)。

　　早期文献中,关于伏羲女娲及其形象的记录,除子弹库这篇帛书外,还有屈原的《天问》:"登立为帝,孰道尚之?女娲有体,孰制匠之?"王逸《楚辞章句》注云:"传言女娲人头蛇身,一日七十化,其体如此,谁所制匠而图之乎?"朱熹《楚辞集注》云:"上句无伏羲字,不可知;下句则怪甚而不足论矣。"⑤ 此句后来被人引证女娲人首蛇身的根据。不过,姜亮夫怀疑"有"字可能是"育"字之讹,因而此句就可以作完全不同的解释。⑥ 但是,如果把"有"解作与"蜏"相通,⑦ 则可以印证诸说的蛇(虫)身形象。根据上下文,这一句的读法可以是:女娲被描画成蜏体(类似蛇身),是何人所为?我们注意《乙篇》所说

---

① Noel Barnard, *The Ch'u Silk Manuscript: Translation and Commentary*, Department of Far Eastern History, Research School of Pacific Studies Institute of Advanced Studies, Camberra 1973.

② 李零:《长沙子弹库战国楚帛书研究》,中华书局 1985 年版,第 64—73 页。

③ 吕威:《楚地帛书敦煌残卷与佛教伪经中的伏羲女娲故事》,《文学遗产》1996 年第 4 期。

④ 陈梦家:《战国楚帛书考》,《考古学报》1984 年第 2 期;李零:《长沙子弹库战国楚帛书研究》,中华书局 1985 年版;李零:《中国方术考(修订本)》,东方出版社 2001 年版,第 192—194 页。

⑤ [宋]朱熹:《楚辞集注》卷三《离骚天问》,上海古籍出版社 1979 年版,第 63 页。

⑥ 姜亮夫校注:《屈原赋校注》卷三《天问》,人民文学出版社 1957 年版,第 330—331 页;姜亮夫:《重订屈原赋校注》,天津古籍出版社 1987 年版,第 258 页。

⑦ 《说文解字》:"蜏,腹中长虫也,从虫,有声。"

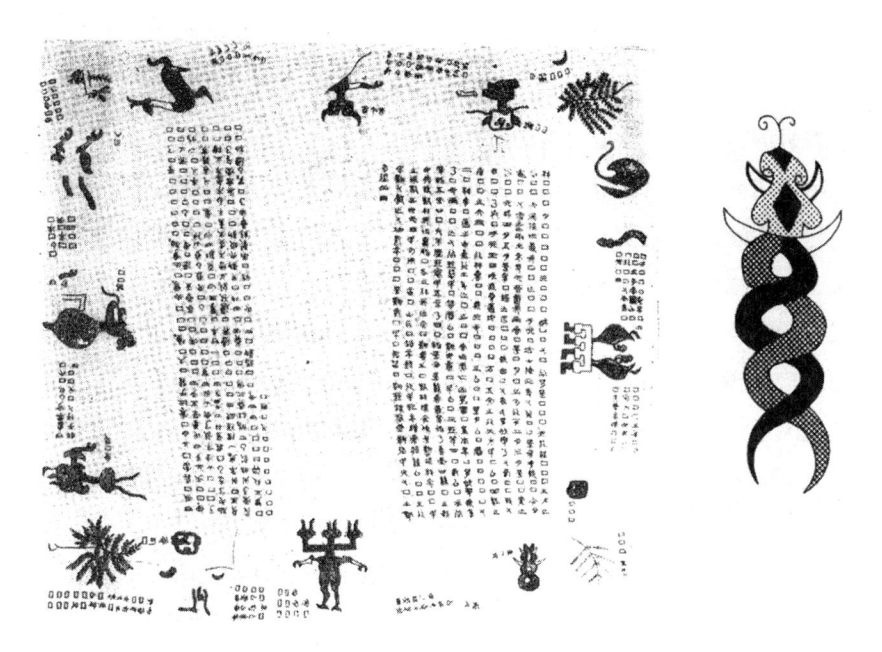

图一　长沙子弹库楚帛书
（据 The Ch'u Silk Manuscript）

伏羲配偶的某氏女"女填"，可能是女娲之名的异称。

虽然顾颉刚曾怀疑《天问》非屈原的作品，[①]实际上，我们注意《天问》的创作背景和素材，汉代王逸在《楚辞章句·天问》里解释说是屈子被放逐时，"见楚有先王之庙及公卿祠堂，图画天地山川神灵，琦玮僪佹，及古贤圣怪物行事。周流罢倦，休息其下，仰见图画，因书其壁，呵而问之，以泄愤懑。"楚国庙宇祠堂有壁画之说，朱熹和姜亮夫、孙作云皆予肯定。[②]可以看出所描述的楚人的宗庙，其形制是在建筑的墙壁上图画山川神灵，作者是面对壁画的内容而设问的。这个方式似乎是楚地宗庙、神殿等纪念性建筑所具有的（其来源留待它论），用于祭祀活动中（衍生为训诫、教化的功用）。这是楚地的地方

---

① 顾颉刚:《中国上古史研究讲义》，中华书局1988年版，第25页。
② 朱熹:《楚辞集注》卷三《离骚天问·序》;《重订屈原赋校注》，第258页;孙作云:《楚辞〈天问〉与楚宗庙壁画》，载河南省考古学会编《楚文化研究论文集》，中州书画社出版1983年版。

文化特征。我们从这篇文献中可以获得的信息是，楚的宗庙等与信仰有关的宗教性建筑上，是采用图画当时崇祀的各种神祇形象的，其中有女娲的画像，而且是人首蛇身的形象。

宋玉在《招魂》里的描述，也反映了楚地宫殿、庙宇和祠堂等重要的纪念性建筑物上装饰图像的通行做法："仰观刻桷，画龙蛇些。"① 从东汉王延寿描述的鲁灵光殿的情形，也可以推测战国时期楚地的建筑装饰风习。② 这个看法亦有人反对。③ 鲁迅先生是持赞同观点的，他在征引王逸之说后说："是知此种故事，当时不特流传人口，且用为庙堂文饰矣。其流风至汉不绝，今在墟墓间犹见有石刻神祇怪物圣哲士女之图。"④

楚地帛书和庙堂图像可能有一个"非历史化"——或者说儒学"托古改制"化之前的"文本"。⑤ 这个楚人的文本还可能是后世汉代流行形制的蓝本，当然，它的来源又是个问题，是楚地本土的创造，抑或外来文化的影响？事涉中国文明起源的大问题，留作他论。

（二）人-蛇（龙）意象

人首蛇身或人与蛇相组合的神圣意象，在战国时期的楚地还有其它资料可以证明其普遍性。

一个例子来自随县曾侯乙墓出土的一架五弦琴上的髹漆图案，郭德维考证为伏羲女娲画像。⑥ 据这幅图像的摹本（图二，a），在上半部分的人体与下方的双蛇躯结合部位，按郭氏的解释，是结合成一体的，即相当于后世伏羲女娲图像的特征；但是我们应该注意，双蛇躯缠绕在一起作为单一人身的下体的画法，在后世图像里是不曾见到的，所

---

① 《文选》，上海古籍出版社1998年版，第267页。
② 王文考：《鲁灵光殿赋》，见《文选》，第77—79页。
③ 张德育：《略谈〈天问〉的几个问题》，载中国屈原学会编《楚辞研究》，齐鲁书社1988年版；蒋天枢校释：《楚辞校释》，上海古籍出版社1989年版，第175页。
④ 鲁迅：《中国小说史略》，人民文学出版社1973年版，第12页。
⑤ 《吕氏春秋·孟春纪第一》："〔孟春之月〕其日甲乙，其帝太皞，其神句芒，其虫鳞，其音角。"伏羲是与鳞身的龙蛇之属相匹配的。参见许维遹：《吕氏春秋集释》，北京中国书店1985年版，第1页。
⑥ 郭德维：《曾侯乙墓五弦琴上伏羲和女娲图像考释》，《江汉考古》2000年第1期。

以，如果与伏羲女娲形象结合的话，也应该从人-蛇（龙）意象的一般性角度来考虑，即把这种形式看作是一种早期形式，已经明白地表示人物（可能是巫师或神祇）与蛇（龙）之间所具有的关联。与五弦琴上的神异图像相关的，在同一座墓的墓主内棺（E.C.11）上的髹漆图案里也有充分的表现，例如右侧壁板的足端部位，绘画了成组的人物形象，头戴一种头饰，正面，四肢作半屈的姿式，一手执戈。除此之外，还有半人半兽的形象，如左侧壁板门左方的一组图像，头部呈现类似山羊头的形式，或许是一种面具。与五弦琴上图像最接近者，是在左侧壁板上绘画的图案：似乎半身像的人物，下方腰部以下的位置绘画两条缠绕的龙或蛇。①

另一个例子是信阳长台关一号楚墓出土锦瑟上面的漆画，有两种画面：一种描绘的是两条相交的蛇，在"X"形结的上部，是一位人物的形象（图二，b）；另一种描绘的是一人、一龙（蛇）相对的画面，人物手中持有一件似乎长柄的桂叶形状的东西（图二，c）。②这种组合的形式，虽然较为少见，但从意象上讲，可以看作"人＋动物"模型的一种表现形式。

林巳奈夫早年曾将伏羲女娲图形的原型，比定为一种从新石器时代以来开始出现在彩陶、玉雕、青铜器等上的"人头蛇身神"，如在甘谷西坪出土的仰韶文化彩陶壶（图三）和临洮齐家坪齐家文化的双联杯，以及殷代的一件青铜盉（收藏于华盛顿弗里尔艺术馆）、西周时期的一件玉雕。中国国家博物馆收藏的一件玉雕，也被他认作是这种"人头蛇身神"的龙。③这使人想到关于早期中国式龙的形象的问题。假若把伏羲女娲图像的原型推定为"人头蛇（龙）身神"的话，这个形象的起源是需要再做考虑的；而与此同时涉及的问题，是关于伏羲女娲神话的起源本身。如果依林巳奈夫的观点，可能会将伏羲女娲的

---

① 湖北省博物馆：《曾侯乙墓》下册，文物出版社1989年版，图版二·1、3、5、6，一一·4。
② 河南省文化局文物工作队：《河南信阳楚墓出土文物图录》，河南人民出版社1959年版，图四三、四四。
③ 林巳奈夫：《汉代の神神》，京都：株式会社临川书店，平成元年，第306-307页。

图二 楚墓"人-蛇（龙）意象"摹本
a 曾侯乙墓（《曾侯乙墓》）；b、c 信阳长台关一号楚墓
（《河南信阳楚墓出土文物图录》）

图三 "人头蛇身神" 甘谷西坪出土，仰韶文化

事迹更加神话化。例如早期龙形象的研究，有将良渚文化玉琮上的主题图案认作是伏羲者。①

---

① 董楚平：《中国上古创世神话钩沉——楚帛书甲篇解读兼谈中国神话的若干问题》，《中国社会科学》2002 年第 5 期；顾希佳：《良渚文化时期的伏羲神话母题》，《思想战线》2004 年第 4 期。

《山海经》里有多种人首蛇身神怪意象,《海外北经》钟山之神的烛阴,"人面,蛇身,赤色";《海内北经》的"鬼国",也是"为物人面蛇身"。①这从神话上证明,先秦至汉代上身为人、下身为蛇的图像不一定是伏羲女娲。《大荒东经》:"有女和月母之国。有人名曰鹓……是处东极隅以止日月,使无相间出没,司其短长。"郝懿行注:"女和月母即羲和、常仪之属也。"羲和是一位母神,在其国中的鹓是负责日月运行的时间神。

又根据《大荒南经》的说法:

东南海之外,甘水之间,有羲和之国。有女子名曰羲和,方日浴于甘渊。羲和者,帝俊之妻,生十日。

郭璞注:

羲和盖天地始生,主日月者也。故(《归藏》)《启筮》曰:"空桑之苍苍,八极之既张,乃有夫羲和,是主日月,职出入,以为晦明。"又曰:"瞻彼上天,一明一晦,有夫羲和之子,出于阳谷。"故尧因此而立羲和之官,以主四时,其后世为此国。作日月之象而掌之,沐浴运转之于甘水中,以效其出入阳谷虞渊也,所谓世不失职耳。

这个说法几乎是子弹库楚帛书《乙篇》的翻版。在这里,羲和仍然是一位女神。

羲和与女娲有关联,理由是她们的神迹中有一个共同点,是都曾经化生出了下一代的神。《大荒西经》:

有神十人,名曰女娲之肠,化为神,处栗广之野,横道而处。

---

① 袁珂:《山海经校注》,上海古籍出版社1980年版,第230、311页。

郭璞注：

> 女娲，古神女而帝者，人面蛇身，一日中七十变，其腹化为此神。

从这里可以看出，羲和、女娲是神话中主要的女神，她们的神迹是生育出下一代的神，其中羲和被认为掌管日月，而女娲则是人首蛇身的形象。羲和与日月的关系需要注意，因为汉代画像石（砖）中表现的一种题材，或许与此神话题材有关：一种上身为人、下身蛇躯的怪物，手中擎一轮圆形的物体（日）。

在理解楚地的这些资料时，会想到楚人信仰的基本内容。楚地的信仰具有巫教的特征。《晏子春秋》有"楚巫请致五帝以明君德"的说法，从楚辞描述的氛围里，也可以看出楚地盛行的信仰的基本方面。在楚地，至少自战国开始就已经产生了伏羲女娲的传说和信仰。以上的资料，尤其是子弹库帛书《乙篇》，使人猜测伏羲、女娲传说的原创地就在楚，而且最早赋予女娲以蛇身的意象。因为将人类与动物的身体组合在一起（"人+动物"模型）以表示其神圣性质，是原始宗教思维的模式。可以推测，在女娲形象的创造中，蛇——尤其是形状巨大而特异者——可能是其意象原型，与龙（蛇）崇拜有关。[①] 这种物种是南方地带特别出产的，与楚文化有密切关系。概言之，伏羲女娲以人类始祖神的意象出现在楚地，而且是当地崇祀的最主要的人格神，其神话、传说很可能起源于楚地；其形象是人首、蛇身，是在神殿中表现的。帛书中的这个伏羲女填（女娲）传说，是流传楚地的蓝本。

（三）楚墓中的帛画和"棺饰物"

楚地出土的另一种有关资料，是在墓葬中随葬的帛画。保存较为

[①] 范立舟：《伏羲、女娲神话与中国古代蛇崇拜》，《烟台大学学报》（哲学社会科学版）2002年第4期。

完整的有两幅，都是出自长沙地区。

一幅出自子弹库楚墓，与前述帛书、画同一座墓。这幅被称作《人物御龙帛画》的绘画，描绘了一位男子站在一条楚式风格的龙背上控御的情景，在龙尾部上方绘一只鹤，龙身下方绘一条鱼（图四，a）。根据湖南省博物馆的整理报告，这幅画"平放在椁盖板下面的隔板上面，画面向上"。帛画以绢为质地，呈长方形，长37.5、宽28厘米。

图四　长沙楚墓帛画
a.《人物御龙帛画》，子弹库；b.《龙凤人物帛画》，陈家大山（据《中国绘画全集》第1卷）

画上端的横边有一根很细的竹条，长30厘米（约等于画幅宽度），接近中部的位置系有一根棕色的细绳。①

另一幅出自长沙陈家大山楚墓，即与《人物御龙帛画》齐名的《龙凤人物帛画》。在画面中，一位采取正侧身的妇人站立在画面中央，她的双手似合十的礼拜式；在其前上方位置，绘画出一条龙和一只鸟（被解释为凤）（图四，b）。②据孙作云先生介绍，被郑振铎《伟大的艺术传统》一书称作"晚周帛画"的"龙凤人物帛画"即出土自该墓地之中；关于此画内容，他以为表现的是墓主人升仙的内容，属于随葬的铭旌。③关于帛画的出土位置等信息，已经难以考索了。王仁湘曾撰文考证此图，不同意郭沫若的"夔凤斗争"说和孙作云解释的墓主人升仙说，主张是表现楚地的神话题材，甚至是《楚辞》里描述的宓妃，因而题名以《丰隆鸾鸟迎宓妃》。④

关于这两幅绘画的内容、画面中人物的身份，以及帛画的功用，以上述意见为代表。因为与后文讨论的在同一地区出土绘画有伏羲或女娲的西汉帛画有关（马王堆），所以需要弄清这种帛画的渊源。

考古发现的战国楚墓的资料，有一些还保存下一种被称作"棺饰物"的物品，与这种帛画有关系。例如下述两个例子。

1. 江陵马山一号楚墓

木棺上面笼罩一张用深棕色绢制作的帷，发掘报告称作"荒帷"。有一幅帛画平放于棺中部左侧，在所谓"荒帷"之上，接近长方形，上端系卷着一根细木条，画面用墨绘。上面压以竹竿。竹竿纵方向放置在棺盖的左侧，其粗端压着帛画。在"荒帷"上的中间位置，另外放置了一件"棺饰物"：用黄色纱束串连的一支玻璃管和一颗琉璃珠，

---

① 湖南省博物馆：《长沙子弹库战国木椁墓》，《文物》1974年第2期。
② 湖南省文物管理委员会：《湖南长沙陈家大山战国墓葬清理简报》，《考古通讯》1958年第9期；周世荣：《长沙陈家大山战国、西汉、唐、宋墓清理》，《考古》1959年第4期。
③ 孙作云：《长沙战国时代楚墓出土帛画考》，《人文杂志》1960年第4期。
④ 王仁湘：《研究长沙战国楚墓的一幅帛画》，《江汉论坛》1980年第3期。

纵向置于棺盖头向的一端，一端打结。①这件串珠构成的饰物，可能是与帛画一道悬挂在竹竿上的。

2. 曾侯乙墓

这座战国时期墓葬的资料尚可讨论，根据发掘报告所介绍，在椁盖板的顶部、木炭层之下，曾覆盖了一种"铺盖物"，由一层竹网（竹帘）、一层绢和一层细篾席组成，也就是在竹网与篾席之间夹了一层绢，深棕色。②此种情况与前述各例差别是较大的，但在已经发掘的楚墓中另有例子，如黄冈曹家岗5号墓等。③另外一种情形，根据出土情况来看，是在棺或椁盖板上铺盖以篾席或者草席，如长沙地区和河南上蔡砖瓦厂发掘的楚墓等。④而在有的例子中，棺盖上铺盖的席子、丝绸、竹竿（片）之物还用绳子纵、横捆绑两三道。⑤

对上述考古资料的总结，可以看出：（1）楚人丧葬礼俗中存在着加盖"荒帷"与铭旌等棺饰物的做法，从后世马王堆汉墓的例子看，这与伏羲女娲图像有关；（2）楚墓葬俗中的棺饰物，可以有几种形制，一种是规格高的，马山一号墓保存了完整的情形，除了铺盖在棺板上的"荒帷"外，还有帛画和串珠，但是最为普遍的则是较简单的形制，以竹帘、篾席、竹竿夹以绢等，并用绳捆缚于棺板上；（3）棺板彩绘通常是漆画，其形制及题材可与同出的瑟上的漆画互相比照，其中的题材已表现人物与双龙结合的情形。上述的实际做法，已与《周礼》的规范有不少的细节上的差异，但是基本的形制是延续周礼的。饰棺、荒帷、铭旌、人物与龙凤（或双龙）结合的题材，这些方面令人想起汉时开始盛行的伏羲女娲画像和葬俗。

---

① 湖北省荆州地区博物馆：《江陵马山一号楚墓》，文物出版社1985年版，第8-10页。
② 湖北省博物馆：《曾侯乙墓》上册，第16页。
③ 黄冈市博物馆等：《湖北黄冈两座中型楚墓》，《考古学报》2000年第2期。
④ 湖南省博物馆：《长沙楚墓》，《考古学报》1959年第1期；河南省文物研究所：《上蔡砖瓦厂战国楚墓清理简报》，《中原文物》1986年第1期。
⑤ 湖北省博物馆：《湖北江陵太晖观楚墓清理简报》，《考古》1973年第6期；湖北省博物馆江陵工作站：《江陵溪峨山楚墓》，《考古》1984年第6期；黄州古墓发掘队：《湖北黄州国儿冲楚墓发掘简报》，《江汉考古》1983年第3期。

（四）周丧葬礼制中的"饰棺""铭旌"与楚地的实践

棺椁之上加盖饰物，是周人的制度和习俗，相关规定可见于《周礼》。作为制度总汇，《周礼》汇编了周王朝"普天之下"的制度、礼仪、习俗，虽然对丧葬法则有礼制化的编造，但是终究不能完全掩盖古朴的礼俗，例如葬礼中规定的"饰棺"和"铭旌"制度，在战国时期的楚墓里就有不少相关资料，与本文讨论的主题——伏羲女娲图像有关。

以《周礼·春官·丧祝》来考察，有"饰棺"、施"荒帷"及"铭旌"等。丧祝的职责，是负责王室丧葬事务（"掌大丧劝防之事"）："及祖，饰棺，乃载，遂御。"贾公彦疏："言饰棺乃载者，既载乃饰，按既夕礼，遂匠纳车于阶间，却柩而下棺，乃饰棺设帷荒之属。"按《通典·礼典·丧制之四》杜佑注说："饰棺者，以华道路及圹中，不欲众恶其亲也。荒，蒙也。在旁曰帷，在上曰荒，皆所以衣柳也。"

关于"铭旌"，《仪礼·士丧礼》说："为铭各以其物，亡则以缁，长半幅，赬末，长终幅，广三寸，书铭于末，曰某氏某之柩。竹杠长三尺，置于宇西阶上。"郑玄注说："铭，明旌也，杂帛为物，大夫之所建也，以死者为不可别，故以其旗识识之，爱之，斯录之矣。亡，无也。无旌，不命之士也。半幅，一尺；终幅，二尺。在棺为柩。"

案周人制度，铭旌并非唯一的丧葬用旗帜，其类型较复杂，大致有三种。《礼记·檀弓上》孔颖达疏：

> 凡送葬之旌，经文不具。案《既夕》《士礼》而有二旌：一是铭旌，是初死书名于上，则《士丧礼》为铭，各以其物书名于末，曰某氏某之柩，置于西阶上，葬则在柩车之前，至圹与茵同入于圹也；二是乘车之旌，则《既夕礼》乘车载旜亦在柩之前，至圹，柩既入圹，乃敛乘车所载之旌，载于柩车而还。郑注《既夕礼》云：柩车至圹，祝脱载除饰，乃敛乘车、道车、槀车之服，载之而还，不空以归，送形而往，迎精而返。此是士之二旌也。其大夫诸侯则无文。其天子亦有铭旌，与士礼同，故《司常》云大丧

共铭旌。郑注云：王则大常也。《士丧礼》曰：为铭各以其物，初死亦置于西阶，将葬移置于茵，从遣车之后，亦入于圹也。是其一旌也。《司常》又云：建廞车之旌。廞，谓兴，作之，则明器之车也，其旌则明器之旌，止则陈建于遣车之上，行则执之以从遣车，至圹从明器而纳之圹中。此二旌也。案《士礼》既有乘车载旜摄孤卿之旜，则天子亦当有乘车，载大常，谓以金路，载之至圹，载之而归，但《礼》文不具耳。此其三旌也。

当送葬之时，是擎举一种旌旗（"廞车之旌"），在柩车前引导，可能是由别的职官负责的。与此同时在柩车之上还放置有旌旗。像周的其它礼制一样，丧礼中的旌旗制度也是依照等级而分别的，有三种类型：（1）天子三旌：铭旌、大常（同士之乘车之旌）、廞车之旌（廞旌），铭旌与廞旌入葬；大常不入葬；（2）诸侯、大夫三旌：或同天子三旌之类型；（3）士二旌：铭旌、乘车之旌，铭旌入葬。

无论哪一种旌旗，除了严格规定的自天子以下的数量上的等级差别，其形制看来大致相同，都是用丝绸制作的；大约是用布匹剪裁而得，以幅为规格，可能是长方形的，边缘有装饰的旒。既然是旌旗，所以还有一根悬挂用的杆，用竹竿（"竹杠"）或者木杆制成。在入葬之时，很可能是铺展平放在棺盖板上面的。随葬的旌旗中，最基本的是铭旌。很遗憾，上述的有关"铭旌"的记载都没有提到旌旗上的文饰、画像方面的信息，只是说明上面书写有逝者的名字以及此系某某之棺柩之类文字。

墓葬中的铭旌是否上述楚墓中所出土的棺饰物？按《周礼》等的说法，铭旌一般只书写逝者的名字等简单内容，而其功用是标志。这是与帛画不合的。可能，铭旌存在于那些棺饰物之中，而在棺椁盖板上覆帛画则属于楚地的礼俗，是《周礼》不曾记录的。

最难解释的，是上述长沙出土的两件帛画，因其出土位置已不清楚，概括起来，其性质、用途有四种可能：

（1）铭旌　与周礼"铭旌"不同的是，采取图画的形式，可以认为是楚地别样的"铭旌"实践，即用画像表示"某氏某之柩"，因而其人物就是墓主人。棺盖上的帛画之描绘墓主人形象，由在本地马王堆西汉初墓葬出土的所谓"T"字形帛画来看，是曾出现过的。但是，这样定位却难以解释画面的内容，尤其御龙的场面，除非与下述的"彼世"说联系起来。

（2）灵幡或魂幡　这是表达对死后世界的信仰，其作用是引导逝者亡灵进入另一个世界（彼世）。如果这个推论成立，那么，帛画的内容就可以解释成与墓主人有关、表达彼世世界的图景，因此才配置以龙、凤、鹤、鱼之类有象征意义的灵异动物；画面中的人物是墓主人，采取侧视绘画的方式，这是适宜表现行进过程的姿势，整个画面描绘的是墓主人在辞别人世后亡灵前往彼岸世界的情景。这样一来就涉及早期死亡信仰中的一个重大问题：关于"彼世"的观念。[1]

（3）神像　描绘的是楚地信仰中的男女主神，而且是人格化的。这种画像用在丧葬仪式中的崇祀。结合子弹库帛书的例子，其中描述的两位创世神——伏羲和女娲，可能就是帛画中所描绘的男女二氏。

（4）法式图　画面描绘的是巫觋"沟通天地工作的造型"，墓主人就是巫觋。[2] 子弹库的帛书、画，李零解释为与式图和日书有关。[3] 与"人物御龙帛画"联系起来，内容似乎和谐。

以上四说，前二者似乎可以调和起来，而且可以和后世墓葬中放置在棺盖上的帛画联系起来。即可以解释为楚地发展出来的一种用于表达死亡信仰的旌幡，描绘的是墓主人死后灵魂前往彼岸的情景。这样就涉及信仰中的新因素，即"彼世"的观念。但"铭旌"说的问题

---

[1] 这个"彼世"与佛教的"来世"观不一样，而且在中国信仰体系中是原创的。

[2] 张光直认为，人物御龙帛画"当是墓主的写真。出帛画的墓正是1942年出土楚缯书的同一墓；缯书的内容与巫觋的关系，已有相当详尽的研究，子弹库的墓主有可能是楚的一个巫师，缯书是他的职业手册，帛画是他的沟通天地工作的造型。"（张光直：《中国青铜时代（二集）》，生活·读书·新知三联书店1990年版，第102-114页）陈家大山楚墓的帛画亦同此类。

[3] 李零：《中国方术考》（修订本），第177-215页。

在于用画像替换文字的解释能否自圆其说,而这样改变后是否还称得上是"铭旌"?"法式图"说,与"铭旌"本义以及丧葬信仰等脱节太大。无论神像说或"法式图"说,相较于铭旌更缺乏史料根据;且限于资料,当时此类图像之一般模式尚不明白。故本文主张灵幡说,且认为与伏羲女娲信仰的可能性大,而且演变为后世墓葬中的同类题材画像。不过,从楚墓实行的"饰棺"礼俗看,其棺饰物中另有一种画像。大约在楚人的丧葬实践中,至少存在过两种画像。

汉代的伏羲女娲意象

(一)汉墓的新形制

由先秦向秦汉的转变,除了政权的更替和政治版图的统一之外,精神文化这个更深层面的变化是个模糊的问题。秦兼并六国,将原本有文化差异的各国、各族群统一于同一个政体,虽然实行了一系列的文化统一政策,但其效果仍是值得探讨的问题。六国之亡不能仅仅归咎于政治和军事上的失败,与秦之间的文化差异或许是更深层的原因。毕竟文化的认同、统一是个更缓慢、艰难的过程,何况即使在文化上达到统一的体制之内部,仍然免不了分离的倾向。

从战国后期开始,发源于中原地区的洞室墓新形制逐渐传入关中,并在两汉之际成为普遍的墓葬形制。[1] 墓葬的结构性变革只是一个体征,它是由丧葬礼俗的变化造成的,但是最深层的则是关于死亡信仰的变化。洞室墓的构造,可以更恰当地营造出一个逝者进入彼世的情境,为灵魂提供一条途径。这种"彼世"的信仰是中国本土的,与佛教的"来世"观有本质差别。

以秦墓考古资料来考察,在关中和中原等地不曾发现"饰棺""铭旌"方面的材料,可能是因为秦人葬俗里不实行这种习俗的缘故。这一

---

[1] 黄晓芬:《汉墓的考古学研究》,岳麓书社2003年版,第70-95页。

点有些奇怪，因为秦人与周人都发祥于关陇地区，文化上或许有不少的相似性。但是也有证据表明秦人与周人在墓葬形制等方面是不同的。关中与洛阳地区秦墓的比较研究表明，未来汉墓发展的新形制洞室墓在关中地区是从战国中期的晚阶段开始出现的，而且是从洛阳地区流传过来的。[①]这种墓葬形制是我们讨论的壁画墓和画像石（砖）墓的基础。

秦代以降，墓葬中开始盛行画像（壁画、石刻、模印砖等）的风习；除墓葬外，在阙这种纪念性建筑上也采用雕刻画像的形制。汉墓的"画像爆发"非惟墓壁的部分，棺椁之上的图画也在其中；另外，四川地区的崖墓入口外的岩壁上，也曾雕刻有画像，如见诸报道的乐山麻浩一号崖墓[②]、长宁"七个洞"崖墓外岩壁雕刻[③]。汉墓的这种大量装饰画像的做法，既是汉代美术史的大问题，也是新丧葬礼俗的体现。

墓葬内部画像的前提，是新的墓葬形制——洞室墓的实行。因为这种形制可以更准确地模拟出一种生人所理解的空间，较之填土充实的土圹墓更有发挥寄托死亡信仰的余地。洞室墓起源于黄土堆积深厚的地区，最典型的是黄河中游的关中、洛阳地带，这种新形制自从战国时期起源以来，到西汉初期就开始成为主流。它采用从内部砌砖、石和分室的结构，在其它地质区则演变成崖墓（四川盆地、重庆等）和专门用砖、石建筑的形式。

在墓葬内画像（石刻、模印砖、绘画）的做法流行于整个汉代，但是有地域上的特点。就画像石墓一种而言，按照一种考古学分期、分区，被分作两汉早、中、晚各三期以及中间的新朝期，而分区上划分为下述五个区域：（1）南阳、鄂西北区；（2）山东、苏北、皖北、豫东区；（3）陕北、晋西北区；（4）四川、重庆区；（5）郑州、洛阳区。[④]

---

① 滕铭予：《关中秦墓研究》，《考古学报》1992年第3期；张剑：《洛阳秦墓的探讨》，《考古与文物》1999年第5期。

② 乐山市文化局：《四川乐山麻浩一号崖墓》，《考古》1990年第2期。

③ 四川大学考古专业七八级实习队、长宁县文化馆：《四川长宁"七个洞"东汉纪年画像崖墓》，《考古与文物》1985年第5期。

④ 王建中：《汉代画像石通论》，紫禁城出版社2001年版，第38—51页。

根据这个分期和分区的研究，可以看出画像石墓的分布有五个相应的中心。

汉墓的画像，除了施加在墓室内壁之外，还有画棺、施荒帷的做法。《通典·礼典·丧制》：

> 后汉制，诸侯王、列侯，樟棺黑漆。中二千石以下，坎侯漆。载饰以盖，龙首鱼尾，华布墙，缥上周，交络前后，云气画帷裳。中二千石以上有辅，左龙右虎。公侯以上，加倚鹿伏熊。千石以下，辅布盖墙，龙首鱼尾而已。黄绶以下至于处士，皆以簟席为墙盖。

这里说的"墙"是指荒帷。另外，徐坚《初学记·礼部下·葬》提到"画棺"，引《东观汉记·梁商传》云：

> 商薨，赐东园辒车朱寿器，银镂黄玉匣。谢承《后汉书》曰：和帝追封谥皇太后父梁松为褒亲愍侯，改殡，赐东园画棺玉匣衣衾。

"画棺"应指绘有图画的棺，是周代漆棺和"饰棺"礼俗的延续，但是得到改革的形式。从《晋书·安平献王孚传》等记载来看，铭旌制度也是一直延续的。

根据墓葬资料，可知西汉时在棺盖上面有放置一种帛画的礼俗。这就是马王堆的实例，而且在其上出现了本文讨论的伏羲女娲画像。关于墓葬中的这种帛画的性质将在下文讨论。似乎不是偶然的原因，在长沙这个楚文化中心曾延续下来一种本土色彩的丧葬礼俗和信仰。

（二）西汉的人首蛇（龙）身神像

西汉的人首蛇身图像，有一批重要的墓葬资料，最重要的当属长沙马王堆一、三号墓（西汉初）出土的盖在棺盖上的"T"字形帛画，另外是在洛阳发掘的几座西汉壁画墓，其中的卜千秋墓最为知名。这些西汉墓的材料，可能是伏羲女娲图像问题的关键所在，因此需要进行比较。此外，在其它地区也发现过一些同类题材的图像。临沂金雀山9号墓（推测当汉武帝时）出土的帛画，与马王堆出者形制相似而未绘画人首蛇身神像，更似三号墓所出帛画。[1]

1. 马王堆汉墓"T"字形帛画（图五）

1971年发现于长沙的西汉早期马王堆墓，关于一、三号墓随葬帛画的讨论[2]，至今有下述主要的几种观点。

一是关于其名称和性质，有多种观点：画幡[3]、魂幡[4]、招魂幡[5]、送魂幡[6]等；"非（飞）衣"；[7]"铭旌"（持此说者较多）；"画荒"；"灵旗"；[8]"翣"。[9] 二是关于图画的内容，有表现引导逝者入天界的导引图画、神话传说、招魂、升仙、与巫术有关[10]等诸说。因此，与上述二者相对应，画像的功用被认为是仪仗、招魂、升天的导引、法器等。

---

[1] 临沂金雀山汉墓发掘组：《山东临沂金雀山九号汉墓发掘简报》，《文物》1977年第11期。

[2] 湖南省博物馆等：《长沙马王堆一号汉墓》，文物出版社1973年版，第39-45页；湖南省博物馆等：《长沙马王堆二、三号汉墓发掘简报》，《文物》1974年第7期；湖南省博物馆写作小组等：《马王堆二、三号汉墓》第一卷《田野发掘报告》，文物出版社2004年版，第103-109页，彩版二〇至二二。

[3] 孙作云：《长沙马王堆一号汉墓出土画幡考释》，《考古》1973年第1期；安志敏：《长沙新发现的西汉帛画试探》，《考古》1973年第1期。

[4] 刘敦愿：《马王堆西汉帛画中的若干神话问题》，《文史哲》1978年第4期；金维诺：《谈长沙马王堆三号汉墓帛画》，《文物》1974年第11期。

[5] 《长沙马王堆一号汉墓出土画幡考释》。

[6] 吕威：《楚地帛书敦煌残卷与佛教伪经中的伏羲女娲故事》，《文学遗产》1996年第4期。

[7] 商志䫒：《马王堆一号汉墓"非衣"试释》，《文物》1972年第9期；《马王堆西汉帛画中的若干神话问题》。

[8] 《长沙新发现的西汉帛画试探》。

[9] 熊建华：《马王堆一号汉墓的"璧画"、用璧形式及"璧翣"制》，载湖南省博物馆编《马王堆汉墓研究文集——1992年马王堆汉墓国际学术讨论会论文选》，湖南出版社1994年版。

[10] 郑曙斌：《马王堆汉墓T形帛画的巫术意义》，《马王堆汉墓研究文集》，第312-318页。

关于一号墓帛画上端的人首蛇身像的身份，有不同主张：女娲[1]、烛龙[2]、伏羲[3]、人首蛇身像[4]、蛇身神人形象的巫师。[5]

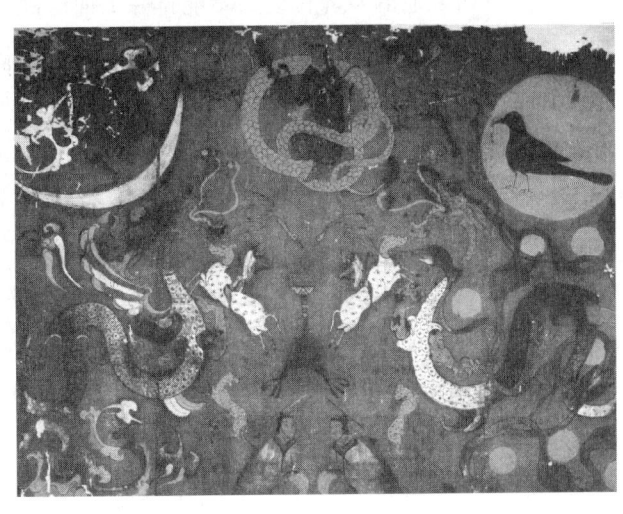

图五　马王堆一号墓"T"字形帛画

上述各方面主张，有些历时较久，属于旧说，其中的论证引经据典，难以追述。本文的观点，可以概述如下。

（1）此帛画属于战国以来楚地流行的入葬画像（灵幡）礼俗的延续，而且是得到改革的新形制，即将墓葬使用的两种画像合并为一，将墓主人与神灵绘画在一起。

由帛画的出土位置（内棺棺盖上）及其形制（"T"字形，四角有

---

[1] 郭沫若《桃都·女娲·加陵》，《文物》1973年第1期。他甚至认为"人物龙凤帛画"里的女主角也是女娲。

[2] 《长沙新发现的西汉帛画试探》《马王堆西汉帛画中的若干神话问题》。

[3] 《马王堆一号汉墓"非衣"试释》《长沙马王堆一号汉墓出土画幡考释》。

[4] 孙世文：《马王堆一号汉墓帛画人首蛇身图考》，《东北师大学报》（哲学社会科学版）1987年第1期；罗琨：《关于马王堆汉墓帛画的商讨》，《文物》1972年9月；郭学仁：《马王堆一号汉墓帛画人身蛇尾神新论》，《马王堆汉墓研究文集——1992年马王堆汉墓国际学术讨论会论文选》，第328—334页。

[5] 《马王堆汉墓T形帛画的巫术意义》，《马王堆汉墓研究文集》，第312—318页。

旐，顶端包裹一截竹棍）判断，应该是与战国时期本地实行的葬礼中使用的具有信仰意义的旌旗灵幡有关，在入葬时放置于棺盖之上。这种灵幡是战国楚地的丧葬传统，不能排除上面绘画墓主人形象或表现其信息的可能性。到了西汉，有关墓主人的信息明显地得到强化，形成一种新形制。其中，将整个画面区分成三部分的画法，而以表现墓主人的一组居于中间。这种三界的观念表现了当时的信仰。① 这种画像显然不能称作"铭旌"，因为它呈现的是复杂的形式，即使认为铭旌可以不书姓名②，但也已非铭旌的本义。其中的人物组中的主人，应该是逝者的画像。③ 此外我们知道，汉墓的画像石里有表达逝者遗像的做法。④

（2）在画面上端正中以人首蛇身形象表现的人格神，应该是伏羲，而且是惟一被强调的；在月下、龙翼上的人像是女娲。二氏合体的形式尚未定型。

在构图上，上组画面表现的应与死后世界有关系，表现的是对天上境界的观念、信仰。因为西汉初期，伏羲女娲在"三皇"中的地位尚处于不稳定的状态，例如在同一墓地的三号墓随葬的同样形制的帛画，在构图上虽然相同，但描绘的"蛇身神人"像及配置有所不同。伏羲女娲神话是楚地早有的，虽然女娲人首蛇身的形象出现较伏羲为早，在汉代定型和模式化之前，出于"对称思维"惯习，在意象上需要将女娲配偶的伏羲也蛇身化。

2. 洛阳西汉壁画墓

洛阳地区的壁画洞室墓是中国最早出现的壁画墓之一，在形制上都采用了空心砖构洞室墓的新形制。根据考古年代学分析，大约在西

---

① 关于画面内容的讨论，参见上文注释的有关论著。
② 雪克：《马王堆西汉帛画"非衣"说质疑》，《浙江学刊》1988年第1期。
③ 傅举有：《关于长沙马王堆三号汉墓的墓主问题》，《考古》1983年第2期。
④ 如临淄王阿合画像石，画像旁有题记："齐郡王汉持之男阿合以""光和六年三月廿四日物故哀哉"。（李发林：《山东汉画像石研究》，齐鲁书社1982年版，第47页）

汉中期即出现壁画墓的形制。1976年发掘的卜千秋墓是一个代表，以后陆续有西郊浅井头（西汉中期）、偃师辛村（新莽）、杏园村（东汉）、道北石油站（东汉）等墓葬。①洛阳墓葬新形制与新埋葬习俗，采取了壁上绘画的形式。

卜千秋墓年代推测约在西汉中期稍晚，当昭帝至宣帝间（前86-前49），属于郡级官吏的墓葬。墓室后山墙正中绘画一幅熊面的怪兽，天顶脊部的十三块砖上依次绘画出一组画像，有各配以日月的人首蛇身神、羽人、四神、男女二人分乘龙凤等。②值得注意的有三点：（1）绘画位于墓顶脊部，在棺的上方；（2）人首蛇身神像以日、月相配，应是表现伏羲女娲二氏，而且布局在画面的首尾位置；（3）乘龙凤的男女二人，如果不看作是表现合葬的墓主人卜千秋夫妇，的确不易解释。所以，整幅画面表现的是丧葬礼俗和死亡信仰方面的内容，是在墓室天顶象征天宫的位置，绘画表达墓主人灵魂升入仙界的情景。其中，伏羲女娲是主宰的神（图六）。

浅井头墓的形制与卜千秋墓相似，年代约在西汉中后期，稍晚于卜千秋墓。壁画绘在墓室顶部平脊和斜坡砖上，画面内容与卜千秋墓相似，为各配以日月的人首蛇身像（伏羲女娲）、四神、羽人、人首龙身神像等。③其中人首龙身神像可能是羲和（图七）。

位于偃师高龙乡辛村的新莽时期的壁画墓，墓室结构已经发生变化（多室），壁画的面积和题材、内容也有变化。其中在前室与中室勾栏上梯形门额绘画的人首龙身（尾部有爪）神像二幅，双手各擎日月，分别绘在中央的方相氏像两侧。这种人首龙身题材，被识作是常仪（擎月）与羲和（擎日）（图八）。④

---

① 黄明兰、郭引强编著：《洛阳汉墓壁画》，文物出版社1996年版，第61-62、77-78、121-123、141-142页，图十五、十六；中国社会科学院考古研究所河南第二工作队：《河南偃师杏园村东汉壁画墓》，《考古》1985年第1期。
② 洛阳博物馆：《洛阳西汉卜千秋壁画墓发掘简报》，《文物》1977年第6期。
③ 洛阳市第二文物工作队：《洛阳浅井头西汉壁画墓发掘简报》，《文物》1993年第5期。
④ 黄明兰、郭引强编著：《洛阳汉墓壁画》，第121-123页。

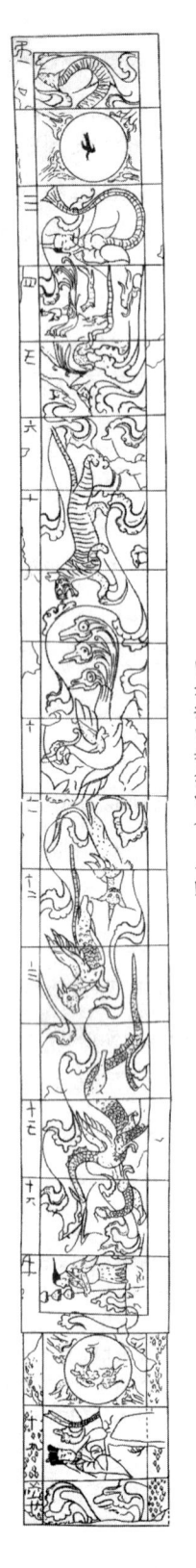

图六 卜千秋墓夯天昔绘画

（采自《洛阳西汉卜千秋壁画墓发掘简报》，《文物》1977年第6期）

图七　浅井头墓天脊绘画
（《洛阳汉墓壁画》）

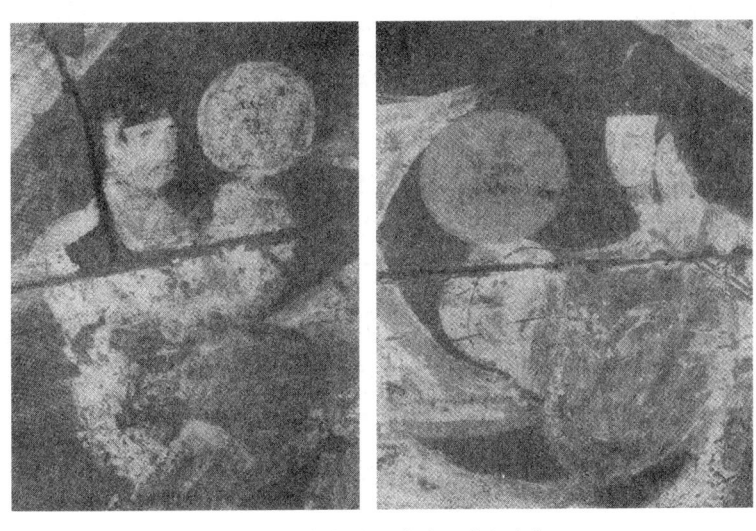

图八　偃师辛村新莽墓人首龙身像
（《洛阳汉墓壁画》）

磁涧镇里河村西汉空心砖壁画墓,绘画伏羲女娲单体图,配以日月。另外还有一幅人首龙身像。①

3. 南阳西汉画像石中的人首蛇（龙）身神像

唐河县湖阳出土过一幅各双手擎日月而蛇躯形尾相交的画像,被认作主日的羲和与主月的常羲。②唐河县针织厂出土画像砖上,有人首龙身神像,下方绘一只玄武。神像被认作女娲（图九）。③

（三）东汉武梁祠伏羲的标准像

武梁祠的第一石第二层是整座祠堂画像的开始,雕刻的是一组面相对的男女人首、上身的画像,中间夹以一幅小人像。男女二像的下身刻画成蛇形,作一道的"X"形结,而男像（伏羲）的右手持一件曲尺形的器物；中间小人的下体是怪异的鱼尾的形状。在画面左上方有榜题"伏戏"。关于这幅画像,洪适《隶释》卷十六云：

> 《帝王世纪》称上古圣人牛首蛇身之类,亦犹孔子四十九表所谓龟脊虎掌,世之言相者,有犀形鹤形之比也。俗儒作图谱,遂有真伪异类之状者。此碑所画伏戏,要以下若蛇然,亦非也。

瞿中溶《汉武梁祠画像考》首考此图。与伏羲相对的妇人,因为没有"女娲"的榜题,瞿氏不曾遽断,但称呼为伏羲的"后"。虽然他的考证已经暗示为女娲氏了,我们仍应注意这一点。因为旁边的题记"伏戏仓精初造王业画卦结绳以理海内",只说伏羲的事迹,似乎武梁画像的用意,是想说明伏羲是"人文始祖",是创世者；二氏的意象被理解为夫妇,因为其龙（蛇）的下身躯体缠绕在一起,中间的"裸体

---

① 沈天鹰：《洛阳出土一批汉代壁画空心砖》,《文物》2005年第3期。
② 王建中、闪修山：《南阳两汉画像石》,文物出版社1990年版,图158。
③ 同上书,图164。

伏羲女娲图考 385

① ②

图九 南阳西汉画像石人首蛇（龙）身神像
①唐河湖阳 ②唐河县针织厂（《南阳两汉画像石》）

散发小儿"牵着伏羲的衣袖，作调戏或"嬉跃之势"，这幅画像的整体含意，瞿氏推测为"男女化生之意"。

武梁祠左后两座石室各有一幅类似的画像。据《汉武梁祠画像考》，其一石室（甲）男女（伏羲与其后）二像表现为相背对的姿式，手中持有曲尺形的器物，下体也是交缠下曳，下方有云气。其二石室（乙）则是男女相对，肩上生翼。像前者一样，男像被他认作是伏羲，与之对应的女像没有明言，仍说是伏羲的"后"；但是较为复杂的在于二像周围附属的画像，在构图上是很讲究的。

甲：

伏羲：右方画一站立的丫髻男童，用右手曳伏羲衣袖，肩膀生翼，下体弯曲如蛇，无鳞而有纹，似乎毛羽（羽毛）；

女像（伏羲之"后"）：左下方刻画一幅女像，俯伏，以左手曳女娲的衣角，下体非羽毛而是"直文"。

在二像的下方是云气，云气间又"各有长物如蛇，身蜿蜒于其内"，与男女像相对应，各有差别。伏羲与后的中间位置，又刻画出两幅"丫髻小儿"，各用一只相对的手相握，另一只手上举，肩膀上都刻画出翅膀，裸体，腰部以下蛇形，缠绕在一起。

乙：

伏羲（左）：手持曲尺（矩），后面分别刻画一幅人首和上身、鱼尾状下身的翼人，和一幅相似但下身作羽毛状的翼人；

伏羲之后（右）：手持"丫"形器物，背后的随从与伏羲相同，只是下身作羽毛状（图十）。[1]

伏羲手中所持的器物，瞿氏比定为从"人皇"燧人氏的标准道具"机矩"或"斗机"演变出的矩；女娲手持的则是"机"。[2]

---

[1] ［清］瞿中溶著、刘承干校：《汉武梁祠画像考》，第37—40页；林巳奈夫：《汉代の神神》，图19二段。

[2] 《说文解字注·木部》："机谓织具也。机之用主于发，故凡主发者皆谓之机。"（262页上）

图十 武氏祠伏羲及其后画像摹本
1. 主室（《隶续》拓印摹本第一石第二层） 2. 与上层画像的构图 3. 后石室
（《汉代の神神》摹本）

因此，根据武氏祠这笔典型资料，可以总结伏羲图像的基本特征，即一种将人类与动物的躯体组合在一起的"怪物"的形象：上半部分是人类，为男女性（通常解释成夫妇）的人首、上身；下半部分为动物，通常从腰部以下为龙（蛇）的下身身体，相交缠绕在一起。伏羲及其"后"的手中各擎一件曲尺形的和"丫"形器物（这幅器具后来演变为规）。二像的构图可以区分出两种形式，其一（Ⅰ式）是面相对，中间刻画一幅小人像；其二（Ⅱ式）是背相对的构图，中间刻画两幅相面对的背部生翼的小人（羽人）。这些图像都可以看成是二氏本体以外的附属部分。

武氏祠外，伏羲女娲图像的发现蔚为丰富。自然，存在图像识别与断代的问题。在图像识别方面，因为有榜题，武氏祠的画像可以看成一个"阐明了自身"的标准，考古学所谓的"标型器"。这里存在的一个问题是将图像与有关的文字的比勘。在有关的研究中，几乎无例外地与《山海经》这部内容芜杂的文献相联系。关于这部书，袁珂先生曾谓之"匪特史地之权舆，乃亦神话之渊府"。[①] 我们应该注意它的"层累地生成"性，即使把图像看成与文字记录一样的"文本"，仍然要考虑二者之间的界限。从武梁祠的伏羲石刻题材和表现形式来看，可以提取出的关于伏羲女娲信仰、表现形式的要素有：（1）在武氏的信仰中，伏羲及其配偶（女娲）是在墓上祠堂里崇祀的偶像，而且被排在首位；（2）伏羲和女娲在形象上是标准的人首蛇身、交尾，已经是完成了的模式化图像。

（四）东汉画像中的伏羲女娲和人首蛇（龙）身像

两汉墓葬中出土过较多的伏羲女娲和人首蛇（龙）身图像，见诸报道者，计有下述发现。

河南省：洛阳（卜千秋等壁画墓），南阳（新野樊集、唐河针织厂、英庄等，画像石、砖）；

陕西省：绥德（辛店、四十里铺、黄家塔等，画像石），神木（大保当，画像石）；[②]

山东省：嘉祥（纸坊、南武山等画像石），沂南（画像石等），梁山（后银山，壁画）；[③]

江苏省：徐州（铜山、邳县等，画像石）；

安徽省：宿县（褚兰等，画像石）；

[①] 袁珂校注：《山海经校注·序》，上海古籍出版社1980年版，第1页。

[②] 陕西省考古研究所、榆林地区文物管理委员会：《陕西神木大保当第11号、第23号汉画像石墓发掘简报》，《文物》1997年第9期；韩伟主编：《陕西神木大保当汉彩绘画像石》，重庆出版社2000年版；贺西林：《古墓丹青——汉代墓室壁画的发现与研究》，陕西人民美术出版社2001年版，第92-93页。

[③] 关天相、冀刚：《梁山汉墓》，《文物参考资料》1955年第5期。

湖南省：长沙（马王堆，帛画）；

重庆市：江北区（盘溪无铭阙），合川、璧山（画像石）；

四川省：成都、郫县、乐山、简阳、合江、宜宾、中江、江安、新津、彭山、内江等（画像石、砖，石棺雕刻）。

以上出土伏羲女娲和人首蛇（龙）身画像的墓葬，主要集中于洛阳、南阳、嘉祥、徐州以及四川盆地，年代主要属东汉时期。

首先，一个关键的问题，是如何鉴别图像中的伏羲女娲和人首蛇（龙）身神？

洛阳石油站家属院东汉早期壁画墓出人首蛇身神擎日月的图像，有认为是伏羲女娲者，也有认为是羲和、常羲（仪）。[①] 整体看，两汉壁画墓较集中于洛阳地区，且流行绘伏羲女娲或人首蛇身题材，但不多见画像石中的交尾，都是绘于墓室顶部壁画两端。

在经过考古断代的墓葬中，东汉墓葬里出土的人首蛇（龙）身图像在数量上远多于西汉。据笔者过目的材料，这类图像分单体与对偶两种类型，其中单体形式较少见；在各类型之内，又可以根据有无兽足区分出两个亚型。暂以带兽足的形式为龙身的意象。

1. 单体形式

A 型：龙身。自腰部以下部位表现为两条兽型足，以及一条较为细长的尾巴。根据手部的姿势，仍然可以区分出三种不同的类型：持芝草或华盖式、空手式、擎日或月式。在构图上，一般都采取站立的姿势；但是在南阳西关和英庄的东汉画像石墓中，也发现了罕见的横向的构图，即表现接近飞行或遨游姿势的形式，在前方都分别刻画了日月（图十一）。[②]

[①] 黄明兰、郭引强编著：《洛阳汉墓壁画》，第 25—26、141—142 页，第 147 页图六、第 148 页图七。

[②] 王建中、闪修山：《南阳两汉画像石》，图 172、173。

390　丙编　图像考古

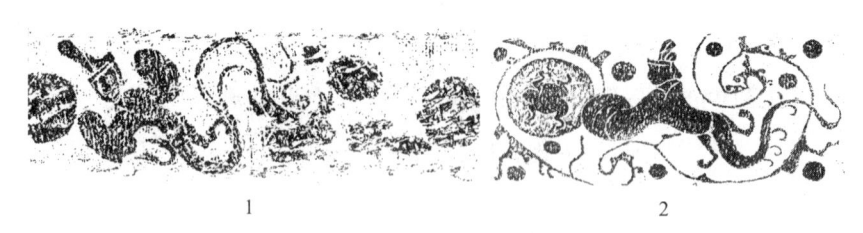

图十一　单体 A 型横向构图式
1. 南阳英庄　2. 南阳西关（《南阳两汉画像石》）

持芝草或华盖式，有南阳县东汉墓出土的画像石，分别刻画成男女形象（图十二，1-2）。①

空手式，见诸南阳英庄汉墓，束一种罕见的"山"字形髻，下方有一个人以手捉龙尾尖（图十二，3）。②

擎日月式，南阳县汉墓出土一种，为一戴冠的男子像，侧首，双手斜举一月。另见重庆盘溪无铭阙（图十二，4-5）。③

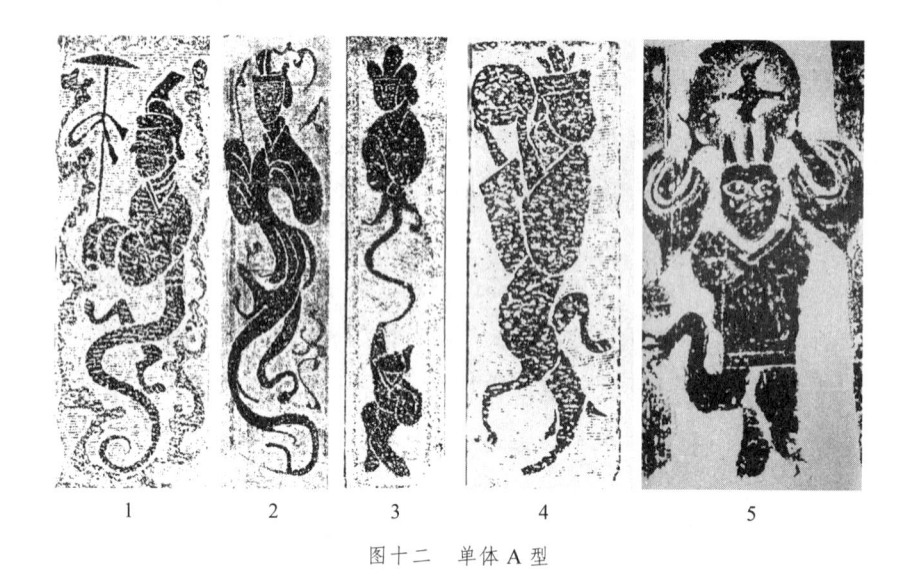

图十二　单体 A 型
（《南阳两汉画像石》等）

---

① 黄明兰、郭引强编著：《南阳两汉画像石》，图 159、161。
② 同上书，图 163。
③ 同上书，图 165。

复杂形式，腹部为日、月轮，右手持规或矩，如山东费县潘家疃汉墓所出画像石。①

B型：蛇身。弯曲的蛹形的躯体，无足，接近后期定型的形式，极少见。根据四川、南阳等地的资料，又表现出两种以上的变化：单纯形式，单纯的人首蛇身像，如南阳英庄汉墓所出，于西王母像右方刻画一幅小型的人首蛇身像；②复杂的形式，一手擎日月，另一支手持一件器具，似直尺、曲尺等形，如山东临沂白庄汉墓画像石（图十三）。③

图十三　单体形式B型的人首蛇身像
1.南阳英庄（《南阳两汉画像石》）　2.临沂白庄（《山东汉画像石选集》）

2.对偶形式

与单体的形式并行，而且具有相同的变化，可以相应地分为A、B二型。其交尾的姿势即称为合体。

A型：龙身。兽足很明显。据表现的姿势又可分作三种类型。

尾不相交，二像同出，呈正面并列的姿势，双手各擎日月，如四

---

① 山东省博物馆等编：《山东汉画像石选集》，齐鲁书社1982年版，图428、429。
② 黄明兰、郭引强编著：《南阳两汉画像石》，图150。
③ 山东省博物馆等编：《山东汉画像石选集》，图376。

川成都市郊、重庆江北区盘溪汉墓等例（图十四，1-2）。①

交尾式，资料较多。面相对，尾部呈"X"形结，仅交出一道；有空手、头顶刻画华盖和双手各擎日月二式。其例如四川江安一号汉墓石棺石刻，又如南阳新野李湖和樊集（M38），尾巴结下是一只龟，由于龙尾很长，缠绕于龟身，使其具有玄武的意象。另见一种纵向交尾形式（南阳唐河湖阳）（图十四，3-5）。②

特殊形式，即在擎日月的人首龙身像旁刻画龙虎。有二例，一例出自重庆市嘉陵江北岸盘溪香炉湾汉阙上，其右阙阙身右侧刻捧月人首龙身像，左侧白虎衔璧；左阙阙身右侧刻青龙衔璧，左侧人首龙身像擎日。③另一例陕西神木大保当画像石也可以归入此式。其11号墓

图十四　对偶形式A型人首蛇身像
1. 成都市郊　2. 重庆江北区盘溪　3. 江安一号墓
4. 南阳新野李湖　5. 南阳唐河湖阳　6-7. 神木大保当

---

① 龚廷万等编著：《巴蜀汉代画像集》，文物出版社1998年版，图354-356。
② 同上书，图359；黄明兰、郭引强编著：《南阳汉代画像砖》，图166。
③ 重庆市文化局、重庆市博物馆徐文彬等编著：《四川汉代石阙》，文物出版社1992年版，第38-39页，图版152-153。

(年代据推测在东汉中期),是在墓门左右门柱上各自雕刻出一幅画像,人首、人身、爪足,胸部各刻出日月圆轮,手执规矩,二像背后一侧和脚下分别刻出一幅龙、虎像(图十四,6)。[①]

B型:蛇身。变化较复杂,大致都呈二氏相面对的姿势。有不交尾、交尾、单手擎日月和空手,以及二氏中间加入一幅神像(西王母、高禖等)几种。沂南北寨墓门柱上的三氏合体图,中间的神人将二氏合抱于一起,在该神像背上插有规、矩。[②] 交尾的结有·至四道的变化。[③] 这种B型的人首蛇身像,应是最明确的伏羲女娲像,而且已经定型,尤其是蛇尾多道相交的形式,成为后世伏羲女娲图像的原型(图十五)。

图十五　对偶形式B型

[①] 陕西省考古研究所、榆林地区文物管理委员会:《陕西神木大保当第11号、第23号汉画像石墓发掘简报》,《文物》1997年第9期。
[②] 华东文物工作队山东组:《山东沂南汉画像石墓》,《文物参考资料》1954年第8期。
[③] 黄明兰、郭引强编著:《南阳两汉画像石》,图150、158-173、176;山东省博物馆等:《山东汉画像石选集》,图69、233、281-282、391。

综上所述，可以概括两汉图像中的人首蛇（龙）身像的特征：

（1）两汉时代的单体人首蛇（龙）身像，都不能肯定必然是伏羲或女娲像，其中擎日、月的类型倒是可以倾向于常羲（羲和）或常仪；在构图上一般都分别配以日月。

（2）单体形式中以人首龙身（带兽足）为主，无足的蛇身形式极少见；对偶形式中情况则相反。

（3）凡是交尾合体的形式都应注意。据武梁祠资料，伏羲及其配偶的组合像采取交尾形式，可以看作是伏羲及其配偶的标准像。武梁祠没有明确题记女娲，表明女娲为伏羲配偶的观念尚不固定，但是汉代已形成女娲女性且蛇身的意象。① 据简阳鬼头山东汉岩墓3号，石棺上刻有两幅组合在一起的人首蛇身像，中间一鱼，榜题"伏希""女娃"。② 因此，可以认为，至迟在东汉，在某些地方，人首蛇（龙）身合体交尾像是明确地表达具有夫妇关系的伏羲女娲二氏的；其单体的形式中也应有明确的二氏画像。

（4）以上各方面都具有明显的地方差异，反映各地关于人首蛇（龙）身神以及伏羲女娲的崇祀，是不一样的。

汉代以后伏羲女娲图像之余续

东汉以降对偶形式的人首蛇（龙）身神像，可以看作是伏羲女娲图像无疑。③ 但在考古发现上，汉以后的资料呈现锐减趋势。这与丧葬礼俗、死亡信仰的大变化有关联。

---

① 据王充所论，东汉时流传着女娲是女人形象的固定意念。《论衡·顺鼓篇》："俗图画女娲之象为妇人之形，又其号曰'女'。仲殊之意，殆谓女娲古妇人帝王者也。"

② 四川省博物馆、郫县文化馆：《四川郫县东汉砖墓的石棺画象》，《考古》1979年第6期。

③ 曹植《女娲赞》："或云二皇，人首蛇形。神化七十，何德之灵。"[晋] 皇甫谧撰、[清] 宋翔凤等辑《帝王世纪》（辽宁教育出版社1997年版，第2—3页）："太昊帝庖牺氏，风姓也。蛇身人首，有圣德，都陈。……女娲氏，亦风姓也。承庖牺制度。亦蛇身人首，一曰女希，是为女皇。"

魏晋迄唐代二氏图像，除传世绘画顾恺之《洛神赋图》中女娲像（图十六）及莫高窟285号窟（西魏）壁画外，余者均出自墓葬。

1. 莫高窟285号窟窟顶东壁画伏羲女娲图，其形象有不小的变化：二氏面相对，头部似乎具有人形，一手各持规、矩，腹部各是日、月圆轮，下身为带细长尾巴的兽形。① 比较汉代形制，似乎更缺少人形的因素（图十七）。②

2. 河西走廊地区画像砖墓中，出土有伏羲女娲题材画像，计有张掖（高台骆驼城，画像砖）③、嘉峪关（城北戈壁滩，一号墓男棺盖内面彩绘伏羲，女棺盖内面绘女娲；④ 新城，画像砖）等。后者出土数量最

图十六　《洛神赋图》女娲像
（宋摹本，《中国美术全集·绘画编1》）

---

① 敦煌文物研究所：《中国石窟·敦煌莫高窟（一）》，文物出版社、平凡社1982年版，图版143。
② 许维遹：《吕氏春秋集释》，第1页。
③ 《甘肃高台魏晋墓彩绘砖》，重庆出版社1999年版，第12—15页。
④ 《甘肃嘉峪关魏晋一号墓》，重庆出版社2000年版，第31—32页。

图十七　莫高窟 285 窟伏羲女娲像
（《中国石窟·莫高窟》）

多。图像皆为对偶但不合体的表现形式（图十八）。

3. 青海湟中、平安各发现画像砖墓，年代推测为东汉时期。雕刻有称作"日月舞人"的画像，后来被考释为女娲像。据描述，在画像砖正中雕刻一女性画像，左手托半月，右上方有一圆轮（太阳，内有金乌）。[①]此像未见图版，年代疑较晚，可能是魏晋时期。所谓"雕刻"未知是否模印。

4. 西安三原县双盛村隋李和墓石棺盖线刻伏羲女娲图像。在石棺盖上线刻并列的男女人首禽身像各一，手中各擎一圆轮，下面刻对称的两幅小人像。[②]由画面构图形式看，应是伏羲女娲像，圆轮为日月。

[①] 卢宗义：《湟中徐家寨画像砖人物考释》，《青海民族研究》（社会科学版）2003 年第 1 期。

[②] 《陕西省三原县双盛村隋李和墓清理简报》，《文物》1966 年第 1 期。

图十八　河西走廊地区魏晋时期伏羲女娲像
1. 高台骆驼城画像砖　2. 嘉峪关魏晋一号墓男女棺盖内面彩绘

5. 吐鲁番阿斯塔那－哈拉和卓墓地出土数量最丰，根据发表的各种报告，属于麴氏高昌至唐西州时期，计有：

1959-60 年发掘：6 件（另有报道说出二三十件）；

1966-69 年发掘：一批；

1972 年发掘：于 4 墓中出土 8 件；

1975 年发掘：一批；

1986 年发掘张师儿夫妇墓：出 1 件；

麴氏高昌时期墓葬（86TAM386）：出土三件；[①]

唐墓所出者数量有一批：斯坦因第二、三次探险所获得的一批，

---

① 新疆博物馆：《新疆吐鲁番阿斯塔那北区墓葬发掘简报》，《文物》1960 年第 6 期；《吐鲁番阿斯塔那唐墓中有重要发现》，《考古》1959 年第 12 期；新疆维吾尔自治区博物馆：《吐鲁番阿斯塔那－哈喇和卓古墓群清理简报》，《文物》1972 年第 1 期；新疆文物考古研究所：《阿斯塔那古墓群第十次发掘简报》，《新疆文物》2000 年第 3-4 期；新疆博物馆考古队：《吐鲁番哈喇和卓古墓群发掘简报》，《文物》1978 年第 6 期；吐鲁番地区文管所：《1986 年新疆吐鲁番阿斯塔那古墓群发掘简报》，《考古》1992 年第 2 期。

398　丙编　图像考古

见《亚洲腹地考古图记》一书；[①] 黄文弼先生调查得一件[②]；1972-1973年发掘出土 7 件。[③]

以上各批资料，在绘画上大致相同，绢本彩绘，从发掘时情况看，是用木钉钉在墓室天顶上的。[④] 因此，其用途应是悬挂在墓室中棺上方的"灵幡"之类，这种情况令人想及先秦以来丧葬礼俗和死亡信仰的

图十九　吐鲁番出土伏羲女娲绢画

---

① M. A. Stein, *Innermost Asia, Detailed Report of Explorations in Central Asia, Kan-su and Eastern Iran*, Oxford at the Clarendon Press, 1928, Vol. II, pp.666, 707-708, Vol. III, Pl. CVIII-CIX.
② 黄文弼：《吐鲁番考古记》，中国科学院出版 1954 年版，第 55-57 页。
③ 新疆文物考古研究所：《阿斯塔那古墓群第十次发掘简报》，《新疆文物》2000 年第 3-4 期。
④ M. A. Stein, *Innermost Asia*, Vol. II, pp.666, 707-708；吴震：《吐鲁番阿斯塔那唐墓中有重要发现》，《考古》1959 年第 12 期。

遗风。二氏图像皆属于合体形式，面相对，交尾（一至三道），手中各持规矩，并配置日月星象。孟凡人先生曾作分类，分为两型四式，以揭示此种图像的变化情况（图十九）①。

6. 高句丽壁画墓中的伏羲女娲像。

见诸报道者几例，分别出自：吉林省辑安五盔坟墓地，在墓室壁画中表现伏羲女娲；② 吉林集安东台子遗址（社稷），壁画伏羲女娲图像等。③

先秦以来的伏羲女娲崇祀

（一）图像形制的演变

先秦楚地的伏羲女娲意象，据目前资料看，似乎是最早出现的。大约当时绘画于祠堂或神殿的墙壁上，或者以旌幡的形制悬挂；此外是在墓葬中随葬的一种特别的旌幡，可能混合了铭旌和神像在内，是一种寄托死亡和彼世信仰的灵幡。从题材上讲，人首蛇（龙）身神像不一定是表示伏羲女娲二氏，有可能还表现一种龙（蛇）神；二氏的形象也不一定是人首蛇（龙）身。

西汉初期，在宗祠或神殿里绘画或悬挂人首蛇（龙）身像的习俗，可能是从战国时期楚文化中继承下来的。可以看出，西汉初期因为祭祀体系中伏羲女娲信仰开始定型，受其影响，图像也开始模式化。另一条发展线索是，随着洞室墓新形制的出现，墓葬里开始逐渐出现表达人首蛇（龙）身神像题材，分别绘制在灵幡上和墓室顶部。它们不一定都是二氏，有的可能是神话题材中的羲和（常羲）等。这种题材

---

① 孟凡人：《吐鲁番出土的伏羲女娲图》，载氏著《新疆考古与史地论集》，科学出版社2000年版，第17-30页。
② 吉林省博物馆：《吉林辑安五盔坟四号和五号墓清理略记》，《考古》1964年第2期。
③ 刘子敏：《新成果新高度——评古代中国高句丽历史续论》，《中国边疆史地研究》2004年第4期。

从意象上可能是从伏羲女娲中派生出的,说明那时对于二氏的信仰不如后世规范。

东汉时期因为盛行画像石(砖)墓,人首蛇(龙)身神像题材大量涌现。根据题记,可以认为在各地出现的对偶形式的人首蛇(龙)身神像,都是在明确地表达伏羲女娲的意象,当时对于二氏的信仰已经规范下来,而二氏也是墓葬中的流行题材之一。他们是被视作始祖神崇祀的。

汉墓中的伏羲女娲图像,在表现形式上有绘画(壁画、帛画)和雕塑(石刻、砖雕)两种。二氏题材,有不交尾、交尾、单手擎日月和空手,以及二氏中间加入一幅神像(西王母、高禖等)几种。四川和重庆所出者,一侧尚有阙、楼阁、人物等图像;伏羲的形象有一手擎日、一手持钺或剑,女娲一手擎月、另一手持蛇状物(壁山二号石棺等)。绥德四十里铺的画像,在二者之下刻画以牛首人身怪兽和戴三山冠的人物。图像在墓中的位置,一般都不太突出。其变化具有地域差异。但是值得注意的有两点:

(1)卜千秋墓的此类图像,安置在墓室顶部,呈纵向的布局,而二神之位置分别在整幅画面之两端。此种画面在墓中的安置位置,可能是从覆盖于棺盖上的灵幡变化而来,二者都含有天宫的象征意义,大致相当于后世在吐鲁番实行的方式。此线索来自楚文化的埋葬习俗,马王堆位居楚地,是文化的继承者,而洛阳卜千秋墓可能受到了楚地的影响。

(2)1959年,发掘甘肃武威磨咀子东汉墓,在三座墓出土了三张丝、麻质铭旌,墨书,平铺在棺盖上。其中最堪注意的是二十三号墓所出淡黄色麻布,上有墨书篆书两行:"平陵敬事里张伯升之柩过所毋哭"。麻布长1.15、宽0.38米,四周镶稀疏赭色形似薄纱之织品,上端用一平常树枝为轴。两行铭文之上各作一圆(直径约15厘米),内绘四灵之二,左朱地黑鸟,右为墨绘回龙而身涂朱者。[①]据此可以肯定

[①] 甘肃省博物馆、中国科学院考古研究所编著:《武威汉简》,文物出版社1964年版,第148页。

是典型的铭旌，也可以反证汉代铭旌仍是遵循《仪礼·士丧礼》所规定的形制，"书铭于末，曰某氏某之柩"；而绘画二氏画像的灵幡不是铭旌。

汉墓之外，还在阙以及铜镜上发现少量的二氏图像，在体裁上有多样化趋势。汉代以后，二氏题材的图像主要发现于西北地区。除了出现在墓葬的棺盖和构造的砖上，①在莫高窟285号窟天顶也绘画二氏的画面，是被佛教借用的，说明其信仰已深入人心。棺盖内侧绘画的二氏像，是汉代河西丧葬礼俗的延续；到了东晋迄唐代，随着河西移民的徙入吐鲁番盆地，又将此信仰和礼俗带入当地，演变为在墓室顶部悬挂的旌幡的形制。另外，在东北亚的高句丽墓中，也借用了这一题材，不过可能不如西北流行。

（二）战国-汉代的伏羲女娲崇祀及嬗变

楚人信仰的基层是以泛灵为基本教理的巫教，而"神"的概念不规范。以此为前提，可以发现伏羲女娲的崇祀，是按着两条结合在一起的线索创作并演绎的：一是被后世称作神话的上古特殊历史记忆方式，即追忆自身及其族类来源的学说，保存着较实在的历史信息；二是单纯的信仰成分。先秦以来的图像资料可以说是其"编码系统"。这种表现神圣偶像的做法，似乎尤其是楚地的传统。

我们从子弹库的帛书、画中，发现记录伏羲女填（女娲）创世（"四时"）故事的《乙篇》，是配合甲（时节）、丙（类似《日书》或《月令》）二篇的一段追述，说明二氏创世说流传已久，其功绩主要是创造了时令。②因此，可以看出，二氏还不是宇宙的创造者这个至高无上的神，这就为其"人文始祖"的信仰埋下伏笔，到汉代就顺理成章地进入了"三皇"系谱。

---

① 赵吴成：《河西墓室壁画中"伏羲、女娲"和"牛首人身、鸡首人身"图像浅析》，《考古与文物》2005年第4期。

② 董楚平：《中国上古创世神话钩沉——楚帛书甲篇解读兼谈中国神话的若干问题》，《中国社会科学》2002年第5期。

"升仙"是道教的信仰，指人在肉体生存时可以达到的境界（《老子》"长生久视"），由"老庄之学"到"黄老之学"，都有这种生以致仙的追求。① 这种信仰是如何与作为人肉体死亡后的安置场所墓葬建立关系的，还需要研究。

"信巫"气氛下的楚人崇祀二氏，并"图画"其形象列入宗祠，在墓葬中也制作成表达死亡信仰的"灵幡"，将死亡与创生信念结合在一起，可能是楚地发展出来的一套特别的"彼世"学说。巫风还影响到了文学领域。② 二氏为夫妇的意念，后来与所谓"兄妹婚"的传说混合在了一起。③

秦至西汉前期，文化统一的进程逐渐涉及思想信仰领域。在儒家学说最终取得意识形态主导地位的情况下，对于古代神话传说的"文本"改造，尤其是西汉中期以来以墓葬形制变化体现的发生在丧葬礼俗和崇祀方面的变化，是相辅相成的。

《史记·礼书》："至秦有天下，悉内六国礼仪，采择其善，虽不合圣制，其尊君抑臣，朝廷济济，依古以来。至于高祖，光有四海，叔孙通颇有所增益减损，大抵皆袭秦故。"从礼仪制度上讲，秦将六国文化予以汇总、选择，合并在一起，而汉初又沿袭秦的制度。所以，秦至汉初期的文化，大致上是六国的地方文化，这些地方文化遵循周礼，再加以地方化。这样的折衷，固然会受到董仲殊之流的儒家知识分子的批评，但是有汉一代真正建立起儒家标准的礼制，是按照董仲殊直至刘向等所提倡的"礼乐"等学说逐渐奠定的。可以分成国家和民间两种体制。

汉代国家的崇祀体系，由《史记·封禅书》《汉书·礼乐志》《后

---

① 冯友兰：《中国哲学史》第二册，人民出版社1964年版，第198页。
② 黄崇浩：《巫风对〈离骚〉构思之影响》、杜棟生《说招魂》，载中国屈原学会编《楚辞研究》，齐鲁书社1988年版。
③ 陈泳超：《关于"神话复原"的学理分析——以伏羲女娲与"洪水后兄妹配偶再殖人类"神话为例》，《民俗研究》2002年第3期。

汉书·祭祀志》等可见，由初期的巫、道、儒等混杂状态，发展到一套折中了传统信仰和儒家规范的复合形式。在这个信仰体系中，天（"上帝"）、地这两个最高神居于统治地位，其下是与五行以及纬书天上五方上帝相配的"五帝"，之后是神圣化了的皇朝祖宗以及民族先贤，最后是"岳海镇渎"这些自然神。经过王莽和光武帝的大力提倡，儒家追求的"礼制"得以建立。

在东汉初年规范下来的祀典中，以"五帝"列祀在祭祀天地（上帝）的圆坛（"上帝坛"）之下层四方位置，是陪伴祭祀的地位。[①] 其中的伏羲，称"东方帝太昊青灵"，有时也被认作是"始祖"（"遂及始祖"，包羲）。创世与生育是可以串联缀合的神话意念，也可与信仰结合起来。故关于伏羲女娲的传说，与此二观念相关联，是很多学者相信的，[②] 而且又与古代实行的图腾制度联系在了一起。[③]

虽然汉代祭祀形式和思想观念发生了重大变化，但伏羲女娲的崇祀仍然具有较为纯粹的"神学"理念，即使是表现先祖崇祀也采取与众不同的方式。可以看出在所谓反"神圣化"的"历史化"进程中，伏羲女娲二氏仍然保持着最多的"神圣性"。[④] 这是通过特别形制的图像来委婉地表达出来的心声，是战国以来中国人对于二氏神圣信仰的体现。它有较坚实的基础，不像方士所虚构出来的安期、羡门之属的神仙。

为什么特别地强调伏羲女娲？汉代祀典中，伏羲女娲崇祀是以"三皇"名义开展的。虽然说有汉一代"三皇""五帝"的说法几经更变，但是二氏（尤其伏羲）地位稳定，基本上都排列在"三皇"之

---

① 《汉书·郊祀志下》："及是岁修封，则祠泰一、五帝于明堂上坐。"《后汉书·祭祀志上》："为圆坛八陛，中又为重坛，天地位其上，皆南乡，西上。其外坛上为五帝位。"
② 宋兆麟：《中国生育信仰》，上海文艺出版社1999年版，第60—84页。
③ 何星亮：《中国图腾文化》，中国社会科学出版社1992年版，第224—226页；程德祺：《原始社会初探》，中央民族学院出版社1988年版，第208—220页；常金仓："伏羲女娲神话的历史考察"，《陕西师范大学学报》2002年第6期。
④ 张光直：《美术、神话与祭祀》（"序言"，第1—2页）："在中国历史的大部分时期中，这些英雄圣贤一直被当作真实的历史人物。近几十年，历史学家和民俗学家才宣称：他们即使不都是，至少大多数是古代宗教里的人物，而在周代后期和汉代被人们'历史化'了。"

首。^①在"历史化"运动中逐渐定型的这套学说,尽量保留了伏羲女娲的神性,以别于诸皇和帝,在对历史之源的追寻学说基础上,将伏羲定义为文化的创造者。^②这是在纪念文化的缔造者,不是人类的创造者,更不是宇宙天地的开辟者;在先秦楚人的信仰中二氏具有的化生人类的功绩,到了汉代儒家信仰的体系,就转化成了文化始祖。儒家思想体系之根本,是人之被"文化"。

另一条线索,汉代(尤其东汉)墓葬里开始出现的"图像爆发",可能是从现实的庙堂崇祀中大量使用图像的法式里移用过来的。^③西汉时期从国家到民间信仰处于混杂的状态,弥漫上下的神仙学说、各地流行的具有巫教特点的地方信仰、国家祀典维持的崇祀传统,使儒家知识分子顺应形势,积极地利用图像这种使"愚夫愚妇可以一览而知"从而达到"触目警心"教化目的的宣传形式,不放过墓葬这种浓缩礼俗和信仰的场所。^④

武梁祠的画像中,以伏羲为始,以下依次表现三皇和五帝。如果我们认为这个上古帝系的"文本"是祠堂主人的"建构",为什么只有伏羲氏(及其后)被刻画成了人首蛇身呢?显然,在武梁看来,伏羲(及女娲)是超越其他皇、帝之上的,或者与众不同的;另外,二氏的意象在创作上还是先秦以来延续下来的传统。武氏祠绘制的这套图谱,是按照儒家思想编订出来的一套"历史教科书"和道德教育连环画,其中的伏羲是被视作"人文始祖"信仰的。瞿中溶在《汉武梁祠画像

---

① 宋超:《战国秦汉时期女娲形象的演变》,《咸阳师范学院学报》2004年第1期。
② 武梁祠伏羲像题记:"伏戏,仓精。初造王业,画卦、结绳,以理海内。"(《汉武梁祠画像考》,第19页)
③ 《汉书·祭祀志上》记齐人少翁为武帝做法事,建甘泉宫与神沟通:"中为台室,画天地泰一诸鬼神,而置祭具以致天神。"可见,甘泉宫实际是一座"万神殿"的庙宇,中央的台室是祭坛所在,画有被崇祀的神像。
④ 赵化成:《汉墓壁画的布局与内容——兼论先秦两汉死后世界信仰观念的变化》,载杜正胜、张忠培主编:《中国考古学的跨世纪反思》,香港商务印书馆1999年版;蒲慕州:《汉代之信仰生活》,载林富士主编:《台湾学者中国史研究论丛·礼俗与宗教》,中国大百科全书出版社2005年版。

考·序》中称：

> 古人左图右书，二者不能偏废。然书必识字之人诵读讲解而后明，图则愚夫愚妇可以一览而知。或绘之壁间，或张之座隅，尤易时时触目警心。故汉人于冢墓祠堂多刻古来帝王圣贤及孝子忠臣烈士节妇故事，以教戒其子孙。即上而朝廷之宗庙明堂与夫燕处之宫殿，亦皆图画于其壁。

这里指出的几种画图的场所，计有祭祀之处（宗庙、明堂、祠堂[①]）和宫殿两种。从形制上讲，汉代宫殿之"图"，应是壁画装饰的形制；而宗庙、祠堂之类，除了绘画，还有雕刻。图画的目的，王延寿《鲁灵光殿赋》说是"恶以诫世，善以示后"。[②]这种图像是与"书"一样的用于社会教化的"教科书"，但是文字显然是高于图像的。

考虑到汉代的祭祀体系，汉墓中大量图画二氏的做法，亦与对二氏的崇祀有关。在建筑物内绘画图像的形制，从具有"神圣性"的场所的宗庙、祠堂这些地面上的祭祀建筑，到墓葬内的布置，二者的关联已受到注意。[③]看来地面上庙堂类的建筑图像是较早出现的，但是这其中的一个问题是，这种形制是如何过渡到逝者的安葬场所——墓葬的？这个转变意义重大。

（三）伏羲女娲崇祀在中原等地的衰落及其向西北、东北地区的转移

汉代以后，佛教及"三夷教"（祆教、摩尼教、景教）渐趋深入中华，使民间信仰异彩纷呈；但国家祀典中，长期适应政治统制而奠定

[①] 东汉时山东的墓上地面祠堂称作"小食堂"。微山县两城汉墓的画像石上有题记，是永和二年（137）四位孝子（女）为"思念父母，弟兄悲哀，乃冢作小食堂，传孙子"。参见《山东汉画像石选集》，图32。

[②] 萧统编：《文选》，上海古籍出版社1998年版，第79页。

[③] Wu Huang, "From Temple to Tomb: Ancient Chinese Art and Religion in Transition," *Early China* 13:78–115, 1988.

的"天地君亲师"基本结构,一直维持着。外来宗教不能从根本上摇动它的原因,是中国文化"超稳定结构"的信仰基础。这些外来文明需要采取中国化的策略树新义、求生存。

汉代以后中原等地的伏羲女娲崇祀,在民间甚或国家祀典中,可能都流于形式,日趋衰微,改头换面。所谓"兄妹婚"始祖神话,是根据二氏意象逐渐粘连复合成的,这个时间也许发生在汉代以后,且可能是在四夷边疆创作的。①因为汉代后在西北、东北地区,关于二氏的信仰反得到维持。其一个证据,是在敦煌发现的壁画、碑刻以及考订出来的伪经,将二氏附会作佛教的菩萨。圣历元年(698)《李君莫高窟佛龛碑并序》称二氏为吉祥菩萨(宝吉祥)和宝应真人(宝应声),被认为是"中国传统文化与外来佛教文化相互融合产生的一种混合创世说"。②如果我们看到,魏晋时期在河西地区民间流传的伏羲女娲传说和信仰,这种混合创世说就是当地的僧侣为了达到宣教目的而采取的树新义策略。③

吐鲁番出土的伏羲女娲图像,延续的时间较长久,自麴氏高昌至唐中叶。可堪注意者为此类图像之定型样式,除了二氏的画面安排(蛇身相绞缠,擎规矩,配以日月、星辰),就是在衣饰上的时代感,

---

① 杨利慧:《伏羲女娲与兄妹婚神话的粘连与复合》,《北京师范大学学报》(社会科学版)1997年第6期。

② 《李君莫高窟佛龛碑并序》:"至若吉祥菩萨、宝应真人,效灵于太古之初,启圣于上皇之始,或炼石而断鳌足,立四□□□□□;□□□而察龟文,调五行而建八节。复有儒童谈凤,生震旦而郁玄云;迦叶犹龙,下阎浮而腾紫气。"佛教伪经道绰(562-645)撰《安乐集》卷上引《须弥四域经》:"天地初开之时,未有日月星辰,纵有天人来下,但用项光照用。尔时人民多生苦恼,于是阿弥陀佛遣二菩萨,一名宝应声,一名宝吉祥,即伏羲、女娲是。此二菩萨共相筹议,向第七梵天上,取其七宝,来至此界,造日月星辰二十八宿,以照天下,定其四时春秋冬夏。"陈子良引《须弥像图山经》及《十二游经》:"光音天等下食地肥,诸天项后自背光明,远近相照。因食地肥,欲心渐发,遂失光明,人民呼嗟。尔时西方阿弥陀佛告宝应声、宝吉祥等二大菩萨,汝可往彼日月,开其眼目,造作法度。宝应声者示为伏羲,宝吉祥者化为女娲。后现命尽,还归西方。"(据贺世哲:《石室札记》,《敦煌研究》1999年第4期)

③ 吕威:《楚地帛书敦煌残卷与佛教伪经中的伏羲女娲故事》,《文学遗产》1996年第4期。

若干件画像上的伏羲面貌有"胡人"特征,这些情况说明二氏都是在本地绘制并模式化了。这种图像在本地的出现,表明了河西埋葬习俗的延续。

高句丽墓葬和社稷遗址等中发现伏羲女娲像,可想而知是受到汉代以来二氏崇祀礼俗的影响。汉代祀典中"上帝坛"上的"五帝"画像,未知伏羲氏的形象,据高句丽形制看,或许也是如墓葬中表现的那种人首蛇身形象。高句丽墓葬画像中,发展出表现墓主人题材的模式,其意是升仙,因此二氏连同西王母组合,表现的是神仙的境界。①

古人的精神世界一定与我们今天大异其趣,处在当今这个"拜物教"信仰的时代,对于古人的生活方式——尤其是他们的精神生活,肯定是难以理解的。就像这种神化始祖神的伏羲女娲传说,在今天看来是神话,在古人应该是坚信不疑的信仰,将祖先(无论生命的还是文化的)神圣化,自认为是"神裔",在他们是确凿的信仰。伏羲女娲的意象就是这样创作出来的。

(原刊《艺术史研究》第 8 辑,中山大学出版社 2006 年版。略作修订)

---

① [朝]朴晋煜著、文无尘译:《关于三到七世纪的高句丽壁画墓》,《历史与考古信息·东北亚》1999 年第 2 期;[日]东潮著、姚义田译:《高句丽壁画墓中的墓主人图像》,《博物馆研究》1995 年第 4 期。

丁 编
尼雅遗址研究

尼雅遗址历史地理考略

一、自然环境及地理位置

尼雅遗址是指分布在塔里木盆地南缘的民丰县城之北、尼雅河古代三角洲上的一处考古学遗址。从自然地理环境上讲，这个遗址及其所属的河流处在一个适中的位置上：它位于塔克拉玛干沙漠南缘中部，东邻雅通古斯河和安迪尔河，西邻克里雅河。在塔里木盆地，这些河流是一切古今绿洲的母亲。

从现在的行政区划上讲，尼雅遗址所在地域归属和田地区的民丰县管辖。遗址在民丰县城北部，从其中心的佛塔到现在的民丰县城间距离有101公里（GPS测定资料）。在从南部昆仑山到尼雅遗址这个范围内，自然地势和地貌自南向北方向呈带状发生了巨大的变化。发源于昆仑山的尼雅河在出山口以后，开始进入一片自南向北缓缓倾斜的砾石滩地带。地貌学上称作"山前砾石－细土平原"。[1]从三井（K. Mitsui，日本法政大学）和杨逸畴（中国科学院地理研究所）等人所测的一个河床纵剖面上看，自昆仑山500米海拔处之零观测点起，向北至100公里处，海拔高度已下降到150米；自此段以下的河床高度开始趋缓。[2]在地貌方面的变化也很大：从山地到山前砾石－细土平原再到沙漠，经历了三种类型的地貌。尼雅河现代绿洲的中心（即民丰县

---

[1] 杨戊、李明华等：《塔克拉玛干水资源及其开发利用评价》，载夏训诚、H. E. Dregne 主编：《沙漠的过去、现在和未来——塔克拉玛干沙漠国际科学大会论文集》（以下简称《沙漠的过去、现在和未来》），《干旱区研究》1995年增刊。

[2] K. Mitsui, Y. C. Yang, et al., "Hydrological Characteristics of Three Rivers in Southwestern Part of Taklimakan Desert, Xinjiang, China"，载《沙漠的过去、现在和未来》。

城所在）位于山前砾石-细土平原地带的河流中游。河水的流速在这里变缓了，较平坦的地势再加上较深厚的黏土堆积，使之逐渐变成适宜农耕和人类生活的地区。

民丰即尼雅河中游绿洲的兴起始于一个较晚的时期，到现在为止还没有多少考古学发现，以证明人们最早迁徙到这里的时间。在尼雅河上游，1987年中国科学院古脊椎动物与古人类研究所与美国亚利桑那大学等联合调查塔里木盆地南缘，虽曾于尼雅河两主源汇合点附近发现了两个石制品（细石核、细石叶、锤击石片等）地点，[①]但是这批有限的资料只能说明在史前时期人类曾经在河流上游地带活动过，与中游绿洲间的历史联系还不清楚。

从自然环境上讲，尼雅遗址分布在尼雅河下游一个古代三角洲上，这个三角洲在尼雅河现代尾闾三角洲以北大约28公里（自卡巴克阿斯汗村至佛塔）处。卡巴克阿斯汗村-大麻扎所在绿洲是尼雅河最近一个时期形成的尾闾冲积平原，自此以北河水渐趋干枯，植物也渐趋死亡，进入古河道地带。虽然河床的遗迹尚很清楚，但是沙漠化极其严重。遗址所在的古三角洲一带已全部沙漠化。自从中游绿洲和卡巴克阿斯汗-大麻扎现代三角洲形成以来，地表水很少到达过古三角洲，地下水也极为有限，水的空间分配发生了巨大变化。没有水源，沙漠化是自然而然的事。这种环境特征自然是历史时期演变的结果。

比起和田河、叶尔羌河那样的大河来，尼雅河属于塔里木盆地的一条中小型河流，年径流量不会超过5亿立方米。[②]它也没有多少支流，像和田河和喀什噶尔河那样，形成一种网状的结构。但是，尼雅河的

[①] 中国科学院古脊椎动物与古人类研究所等：《新疆塔里木盆地南缘新发现的石器》，《人类学学报》1988年第4期。该文作者将这两个地点分作了两组，一组(XNF-87地点)从石器风格来说"可能是旧石器时代的"，另一组属于细石器地点，其年代估计在距今7000-4000年这一大的范围内。

[②] 曲耀光等：《新疆和田地区的水资源及其潜力》（载《沙漠的过去、现在和未来》）一文表1所列，民丰县的年径流量为5.759亿立方米；其相邻的克里雅河多年平均年径流量为7.04亿立方米（杨戊等：《塔克拉玛干水资源及其开发利用评价》，同上书）。

地理位置却非常重要。

就整个塔里木盆地而言，尼雅河处在东西方向交通线的要冲地带。《汉书·西域传》所谓之西域"南道"[①]，其所暗示的两个交通节点（鄯善和莎车[②]）的中间位置大约是在尼雅河流域一带。对古代的旅行者来说，尼雅是"南道"的必经之地，类似于一种中间站的角色。遗址出土的佉卢文书中也提到过当地与塔里木盆地北缘的龟兹之间的联系，极有可能在那个时代（魏晋鄯善精绝州及其以前时期），人们曾利用尼雅河的河道及其遗迹作南北向的旅行，到达其它绿洲。1993年和1996年调查了尼雅遗址以北数十公里范围内的遗存，发现了一些明显具有早期特征的石、陶、铜器碎片，还有一处建筑遗迹。[③] 它证明了更早时期的尼雅河绿洲位置更靠北。在佉卢文书中，有几件（621、629、632）提到了精绝与"北道"的龟兹的联系，说明了这条南北向交通线的存在。

从古代史的角度看，尼雅河流域又处在塔里木盆地南缘两个大的政体即鄯善（东）和于阗（西）之间，受到了塔里木盆地这两个古代文化中心的影响，对于我们了解其古代文化特征具有重要的意义。此外，尼雅河地理位置的重要性还体现在现代，联结塔里木盆地南北两缘的沙漠公路，从塔北的轮台出发，经建在塔中的基地而到达塔南的民丰。

二、"精绝国"及其历史文献

现在所知的关于尼雅河流域古代状况的历史文献，是与精绝、尼壤、鄯善等有关的。确定尼雅河历史文献的前提，是精绝和尼壤地望

---

① 《汉书·西域传》："自玉门、阳关出西域有两道。从鄯善傍南山北，波河西行至莎车，为南道；南道西逾葱岭则出大月氏、安息。"

② 对鄯善的中心即其都城所在有着不同的看法，这不是本文要讨论的问题。总之它应当在塔里木盆地的东南端。莎车的位置是在该盆地的西南端。从现代地理学上看，《汉书·西域传》对于"南道"的记载是准确的。

③ 张铁男等:《新疆民丰尼雅遗址以北地区考古调查》,《新疆文物》1996年1期；岳峰等:《新疆民丰县尼雅遗址以北地区1996年考古调查》,《考古》1999年第4期。

的确定。这些文献既有汉文传世史籍，也有出土文书。

在汉文史籍中，最早记载"精绝"的是《汉书·西域传上》：

> 精绝国，王治精绝城，去长安八千八百二十里。户四百八十，口三千三百六十，胜兵五百人。精绝都尉、左右将、译长各一人。北至都护治所二千七百二十三里，南至戎卢国四日行，地阨陿，西通扜弥四百六十里。

这段记载是关于"精绝"的最主要的知识。宋人徐天麟《西汉会要·蕃夷下·西域》照录了此文。《后汉书·西域传》对精绝又有如下记载：

> 匈奴敛税重刻，诸国不堪命，建武中，皆遣使求内属，愿请都护。光武以天下初定，未遑外事，竟不许之。会匈奴衰弱，莎车王贤诛灭诸国，贤死之后，遂更相攻伐。小宛、精绝、戎卢、且末为鄯善所并……出玉门，经鄯善、且末、精绝三千余里至拘弥。

《三国志·魏书·乌丸鲜卑东夷传》裴注引《魏略·西戎传》说：

> 从敦煌玉门关入西域，前有两道，今有三道。从玉门关西出，经若羌转西，越葱岭，经县度，入大月氏，为南道。……南道西行，且志国、小宛国、精绝国、楼兰国皆并属鄯善也。戎卢国、扜弥国①、渠勒国、（穴山国）（皮山国）皆属于寘。

《新唐书》两次提到位于于阗以东70里的"精绝国"，《西域传上》说："于阗东三百里有建德力河，七百里有精绝国；河之东有汙弥，居达德力城，亦曰拘弥城，即宁弥故城。皆小国也。"《地理志七下》："于

---

① 扜弥国，《汉书·西域传上》作"扞弥国"。

阗东三百九十里,有建德力河,东七百里有精绝国。"此处的"精绝国"在这里暗示了两层含义:(1)它是一个古代的地名,一直保存到了唐代,为人们所追忆;(2)在当时这里可能已经没有人类居住了。按照《汉书·西域传》以来的对异域的历史编纂传统,只有那种被认为具有交通和历史意义的地形和故址、遗迹,才被认为具有记载的价值,也被认为是比较重要的。

上述《新唐书》之《西域传》《地理志》的记载都来源于同一个蓝本,即贾耽调查搜集到的资料。《通志》中亦有关于"精绝"的内容,但根据的是汉代的西域知识:"精绝国,王治精绝城,去长安八千八百二十里……北至都护治所二千七百二十三里,南至戎卢国四日行。地阨陿,西通扜弥四百六十里。"(《汉书·西域传》)。《通志》云:"精绝王,治精绝城,去长安八千八百二十里,南至戎卢四日行,西通扜弥四百六十里。"(《都邑略·四夷都》)又说:"龟兹王,治延城,去长安七千四百八十里,南与精绝、东南与且末、西南与扜弥、北与乌孙、西与姑墨接。"(同上)

从上面引述的史籍来看,与精绝有关的记载既少又过于简略,而且大多是转相抄录,不足以反映细致一些的精绝国及其以后时期的历史状况,难以据此对精绝国进行详尽研究。

近代以来,对"精绝国"的历史地理学研究逐渐兴起。是谁最先确定尼雅遗址即汉代西域之"精绝"呢?斯坦因在《西域考古图记》中说:"首先正确地将该处推测为精绝的是戈厄纳。"[1] 戈厄纳(Gerand)又译作格伦纳,他是法国"杜特雷伊(Dutreuil de Rhin)探险队"的成员,曾经设想过到伊玛目·贾法尔·沙迪克麻扎(即大麻扎)以北的地方去寻找精绝,但是未能实现。斯坦因受到戈厄纳的启发,10年以后(1901年)他首先探察了尼雅遗址,通过在现场的调查和发

---

[1] M. A. Stein, *Serindia, Detailed Report of Explorations in Central Asia and Western China*, Oxford at the Clarendon Press 1921, Vol. I, p.219.

掘，肯定了戈厄纳的意见。据说赫尔曼《丝绸之路》一书也肯定了戈厄纳的看法。王国维也赞同这个说法。①岑仲勉对此有过较为详尽的考证。②当斯坦因将自尼雅、楼兰等遗址获得的汉文文书委托沙畹（É. Chavannes）考释、发表后，正旅居日本的罗振玉经友人之手得到了沙畹的释本，因为正忙于《殷墟书契后编》一书的编写，他将文书的考证工作交给了王国维，后者从道里考证角度肯定了斯坦因的观点。王国维说：

> 尼雅废墟，斯氏以为古之精绝国。案今官书，尼雅距和阗七百十里，与《汉书·西域传》《水经注·河水篇》所纪精绝去于阗道里数最近，而与他国去于阗之方位、道里相去颇远，则斯氏说是也。③

在《尼雅城北古城所出晋简跋》一文中，他又说：

> 此简（案即出自 N. V. vx 的"晋守侍中"简——引者）所出之地，当今尼雅城绝北，在汉为精绝国地。《后汉书·西域传》言明帝时精绝为鄯善所并，但此地所出木简，其中称谓有"大王"，有"王"，有"夫人"。隶书精妙，似后汉桓、灵间书，疑精绝一国汉末复离鄯善而独立。今此简无精绝王，而诏书乃到此者，必自鄯善或于阗传写而来，可见精绝至晋初又为他国所并。此尼雅一地之沿革，得从此简知之者也。④

王国维的观点影响了几乎所有的后学者。例如从史树青以来的学者都

---

① 王国维、罗振玉编著：《流沙坠简》，中华书局1993年版，第11页。
② 岑仲勉：《汉书西域传地里校释》，中华书局1981年版，第44—50页。
③ 王国维、罗振玉编著：《流沙坠简》，第11页。
④ 王国维：《观堂集林》卷十七，中华书局1959年版，第869页。

将之当做一种定论，作为研究尼雅遗址的历史地理学基础。与楼兰遗址不同，关于尼雅遗址的地望即汉代精绝国故址的观点不存在多少争议，但是问题也正出在这里。对王国维来讲，在1998年王冀青发表关键的资料以前，他的观点一直缺乏充分的考古学的证据。

1998年，王冀青发表了《斯坦因第四次中亚考察所获汉文文书》。① 这部分文书的公布费尽了周折，距离出土时间（1931年）已经过去了67年。文书的实物早已经下落不明，这些文书是根据在英国图书馆找到的照片而刊布的。在这些文书中，有一件上面记有"汉精绝王承书从"诸字迹。② 这件文书之重要性不言而喻，它直接证明了王国维关于尼雅遗址即汉代精绝国故址的观点。

三、鄯善凯度多（精绝）州故址与出土文书资料

凯度多（Cad'ota，精绝）和尼壤（Nina）是与尼雅遗址有关的另外两个地名。佉卢文书中曾经大量地提到了这两个名称；但在汉文文献方面，只有玄奘《大唐西域记》提到了"尼壤城"：

> 媲摩川东入沙碛，行二百余里，至尼壤城，周三四里，在大泽中。泽地热湿，难以履涉，芦草荒茂，无复途径，唯趣城路，仅得通行，故往来者莫不由此城焉。而瞿萨旦那以为东境之关防也。③

《大慈恩寺三藏法师传》简要地提到了"尼壤"，作"泥壤"：

---

① 王冀青：《斯坦因第四次中亚考察所获汉文文书》，《敦煌吐鲁番研究》第3卷，北京大学出版社1999年版。
② 同上书，第264页。此文书之斯坦因原编号为 N.II.2，关于其出土遗迹所存在的异议，在此不做讨论。
③ ［唐］玄奘、辩机原著，季羡林等校注：《大唐西域记校注》卷十二，中华书局1985年版，第1030页。

从媲摩城东入沙碛,行二百余里,至泥壤城。又从此东入流沙,风动沙流,地无水草,多热毒鬼魅之患。无径路,行人往返,望人畜遗骸以为标志,跛确难涉,委如前序。又行四百余里,至睹货罗故国。①

若以道里记,玄奘在这里所估算的"尼壤城"距于阗王城之里数(五百三十里),与《新唐书》所记载的于阗至精绝国的距离(七百里)之间,有一百七十余里的差。这说明了几个问题(假设上述道里都是正确的):一是"尼壤城"与"精绝国"不在同一个地点,尽管它们极可能在同一条河——尼雅河流域;二是玄奘的记载只提及"尼壤"而不云"精绝",而《新唐书·地理志》只提及"精绝国"而不提"尼壤",除了说明这两个地名代表了不同的地域外,二者还处在不同的交通线上,即经行尼壤的路线相对而言是一条捷径;三是玄奘的记载是其亲历,应当更接近事实,在他那个时代,南道经行"精绝国"遗址的路线已经废弃了;而到《新唐书·西域传》和《地理志》搜集资料的时代,"尼壤"这个居址连同其名称可能也已经废弃了,尼雅的地名又恢复到了它的更古老的名称——"精绝"。

关于精绝国时期之后的尼雅遗址历史地理,孟凡人和林梅村二先生对尼雅出土文书的研究,②都将尼雅遗址比定为鄯善国时期"凯度多州"(Cad'ota raja)故址,即佉卢文书中反复提到的当地的名称。关于凯度多(精绝)与尼雅遗址之间的关系,佉卢文书的确提供了一些极有说服力的证据。

直接记载有"凯度多(州)"的文书一共发现了大约39件,分别出自下述遗迹(群):N1、3、5、10、13、23、24、29、35,它们包

---

① [唐]慧立、彦悰著,孙毓棠、谢方点校:《大慈恩寺三藏法师传》,中华书局2000年版,第124页。

② 孟凡人:《楼兰鄯善简牍年代学研究》,新疆人民出版社1995年版;林梅村:《沙海古卷——中国所出佉卢文书(初集)》(以下简称《沙海古卷》),文物出版社1988年版。

含了尼雅遗址最主要的几处遗迹群（1、3、5、24）。就文书内容言，佉卢文书中包含了一种含义：首先是将凯度多（精绝）以 raja（林梅村等释作"州"）相称，其次是这个"凯度多州"或"精绝州"的地理位置，应当就是文书的出土地，即现在发现的尼雅遗址。

根据波叶尔（A. M. Boyer）等《佉卢文题铭》[①]的转写，有 3 件文书直接地提到了"凯度多州"（Cad'ota raja），但是译释并不完整。第 31 号文书是一道国王致州长索阇伽（cojhbo somjakasya）的谕令，内容是关于领养子女的民事纠纷。在阐述了国王的裁决之后，又命令说："无论是国法还是家规，其余之精绝人日后皆要遵从而且必须遵从。"[②] 这里的含义已很明确：州长索阇伽是凯度多（精绝）的统治者，而文书的接收地应当是此凯度多（精绝）州。第 236 号文书是纪年文书，为佉卢文所记鄯善五王之第四王马希利（mahiri）在位之 21 年 1 月 21 日，致州长夷陀伽（cojhbo yitaka）和督军伏陀（tomga vukto），命令如下："今年秋天须自精绝驮载皇家 kuvana 谷物。"[③] 这道谕令是自首都下达至精绝州的，这从行文中可以很明显地看出来。另一件文书（415）是一件法律文书，系一件有关养子费用的契约，亦是一件纪年文书（马希利王 7 年）。文书提到："当于阗人抢劫精绝境内时，三名年轻之于阗人将女人齐那（tsinae）抢走。"[④] 之后这些匪徒又将齐那连同其子女作为礼物送给了州长索阇伽的母亲。妇人齐那将自己身高 5 distis 的儿子沙弥送给了一个叫迦凯那的男子收养。她收取的"奶费"为 uito 马一匹，为此她要求立一道具有约束性的凭据——这些事都应该发生在契约的保存地尼雅遗址即精绝州境内。

[①] A. M. Boyer, E. J. Rapson, E. Senart and P. S. Noble, transcribed and edited by, *Kharoṣṭhī Inscriptions, Discovered by Sir Aurel Stein in Chinese Turkestan*, Part I-III, Oxford at the Clarendon Press 1920, 1927, 1929.

[②] 林梅村：《沙海古卷》，第 48 页。

[③] 同上书，第 75-76 页。

[④] T. Burrow, *A Translation of the Kharoṣṭhī Documents from Chinese Turkestan*, The Royal Asiatic Society, London, 1940, pp.83-84.

在其它文书中，第 12 号和 43 号文书是致监察摩尔布陀的谕令，内容是关于一起诈骗案的诉讼。内中提到：据上诉人苏耆陀讲，"许多精绝人和山地人均为见证人。"[①] 从上下文看，案发地应当是文书的接收地，即尼雅遗址所在的精绝州。第 14 号文书涉及鄯善国驿传制度的实际运行状况，在叙述了可能是始自都城扜泥（kuhani）前使于阗的前几段行程（且末［Calmadana］－舍凯［Saca］－尼壤［Nina］）之后，文书的语气改变了，指令说自尼壤至于阗的路程"应由精绝派一护从（送其）至于阗。"[②] 如果我们考虑到这道谕令是致州长毗摩耶和税监黎贝以及文书的出土地点的话，就可以看出这两位官员实际上即是凯度多（精绝）的主管，而凯度多州即是文书的出土地亦即接收地。第 27 号文书的释文存在歧义。贝罗的译释是这样的：

... Lyipeya reports that when the queen came there to Cad'ota,...[③]

王广智的译文作"当王后到达该地前赴凯度多之时"，[④] 而林梅村的译释则作"王妃曾途经汝处前往精绝"。[⑤] 这里显然存在着对原文理解上的问题。案此文书是致州长索阇伽的谕令，在文中，王妃的行程是以黎贝耶的上奏的口气叙述的，故贝罗的译释应当更接近原文的真实意义。我们这样理解：马希利王某年有黎贝耶上奏说：当王妃（后）途经其居处（"该地"）前往你处（凯度多）时，在他和王妃之间，曾有一个赠送马匹的许诺，但是许诺者后来显然是违约了。

第 97 号文书是一件官员间的信函，内中提到"莎阇人和精绝人换亲娶妻一事"，但内容残缺不全。第 214 号文书内容最明确。这是

---

① 林梅村：《沙海古卷》，第 38-39 页。
② 同上。
③ T. Burrow, *A Translation of the Kharoṣṭhī Documents from Chinese Turkestan*, p. 6.
④ T. 贝罗著、王广智译：《新疆出土佉卢文残卷译文集》，载韩翔等主编：《尼雅考古资料》，乌鲁木齐，1988 年，第 189 页。
⑤ 林梅村：《沙海古卷》，第 45-46 页。

一份谕令，提到遣使于阗沿途供给之事，国王严令两个地方（莎阇和精绝）的长官州长柯利沙和索阇伽，要他们各自提供自莎阇至精绝以及自精绝至扜弥的饲料和面粉。这份谕令可能是一文两投（先到莎阇后到精绝），也可能还有一个副本。从行文看，这两程的交接地是精绝，也是文书下达的最后归宿地。第246号文书是一份官方文书性质的信函，致州长索阇伽，转达国王的谕令"命且末人和精绝人定居"。①如与其它文书互证的话，索阇伽其人正是凯度多（精绝）的州长（cojhbo）。且末在今天尼雅河以东之车尔臣河流域，这一点没有争议；因此剩下的另一个地名精绝自然是指收信人"人皆爱慕之州长索阇伽"驻地了，亦即文书之出土地——尼雅遗址。第271号文书的释文存在歧义。这是一封致州长索阇伽的信函，在提及"精绝"时，贝罗和王广智的译文作"余区在凯度多之人应全部由汝照拂"。②林梅村则释译为"此地精绝之领地请汝尽力关照"。③若两相参照，再结合上下文内容则可以看出，前者在语义上是通顺的，又符合我们对尼雅遗址即凯度多（精绝）的判断；而后者在语义上难以理解。这样的问题在前面已经出现过。第292号文书提到"以前被带走的精绝人……现已回到彼等自己的境域"。④第305号文书是信函，告诉州长索阇伽"须赶牲畜从精绝驮运包裹"。⑤第310号文书是致州长索阇伽的谕令，提到两个自称居住在精绝（凯度多）的人，嘱咐索阇伽如何传送"关于这些人之谕令"。第32号是一件具有公证书性质的法律文书，是关于转让一名于阗男子的书面说明，有人将其转让于"凯度多僧人会"（大约是当地的一种佛教组织）；之后该僧人会又将此男子转让于别人，文件书写的时间为马希利王21年2月11日。这个转让过程的关

---

① 林梅村：《沙海古卷》，第290-291页。
② 《新疆出土佉卢文残卷译文集》，《尼雅考古资料》第212页。
③ 林梅村：《沙海古卷》，第292页。
④ 同上书，第87页。
⑤ 同上书，第294页。

键环节即是此文书的保存者，即当地（凯度多）的僧人会，亦是文书的出土地。①

第345号文书是一件法律判决书。被告人是一位名叫阿难陀犀那的僧人，因债务而被起诉，他的一名奴仆也以盗窃罪被起诉。文书很明确地提到了此件诉讼的发生地（"于凯度多"）。②第315号文书敕谕州长索阇伽，应严加戒备"众多苏毗人"，国王获得的情报表明："……（文书残破）和扈从一起……彼等现在精绝度日。"为此，"关于此事，余等业已派出一名信使火速前往汝处。"③第362号文书敕谕州长勤军和布伽："现判长何沙奉命出使于阗。彼已将家眷从且末带至精绝。何沙之家眷绝不可到于阗去，彼等应留在精绝，由汝等，州行政官员照料，但不能太奢侈。"④第367号敕谕州长索阇伽和檀阇伽："现布色正办理皇家事务，须由莎阇提供两头豪驼和一名卫兵，将其护从至边境；再由精绝提供适于作战的战马一匹及卫兵一名，护送其至于阗。"⑤文书行文的顺序是先莎阇后精绝，后者亦是文件的最后接收地。从这件文书中我们可以知道，莎阇是精绝东面相邻的一个州，这两个州长（索阇伽和檀阇伽）应是这两个州的长官。

要研究的问题还有很多，其中之一即是"凯度多"与"精绝"两个名称间的音韵学关系；另外一个重要的问题是"尼壤"的历史地理及其与尼雅遗址间的关系（这个地名很可能与尼雅有关），它的位置根据文书内容判断，应当在尼雅遗址以南，仍是在尼雅河流域范围。⑥林梅村曾认为，从佉卢文的nina（译作"尼壤"）到玄奘的"尼壤"再到

---

① 《新疆出土佉卢文残卷译文集》，《尼雅考古资料》第189页。
② 同上书，第221页。
③ 林梅村：《沙海古卷》，第93页。
④ 同上书，第101–102页。
⑤ 同上书，第103页。
⑥ 刘文锁、郑渤秋：《"尼壤"考述》，《西域研究》2000年第2期。

现代名称"尼雅",它们具有一个共同的语源。① 这样一来,尼雅河的历史地理又得到了语言学的佐证。

（原刊《中山大学学报》（社会科学版）2002 年第 1 期。

略作修订）

---

① 林梅村:《汉代精绝国与尼雅遗址》,载氏著《汉唐西域与中国文明》,第 244-255 页。关于"尼壤"与"尼雅"之对音关系,岑仲勉及周连宽都持相同的观点。岑仲勉《汉书西域传地里校释》认为:"以对音求之,尼壤即今尼雅,似无疑义。"（第 46 页）周连宽著《大唐西域记史地研究丛稿》肯定了谢彬《新疆游记》中的说法,认为"尼雅为尼壤之转音",他还认为堀谦德从语言学上对尼雅即尼壤之变音的考证是正确的（中华书局 1984 年版,第 174-260 页）。从二人之研究,周氏的观点似乎更进一步。

论尼雅遗址的时代

遗址的时代问题应当从以下几个方面来分析：(1)作为整体的遗址的时代，即遗址时代的上下限；(2)各遗迹（群）的时代，反映遗址不同区划（自然地貌的、考古学的以及行政的）的时代，即时代与布局区划的关系；(3)时代的阶段性即遗址发展的不同时段，相当于遗迹（群）的分期。

就尼雅遗址的时代而言，我们应当结合遗物、遗迹、遗址的形制和布局等各方面加以探讨。无论是遗迹抑或遗物，凡是能够用来说明遗址之时代的，都是应该加以利用的资料。从其时代的性质而言，则包括遗址的相对年代与绝对年代两个方面：有些遗物或遗迹可以供我们分析、确定遗址的相对年代；另一些遗物，例如佉卢文简牍和皮革文书（还应当包括有纪年的汉文文书），其中的纪年文书自不必言，而另一些无纪年的文书也可以通过年代学分析大致确定其时代或时代范围。①

一、尼雅遗址的时代界限

遗址的时代界限即分析遗址时代的上下限，这个问题现在尚缺乏充分的资料。目前所发现的遗物尚不能够确定遗址的上限。现在所拥有的最可靠的资料是文书——汉文文书以及佉卢文书，尤其是那些可以确定时代的。

---

① 孟凡人：《楼兰鄯善简牍年代学研究》，新疆人民出版社1995年版。在本文中有关简牍年代的论述，都是建立在孟先生的研究基础之上。

一般说来，对于西汉通西域以前的精绝乃至西域历史状况均缺乏了解。《史记·大宛列传》和《汉书·西域传》关于西域的知识有很大一部分是重合的，说明二者有共同的资料来源，而且后者参考了前者。《史记》中缺乏对精绝即尼雅遗址所在地区的记载，而《汉书》以后的历史文献中有关精绝的记载一般都很简略，看得出来主要来自《汉书》。就文献而言，尼雅遗址的时代上限至少可以追溯到西汉早期，但是再往前的历史状况就不那么明确了。

关于汉代精绝国的历史状况，考古学的资料也十分有限。在北部遗迹区（N14、N12附近）所发现的汉文木简，一方面验证了过去王国维和斯坦因等人所做的尼雅遗址即汉代精绝国故址的推论，另一方面也证明了汉代精绝国遗迹和遗物的存在，但是我们无法确定这些遗迹、遗物的时代上限，从而也无法确定精绝国的时代上限，亦即尼雅遗址的时代上限。笼统地讲，这个遗址的较早期遗存属于西汉时期（早期）。关于其来源或者前西汉时期历史状况的问题现在还难以回答，不过当考虑这个问题时有一批资料需加以重视，即近年来人们在现在尼雅遗址以北地区新发现的主要是遗物的遗存，[①] 这些遗存所代表的考古学文化有可能是尼雅遗址的来源。

根据遗迹的形制布局以及文书等遗物所反映的遗迹区时代、性质和遗址区划，可以大致地区分出精绝国时期和鄯善凯度多或精绝州（Cad'ota raja）时期两个不同时期的遗址形制布局。对于后者来讲，它是前者的延续，这可以从 N14 的地层堆积看得很清楚。凯度多（精绝）州时期即是鄯善国统治的时期，在这里出土的佉卢文书的时代包括了

[①] 1993 年和 1996 年调查了尼雅遗址以北数十公里范围内的遗存，发现了一些明显地具有早期特征的石、陶、铜器碎片，还有一处建筑遗迹。它证明了更早时期的尼雅河绿洲位置更靠北（张铁男等：《新疆民丰尼雅遗址以北地区考古调查》，《新疆文物》1996 年第 1 期；岳峰等：《新疆民丰县尼雅遗址以北地区 1996 年考古调查》，《考古》1999 年第 4 期）。佉卢文书中，有几件（621、629、632）提到了凯度多（Cad'ota）直接与"北道"上的龟兹的联系，说明了这条南北向交通线的存在（林梅村：《沙海古卷——中国所出佉卢文书（初集）》，第 141－143 页）。

五位连续在位的国王——陀阇迦（Tajaka）、贝比耶（Pepiya）、安归迦（Amgoka）、马希利（Mahiri）和伐色摩那（Vasmana）。① 在时代已确定和大致确定的文书中，时代最早的是陀阇迦王，在其有限的几件文书（422、444、598）中，有一件为纪年文书（422），为该王在位之三年；时代最晚的文书为伐色摩那王时期（不包括马希利王中、晚期至伐色摩那王时期者），有纪年的文书中，最晚者为伐色摩那王十一年（760、193）。根据孟凡人先生的考定，上述两个年代与公元纪年的对应年代分别为公元某年②和公元 329/330 或 331/332 年③。因此，这个遗址在凯度多（精绝）州时期的年代便可推定在陀阇迦王三年至伐色摩那王十一年（即自公元某年至公元 329－332 年）这个年代范围之中，但不能排除向前后两个时间方向做一定范围内的上溯和延续。④ 其向下延续的年代即是尼雅遗址的时代下限。⑤

---

① 这些名称还有不同的转写和异写。此据《佉卢文题铭》（*Kharoṣṭhī Inscriptions, Discovered by Sir Aurel Stein in Chinese Turkestan*, Part I-III, Transcribed and Edited by A. M. Boyer, E. J. Rapson, E. Senart and P. S. Noble, Oxford at the Clarendon Press, 1920, 1927, 1929）第三部（Part III）附录的由 E. J. 拉普逊和 P. S. 诺布尔所著《王统及年表》（*Kings and Regnal Years*）一文（pp.323-328）。关于佉卢文书所纪鄯善王的数量及名称，自波叶尔等人以来的大多数学者，例如布腊夫、榎一雄、长泽和俊、马雍和孟凡人等先生都持同样的看法。林梅村先生有不同的看法，他认为尼雅出土的佉卢文书所纪一共为七位鄯善王，即在陀阇迦与伐色摩那王前后各加一位王，前者为童格罗伽（Tomgraka），后者为疏梨阇（Sulica）。参见林梅村《佉卢文时代鄯善王朝的世系研究》（《西域研究》1991 年第 1 期）及《尼雅新发现的鄯善王童格罗伽纪年文书考》（载《汉唐西域与中国文明》，文物出版社 1998 年版）。显然，在这里没有必要就此问题展开讨论。在这个有关王统的重要问题得到解决以前，应该采用的还是传统的五王说。

② 贝比耶王在位的时间据推定在公元 245/246－252/253 年，因此陀阇迦王在位的时间应当是在公元 3 世纪 30－40 年代。

③ 孟凡人：《楼兰鄯善简牍年代学研究》，据 383 页的年表换算。

④ 这个范围究竟是多少方更符合遗址的实际情况可以讨论。实际的情况可能是：对一个沙漠化了的遗址来讲，我们或许永远无法确定其精确的年代。这一问题普遍存在于塔克拉玛干沙漠的诸遗址之中。相对而言，上限似乎是更难于确定的。

⑤ 当讨论时代问题时我们将位于最南部的遗迹区当作特例排除在外。另一个问题是有关佉卢文书所记"尼壤"（nina）以及玄奘《大唐西域记》所记"尼壤城"之地理位置及其关系等，我们推测它们可能与南部遗迹区的性质以及尼雅遗址时代下限等有关。在此作为一种假设提出。

论尼雅遗址的时代　427

放射性碳素测年提供了一部分断代依据。《中日共同尼雅遗迹学术调查报告书》第一、二卷等发表了若干碳十四测年结果，前后所公布的资料大约有四批。这些资料引述如下：

（1）京都大学伊东隆夫教授在鉴定尼雅出土的木材树种时，附带着引用了名古屋大学用加速度质量分析仪（^{14}C dating method）测定的几个年代资料，但是它们都缺乏精确的地点即样品所出之遗迹（群）：

遗址北部：2373±114（距今年数，以1950年计，下同） 公元前423年

中部：1922±134　公元28年

南部：1623±204　公元327年[①]

（2）米延仁志和伊东隆夫公布的资料，样品主要是房屋的构件和自然树木：

遗址北部：1667±147（距今年数，下同）

2196±57

2354±46

2361±39

2403±93

测算的平均值为：2373±37

遗址中部：1857±103

1914±94

1951±39

196475

[①] 参见《日中共同ニヤ遗迹学术研究国际ツソポジウム发表要旨》，第37页。有一点需要指出：被用以测定年代的木材来自建筑物和自然生长的树木，这些资料意味着这些木材被砍伐的时间，而不是直接代表着遗址中这三个区域的年代。当木材被砍伐后用来建筑房屋时，其死亡的年代亦即房屋的建筑年代，二者是一致的。在后一种情况中，所测定的实际上是自然生长或人为种植的树木死亡的年代，而不一定是建筑物的建筑年代。当然，它也不一定代表遗址的废弃年代，因为从遗址的废弃到树木的死亡之间，一般是有一个间隔期的。但这个时间可能不会很长。

测算的平均值为：1922±41

遗址南部：1558±61

1556±53

1572±84

测算的平均值为：1562±39

1697±99

1718±79

1636±82

测算的平均值为：1684±51

上述南部区两个平均资料之平均值又为：1623±32[①]

（3）王守春和杨逸畴公布的11件标本的资料（中科院地理所 ^{14}C 实验室测定，按达曼表树轮校正，起始年代皆为1950年）：

3885±63aBP：佛塔南500米红柳包下水成土层之上的风成沙层下部红柳枯枝落叶；

2635±102aBP：93A29（N36）遗迹北面牲畜圈，样品为羊粪及畜圈中的谷子秸秆；

2480±39aBP：93A18（N1）风蚀断面距房屋遗迹地面以下半米地层中，样品为碎木炭；

2060±49aBP：92A1（N9）遗迹地面，样品为核桃；

1840±33aBP：93A18（N1）遗迹，样品为枯桑树；

1800±33aBP：95A7古桥西葡萄园，样品为葡萄藤；

1785±33aBP：92B9（N3）遗迹，样品为枯树干；

1735±33aBP：92B9（N3）遗迹，墙壁芦苇；

1620±41aBP：93A18（N1）遗迹，样品为房屋墙壁芦苇；

1600±41aBP：93A29（N36），样品为墙壁芦苇；

---

① 米延仁志、伊东隆夫：《尼雅遗址出土木材试料的 ^{14}C 年代》，中日共同尼雅遗迹学术考察队《中日共同尼雅遗迹学术调查报告书》第二卷，京都：中村印刷株式会社，1999年10月，第329—332页。

1480±41aBP：古桥遗迹，样品为古桥树干。①

报告者指出了 N36 和 N3 测得的各两个资料的矛盾之处，前者的 2635±102aBP 年代被认为是不合理的，可能是测定技术方面的原因。上述测年结果所对应的遗迹区分别为：

遗址区中部的北段：2060±49aBP（N9）；

遗址区中部的南段：1840±33aBP（N1）、1620±41aBP（N1）；

遗址区南部的北段：1785±33aBP（N3）、1735±33aBP（N3）、1800±33aBP（95A7 古桥西葡萄园）、1600±41aBP（N36）、1480±41aBP（古桥遗迹）。

其特征大致表现为：北部的遗迹区时代偏早，南部的遗迹区偏晚。

（4）96A07 和古城城门的测年资料：

96A07：1912±60aBP

城门：1502±60aBP②

这两个资料的样品来源未说明清楚。96A07 的年代显得偏早，③ 与城门的年代相差很大——这支持了我们所做的推测：至少位于最南部遗迹区中的古城址需做单独考虑。

上述四组年代资料的范围在：上限为距今 2480±39、2403±93、2373±114、2361±39（距今），下限为距今 1572±84、1556±53、1558±61、1480±41、1504±60（距今）等。按两个最大和最小值计，整个遗址区的年代范围在 2480±39－1480±41（距今），即大约在公元前 6 世纪至公元 5 世纪。这个范围很宽泛。这里需要指出：伊东隆夫等公布的资料均未说明确切的遗迹（群），而且有一些样品系自然的树木，不一定都代表遗迹的年代，这样一来，早期的那些年代资料就可

---

① 王守春：《尼雅遗址的历史地理研究》、杨逸畴：《尼雅环境的演化和文明兴衰》，载《中日共同尼雅遗迹学术调查报告书》第二卷，第 185-190、325-328 页。

② 新疆文物考古研究所：《民丰尼雅遗址南城城门发掘简报》，《新疆文物》1998 年第 1 期。

③ 同上。在此房屋遗迹中曾出土了一枚佉卢文纪年木简，经过解读后确认为马希利王六年，按《楼兰鄯善简牍年代学研究》一书所做的鄯善五王在位年代换算，该年相当于公元 295/6 或 297/8 年。这两个年代资料有一定的差异，但并未大到无法解释的地步。

能需要打些折扣，只能作为参考，不一定代表遗迹的年代。

二、遗址不同区划的时代

尼雅遗址的不同区划，实际上即是我们根据遗址区的地貌变化、遗迹（群）形制布局区划以及行政区划三方面所表现出的一个统一的区划，自北向南可以依次划分作 A-G 七个遗迹区（图一），各区之间在时间上可能具有相对早晚的关系。自然区划是根据遗迹群在地面上的布局或分布态势而确定的，根据斯坦因[①]以及《中日共同尼雅遗迹学术调查报告书》第二卷[②]公布的资料，可以清楚地看出：在上述七个遗迹区或组之间，有着明确的隔离地带，一般是林地或者由裸露而平坦的地貌所代表的高度垦殖结果的耕地带。这些地貌变化可以看作是古代状况的遗存。关于此，还可以找到更多的证据。在这之前需考虑到：不同的建筑形制以及不同的遗迹区之间，在空间和时间两种关系上都有三种属性——平行性、交叉性和延续性。这里拟从三个方面探讨遗址不同区划的时代问题。

（一）建筑材料与时代的关系[③]

保存下来的遗迹显示出了建筑材料上的差别，但是现有的资料还远远不够说明问题。根据对主要遗迹（群）所作的建筑材料分析，可以得出的初步结论是：遗迹在材料上具有的演变关系较不明显，一方

[①] M. A. Stein, *Ancient Khotan, Detailed Report of Archaeological Explorations in Chinese Turkestan*, Oxford at the Clarendon Press, 1907, Vol. I, Pl. XXVII; M. A. Stein, *Serindia, Detailed Report of Explorations in Central Asia and Westernmost China*, Oxford at the Clarendon Press, 1921, Vol. III, Pl. IX.

[②] 《中日共同尼雅遗迹学术调查报告书》第二卷，"附图：尼雅遗迹遗构分布图"。

[③] 总地说来，建筑材料的进步应当是建筑技术进步的主要内容之一，结构的进步则属于材料进步之结果。"凡一座建筑物皆因其材料而产生其结构法，更因此结构而产生其形式上之特征。"（梁思成：《中国建筑史》，百花文艺出版社 1998 年版，第 13 页）所以材料的演变便具有了时代性，可以视为考察建筑遗迹时代变化关系的主要线索之一。我们对古代文明是这样理解的：愈复杂的东西一般来说愈晚。

论尼雅遗址的时代　431

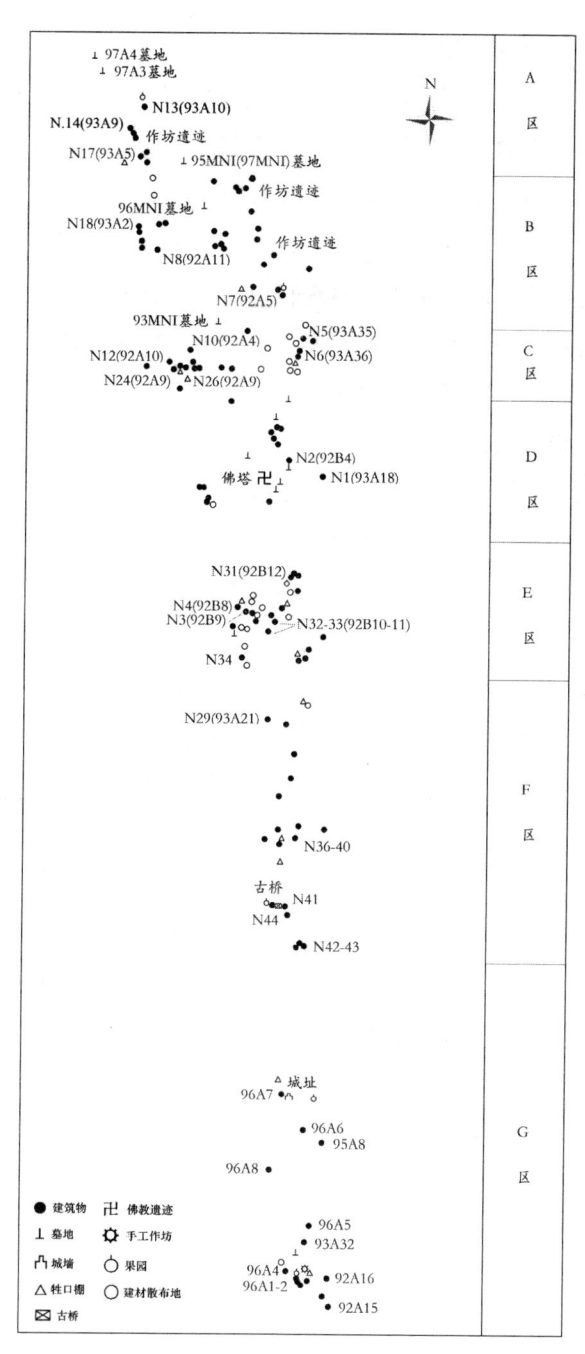

图一　尼雅遗址分布区划示意图

面这可以视为是这个地区的传统,即对于旧有建筑物的尊重和珍惜,而不去做大的革新;①人们可能认为,连续使用旧建筑比建设新的更合理——除非他们的生活中发生了足以改变其生存基础的事件,迫使他们放弃旧居地而选择新的聚落。另一方面,材料的利用和革新受到当地自然资源的严格限制,对一个分布在沙漠绿洲里的遗址来讲,木材、黏土和草是可利用的最主要的建筑材料,如果有变化也是发生在这些有限制的材料之中。所以,我们能看到的由材料所体现的技术进步便也限于此,总起来看是从简单地利用木材、草和黏土向着复杂地利用这些材料演变。因此,单纯从建筑物材料的演变上看,似乎无法进行遗迹的分期。它们更大的用途,在于表明各遗迹(群)的重要性的分级——这对于阐明遗迹与行政区划间的关系却大为有用。根据这种想法我们确信:利用黏土制作土坯构造墙壁的方法是尼雅遗址建筑技术的一个进步,因此黏土建筑遗迹在时代上应当较晚。

　　幸而还存在一些零星的迹象,可以用来说明若干问题。例如在N9、N14、N26以及N2"1号住居"四处遗迹(群)中发现了用黏土(土坯)建筑的墙壁。N9的主要房间的西、北、东三面墙皆用黏土建筑,这三面是塔克拉玛干沙漠盛行风的方向。这种黏土墙可能是后来修建的,这种先进性说明了该遗迹的重要性,即它可能是一所较重要人物的住宅。房屋的主人可能是由于自己的智慧进行了这项技术改进或"发明",或者是从其它较先进地区获得了经验。其它三处遗迹N14、N26和N2"1号住居",前者残存有一道用土坯建筑的墙和一个"木板池",在这池中曾出土了11件汉文文书。池的底部比周围地面低7英尺(合约2.13米),这个现象很奇特。斯坦因对此的解释是:这两

---

① 这种现象在克里雅河现代"大河沿"聚落中得到了极其突出的反映。那是于田县的一个乡,分布在克里雅河的尾闾三角洲,有大约一千个居民。他们的建筑物也是用这种传统的胡杨树和红柳枝条作为其建材,房屋的结构也极简单。从这两方面讲,甚至比他们的居住地附近的古遗址更"古老"。在尼雅河现代尾闾三角洲的卡巴克阿斯罕村庄,那里的居民的建筑也比大河沿进步不了多少,情况也类似。看上去,历史的时光在这里似乎是倒流的。

种建筑物（指"木板池"和土坯建筑物）应属于两个时期的遗存，"木板池"的时代有可能远早于其周围的土坯建筑。从地层及其堆积物等的分析中可以看出，"木板池"遗迹应当与其附近的"1-3号建筑物"同时期，后者据认为"可能是王室住所的建筑物"。①

在N26，情况与N9大致相同，也是在其中一间房屋（vi）靠外侧的两面墙壁采用了土坯作为建筑材料，在其一面墙上还修筑了一个小窗户。这一改进措施也有可能是较晚时期发生的，即这座房屋延续使用了很长的时间之后又做了某种改进。N2"1号住居"遗迹的情况稍不同，其中一间房屋（e）的四面墙壁均采用土坯做其建筑材料。

从建筑材料的证据上看，至少上述四处遗迹（群）的使用时间延续到了一个较晚的时期。另一个从建筑材料上具有可比性的遗迹是佛塔，系用土坯建造而成，时代应大致与上述四处遗迹（群）中的黏土建筑物同时。这四处遗迹（群）从遗址区划上分别属于A、C、D三个区，说明了至少这三个遗迹区的使用延续到了一个较晚的时期。N14的状况与这个结论并不矛盾，反而是这一结论之极好例证。

（二）建筑遗迹型式与时代的关系

在建筑材料时代性讨论之后我们来考察建筑形制（型、式）所体现的时代性问题。根据建筑形制的变化特征，可以将主要的遗迹（群）划分作A-F六个型以及I-III三个式。②型式的划分表明了这样一个问题：从布局上讲，A、B、C三型是最重要的建筑类型，而II、III式则属于结构最为复杂和高级规格的两个式。不同遗迹区的型式组合状况体现了遗迹区的时代，具体说来是：型式的划分不仅仅表现遗迹（群）在空间关系上的分布状况，还具有时间关系上的变化特征。除了F型

---

① 奥雷尔·斯坦因著、中国社会科学院考古研究所主持翻译：《西域考古图记》，广西师范大学出版社1998年版，第138-140页。

② 刘文锁：《尼雅遗址形制布局初探》，中国社会科学院研究生院博士论文，2000年，第38-41页；刘文锁：《论尼雅遗址遗物和简牍与建筑遗迹的关系》，载余太山主编：《欧亚学刊》第三辑，中华书局2002年版。

(N14一例）可以确定为汉代精绝国时期之遗迹（王室驻地）外，A-E型基本上可以被认为是同时期的，即它们在时间关系上大致平行发展。结合地缘关系看，上述六个型涵盖了A-F六个遗迹区，但以A、B、C三个区为主，集中了全部的六个型，表明这三个区是遗址区的中心；就式而言，I、II两式建筑主要分布在遗址区的北部和中部（A、B、C、D区），III式建筑主要分布在中部和南部（C、D、E区），如果我们同意型具有空间变化意义、而式具有时间变化意义，那么从这些型式的地域分布上就可以得出这样的结论：较早期的建筑主要分布在遗址区的中、北部（A、B、C区），较晚期的建筑则主要分布在中、南部（C、D、E区）。另一个方面，从自然区划的角度看，各遗迹（群）的型式分布规律是：A、B两区具有较多的I式建筑遗迹，C、D、E区则具有较多的II和III式建筑，这个结论与前述一致。它们都证明了在用地方向上是由北向南发展的。

除型式之外还应当考虑到一些特殊建筑结构所具有的时代性。这一类的迹象有：可能具有二层楼房结构的房屋遗迹群N8（及其东北面的遗迹92A12）和N24。斯坦因很肯定地谈到过这种结构，据他说主要是因为发现了一种台阶之类的设施，便推测在这三处房屋遗迹（群）中曾存在过一种二层楼结构。[①]令人遗憾的是这个说法现已无法得到检验了。如果情况果真如此的话，这种楼房结构是很有意思的，对这个遗址的研究来讲也很有意义。这种复杂的结构是一种进步性的表现，所以，N8和N24便可能具有晚期性，——至少它们延续使用到了一个较晚的时期。这两处遗迹（群）分别位于B和C区，它们可能证明了这两个遗迹区中的某些建筑延续到了一个较晚的时期。除时代性外，还应该考虑到建筑物由结构所体现的功能或规格，一般说来，具有较为复杂结构的建筑物较为高级，属于社会管理者（政府组织）和财富拥有者（"有钱人"）所有。

---

① M. A. Stein, *Ancient Khotan*, Vol. I, pp.377-378 ; Vol. II, Pl. XXXIV ;《西域考古图记》，第141-142页。

（三）出土文书与遗迹区的时代关系

从对文书的年代学研究中得出的遗迹（群）的绝对和相对年代，应当是更为接近历史的事实，这可以通过分析汉文和佉卢文文书（简牍及皮革文书）在诸遗迹（群）中的年代组合关系得到说明，分析过程在此从略。① 初步看来，出土汉文简牍的 N14 和 N12 附近所在的两个遗迹区（A 区和 C 区西北部）具有较早期性，属于汉代精绝国的范围；佉卢文简牍属于鄯善国所属凯度多（精绝）州时期的遗物，至少是出土过这种简牍的遗迹（群）都延续使用到凯度多州时期，这些遗迹（群）所属的遗迹区也是凯度多州的地域范围。一般的遗迹（群）都使用到了五王中最晚期的两王（马希利王和伐色摩那王）时期。文书的资料还清楚地表明，其中的一些遗迹（群）（N3、N4、N5、N24、N26）是从贝比耶王和安归迦王时期延续下来的（表1）。

表1　凯度多（精绝）州诸王时期遗迹区之复原

	A 区	B 区	C 区	D 区	E 区	F 区
陀阇迦王	N13		N26			
贝比耶王			N23		N4、N28	N41
安归迦王	N13		N5、N10、N12、N23、N24、N26		N3、N28	N29、N37
安王中晚期至马王时期	N13、N15	N7、N22	N5、N9、N23、N24、N26	N1	N3	N45
马希利王	N13、N15-17	N7	N5、N6、N10、N12、N24、N26	N1、N2	N3、N4、N28	N29、N35、N37、N41、N45
马王中、晚期至伐色摩那王时期	N13	N7、N22	N5、N10、N23、N24	N1、N2	N3、N4、N30	N29、N45
伐色摩那王		N19、N22	N5、N6、N23、N24、N26	N1	N3、N4	N37

---

① 刘文锁：《论尼雅遗址遗物和简牍与建筑遗迹的关系》，载余太山主编：《欧亚学刊》第三辑。

三、遗址的时代阶段性（或建筑遗迹分期）

遗迹（群）年代分析的结果，可以引导我们去探讨遗址的发展阶段，这个问题又是分析遗址形制布局的一个方面。

从整体上讲，可以把尼雅遗址划分为两个大的发展阶段，即汉代精绝国时期和魏晋鄯善国所属凯度多（精绝）州时期；后者又可以分作大致的三个时期。这个问题需要结合遗迹区所体现的地域关系来加以阐述。

全部的七个遗迹区可以划分作三个部分：北部遗迹区（A、B区），中部遗迹区（C、D、E区）和南部遗迹区（F、G区）。较早期即汉代精绝国时期的遗迹（群）之分布偏于北部，另外还涉及中部C区之西北部，其中心在于A区的N14遗迹一带。作为遗址来讲，可能它是从北部开始的。第二个阶段的鄯善国凯度多（精绝）州时期的遗迹区，分布在A－F六个遗迹区（G区暂时除外），但偏于中、南部区域，其中心位于C、D两区。

对文书的年代分析结果显示，最早的属于陀阇迦王时期的遗迹（群）有N13和N26两处，它们分别在A和C区，后者又分布在C区的北端，这个现象表明较早时期的遗迹区偏于中北部地区，且规模较小。贝比耶王时期的遗迹（群）有四处，各分布在C、E、F区，这表示遗址的范围开始有了扩大化的趋势，且有向南扩张的趋向。四处遗迹（群）中，没有一处是由前王时期的建筑继承而来，但这并不能说明实际上就没有继承的事实发生过。从后面的分析看，像N13和N26这样的建筑物曾一直延续使用到了最后一位国王——伐色摩那王时期。同样的继承性在后代诸王中一直在发生。

属于安归迦王时期的遗迹（群）数量开始明显地增多，有11处，分属于A、C、E、F四区。有两处遗迹（群）（N13、N26）所代表的建筑物是延续自上上一王——陀阇迦王时期的，另有一处遗迹（群）（N28）所代表的建筑物是上一任国王统治时期建筑物的遗存。

到这前三王时期为止，不管资料的局限性有多大，那种在分布上所具有的趋势已经很明显地显示出来了——人们最早从北部开始的占据很有限，仅仅在北部的两三个区内活动，这个时期的聚落在布局上是松散的，对旧建筑物的继承性使用也不强；虽然已经无法分辨这些建筑物的原始形制，但几乎可以肯定的是：它们在材料和结构上无疑应该是简单的；在第三位国王（安归迦王）在位时期，由遗迹（群）所代表的建筑物的数量开始有很大的增长，在结构上也相应地复杂化了；这时期人们的活动范围仍然在七个区中的四个左右，但活动或占据的规模已经有了不小的扩展。如果要进行分期的话，此三王时期似可以划分为第一期。

属于马希利王时期的遗迹（群）在数量上是最多的，一共有27处，分别占据了自A至F六个区。安归迦王时期的建筑全部都延续了下来。还有一部分遗迹（群）之时代无法确定，它们横跨了安归迦与马希利两位王统治的时期，即自安归迦王中、晚期至马希利王时期，不过其中绝大部分与马希利王时期的遗迹（群）是重复的。这种现象明显地表明了一种过渡性，说明在此二王统治时期这些遗迹（群）是如何被延续使用的。这个时期似可以划分为第二期。

属于伐色摩那王时期的遗迹（群）在数量上开始减少，由马希利王时期的27处左右减至大约11处，它们占据了自B至F五个区。A区建筑的缺乏是一个值得注意的现象，它意味着到最后一位国王统治时期，最先兴起的位于遗址区最北部的A区的建筑物可能已经被废弃了，相应地对这个区的占据也被放弃。在伐色摩那王统治的时期，房屋等建筑都是从上一任国王时期延续下来的，但是马希利王时期建筑的大部分都未被连续使用。也有一部分建筑物横跨了马希利和伐色摩那两王统治时期，这样的遗迹（群）主要有14处，除N30外，其余12处遗迹（群）所代表的建筑都继承自马希利王时期；有7处遗迹（群）所代表的建筑与伐色摩那王时期的建筑重合——这意味着一种明确的过渡痕迹。基于此，伐色摩那王时期的遗迹（群）可以被划分作第三期。

但是这样的分期还需要进一步地修正，还需要更多、更精确的发现。当我们对建筑遗迹（房屋遗迹群）进行分析时已经注意到，可以用来分期的细节性资料很难发现；另外，在尼雅遗址，建筑物一般都是被延续使用的，所以在各王时期的建筑物的重复率很高。这应当被看作是一个正常的现象。

（原刊《考古与文物》2002年增刊）

尼雅浴佛会及浴佛斋祷文

一

尼雅遗址出土的第 511 号佉卢文书（波叶尔等编号[①]）是一件与浴佛活动有关的文献，看上去似乎比较完整。在敦煌文书中有属于同类型的，拟题作《浴佛节作斋事祈祷文》[②] 或《浴佛节愿文》[③]。如今沿用他们的说法，称作"尼雅浴佛斋祷文"。王广智据贝罗（T. Burrow）英译本的汉译文系其主要部分，先录如下：

无论何人为 Gaṇottama 佛浴身，便会变得目洁眼明，手足肌肤洁白细嫩，容貌美观。

无论何人为 Gaṇottama 佛浴身，便不会长脓肿、生疙瘩、结节癞（？）或疥癣。彼体洁白芬芳。

无论何人为 Gaṇottama 佛浴身，便会变得目大眼明，手足肌肤色呈金黄，容貌焕发，并解脱（？）。

在浴佛中，奉供系最好最美之献礼。在有关浴佛之各种工作中，奉供系实际行动之范例。荣誉属于乐于为人类行善之诸耆那（Jinas），诸如来（Tathagata）及至高无上之真理之启示。

[①] A. M. Boyer, E. J. Rapson, and E. Senart, transcribed and edited, *Kharoṣṭhī Inscriptions, Discovered by Sir Aurel Stein in Chinese Turkestan*, Part II, Oxford at the Clarendon Press 1927, pp.185-187.

[②] 罗华庆：《9 至 11 世纪敦煌的行像和浴佛活动》，《敦煌研究》1988 年第 4 期。

[③] 黄征、吴伟编校：《敦煌愿文集》，岳麓书社 1995 年版，第 379 页。

荣誉属于那些独居苦修之诸佛及觅地独自修禅寂止、乐于独居山洞中之诸辟支佛，彼等献身于彼等自己之行愿，乐于自制，乐于行善。

那些在 Jina 降临之时刻为彼所喜爱之诸弟子亦应受人尊敬，其中来自憍陈如（Koḍ'inya）家族者为最早之弟子，来自须跋陀（Subhadra）家族者为最后之弟子。

当 Gaṇas 之最高国王、长老及中小比丘尚未到达之时，让那些作奉供之人享受其应得之酬报；当彼等到达时，让彼等永生得到教化。

让那些云集于佛会，在 Jaṃdāka 浴佛中沐浴，尊敬和热爱彼等教师之比丘忠于现有之职责，心地纯洁，解脱憎恨（或恶念）。

在此次浴佛中，让那些供物以消除污秽，供油以敷抹佛身以及为佛干洗之人，皆能解脱恶念和罪孽。

余献身于伽蓝（vihāra），献身于如来之佛法及其最好之善行；由于污秽之消除，让彼等心地宁静，让彼等受到人类法律上之保护。一切从地狱底下超生于人间天堂之人，由于进入如来佛国之界土而解脱生死轮回。

愿世间时刻丰食衣足；愿奉献之主帝释天增多雨水；愿五谷丰登，王道昌盛。愿彼在诸神之佛法下永生。①

这个译本存在一些问题。在贝罗的译本中，前三段的首句译作"Whoever performs the bathing of the Gaṇottama"，似乎译成"凡做 Gaṇottama 洗浴者"的汉语形式较为合适。Gaṇottama 一词，波叶尔等释作 ganuktam，② 不能确定，可能源于梵语，有可能与 Gautama（乔达摩、瞿昙）有关，

---

① T. Burrow, *A Translation of the Kharoṣṭhī Documents from Chinese Turkestan*, The Royal Asiatic Society, London, 1940, pp.100-101；T. 贝罗著、王广智译：《新疆出土佉卢文残卷译文集》，载韩翔等主编：《尼雅考古资料》，新疆社会科学院 1988 年版，第 240-241 页。

② A. M. Boyer, E. J. Rapson, and E. Senart, transcribed and edited, *Kharoṣṭhī Inscriptions, Discovered by Sir Aurel Stein in Chinese Turkestan*, Part II, Oxford at the Clarendon Press 1927, p.185.

就上下文看，这个词显然是比较重要的。

根据贝罗译本，第四段首句作 A gift in this matter is the best, the most excellent of gifts，译作"于此事（指为 Gaṇottama 洗浴）时所奉供之礼品乃诸礼品中之最好、最美者"较合适。又，Jina 一词在此应理解为佛的尊称，意译为"胜者"①。《佛本行集经》（隋天竺三藏阇那崛多译）卷一曾说："尔时如来，住于佛行，无复烦恼，故名耆那。得一切智，行一切智，知一切智，住于天行，住于梵行，住于圣行，心得自在。依诸世尊，欲行诸行，悉皆得行。"②在此取复数形式，表示的是"众佛""诸佛"之义。

第五段"荣誉属于那些独居苦修之诸修……"，贝罗译本作"Let there also be honour to those who exist in themselves, the pratyekabuddhas who..."（亦使荣誉归属彼等自在之诸辟支佛……）辟支佛是"辟支迦佛陀"（Pratyeka buddha）的缩语，意译"缘觉""独觉"等，《佛学大辞典·辟支迦佛陀》谓："初发心时值佛，而思惟世间之法，后得道。身出无佛世，性好寂静。加行满而无师友之教，自然独悟，故名独觉；又观待内外之缘，而悟圣果，故名缘觉。"③《大智度论》卷七十五称："辟支佛地者，先世种辟支佛道因缘，今世得少因缘出家。亦观深因缘法成道，名辟支佛。辟支迦，秦言因缘，亦名觉。"④

接下来的一段于汉译中有较多可商榷处。仍据贝罗的译本如下：

Also let the disciples, those dear to the Jina who have passed by in this interval of time, be honoured, of whom he from the Kod'inya family was first and Subhadra the last.

此段中的"this interval of time"直译为"时间的此段间隔"，可解

---

① 慈怡主编：《佛光大辞典》，台湾佛光山出版社 1989 年版，第 4283 页。
② 《大正藏》第三卷《本缘部上》卷一《发心供养品第一》，第 655 页。
③ 丁福保编：《佛学大辞典》，上海书店出版社 1995 年版，第 2420—2421 页。
④ 《大正藏》第二十五卷《释经论部上》，第 587 页。

作"此世间",亦即"现世间",这是指"三世间"的现在世间而言。在"三世"之中,"生了为现在世"①;现在佛为释迦牟尼,因此处所说的"于此时间间隔内经过的耆那",应当指现在佛释迦牟尼。这样一来,"那些敬爱耆那的弟子",便是指佛陀的当时门徒。Koḍ'inya在这里似乎是指"憍陈那",其梵语形式是 Kāuṇḍinya,巴利语形式为 Koṇḍañña,系五比丘之首,佛陀的最初弟子,《玄应音义》(二十四)说旧云"憍陈如"是一个错误,应当译作"憍陈那"。②根据文义,"须跋陀"在这里应当是指佛陀的最后一位弟子,又译作须跋陀罗、须拔陀、须拔、苏跋陀罗、善贤、快贤等,后两者是意译。《大唐西域记》说"须跋陀罗"的译法是一个错误,正确的应是"苏跋陀罗";③它还提到"善贤证果处",不过有关其事迹的描述应该是根据《大般涅槃经》(卷下)和《长阿含经》(卷四)等佛经。他本是拘尸那揭罗国的梵志(婆罗门教徒),年一百二十,"耆旧多智",听说了佛将寂灭,便来到双树间问道,并受其戒,成为佛陀的最后一位弟子。他由于不忍见佛入灭,当众先行自焚,得成阿罗汉果。由此看来,此段所述当系对佛陀当世弟子的赞文。

贝罗的注释提到了此件文书的第二部分,因残破严重而无法释译。实际检查波叶尔等的转写,还可发现在此文书的左边缘,写有一小段不相关的文字,贝罗未译释。其中提到了"舍摩犀那州长"(cojhbo ṣamasena)的名字,④可用来做年代分析的依据。此人是凯度多(Cad'ota,精绝)众多州长之一,孟凡人先生认为,他在此地活动的年

---

① 《佛学大辞典》,第290页。据云:"三世有二种,刹那之三世,二果报之三世。以刹那之三世则以生相为未来世,以灭相为过去世,以住异二相为现在世;以果报之三世,则以一期之生老病死为现在世,以过去无数之生老病死为过去世,以当来无数之生老病死为未来世。"(第2000页)

② 《佛学大辞典》,第2611页。

③ [唐]玄奘、辩机原著,季羡林等校注:《大唐西域记校注》卷六,中华书局1985年版,第544页。

④ A. M. Boyer, E. J. Rapson, and E. Senart, transcribed and edited, *Kharoṣṭhī Inscriptions, Discovered by Sir Aurel Stein in Chinese Turkestan*, Part II, Oxford at the Clarendon Press 1927, p.186.

代主要在佉卢文书所记鄯善五王中第四王马希利（Mahiri）时期，其绝对年代可大致推定为公元289-290或291-292至318-319或320-321年，其在位的第30年似乎是舍摩犀那活动的年代下限。① 这个推定的年代范围可作上述佛教文书年代的参考，其年代应当较早，有可能是3世纪的末期。

现在，根据文书记述的内容判断，这件文书的性质已可以确定为与浴佛活动有关的佛教文献。尽管其译释不够完整，但可以看出它不大像是浴佛的经论类，而可能属于一种赞文或愿文。佛教与浴佛（灌佛）有关的经、论有《佛说浴像功德经》（一卷，唐宝思惟译）、《浴佛功德经》（一卷，唐义净译）、《佛说灌洗佛形像经》（一卷，西晋法炬译）、《佛说温室洗浴众僧经》（一卷，后汉安世高译②）、《佛说摩诃刹头经》（一卷，亦名《灌佛形像经》，西秦沙门释圣坚译）、《新集浴像仪规》（一卷，惠琳述）等，均与此文书不能比勘。但是《新集浴像仪规》中提到了一种"浴像妙赞"和"五赞"（于《称诵献食真言》后）：

  （阿阇黎）又令诵赞，人人手执香炉高声诵浴像妙赞。赞曰（其文广不能见载）。并诵五赞（文多故不载）。各各虔跪，一偈一礼。③

这种赞文大约后来失传，可惜的是《仪规》中未作收录，现在已经无法知道赞文的内容。假若尼雅的这件文书属于此类赞文或与之有关的话，则可当作一种补阙。

---

① 孟凡人：《楼兰鄯善简牍年代学研究》，新疆人民出版社1995年版，第311-312、383页。

② 吕澂谓实即晋竺法护译，那么此经的时代就应较后（吕澂：《中国佛学源流略讲》，中华书局1979年版，第298页）。

③ 《大正藏》第二一卷《密教部四》，第488-489页。

二

根据文书的内容，可以复原的尼雅浴佛会仪式有如下几项，均可在《仪规》等中找到相应者：

（1）奉供　系一种专门用于浴佛的供养，应当是贡献香花香料之类。《仪规》说："西国五印度僧众住持稍加严丽，或居伽蓝寺宇兰若僧园。每日浴像焚香采众名华，布散供养礼拜赞佛，虔诚恭敬旋绕日日。"① 此种供养可能是浴佛用物的主要来源，所以得到特别的强调——"奉供系最好最美之献礼"，"在有关浴佛之各种工作中，奉供系实际行动之范例"。《佛说浴像功德经》提到"以华香幡盖而以供养"，"华香"的种类有"牛头栴檀、紫檀、多摩罗香、甘松、芎䓖、白檀、郁金、龙脑、沉香、麝香、丁香"等，煞是丰富；《浴佛功德经》的说法大同小异，《摩诃刹头经》列举的有都梁、藿香、艾纳、郁金香、丘隆香、白附子等主料，如果嫌香少还可用一些辅料佐之。② 浴像所用香水大抵以这些香料用净水浸捼而成，不同的香料，香气、颜色不同，分装在不同的瓶中，《仪规》还要求"上题香水名号"以备"次第轮用"。如此等等，颇为繁琐、细致，皆属于浴像前的准备工作。

（2）集会　即文书所云"云集于佛会"，这应当是一场严肃、隆重的宗教集会，参加者以僧侣为主。上述的有关浴像的经论中，因为没有明确提及俗人的参与，所以看起来应当主要是僧人的活动。不过，从佛经上看，由于上述供养的功德主要是针对世俗者而言，所以也可能有一些被认为是重要的人物参与实际的浴像过程，如这篇文书中将"Gaṇas 之最高国王"与长老以及中、小僧侣并提，似乎国王以及长老们是参与仪式的。更进一步，假如考虑到浴佛的世俗起源，这种宗教

---

① 《大正藏》第二一卷《密教部四》，第 488-489 页。
② 《大正藏》第十六卷《经集部三》，第 798 页。

活动多少也会变成一种僧、俗混合的集会——尽管供奉香料是一回事，实际的浴像仪式是另一回事。

（3）洗浴佛像　洗浴佛像的过程最为复杂，《仪规》的记载最为详细，大抵是：在香水制备好后，于法定浴像之日（后定为四月八日）"洒扫堂殿，于宽净之处以净牛粪涂一大坛，径可一丈，置一宣台于坛中，上安一大器物。中施一台子，上安尊像。傍置一床，油单覆上，诸香水瓶次第行列。五种法供养物、百索长线、新净软帛、鏊等物罗列于上。众既集已，共请明法阿阇黎，或举众中最尊上座，为众称诵浴像经中启白发愿大乘妙偈，句句众人普皆随诵"。① 其偈略如：

我今灌沐诸如来，净智功德庄严聚。
五浊众生令离垢，愿证如来净法身。②

其后又有诸种供献，由阿阇黎主持，"亲捧水瓶灌沐佛像"，之后有"向佛遥散奉华""焚香""献食""奉灯"等仪式，各唱真言，余人分别唱不同的诵赞。当浴像之时，另有"雅乐丝竹弦歌一时俱作"。最后由阿阇黎"取彼浴佛香水，沥自顶上及洒大众人人头上"。整个仪式到此大致结束。

这件文书中所说的"供物以消除污秽""供油以敷抹佛身以及为佛干洗"，大约指的即是这一浴像过程。前者指以香水洗浴"金银宝玉铜镴钥石如是等像"，后者所谓"供油""干洗"，可能是针对木质佛像而言，因为《仪规》中说得明白，"其像唯除土木彩画不可浴之"（指以香水）。

（4）祈愿　在文书中提到的被祝愿的有佛及佛法、佛陀弟子、国王、长老、僧侣、供养者、浴佛者、一切超脱之人，并有对于丰衣足

---

① 《大正藏》第二一卷《密教部四》，第799页。
② 《佛说浴像功德经》，《大正藏》第十六卷《经集部三》，第799页。

食的祈愿等。此等行文，与佛经中所说的浴佛的功德不同，亦不见于经论。就功德而言，文书之前三段似具有功德含义。《佛说灌洗佛形像经》罗列了浴佛的种种功德、好处，既有肉体上的，又有精神上的，可得"长寿无病""辟支佛阿罗汉"果。《浴佛功德经》更明确地说："能作如是胜供养者，成就十五殊胜功德。"《佛说温室洗浴众僧经》提到以"七物"除"七病"，得"七福报"，与文书前三段所言功德相近。所除"七病"是：

> 一者四大安隐，二者除风病，三者除湿痹，四者除寒水，五者除热水，六者除垢秽，七者身体轻便，眼目精明。

"七福报"为：

> 一者四大无病，所生常安，勇武丁健，众所敬仰。二者所生清净，面目端正，尘水不著，为人所敬。三者身体常香，衣服洁净，见者欢喜，莫不恭敬。四者肌体濡泽，威光德大，莫不敬叹，独步无双。五者多饶人从，拂拭尘垢，自然受福，常识宿命。六者口齿香好，方白齐平，所说教令，莫不肃用。七者所生之处，自然衣裳光饰珍宝，见者怵意。

为了坚定耆域（医王）的信念，佛陀还告诉他说："从此因缘"者，最高境界可以"遂致作佛"，又"斯之因缘，供养众僧，无量福田，旱涝不伤"。

由此可检出"除七病"和"七福报"中的若干条项，可以与文书中的若干祈愿语相对应。例如，"七病"中的"风病""湿痹""寒水""垢秽"等以及"眼目精明"，"七福报"中的第二、三、四、六诸项，均可与文书前三段的祈愿语相对应；即使"无量福田，旱涝不伤"，也可与文书录文的最后一段相对应。因此，可以推测这件文书的来源可能与《佛说温室洗浴众僧经》有关。有学者认为这些愿语与本地的地方皮肤病有关，[①]此说固可作一种参考，或许最初的赞文到了本地，为适应地方现实而稍改动。

三

《过去现在因果经》（宋天竺三藏求那跋陀罗译）卷一提及太子诞生时难陀龙王等吐温凉清净水为其洗浴事，[②]林子青认为应当与浴佛起源有关，[③]所言此处从略。这个仪式起源于印度，随佛教的传播路线而历西域、敦煌终至中原等地，这一说法看来没有异议。林子青说，这一仪式"是从求福灭罪的一种宗教要求传衍而来的"。[④]但是，《佛说温室洗浴众僧经》曾托言摩揭陀国王舍城"医王"耆域"请佛及诸众僧菩萨大士入温室澡浴，愿令众生长夜清净，秽垢消除，不遭众患"，佛曾经回答"医王"的请求说：

> 善哉妙意，治众人病，皆蒙除愈，远近庆赖，莫不欢喜。今复请佛及诸众僧入温室洗浴，愿及十方众药疗病，洗浴除垢，其福无量（以下佛陀为医王说用七物除七病得七福报法）。

从这种叙说看，用"洗浴"以除病应当是世俗的生活实践，之后得到了某种理论的升华，被用于医学实践，最后才衍化为"求福灭罪的一种宗教要求"。因为在上述的佛教神学中，"医王"最初是为人医疗，之后再请佛及众僧入温室澡浴的——这暗示了洗浴原先是僧侣们的生活实践，大约是出于对佛祖遗像的虔敬之心，才产生了清洁佛像的愿

[①] 夏雷铭：《从"浴佛"看印度佛教在鄯善国的嬗变》，《西域研究》2000年第2期。
[②] 《大正藏》第三卷《本缘部上》，第625页。
[③] 中国佛教协会编：《中国佛教》第2辑，上海东方出版中心1996年版，第370页。
[④] 同上。

望，并不断地把这种活动仪式化了，还撰造了几部经典、仪规。据说婆罗门教早就有一种浴像的风俗，这个说法证明了浴像并不是佛教专有的，也证明了它的世俗起源。

浴佛的这一天实在可以称作浴佛节（《佛学大辞典》提到了它的诸多名称），这种仪式的举行也可称作浴佛会。惟浴佛的时间在印度和中国有所不同，在中国，佛教不同的宗派又有着几种不同的说法。

《佛学大辞典·浴佛》说："西天于平常行之，中日诸宗于四月八日之佛生日行之。禅家更于十二月八日之佛成道日行之。"① 林子青有更详细的考证：

> 北朝多于四月八日浴佛。自梁经唐至于辽初，大抵遵用二月八日；宋代北方改用腊八，南方则用四月八日……元代的《幻住庵清规》及《敕修百丈清规》均规定四月八日为释迦如来诞辰，其后南北浴佛的日期就完全一致了。②

浴像的规则，应当以慧琳所述《新集浴像仪规》为专门化的叙述，最为完备。此慧琳，应当是《大藏音义》（一百卷，本名《一切经音义》，又称《慧琳音义》）的作者，唐京师西明寺的僧侣，《宋高僧传》卷五有他的传记。据此传，他俗姓裴，疏勒国人，"始事不空三藏，为室洒，内持密藏，外究儒流，印度声明，支那诂训，靡不精奥"。③ 他卒于元和十五年（820），"春秋八十四"，推算下来，一生历玄、肃、代、德、顺、宪六帝。他既然精通中、印语文之学，又出身西域，所以对这三地的佛教经典、仪规应当很了解，所述的《新集浴像仪规》可能与撰《大藏音义》大致同时。因此，《仪规》中所叙述的浴佛仪式，也大致是中唐时期"西国五印度"的状况。

---

① 丁福保编：《佛学大辞典》，第1788-1789页。
② 中国佛教协会编：《中国佛教》第2辑，第372-373页。
③ ［宋］赞宁撰：《宋高僧传》卷五，中华书局1987年版，第108-109页。

浴佛的仪式发展到那个时期而拥有如此完备的形式，也是可以想象出来的。只是就尼雅511号文书所提供的信息，多少还可看出一些比较早的浴佛仪式的状况。从这件不完整的文书来看，它至少包括了上述四个方面的内容。

关于浴佛仪式在中国的源流，有若干文献提到了它。大致看来，大约较早期的文献重点记述浴佛而少言行像（《三国志·吴书》[①]、《高僧传·佛图澄传》[②]等），较晚期的文献多提及行像而少言及浴佛（《大唐西域记》[③]、《法苑珠林·潜道篇·感觉缘》[④]等），看上去似乎是行像仪式之兴要较浴像为晚；[⑤]另外，从记述内容上看，似乎行像要比浴像具有更多的世俗性质和娱乐性质，而浴佛则是一种较严肃的宗教活动。例如魏时洛阳景明寺的情况：

> 时世好崇福，四月七日，京师诸像皆来此寺。尚书祠曹录像，凡有一千余躯。至八月（日）节，以次入宣阳门，向阊阖宫前受皇帝散花。于时金花映日，宝盖浮云，幡幢若林，香烟似雾。梵乐法音，聒动天地。百戏腾骧，所在骈比。名僧德众，负锡为群；信徒法侣，持花成薮。车骑填咽，繁衍相倾。时有西域胡沙门见此，唱言佛国。[⑥]

又，法显在于阗看到：

> 法显等欲观行像，停三月日。其国中十四大僧伽蓝，不数小

[①] 附记笮融事迹。
[②] ［梁］释慧皎撰、汤用彤校注：《高僧传》卷九，中华书局1992年版，第348页。
[③] 《大唐西域记校注》卷一《屈支部·大会场》，第61页。
[④] 《大正藏》第五三卷《事汇部上》，第518页。
[⑤] 罗华庆也同意这个看法，见《9至11世纪敦煌的行像和浴佛活动》，《敦煌研究》1988年第4期。
[⑥] 范祥雍校注：《洛阳伽蓝记校注》卷三《城南·景明寺》，中华书局1958年版，第132—133页。

者。从四月一日，城里便洒扫道路，庄严巷陌。其城门上张大帷幕，事事严饰，王及夫人、采女皆住其中。瞿摩帝僧是大乘学，王所敬重，最先行像。离城三四里，作四轮像车，高三丈余，状如行殿，七宝庄校，悬缯幡盖。像立车中，二菩萨侍，作诸天侍从，皆金银雕莹，悬于虚空。像去门百步，王脱天冠，易著新衣，徒跣持华香，翼从出城迎像，头面礼足，散华烧香。像入城时，门楼上夫人、采女遥散众花，纷纷而下。如是庄严供具，车车各异。一僧伽蓝则一日行像。自月一日为始，至十四日行像乃讫。①

玄奘在屈支国也曾睹此大会场：

大城西门外路左右各有立佛像，高九十余尺。于此像前建五年一大会处，每岁秋分数十日间，举国僧徒皆来会集。上自君王，下至士庶，捐废俗务，奉持斋戒，受经听法，渴日忘疲。诸僧伽蓝庄严佛像，莹以珍宝，饰之锦绮，载诸辇舆，谓之行像，动以千数，云集会所。常以月十五日晦日，国王大臣谋议国事，访及高僧，然后宣布。②

行像的实际活动又被称作"行城"，③这个仪式本身富有情趣，与西域、印度不同，它是一种中国文化色彩极强的集会。正是在敦煌这个不朽的文化走廊，人们发现了浴佛和行像活动的踪迹。

罗华庆《9至11世纪敦煌的行像和浴佛活动》一文介绍了此时期敦煌当地的情况。④比起早时期的尼雅，敦煌的浴佛、行像活动已经发展成一种极其完备的形式：由专门的机构组织（行像司和行像社）有

---

① ［东晋］沙门释法显撰、章巽校注：《法显传校注》，中华书局2008年版，第12页。
② 《大唐西域记校注》卷一，第61页。
③ 陈元靓：《岁时广记》卷二十："至今二月八日平旦，执香花绕城一匝，谓之行城。"（《丛书集成初编》第180册，中华书局1985年版，第226页）
④ 罗庆华：《9至11世纪敦煌的行像和浴佛活动》，《敦煌研究》1988年第4期。

计划地进行。(据罗文介绍,行像司事可见 S.474V《戊寅年都僧统法律徒众就中院行像司丁丑斛蚁本利算会》,S.4812《天福六年行像司善德所欠麦粟算会凭》;行像社者见 P.3234《壬寅年正月一日已后净土寺直岁沙弥愿通手上诸色破历》和 P.2049《同光三年乙酉岁正月净土寺直岁保护手下诸色入破历计会》。)"都僧统辖下的行像司是行像仪式的直接组织者,行像社则是行像仪式的参与者和执行者。"(案此处作者指称"行像社"者为"民间社的组织")。① 该文收录的有关文书有 S.2146《行城文》(作者拟题,原文无题,属吐蕃统治敦煌时期)和 S.5957《应用文范》(归义军曹氏时期)"二月八日文",并有 P.3103 残卷《浴佛节作斋事祷文》(原无题,《敦煌遗书总目索引新编》拟题②)。《敦煌愿文集》收录了《行城文》五篇、《二月八日文》等四篇、《浴佛节愿文》一篇。③ 从录文看,"行城文"及"二月八日文"内容大致无差,所表现者大多属祈愿、赞美文字,称作"愿文"未尝不确。其中《浴佛节愿文》一篇与尼雅 511 号文书属于同类,关系较大,引录如下:

> (前缺)方今三冬季序,八叶初辰。飞烟布而休气浮,日重轮而月抱戴。欲令国家(罗文录为"家国")延久,阴阳不忿(罗文作"偕");冀佛日而恒明,愿法轮而常转。彰任王以无为而化物,示黎庶凭福智以修身。宣传不绝于龙沙,传授无亏于柰苑。所乃效未生怨之盛作,袭祇域王之芳踪。爰当浴佛佳辰,洗僧良节。而乃澄清神思,仰百法以翘诚,除涤笼烦,趣大乘而垦切(罗文作"功")。繇是求僧侧陋,置席莲宫;导之以阇境玄黄,率之以倾城士庶。幡幢晃炳,梵赞訇锵,论鼓击而会喧填,法旌树而场(罗文作"伤")骈塞。而以法施无竭,唯直出

---

① 罗庆华:《9 至 11 世纪敦煌的行像和浴佛活动》,《敦煌研究》1988 年第 4 期。
② 敦煌研究院编:《敦煌遗书总目索引新编》,中华书局 2000 年版,第 267 页。
③ 黄征、吴伟编校:《敦煌愿文集》,第 379、443-450、549-559 页。

于人天；财舍有穷，能资持于福禄。是即捧金炉而香添五分，披诉情诚；合玉掌而花散四莲，献陈珍异。美矣励矣，休□□□（哉善哉）！尘沙易算（罗文作"算"）于垠（罗文作"根"）（下残）。①

以此与尼雅相比，似乎更像是慧琳说的那种"妙赞"。慧琳生活的时代应较敦煌的行像、浴佛习俗时代（若按罗文的看法）略早，但是慧琳说的是印度的状况，而敦煌的《浴佛节愿文》则像是本地的一种文献创作。但是《仪规》又说：

此则西方浴像常法……呜呼悲哉！此方寂无知者！且佛像终身不曾一浴，烟熏尘坌鸟鼠秽污，举国皆然无能晓悟。

看上去似乎慧琳生活的时代，在京邑一带浴像之法已经不再施行了，而且也不了解。这其中究竟是怎么一回事呢？由于事过境迁，加以语文的辗转翻译、创作，已难看出尼雅、敦煌以及慧琳所云"妙赞"三者间的细节联系了。

P.3103残卷与尼雅511号文书间的相同处，似乎微乎其微，倒是511号所记浴佛的仪式与《仪规》所记主要内容相同；而《浴佛节愿文》提及的若干程序中，亦有可与《仪规》相应者，如唱"梵赞"，奏音乐（"鼓击"），执香炉奉献（"捧金炉而香添"），向佛像散花（"花散四莲"）等。尼雅、敦煌的愿文，都提到对于佛法弘扬以及世俗社会的祈愿，似乎是二者间最大的共同点。而P.3103残卷还提及"爰当浴佛佳辰，洗僧良节"，由此可见《温室洗浴众僧经》所透露的佛像与僧侣同浴的方式，到了敦煌，又演变为僧侣沐浴的固定仪式。这一天变成了一种节日。罗华庆认为：

---

① 黄征、吴伟编校：《敦煌愿文集》，第379页。

敦煌的行像礼佛活动，除宗教意味外，更重在世俗意义。这样，行像礼佛活动也就兼为送旧迎新的节日……浴佛活动的目的，一是"为报佛恩"；二是"荐国资君"。希望国家延久，佛日恒明。这些愿望，使宗教仪式的浴佛活动，带上了世俗的色彩，浴佛节变成了娱佛节。①

这样的说法大致合适，不为过分。惟有尼雅、敦煌浴佛文献间的源流关系，现在还不宜遽定。如按诸说，浴像的仪规起源于印度佛教本土，其相关的文献有可能随其它佛教文献经西域、敦煌传入内地，敦煌的似乎应该受到过西域的影响。现在所见两地同类型文书，敦煌之时代较尼雅晚若干个世纪，但两者在地域上比较接近，因此是否可以提出一个假说——尼雅的浴佛会以及浴佛斋祷文应当是敦煌较早期的形式？虽然早期的佛教经典主要译传自尼雅以西的于阗等地，但尼雅或许也曾扮演过某种会集一部分佛教文献的角色，浴佛的文献或许在此列。林梅村曾经从众多佉卢文书中，寻找出一部犍陀罗语的《解脱戒本》（律类）以及一部同样语文的《法集要颂经》，②二者皆系残卷。由此推论，当时尼雅的佛教文献至少在此三种之上。现存的浴佛经论，一部分译、述于唐代，另一部分译于晋十六国。相传后汉安世高所译的《佛说温室洗浴众僧经》，按吕澂的说法应当是晋竺法护所译，而安世高、竺法护两人都曾游历西域，后者是世居敦煌的月氏人，精通西域各地的语文，并"发心宏法"，有意识地到那里搜求大乘经典。所以，推测起来，竺法护是有可能见识过尼雅浴佛文献的。他译经的时间在晋武帝泰始二年到怀帝永嘉二年（266－308），③所以游历西域的时间应在这之前若干年——这个时间范围与前面推定的511号文书的年代范围（3世纪末期）大致接近。

---

① 罗庆华：《9至11世纪敦煌的行像和浴佛活动》，《敦煌研究》1988年第4期。
② 林梅村：《汉唐西域与中国文明》，文物出版社1998年版，第142－156页。
③ 吕澂：《中国佛学源流略讲》，第297页。

四

　　林梅村曾说，尼雅 511 号佉卢文书所表达的是梵语①——这与同样属于佛教文献的 510 号（《解脱戒本》）和 204 号（《法集要颂经》）不同，后两种表达的是犍陀罗。②这个语言学研究的结果应当受到注意。看来这个差别并不是无意义的，很可能表示这些文献的不同来源。

　　竺法护到西域搜集的经典，以大乘者为主。511 号文书中也提到了"诸耆那""诸如来""辟支佛"这样一些用语，看起来这篇文献似乎具有大乘的性质。但是 511 号文书与 510 号出土于同一处房屋遗迹（斯坦因编 N.XXVI），后者被认为属于小乘法藏部文献，这种共存关系似乎又暗示二者是同性质的。关于 511 号文书，近来夏雷铭认为是大众部的文献，不妨备作一说，可以参考。③法显正好也提到他那个时代的鄯善国"悉小乘学"。④这便给人一种印象，小乘在鄯善的影响是很大的，流行的时间也长。早期的汉译佛经，大小乘兼有，例如安世高所译的 35 部 41 卷经典中，吕澂说全都属于部派上座系统，稍后的支娄迦谶，所译的经典则基本属于大乘。在佛教的实践方面，也是这种掺杂的情况。譬如法显在鄯善看到的是"悉小乘学"，在于阗看到的则是"多大乘学"。浴佛是一种重要的宗教活动，《佛说浴像功德经》说是"诸供养中最为殊胜"，将这种仪式提到了一个极高的位置。它既然讲仪规，大约也就像大小乘均讲禅法一样，大小乘佛教也都曾有此活动和仪规。这个看法正确与否，祈望通者指教。

（原刊《敦煌研究》2001 年第 3 期）

---

　　① 林梅村：《沙海古卷——中国所出佉卢文书（初集）》"导论"，文物出版社 1988 年版，第 10 页。
　　② 向达：《汉唐西域与中国文明》，第 142—156 页。
　　③ 夏雷铭：《从"浴佛"看印度佛教在鄯善国的嬗变》，《西域研究》2000 年第 2 期。
　　④ 章巽校注：《法显传校注》，第 7 页。

后　　记

　　一九八八年大学毕业后，我一直从事新疆考古研究工作，到现在已三十多年了。多年的老朋友谢仲礼先生建议我把过去发表的文章，挑选一些，出一本集子。说实话，我觉得没必要，但他给了我很有说服力的理由，所以我最终还是接受了。这本集子的选编并不容易，甚至可以说是个痛苦的过程，就像一个人回顾自己的过去，那些成长中的痕迹有时候令人脸红。选编过程中，尽力把自己觉得说得过去的文章挑进来，于是就有了本集里收录的十八篇文章，并按主题分为四个部分：丝绸之路与古代文化交流、古代游牧文化、图像考古和尼雅遗址研究。但是，有的文章有点不伦不类，介于考古学与历史学之间，不过我觉得新疆考古就是这样子的。

　　新疆考古是中国考古和中亚考古的交叉领域。在考古学界，这是一个颇具挑战性因而多少有点让人敬而远之的领域。如果有情缘的话，情况自然会不一样。想起三十多年前开始在天山考古，经历了新疆考古事业的转型时代，参与了一些考古调查和发掘工作，在前辈的加持下尽力而为。其中甘苦，历历在心。我的兴趣比较泛，从新疆考古的各个时期到中亚考古、西域史，都想尝试做研究，以至于贪多嚼不烂。2002年转入中山大学任教以来，我还得花大量精力储备中古考古和中亚考古的知识。这使我受益匪浅，加深了对新疆考古的理解。

　　我期待读者的批评。

2022 年 4 月 8 日
于中大康乐园